Juan Montalvo

LAS CATILINARIAS

ARIEL

CLÁSICOS
ECUATORIANOS

Título original:
Las catilinarias
Juan Montalvo

Texto original:
© 1971-1973 • **ARIEL • CLÁSICOS ARIEL •**

Tercera edición © 2018 • **ARIEL • CLÁSICOS ECUATORIANOS •**
Calle Nueva Ventura N58-102 y Juan Molineros
Telf: 328 4494 / 328 1868
e-mail: editorial@radmandi.com
www.radmandi.com
Quito - Ecuador

Coordinación general: Lucas Marcelo Tayupanta
Dirección del proyecto: Jonathan Tayupanta Cárdenas
Diseño y diagramación: Viviana Vizuete Añasco
Ilustración portada: Nelson Jácome
Revisión del texto: Marcelo Villamarín Carrascal, Jonathan Tayupanta
Cárdenas

ISBN: 978-9978-18-317-5

Impreso por: Talleres Editoriales Radmandí
2018

ARIEL

CLÁSICOS ECUATORIANOS

CONSEJO EDITORIAL DE HONOR

PUBLICACIONES EDUCATIVAS ARIEL rinde homenaje a la Cultura Nacional con lo que creemos sinceramente, constituye el mayor esfuerzo editorial ecuatoriano de todos los tiempos: la Biblioteca de Autores Ecuatorianos de Clásicos Ariel.

Cien libros cuidadosamente seleccionados, bajo la asesoría invalorable de nuestro Consejo Editorial de Honor, a cuyos miembros reiteramos nuestra imponderable gratitud, dan la visión más completa de la Cultura Ecuatoriana, desde la Colonia hasta nuestros días.

Esta biblioteca viene a responder a la necesidad imperiosa del pueblo ecuatoriano de poder conocer las grandes obras de sus mejores autores.

LAS CATILINARIAS, O EL ANTIHÉROE COMO ESPERPENTO

Hernán Rodríguez Castelo

Las catilinarias es el libro de Montalvo que se sitúa en el corazón de su vida y obra.[1] Son sus últimas páginas americanas —dirigida, desde Panamá, la duodécima y última, en 1882, se embarcó para París—; su última gran batalla y victoria: atrás quedaba al decir del mismo Montalvo, su último tirano «presa sin vida».

Obra de madurez. La de sus cincuenta años —esos que él mismo situara como frontera decisiva de juventud madura en su duodécima catilinaria: «Hay otra juventud que, arrancando de los treinta años, suele dilatarse en algunos individuos privilegiados hasta los cincuenta... De allí para adelante entramos en la jurisdicción de la vejez»—,[2] de la última frescura, de los últimos estallidos vigorosos.

Obra del polemista —el renglón más sólido de la prosa montalvina—; del polemista que tiene conciencia de su poder y se sabe voz fuerte para derrocar gobiernos e inspirar

....

[1] Montalvo nació en 1832 y murió en 1894. Si se exceptúa un discurso pronunciado en 1852 y recogido en folleto, junto con otros, ese mismo año, la primera obra de Montalvo es el *Cosmopolita*, que vio la luz en su primer número el 3 de enero de 1866. Cf. Carlos Rolando A., *Don Juan Montalvo 1832-1932* (Bibliografía). Imprenta y Taller Municipales, Guayaquil, 1832. Obra más fácil de haber y muy completa: Naranjo, Plutarco y Rolando Carlos: *Juan Montalvo, estudio bibliográfico*, Casa de la Cultura Ecuatoriana, Quito, 1966, T. II.

[2] XII *catilinaria*, T. II, p. 337, de la edición de Garnier. Todas las citas de este estudio las haremos por esta edición: *Las catilinarias*, Casa Editorial Garnier Hermanos, París, 1929, 2 vol. Citaremos así: C. XII, II-337. (Catilinaria XII, tomo II, página 337).

acciones revolucionarias. «Tres números de *El Regenerador* —se gloría en la tercera catilinaria—, apoyado por los jóvenes liberales de Quito y Guayaquil, bastaron para quitarle al presidente más popular que habíamos visto en tierra de lirones sus veintinueve mil votos» (C. III, I-95). Consagración definitiva del *Cosmopolita*.

Todo esto exigía, a la vez que le confería importancia, un estudio algo más detenido y crítico de *Las catilinarias*. Y esa era una de las dos grandes facetas de Montalvo que nos quedaban por tratar en **Ariel**, tras haber analizado su narrativa en el estudio preliminar de los *Capítulos que se le olvidaron a Cervantes* y su teatro en el estudio *Teatro ecuatoriano desde los orígenes hasta 1892*, introductorio del primer tomo de teatro de la Biblioteca de Autores Ecuatorianos.[3] La última es la del ensayista misceláneo —*El espectador, Siete tratados, Geometría moral*—.[4]

....

[3] Cf. *El teatro de Montalvo*, pp. 23-29 de ese estudio preliminar del vol. 17 de Clásicos Ariel.

[4] En el ditirámbico y para Zaldumbide «pobre» ensayo biográfico de Montalvo por Agustín L. Yerovi se dan los siguientes aspectos de la personalidad literaria de Montalvo:

> *El Cosmopolita* evidencia al publicista; *Los siete tratados* al filósofo; *El espectador*, al erudito; *Las catilinarias, La mercurial eclesiástica*, al crítico y polemista; *Granja, El descomulgado*, al dramaturgo; *El padre Lachaise, La juventud se va, Las cartas de un padre joven*, al poeta; *El ensayo de imitación de una obra inimitable*, al burlón épico a la manera de Rabelais y Cervantes. (*La Nariz del Diablo*, número especial de homenaje a Montalvo, 1932, p. 3).

Eso del filósofo hay que ponerlo a la cuenta del mito. A quien más que a Benjamín Cerrión le habría satisfecho hallar filósofo a Montalvo, cuando hizo la selección para la serie *El pensamiento vivo* de Losada. Y escribió: «Francamente, sin intención de rebajar a Montalvo —son idólatras mediocres quienes pretenden que su ícono sea un paradigma de virtudes y excelencias, de valores y sabidurías— podemos afirmar que no es un filósofo, un pensador, un maestro de ideas. Su aporte original al conocimiento es seguramente bastante escaso. No nos ha dejado una ordenación de conceptos, una teoría, un sistema», etc. (*El pensamiento de Montalvo*, presentado por Benjamín Carrión, Losada, Buenos Aires, 1961, pp. 25-26.)

***

Montalvo llega a Ipiales a fines de 1879. El 8 de septiembre de 1876, Veintemilla había dado un golpe de Estado contra Borrero, quien, medroso e ingenuo, le confiara la Jefatura de la plaza de Guayaquil. Urbina había llegado para hacer el par. Montalvo había aconsejado que los dos renunciaran a sus pretensiones y se eligiese un triunvirato liberal para el gobierno. Ello y ciertas críticas desenfadadas a los dos compadres le valieron destierro. Vuelto a los cuatro meses, por mediación de Pedro Carbo, halló que Veintemilla se había afianzado en el poder y hacía creer que con él comenzaría un régimen auténticamente liberal. Muy pronto los mejores liberales comprendieron lo errado de sus presunciones y, acaso el primero, por lo bien que conocía a Veintemilla, Montalvo. El militarote voluptuoso y semibárbaro no era el liberal ilustrado que algunos creyeran. Montalvo comienza a reclamar, a agitarse, a escribir. Y en torno a sí se adensan sordas amenazas. «De Guayaquil me instan vivamente —escribe con fecha 12 de agosto de 1877—, porque me vaya a Ipiales; parece que temen alguna mala acción del capitán».[5]

El 22 de septiembre de 1877 Montalvo publica *El precursor del Regenerador*, y, pocos días más tarde, el 25, el número 6 de *El Regenerador*.

Agosto es mes de malestar e inquietud. «Convocada la Convención, hechas las elecciones en medio de escándalos irritantes»[6] se produce la insurrección conservadora en el norte y su asalto a Quito, uno de los tantos hechos aristofanescos del tiempo que darían sabroso material al autor de *Las catilinarias*.

El 26 de enero de 1878 se reunió en Ambato la Convención —que tan acremente trata Montalvo en *Las catilinarias*—. El Cosmopolita había sido elegido representante por

....

[5] *Cartas a Montalvo*, en «Nariz del diablo», número cit., p. 55.
[6] Luis Robalino Dávila, *Orígenes del Ecuador de hoy*, vol. V, Borrero y Veintemilla, Casa de la Cultura Ecuatoriana, Quito, 1966, T.I, p. 264.

Esmeraldas, pero no se presentó.

En cambio comenzó a lanzar incendiarios panfletos contra el régimen.

El 12 de junio, en *Desperezo de El Regenerador* denuncia valientemente que Veintemilla se ha convertido en dictador y se lamenta, amargamente que a un tirano grande y sabio como García Moreno haya sucedido un tiranuelo. «Para lo que ha sucedido en el Ecuador —se lamentaba— yo de buena gana le hubiera dejado la vida al gran tirano».

Los crímenes de Veintemilla se suceden uno a uno, y los escritos, cada vez más duros, de Montalvo, también. En octubre publica el opúsculo *La peor de las revoluciones*; el 18 de enero del año siguiente, *Los grillos perpetuos*, donde protesta contra el calabozo, grillos y reclusión a pesar de su enfermedad de que se ha hecho víctima a Alfaro.

Montalvo comprende que puede correr destino parecido a los asesinados Piedrahita y monseñor Checa y se expatria a Ipiales.

Desde Ipiales comienza una labor de agitación contra el *Mudo* —así llama a Veintemilla—. «En Tulcán y pueblos circunvecinos con frecuencia hay gritos sediciosos: "Viva..." "¡Muera el Mudo!" "¡Muera el ladrón!". Aquí en Ipiales ha habido también últimamente un terrible vocerío de vivas, y ofertas calurosas. Así les he puesto a estos pueblos en cuatro días» —escribe, desde Ipiales, el 29 de octubre de 1879—.[7]

En estas circunstancias y clima han nacido *Las catilinarias*. Viajará a Panamá para darlas a la imprenta: «Mi viaje a Panamá no será infructuoso, pues mi ánimo es dar a luz allí media docena de folletos que le dejen para los gusanos al malhechor».[8] Entretanto solicita documentación a sus amigos de Quito, y resuelve un último escrúpulo antes de abrir fuego:

He aquí un punto singular. Debo al Mudo doscientos pesos, que se los pedí fiados en París en un terrible aprieto, y en

....

[7] Cartas a Montalvo, en «Nariz del diablo», número cit., p. 90.
[8] Ibíd., p. 62.

mala hora. Hasta ahora no he podido tratarle como se le debe tratar, a causa de ser deudor suyo, aunque de esa miseria. Quedando yo solventado y libre de ese amargo recuerdo, ya podré echarle a los perros todo él despedazado, como lo exige la pobre patria moribunda.[9]

Para diciembre de 1879 estaban escritas algunas catilinarias —¿cuántas? Acaso hasta la quinta: la octava, sin lugar a dudas, es posterior. Se supone, por el contexto, que ha habido tiempo para que la segunda haya sido leída y los comentarios hechos y remitidos al autor, que da cuenta de ellos—. «Las catilinarias —escribe Montalvo el 19 de diciembre— están escritas; mas si ese pago no se hace, no las daré a luz, y será lástima».[10]

Las primeras cinco catilinarias ven la luz en Panamá, en 1880, hasta mayo. Sexta y séptima, en septiembre de 1881; octava, en octubre; novena y décima, en noviembre, y duodécima, en enero de 1882.

* * *

En toda la producción de Montalvo se da una doble tensión, que es, creo, una de las claves para entender y valorar su arte. Entre lo romántico y lo clásico, de una parte, y entre lo didáctico-ensayístico y lo polémico-panfletario, de otra.

El primero en señalarlo con nitidez fue Ventura García Calderón, quien anotó que Montalvo «como Bolívar, como Sarmiento y Palma, como todos los espíritus directores del continente, va despojándose con los años del vacuo y peligroso romanticismo».[11] Y dijo también, por lo que hace a la segunda tensión:

....

[9] Ibíd., p. 61.
[10] Galo Martínez Acosta, *Cartas y lecturas de Montalvo*, Editorial Cyma, Quito, 1964, p. 131.
[11] Ventura García Calderón, *Semblanzas de América*, Biblioteca Ariel editada por la revista «Cervantes», Madrid, 1920, pp. 202-203.

Pertenece a la estirpe de esos admirables artistas de la palabra que se encrespan cantando como ciertas aves en los novilunios. Movido ya por aquel calor, que no solo proviene del público invisible, sino de la interna combustión, desdeña el objeto primero de su enfado, y la catilinaria o la filípica solo son para el alma vertiginosa una alta romería de historiador de siglos o un paseo familiar por los osarios predilectos.[12]

Las catilinarias parece la obra de Montalvo donde mejor llegaron a balancearse esas tensiones. Dio en un punto de hermoso equilibrio entre los extremos romántico y clásico —del que venía y hacia el que se inclinaría definitivamente en su estancia europea—; y por lo que dice con la otra, la que oponía al maestro con el luchador, hay en estos folletos un ritmo pendular que va de los alardes del sofista y del retórico —estilo de coturno y *onkos*— a los desfogues virulentos, apasionados del polemista.

Esto último puede verse desde la primera catilinaria. Comienza *in domine* disertando sobre la suerte de los pueblos, y las leyes le dan pie para dejar irrumpir a la apenas soterrada pasión; el corte de la frase se torna duro, casi bronco, y de la tercera persona expositiva salta como quien se enfrenta cara a cara con el enemigo, al apóstrofe:

«Ese tribunal es inexorable: mentiste, engañaste, hiciste burla del pacto general y befa de la república: muere, perverso; condénate, impío»; y otra vez adoctrina; pero, no bien ha definido tiranía, prorrumpe en exaltada repetición[13] y el ímpetu lo lleva a forjar vigorosa prosopopeya:

«La tiranía es fiera de cien ojos: ve a un lado y a otro...» etc.; de ella toma a las leyes para ensayar artificios retóricos con mayor o menor fortuna. Y entonces estamos frente a Ignacio de Veintemilla:

«Leyes... ¿para qué las quiere Ignacio de la Cuchilla?»

Con el correr de los meses —solo siete años sobrevivió

....
[12] Ibíd., p. 203.
[13] Nos referimos también a la figura literaria.

su autor a la última catilinaria—, y cada vez más hasta los *Tratados*, crecería en los escritos de Montalvo «ese ondular de digresiones tras digresiones, ese divagar sin rumbo aparente» —que dijera Gonzalo Zaldumbide—.[14] En *Las catilinarias* la pasión le volvió siempre de sus excursiones éticas, eruditas, retóricas, a la intención primitiva que era purgar, herir, pisotear, hacer befa; de doctrinas y apólogos, a la diatriba o al cuadro clave del que aún se podía extraer infamia.

La primera clave estructural de *Las catilinarias* es, pues, esa pasión cediendo un tanto el terreno a la postura magistral o al prurito filosofante —más bien chato—, pero reclamando sus derechos apenas puestas las mínimas premisas y campeando libérrima, furibunda, cruel, formidable.

Así las entendiera Unamuno, que las leyó en momentos de personal y exacerbada pasión política y que nos ha confesado:

> Con *Las catilinarias* de Montalvo, pasé por lo excesivamente literario del título ciceroniano, ya que el término se ha hecho vulgar desprendiéndose de su etimología, y empecé a devorarlas. Iba saltando líneas; iba desechando literatura erudita. Iba esquivando artificio retórico. Iba buscando los insultos tajantes y sangrantes. Los insultos ¡sí! los insultos; los que llenan el alma ardorosa y generosa de Montalvo.[15]

Y frente a esa pasión que vivifica y da nervio a *Las catilinarias* ha podido hacer Benjamín Carrión el elogio más absoluto que se haya hecho de Montalvo —más allá, claro está, de todos los ditirambos que sin verecundia ni seriedad crítica se han endilgado con sentido partidista o patriotero al gran ambateño—: «Es difícil encontrar, en cualquier literatura, un logro tan cabal, de improperio; un poder de látigo restallante tan fuerte; una eficacia moral de bofetada como las conseguidas

....

[14] Estudio preliminar del tomo *Juan Montalvo* de la Biblioteca Ecuatoriana Mínima, Quito, 1960 (Impreso por Cajica, Puebla), p. 35.
[15] Catilinarias, edición de Garniet, Prólogo, p. X.

por don Juan Montalvo en *Las catilinarias*».[16]

Nosotros centraremos nuestros análisis en torno a ese núcleo de pasión —forma interior, que diría una crítica formalista—, que se traduce en formas objetivas, peculiares de Montalvo pero, al tiempo, situadas en la línea de la mejor prosa ecuatoriana, que ha sido panfletaria y colérica —de Solano a Calle—.

Allí está lo más grande de Montalvo —lo que no ha envejecido—. Allí no hay el «falso énfasis poético» ni el «candor melodramático», que le reprochara Zaldumbide;[17] allí nada de erudición —muchas veces de almanaque— traída con amontonamiento rayano en el prurito.

Allí se soluciona la cuestión última para una valoración de la prosa montalvina que es si todos sus giros, modismos, construcciones, vocablos están «no ya incrustados a la fuerza ni sacadas, como con pinzas, del diccionario, sino vivificados... por el gusto más natural, por el amor, el placer más sonrientes».[18] Porque entonces sí puede decirse que «el más contorneado fraseo, el idiotismo más privativo, el arcaísmo más venerando, suena a hablado, a cosa viva, a expresión popular en su nobleza» —según fórmula feliz de Zaldumbide—.[19]

* * *

Las catilinarias tienen un centro: su novísimo *Catilina*, Veintemilla. Veintemilla visto como tipo de antihéroe, suma de antivalores.

Y tratado con la más rigurosa técnica de esperpento.

En suma, el antihéroe como esperpento, la fórmula que retomaría la novela latinoamericana de mediados del siglo XX (*Señor presidente*).

[16] Carrión, ob. cit., p. 24.
[17] Zaldumbide, ob. cit., p. 39.
[18] Ibíd., p. 42.
[19] Ídem.

EL ANTIHÉROE Y LA CONSTRUCCIÓN

El motivo del antihéroe preside lo que hay en *Las catilinarias* de construcción —catilinaria por catilinaria, entiéndase; que entre ellas a lo sumo hay ilación—.

La primera se hace en torno al contraste entre ley y hombre-sin-ley. (Con la tensión ya anotada entre los pasajes doctrinarios y los pasajes de ataque directo. El héroe de Montalvo —político ilustrado— es hombre de ley. Su antihéroe aborrece la ley. A mostrarlo van los casos que trae, entre los cuales el más hiriente es el de aquellas elecciones hechas a «¡juego mochachos!». De la infamia del antihéroe se han hecho partícipes quienes debieron haber procedido como hombres de leyes, los legisladores.

Dos esquemas constructivos tiene la segunda catilinaria. El primero es una segunda contraposición entre García Moreno, auténtico tirano por grande, y Veintemilla, individuo vulgar, sin dimensiones de tirano, «malhechor, simple y llanamente» (C. II, I-40). El segundo es una presentación del antihéroe como paradigma de los siete pecados capitales. La transición es clara:

> Ignacio Veintemilla no ha sido ni será jamás tirano: la mengua de su cerebro es tal, que no va gran trecho de él a un bruto. Su corazón no late; se revuelca en un montón de cieno. Sus pasiones son las bajas, las insanas; sus ímpetus, los de la materia corrompida e impulsada por el demonio. El primero soberbia, el segundo avaricia, el tercero lujuria, el cuarto ira, el quinto gula, el sexto envidia, el séptimo pereza; esta es la caparazón de esa carne que se llama Ignacio Veintemilla (C. II, I-40-41).

Aún hay una tercera parte en esta catilinaria, la mejor armada: vuelve a la primera idea dominante: «Dije que Ignacio Veintemilla no era ni sería jamás tirano» (C. II, I-57). Veintimilla y Urbina son, ni más ni menos, salteadores de caminos. Se detiene morosamente en los atracos perpetrados por el *Mudo*.

Y el trazado de la primera y segunda lo será de las catilinarias armadas: establecimiento de valores para contrastarlos con el antihéroe, suma de antivalores. Cuando no hay esa línea maestra, simplemente se flagela al antihéroe y se muestra con apenas algún ordenamiento sus infamias y miserias.

En la tercera, Montalvo se defiende contra quienes le han reprochado que «no hay un hombre» para enfrentarse —en el plano de la acción— al tiranuelo. Su defensa, rayana en el sofisma («He de ir yo a despanzurrar personalmente al tirano», dice, cuando lo que se pedía no era necesariamente eso, sino acción que organizase la resistencia, sin reducirse a lanzar desde lejos, de seguro, bombas incendiarias), concluye en un llamado a Guayaquil para que deshaga lo que hiciera al encumbrar a Veintemilla.

La cuarta catilinaria es un retrato. De Urbina. Tremendo retrato. Estupendo retrato. Urbina tratado como el hombre con algunas cualidades —como su inteligencia—, pero llegado al más lamentable extremo de deterioro, aun en ellas.

Y vuelve, sin mayor construcción, en quinta y sexta a la vida disoluta y casos de vileza del antihéroe.

En la séptima, otra vez arranca de un valor: la cultura, la educación, que se opone a la ignorancia cerril del tiranuelo. En esta catilinaria se dedica buena parte a nuevos personajes que han indignado al polemista: eclesiásticos que apoyan a Veintemilla (espléndido esperpento el capuchino ayunador).

La octava vuelve a la tensión entre la disquisición erudita sobre la educación en países europeos y el oleaje apasionado, desordenado, de la diatriba.

La novena ensaya otro contraste —más erudito, menos feliz y fuerte que el de la segunda— entre grandes gobernantes y el déspota quiteño.

La décima pone a otro esperpento en el retablo: a Borrero y su ministro.

La undécima otra vez se construye en torno a un contraste: a la nobleza auténtica y el auténtico acceso a una nobleza que no se tuvo desde la cuna, se oponen los sucios atajos por los que Veintemilla quiere usurpar grandezas y noblezas.

La duodécima trata de las edades y el prurito de juventud de Veintemilla. Pone una última nota al antihéroe: la cobardía.

LA PASIÓN-FUERZA

La pasión, esa última forma interna a que nos hemos referido, se traduce en una cualidad fundamental del estilo del polemista catilinario: la fuerza.

Hay en *Las catilinarias* lugares estupendos de pasión-fuerza.

La pintura de la Convención de Ambato «esa canalla delincuente que se llamó Convención de Ambato» (C. I, I-33):

> El presidente de la Convención era un viejo ebrio consuetudinario: borracho iba a las sesiones; no contento con esto, se levantaba a cada paso a hacer aguas y echar un trago: el botiquín de aguardiente está ahí, tras una puerta: allá se acoge a curarse a cada rato, a curarse... Templanza, honra, majestad del hombre son enfermedades para ese viejo sátiro. Se levanta la sesión: borracho fue a ella, borracho sale y se va por esas calles en lastimoso tambaleo. Un hombre está de pie en el umbral de su tienda: el presidente de la Convención, que está viendo dos candiles, alza el palo, se le va encima: «¡Canalla! al que me toque un pelo a uno de mis soldados, al patíbulo». Él no va al patíbulo todavía; va a la cama, y allí le está tocando el pelo toda la noche a su santa esposa: la botella. Al otro día se ha de levantar un Minos, y ha de ir a dar la ley de la prostitución y el escándalo (C. I, I-14-15).

A la hora de rechazar pasiones que Montalvo detestaba, su estilo y lengua se hacen tremendamente duros. Así la avaricia:

> El segundo avaricia. Dicen que esta es pasión de los viejos,

pasión ciega, arrugada, achacosa: excrecencia de la edad, sedimento de la vida, sarro innoble que cría en las paredes de esa vasija rota y sucia que se llama vejez. Y este sarro pasa a el alma, se aferra sobre ella y le sirve de lepra. Ignacio Veintemilla no es viejo todavía; pero ni amor ni ambición en sus cincuenta y siete años de cochino: todo en él es codicia; codicia tan propasada, tan madura, que es avaricia, y él, su augusta persona, el vaso cubierto por el sarro de las almas puercas (C. II, I-42).

(Adviértase como la pasión arrastra esa prosa: el Montalvo sereno —doctrinario, ético— jamás habría ofendido de modo tan indiscriminado a la vejez. A toda vejez se aplica en este lugar aquello de «vasija rota y sucia»; no concibe vejez sin el «sarro» aquel. La pasión le dicta el léxico duro: *excrecencia*, *sarro*, *lepra*, *cochino*. Y eso no le basta: a hacerlo aún más duro con una adjetivación no menos cruda e insistente: pasión *ciega*, *arrugada*, *achacosa*; sarro *innoble*; codicia *propasada*, *madura*; almas *puercas*. La frase menos bien hecha del lugar se salva por la fuerza que le confiere el juego biconsonántico duro de "rr" "rr" y "pr". «Y este sarro pasa a el alma, se aferra sobre ella y le sirve de lepra». En cambio, ¿qué pobres ese «pasa a el», el «sobre» y el «le sirve de»).

Pero los lugares de mayor pasión-fuerza pertenecen al antihéroe. ¡Qué pintura aquella conque cierra la presentación del antihéroe como suma de pecados capitales!:

Los ojos chiquitos, los carrillos enormes, la boca siempre húmeda con esa baba que le está corriendo por las esquinas: respiración fortísima, anhélito que semeja el resuelto de un animal montés; piernas gruesas, canillas lanudas, adornadas de trecho en trecho con lacras o costurones inmundos; barriga descomunal, que se levanta en curva delincuente, a modo de preñez adúltera; manazas de gañán, cerradas aun en sueños, como quienes estuvieran apretando el hurto consumado con amor y felicidad; la uña, cuadrada en su base, ancha como la de Monipodio, pero crecida en punta simbólica, a modo de empresa sobre la cual pudiera campear este mote sublime: *Rompe y rasga, coge y guarda*. Este es Ignacio Veintemilla padre e hijo de la pereza... (C. II, I-56)

(Otra vez el exceso de la pasión: ¿Por qué ofender así las manos del gañán? Otra vez el hallazgo del adjetivo duro: costurones *inmundos*, barriga *descomunal*, curva *delincuente*, preñez *adúltera*. Y algo nuevo, que tocaremos de propósito más tarde: la ironía del «mote sublime»).

Urbina tiene lo suyo. Ese Urbina que fue a besar los pies de Veintemilla: «este buey seco, pelado, garrapatoso, que se mueve y tambalea, es de Veintemilla, del mudo Veintemilla, dicen todos; y le cogen, y le entregan a su dueño, cuando sale de su majada» (C. III, I-89).

RECURSOS PATÉTICOS

Muchos otros lugares pudieron haberse traído para mostrar como la pasión cuaja en unidades de especial fuerza.

Lo logra, en primer lugar, por léxico. Sustantivo y adjetivo.

Del tesoro popular y medio extrae Montalvo su léxico fuerte sustantivo y adjetivo para estos lugares fuertes —en los cuales apenas se hallará el cultismo del Montalvo estetizante—.

Pero no le basta con el nombre y epíteto duros, y echa mano de recursos especiales —esos que la preceptiva literaria clásica llamara figuras, bien de construcción, bien de retórica— «convencionalesca» y «cuartelesca» son epítetos suficientemente despectivos de por sí —en virtud del sufijo despectivo—, y el sustantivo mismo lo es: «canalla». Pero unidos los dos al sustantivo, acumulan fuerza: «canalla convencionalesca y cuartelesca» (C. V, I-174).

Igual sucede con los epítetos «arrugado», «canoso», «enclenque» y «chocho» para un viejo, que, unidos, hacen una auténtica gradación: «Nunca le he visto más arrugado, canoso, enclenque y chocho a ese noble señor...» (C. XII, II-324)

De todas las figuras Montalvo prefiere las patéticas, las de mayor empaque oratorio —tenía alma de tribuno este hombre a quien una pronunciación difícil apartó de la oratoria—.

Repetición

Montalvo echa mano de la repetición con frecuencia y hace repeticiones largas, enfáticas. Dos suertes de lugares climáticos tienen *Las catilinarias*: los que se hacen por figuras retóricas y los que se hacen de esperpento. En aquellos —que nos saben a menos actuales que estos otros— se acude, principalmente, a la repetición.

Dos clases de repeticiones hallamos en la prosa de Montalvo: las enfáticas y las irónicas.

Enfáticas:

Y así y todo, este no piensa sino en Guayaquil: en sus terrores, sus amarguras, sus palos, Guayaquil; en los desprecios que devora, en sus cuitas, sus pesadillas, Guayaquil; en sus peligros, sus ansias, sus caídas, Guayaquil; Guayaquil es su consuelo, Guayaquil su salvación; consuelo y salvación del traidor a la patria, el robador de la hacienda pública, el perseguidor del Partido Liberal, el bárbaro para quien no hay más Dios ni ley que el vicio, ni más devoción que el crimen: ¡Guayaquil, Guayaquil! Guayaquil, cuna de la libertad; Guayaquil, madre de hijos libres, Guayaquil, Guayaquil (C. III, I-100).

Irónicas:

Llorad, ecuatorianos, ¡se va! Derretíos en lágrimas, se fue. Los esquilmos de vuestras haciendas estarán seguros, las alhajas de vuestras hijas no correrán peligro, la vajilla yacerá

18

en su alacena: llorad. Un negro con lanza, un cholo cualquiera con gorra no os insultará en la calle, un *jefe* beodo no os cubrirá de injurias, un rufián de servicio no os llevará a la cárcel: llorad.

Vosotros, periodistas; vosotros, jueces; vosotros, profesores y catedráticos, llorad. Llorad; ya no tendréis quien os confisque vuestra imprenta, quien os castigue vuestra justicia; quien os reprenda vuestra enseñanza: llorad.

Clérigos, llorad: ya no os sepultarán en húmedas mazmorras, ni os pondrán grillos perpetuos, ni os harán firmar escritos infames el puñal al pecho.

Llorad, sastres, carpinteros, zapateros...

Y así sigue la repetición del «llorad» irónico con estudiantes, poetas, agricultores, maestros de escuela, matronas, ninfas, musas. Al lugar de las ninfas y musas una sangrienta ironía le salva de parecer artificioso:

Llorad, ninfas, se va el Silfo. Náyades de las fuentes, napeas de los bosques, dríadas y amadríadas, llorad: se va el amor, el genio de los fantásticos placeres.

Llorad, Musas, se va Apolo. Flores, llorad: se va el fresco, blando céfiro.

Cambia entonces Montalvo la forma enumerativa del lugar, pero no abandona la repetición del «llorad», y del «lloremos» vuelve al «llorad», e intercala una nueva repetición, también irónica —«Se va»—:

Oh corazones broncos, oh pechos áridos, oh almas de almirez, sacad agua de las piedras, llorad. Ya no oiréis ese paso lento, pesado, fatídico por vuestras calles. Ya no veréis ese pescuezo de meses mayores que está amenazando con una reventazón de hiel y vinagre; ya no sentiréis en las carnes esa uña envenenada. Se va el rey, se va el papa, se va. Se va, se va, se va nuestro padre y madre: llorad, lloremos.

Y sigue el Cosmopolita jugando con el llanto, para, bruscamente, poner fin al juego irónico y dejar paso directo a la cólera, cambiando a una forma negativa y otra indicativa —simple y tremenda— del mismo verbo llorar («lloran los cobardes»):

> ¿Qué llanto deplorable es ese que inunda los ámbitos de la nación? Lloran los hombres, lloran las mujeres; lloran los civiles, lloran los eclesiásticos: se fue...
> No lloran porque se va, sino porque no se quiere ir ni morir el bruto: lloran los cobardes, cuando lo que deben es alzar el brazo y dar al través con ese malvado tan sin fuerza contra un pueblo pundonoroso y valiente (C. I, I, 16-18).

Enfático-irónicas:

El comentario a cierta expresión que dijera Urbina —«Siénteles la mano a los infames liberales»— a cierto chagra-jefe, se hace por repetición de la palabra clave «infames», de modo entre irónico y enfático:

> Le dieron pan los liberales, pan cuando tuvo hambre, agua cuando tuvo sed: infames. De dos capas que tenían le ofrecieron la una, se la pusieron en los hombros: infames. Le fueron a ver cuando estuvo enfermo, le asistieron humana, santamente: infames. Le consolaron en sus aflicciones, le aliviaron en sus tribulaciones: infames. Fieles fueron a su causa, le apoyaron en sus aventuras, murieron por él y por la patria: infames. Tomaron a pechos su defensa, se encararon con sus enemigos: infames. Piden libertad para todos, alivio para los pueblos: infames. Gritan contra los vicios, hacen la guerra a la embriaguez y el robo: infames. Trabajan por el progreso, se empeñan en la difusión de las luces: infames. Se niegan a entrar a la parte en lucros indignos, en latrocinios escandalosos: infames. Hacen uso de la imprenta, denuncian crímenes atroces del enemigo público: infames. ¿Infames, Urbina, infames? Si nosotros somos infames, ¿tú que eres?

Dentro de la misma cláusula se mostrarán infamias de Urbina, para cerrarlo todo con la palabra objeto de la repetición, aplicada a Urbina: «... ese es el infame; y ese se llama José María Urbina» (C. IV, I, 132-133).

Interrogación, admiración, exhortación

También la interrogación (o «erotema») se da en las preceptivas como figura que se emplea para lograr fuerza. Montalvo la usa casi siempre corta, directa (y por tanto con sus respectivos signos interrogatorios) para probar, para concluir:

«Dar orden de elegir, ¿es por ventura haber elección?» (C. I, I-32)

«¿Hubiera yo visto esa cara de caballo que se asomaba por ahí a intimidar y a amenazar a los legisladores, sin echarle el agraz en el ojo?» (C. I, I-33)

> ¿Nuestros augustos padres, fundadores de la república, hubieran jamás pensado que así habíamos de bastardear nosotros que apenas somos ahora para distinguir la libertad de la anarquía, la democracia de la demagogia, el adelanto moral de esta preposteración maldita con las cuales vamos trote camino de Cafarnaúm, poniendo cada uno nuestras fuerzas en el desquiciamiento de las ideas y el desordenamiento de las cosas? (C. I, I-34)

Un empleo especialmente sugestivo de la interrogación es aquel que la aproxima a formas dialogadas de materia netamente discursiva (lo cual, a su vez, es otra figura, la llamada «dialogismo»):

> ¿Luego su ánimo era quitarme la vida en el martirio? Nadie lo duda, Dios me salvó sacándome de la mano a mediodía por entre sus enemigos y los míos. Su fin tendrá. ¡Y qué arrebatos los de ese dragón plebeyo! ¿Conque yo no tengo el derecho a la defensa personal? ¿No me competía el salvar la vida propia? (C. II, I-46).

Usadas con parecido fin que la interrogación, y, además, para ponderar, mover, hallamos en Montalvo admiraciones y sobre todo, exhortaciones.

«¡Oh Dios, y cómo engulle, y cómo devora piezas grandes el gladiador!» se admira Montalvo del voraz antihéroe (C. II, I, 47-48).

Y «¡Qué vida la de ese tonto! en su casa un batallón entero invertido en centinelas...» (C. III, I-99).

Y exhorta:

«Pueblo, pueblo, pueblo ecuatoriano, ve a la reconquista de tu honra y muere si es preciso» (C. I, I-19).

Y en su exhortación —como bien anotaran ya las preceptivas— hay admonición y amonestación:

A los guayaquileños amonesta gravemente, al tiempo que exhorta a acabar con el tirano que ellos preconizaron:

«Levantadla, sí, levantadla (cierta estatua a Rocafuerte que planeaban), pero no antes de haber dado en tierra con el Sísifo que fuera infamia de Gomorra. Le apreciáis, le amáis; él lo dice: ¡hasta cuándo seréis merecedores de agravio semejante?» (C. III, I-103).

Hipérbole

Pero hay una figura que Montalvo emplea con especial intensidad: la hipérbole.

El retablo de esperpentos que levanta Montalvo debe mucho a la hipérbole y al detenernos en esa galería de muñecos, presidida por el antihéroe, vamos a dar a cada paso con esas exageraciones fruto de una visión y un sentir apasionados y coléricos.

Aquí, por poner un ejemplo:

El que cae en los brazos de ese viejo (Urbina), tenga paciencia; media hora ha transcurrido, y aun no le afloja (hipérbole). Si el dicho Sileno le ha menester para algo, peor: le besa desde la frente hasta la ijada, pasando por el estómago (hipérbole). Le besa los ojos una y mil veces (hipérbole);

le besa la nariz por dentro y fuera (hipérbole); se da maña para besarle la nariz por dentro haciendo los labios pico de cigüeña (hipérbole). Le besa la boca: si el sentenciado a ese suplicio infamante no la cierra bien, le ha de hacer irrupciones asquerosas de lengua hasta el galillo. Le besa la quijada, la nuez: la mejilla ya la besó; esa es cosa suya. Le abre el chaleco, le besa la barriga; le vuelve, le besa tras la oreja (hipérbole) (C. III, I, 91-92).

(Nótese cómo se robustecen mutuamente repetición e hipérboles. El resultado es de un grotesco recargado).

EXPRESIONES FELICES

Volvemos siempre al núcleo fundamental de *Las catilinarias*, que es la pasión, y a la calidad básica en que ella se traduce, la fuerza idiomático-estilística.

La pasión-fuerza, que dicta el léxico y sugiere los recursos (figuras), lleva al panfletista colérico, indignado, a dar con expresiones felices en la línea de la crítica, la diatriba, la burla, el menosprecio.

«El señor ministro, un soberbio capón de partirlo con la uña» (C. I, I-21).

«¿Piensan estos dos histriones que el pueblo es un canasto de títeres, y la nación un retablo donde ellos, rey Marcilio y rey sobrino han de dar sus farsas en uno como maese Pedro?» (C. I, I-25)

«Ignacio de la Cuchilla es por lo menos consecuente consigo mismo: secretario del monipodio no puede ser sino Chiquiznaque y Maniferro» (C. I, I-26).

«... la ignorancia desmochada de aguda, esto es lo que me irrita» (C. I, I-32).

De García Moreno:

«... adoraba al verdugo, pero aborrecía al asesino; su altar era el cadalso, y rendía culto público a sus dioses, que estaban allí danzando, para embeleso de su alto sacerdote»

(C. II, I-40).

«Alejandro decía que en dos cosas conocía no ser Dios: en el sueño y en los empujes de los sentidos. Ignacio Veintemilla conoce que es ser humano en esas mismas cosas».

Y en el mismo pasaje, los aciertos se suceden:

«... esas dos cosas suben de punto en este Alejandro de escoria, que le sacan de los términos comunes, y dan con él en la jurisdicción de la irracionalidad».

«El sueño, suyo es; no hay sol ni luz para ese desdichado: aurora, mañana, mediodía, todo se lo duerme» (C. II, I-44).

«... eso no es gente; es arsénico amasado por las furias a imagen de Calígula» (C. II, I-45).

«Ignacio *de* Veintemilla no es todavía ladrón de marca mayor; no es sino de media marca» (C. II, I-66).

El Ecuador postgarciano:

«En ese vasto sepulcro de García Moreno, sepulcro abierto donde imperan sus gusanos...» (C. III, I-77)

«... bien así como una ramera tiene buena cara, así Urbina ha tenido talento» (C. IV, I-120).

Borrero es «esta madre celestina que tanto sabe de filtros y bebedizos» (C. IV, I-151).

«¿O así como los príncipes en ciertos pueblos bárbaros hacían desflorar sus novias por los esclavos la noche del matrimonio, así el Kan de Tartaria de Cayambe hacía desflorar sus cartas con sus paisanos menos importantes que él?» (C. VII, II-65).

«... el señor ministro de lo Interior y Relaciones Exteriores es una pelandusca que se pone tiempos ha bajos o centro de bayeta amarilla, zarcillos de perlas falsas y sortijas de hueso de coco» (C. VI, II-145).

«... la codicia, prostituta medio loca que se anda echando mentiras por el mundo» (C. IX, II-174).

La artillería, más que en Waterloo, hizo destrozos ese día memorable, en las puertas de las casas vacías, los tejados, las bóvedas de los templos: para algo le habían de servir los

Comentarios de César a esa que, habiendo pasado la edad de la prostitución personal, entendía en la de otros: especie de madre Celestina con casaca...

Y el pasaje que pertenece, como varios de los citados, con razón, a los siguientes apartados, los del humor, la narración y el esperpento, sigue, henchido de hallazgos, hasta su conclusión regocijante:

La madre Celestina es famosa en España; Quevedo ha inmortalizado a la madre Labrusca. La madre Planosa es celebérrima en Burgos; la madre Guía en Madrid; la tía Cornelia, con haber ascendido a ministro de Relaciones Exteriores, ha vuelto insigne a la ciudad de Quito (C. IX, II-182-183).

(La tal «tía Cornelia» era el general Cornelio E. Vernaza).[20]

«"Joven y valiente general" un bestión que solo en la cerviz tiene cuarenta años» (C. XII, II-337).

HUMOR

Esas expresiones felices desembocan en el humor.

Humor de sátira,[21] hecho a base de procedimientos irónicos o de grotesco. Es decir, humor negro. En *Las catilinarias* no hay humor blanco. No tenía esa risa alegre, que llamamos humor blanco, de donde originarse: en la línea pasión-fuerza no cabía.

Humor negro cáustico, burlesco, barroco, desenfadado. Con páginas antológicas de grotesco.

El humor como expresión de menosprecio porque «personas hay que no se prestan para lo serio, aun cuando esperen

....
[20] Robalino, ob. cit., T. I, p. 267, nota 12.
[21] No está de más recordar la definición de *sátira* que trae el diccionario de la Academia: «Composición poética u otro escrito cuyo objeto es censurar acremente o poner en ridículo a personas o cosas».

puñal en mano a la vuelta de una esquina» (C. X, II-254).

De las expresiones felices al desconcertante empleo de palabras

El humor —lo hemos apuntado— comienza con esas *expresiones felices* que ya hemos repasado brevemente. De allí al desconcertante empleo de palabras hay un paso —si lo hay—.

Sería equivocado a todas luces tratar como neologismo o incorrección, o lo que fuese, el «papasean» del pasaje que vamos a citar. El «papasean» es la palabra que comienza por desconcertarnos para conducirnos a la risa:

> Y enseñaba (Borrero) las cartas donde su (irónico) José María (Urbina) le llama *papá, papacito*. Metió la cabeza el pobre anciano, y salió por allí: su *hijo* (irónico) no le dejó ni tomar tierra: pasó de largo el expresidente a expatriación tan dura como inicua. Si Urbina empezara a escribirme llamándome *papacito*, ya no me atrevería a salir del Gran Hotel, porque temiera que el puñal de mi (irónico) José María, de mi (ídem) Ignacio; me estuviera esperando en el vestíbulo. José María e Ignacio, hijos de don Antonio, después de haberlo sido de don Diego, le *papasean* cuatro meses antes al que han resuelto entregar a la estricnina o al puñal nocturno.

Y el pasaje sigue en son de guasa:

> *Taita* le llamaba el Mudo al arzobispo de Quito: otras veces, para mayor terneza, le decía *mama*. Pobre sacerdote, gracias, probablemente, a su hijo, se bebió un cáliz llenecito (otra vez el desconcertante empleo de palabras) de veneno (C. IV, I-145).

Expresiones irónicas

Y sigue la *ironía* —expresión lingüística de algo por su contrario—. ¡En cuántos lugares montalvinos las palabras adquieren otro significado —el contrario, precisamente— o se quedan vacilando en una deliciosa ambigüedad!

Don Ignacio de Veintemilla en Madrid:

> Andando calle de Alcalá don Ignacio el católico apostólico romano, con esa cara de hereje (*Necessitas caret lege*; la necesidad tiene cara de hereje); esa nariz donde Moisés ha herido con su vara; esa boca abierta; esos pies que parecen cuadrados de la hipotenusa; lento, gordo, flemático; una preciosa ojinegra, mirándole por ahí en un balcón, exclamó: «Bendito sea... ¡Y qué animal será este!» No sabía la bellaca que era el ilustre general Ignacio Veintemilla, más apuesto que Amadeo, más benemérito que Cialdini, más valiente que Juan Prim (C. VI, II-32).

(En el lugar hay más procedimientos de humor que la sola ironía. Pero ironía hay en llamar al antihéroe «católico apostólico romano», y en eso de «apuesto», «benemérito» y «valiente». Y hasta en lo de «bellaca»).

Graciosas ocurrencias

Lo menos duro de ese humor siempre negro son las *graciosas ocurrencias*. Montalvo la ha emprendido contra la incultura de su antihéroe en la séptima, y, haciendo puente de una expresión irónica, nos entrega una graciosa ocurrencia:

> Verdad es que en la villa de San Juan de Dios de Ambato dio pruebas repetidas de saber leer, verbigracia cuando leyó su gran discurso de toma de posesión de su alto empleo. Mas todo el mundo sabe que, para no ser oído, había mandado a la tropa de que estaba llena la iglesia hacer un ruido infernal de armas y aplausos. De suerte que él estaba diciendo «ba ba ba ba ba», y los soldados echando a tierra el edificio a puros encarecimientos (C. VIII, II-65).

Y el humor no se queda ahí en ese pasaje. Sigue con la hipérbole: «Consta además por testimonio de asistentes fidedignos que volvía las hojas del cuaderno de izquierda a derecha».

Iteración

Cuando entra como elemento humorístico la iteración, al efecto cómico se une la fuerza que da la repetición.

Es el caso del «¡Juego, mochachos!» de los chagras, que sirvió, dice Montalvo, de norma rectora para el proceso electoral de la tantas veces traída Convención de Ambato (primera catilinaria).

Y de la repetición despectivo-burlesca del «¡Qué dirán los señores obispos!» (de la nona catilinaria, pp. 190 y ss.) aunque el lugar recibe tratamiento más polémico-oratorio que humorístico.

Hipérbole

Dijimos que Montalvo empleaba la hipérbole con especial intensidad para lograr fuerza —recurso patético—. Pero hay ocasiones en que esa fuerza se logra con calidades humorísticas. De un humor golpeante, excesivo.

(En la hipérbole ha buscado refugio, pensamos, lo romántico de Montalvo: su sensibilidad exacerbada, su desmesura, su pasión reacia a trabas).

Lugar magistral de humor hiperbólico es la regocijante comida del capuchino «que no sabía comer» y a quien comenzaron por ponerle

> una escudilla de caldo oleoso con una flota de tronchos de carne gorda, que no había más que apetecer: hasta monitores de guerra se veían en ese mar espeso de regalar a un benedictino. Al lado del océano comestible estaban reventando de gordos dos panes tales, que a un difunto le hubieran hecho *tus tus*.

(En lo último hay humor por idea paradójica o desconcertante empleo de palabras: eso del «*tus tus*» que le haría al difunto el tal caldo «oleoso»; en el «oleoso» y los «tronchos», también. Expresiones hiperbólicas son «flota», «monitores de guerra», «océano». Pero esto no es sino una primera pequeña parte de la hipérbole total: el primer «platillo». Seguimos:)

> El padre Melchor hizo tan bien la plana, que fue necesario premiar su buen comportamiento: «Padre —dijo la señora—, mientras ponen la mesa ¿sería servido vuesa reverencia de hacer boca con un par de plátanos ahornados, de esos que llaman hartones?»

Y servido que se hubo al padre aquellas «dos ayucamas soberbias» el buen ayunador preguntó: «¿Con qué se acostumbra a tomar los plátanos en este país?»

Y, al respondérsele que con queso, «"¡Domitilia! un queso entero". Vino allí luego un recién sacado de la encella, que hubiera servido para queso padre, si de estos animales se sacara cría por multiplicación».

Dice el par de frases el capuchino «y con admirable desenfado, de dos cuchilladas le capó la tercera parte».

Se negó a beber agua, y se echó al coleto una «taza conventual» de chicha.

Y entonces, solo entonces, ¡llamaron a comer!

Y repitió el buen fraile la sopa, y se zampó dos platos de carne —«de las carnes estofadas y guisadas no perdonó ninguna»—, y la torta le pareció tan buena «que la obligó a comparecer por segunda vez en las tablas».

«Y en llegando a los postres, dijo que adrede se había abstenido de las cosas de sal, por dejar espacio para las de dulce, que le gustaban por extremo».

Y por excesiva que parezca la exageración, todavía pudo el buen fraile engullir dos chocolates, con costra el uno, «laguna de Titicaca de chocolate» el otro, y un toronjil, pero... con leche y con unas tostadas con mantequilla de Guamialamag.

Pasajes como este, o se los aprecia en lo que valen como

humor, o hay que rechazarlos por excesivos y falsos. Ciertos términos medios —o, peor, panegíricos en otra dirección que el humor— no se sostienen.

Otra hipérbole, de cuño quevedesco esta (recuérdense los zapatos del clérigo Cabra del Buscón)·

> ... don Manuel, ¿qué ataúdes son estos? ¿se le han muerto dos de sus oficiales y va usted a clavarlos esta noche? No, señor don Juan, son las hormas del general Veintemilla. ¡Cristo crucificado! ¿cómo es posible que así se deshonre a la especie humana? Vaciadas esas hormas, holgadamente cabrían en ellas dos indios muertos (C. XI, II-271).

(Más allá del humor, menuda tontería la de don Juan de poner pies o manos grandes como impedimento de nobleza).

EL ESPERPENTO COMO SUMA

El recurso formidable de la hipérbole, expresiones felices —cuyo acierto radica en el poder de herir y humillar— y juegos de humor —humor negro, también hiriente y humillante—, hacen el esperpento.

Es decir, que la suma última de *Las catilinarias* resulta el antihéroe como motivo y el esperpento como técnica.

El esperpento. Es decir, cuadros, escenas, figuras que se han trabajado teniendo como criterio estético rector una deformación feísta hacedora de muñecos o conjuntos grotescos.

(Y el esperpento tendría tal lugar en la literatura americana del siglo XX, qué importa reconocer a Montalvo su calidad de precursor).

¡Qué esperpento descomunal en la literatura ecuatoriana el antihéroe catilinario!

> Yo conozco a Sardanápalo: su pescuezo es cerviguillo de toro padre: sus ojos sanguíneos miran como los del verraco: su vientre enorme está acreditando allí un remolino perpetuo

de viandas y licores incendiarios. Su comida dura cuatro horas: aborrece lo blanco, lo suave: carne y mucha; carne de buey, carne de borrego, carne de puerco... ¡Oh Dios, y cómo engulle, y cómo devora piezas grandes el gladiador! (C. II, I, 47-48)

Habría que recorrer todas las catilinarias —y repetir mucho de lo anotado en los títulos de expresiones felices, hipérbole, humor— para rehacer el esperpento mayor de los doce folletos. Hay la pintura física abotagada, tosca —dibujada con recurso a notaciones animales: «cerviguillo de buey», «cara de caballo»—; hay los gestos que revelan supina ignorancia y cerril incultura; y las acciones, desmedidas, grotescas, viles. A veces Montalvo, el narrador, monta una escena para que el esperpento haga un número.

Y alguna vez su esperpento actúa como auténtico héroe: héroe de picaresca; de la clásica: en la estafa al *Hotel de las Cuatro Naciones*, en la catilinaria sexta (II, 35-41).

El esperpento mayor no está solo en el tablado: en la catilinaria cuarta se hace otro estupendo esperpento, el del viejo Urbina, desde la primera pintura «envuelto en su capa mugrienta, ronca roncando en su silla de fraile», hasta «la cara que ha echado... con quince años de desgracia depravada y perversa». Urbina es el segundo, el adlátere del bandolero mayor. (¡Qué pareja si lo que hubiese tenido entre manos Juan Montalvo hubiese sido novela!)

El otro muñeco había nacido ya en las páginas de *El Regenerador*, «notario de la Curia» y «Polifemo de los Andes», pero vuelve en *Las catilinarias* para completar el trío de actores de la farsa del tiempo.

En la décima catilinaria Borrero repite su «número» —*show* que dirían algunos usuarios del *espanglish*— de la entrada a Quito, y en la ocasión Montalvo extiende lo esperpéntico a todo un fresco de frailes, jesuitas y capuchinos, prebendados y canónigos —flacos y gordos—, que componen un conjunto goyesco:

Todo ese golpe de gente se iba por esos caminos, cuando he ahí un hombre cubierto el rostro con papahígo verde, enjaezado el caballo con alforjas sobre un matalón que no puede haber otro. «Amigo, ¿en dónde queda su excelencia el presidente de la república?» «Yo soooy», responde el caminante en voz larga, apagada y cavernosa. «¿Será cosa de ponernos a darnos brega a cuantos somos los que aquí venimos?», le apostrofa airado al gobernador de la provincia de Pichincha: «Eh, buen hombre o buen diablo, ¿en dónde queda el presidente de la república?» «Yo sooy», vuelve a responder don Antonio en las profundidades de su papahígo. Su señoría el vicario capitular, hombre irascible y pronto de manos, se le va encima, altas las riendas, a castigarle su atrevimiento y superchería, cuando uno como escudero que viene tras el máscara, pica su rucio, y con sinceras y fuertes razones hace ver que ese que parece diablo es realmente su excelencia el señor don Antonio Borrero y Cortázar, presidente constitucional de la república (C. X, II, 222-223).

Y con esto la secuencia solo ha comenzado.

Borrero ha escrito un folleto proclamando que Veintemilla era obra de Montalvo, y ello le ha valido convertirse en el protagonista de la décima catilinaria. Montalvo no probará con documentos que quien puso la revolución en manos del militarote fue el propio Borrero; lo mostrará con uno de sus cuadros esperpénticos. De sombras recargadas y, en la iluminación, de magnífico claroscuro goyesco.

En el cuarto sombrío, a la única luz de «vela apagadiza».

Un hombre está acurrucado en una esquina de la sala: me llegó, le hablo; es un morisco trasquilimocho de catadura poco excelentísima ni presidencial. Juntas y a nivel las piernas, tiene las manos metidas entre los muslos, bien como si estuvieran en el cepo a causa de un prodigio de esos que llaman hurtos. Caída la cabeza, tiene la quijada clavada en el pecho. Levanta sesgadamente los ojos, quiere ponerse de pies, y se queda a medio camino torpe y sin maña. Como no ha sacado las manos de entre las piernas, al enderezarse a medias ellas han quedado en la bragadura. Así me está mirando por sobre el párpado el hombre tenebroso. Yo hago los honores de la casa: Siéntese, señor don Antonio. Se sienta. Cúbrase. El zoquete alarga el brazo, toma por ahí un objeto y se lo cala. Era la gorra del coronel Polanco, visita recién venida. ¡Y digo si estaba ridícula esa cara de notario de la curia con cachucha militar! (C. IX, II, 189-190).

LA PASIÓN Y SUS LECCIONES

Al concluir este estudio damos conque de lo mejor de *Las catilinarias* muy poco queda fuera de esa estructura que tiene como núcleo central —o forma interna— la pasión colérica y como cualidad fundamental de la forma externa, la fuerza. (Acaso lo más digno de mención de lo que se queda al margen de ese movimiento núcleo-superficie —suerte de línea maestra— son algunos hermosos lugares de narración no esperpéntica, como el intento de envenenamiento de la catilinaria sexta. Pero aun allí en el punto de arranque del relato está la pasión, como voluntad de denuncia).

Para terminar, anotemos que la forma interna se traduce en forma externa literaria para comunicarnos, en primer lugar, esas mismas formas; en nuestro caso, la pasión colérica y la fuerza.

Pero esas formas tienen un contenido, e importa mucho dar con él al cabo de análisis formales como los hechos hasta aquí.

Hemos visto que la idea maestra de la estructuración misma de *Las catilinarias* es la presentación de un antihéroe, y el modo dominante de esquema, la contraposición entre cuadros de valores y el antihéroe como suma de antivalores.

De aquí que este sea el más importante aspecto del contenido: la presentación de una suma de valores —los que Montalvo más amaba, los que más necesarios le parecían para el vivir cívico y el vivir civilizado—, dados en exposiciones teoréticas, en casos ejemplares, pero sobre todo a través de la imagen esperpéntica de sus contrarios e Ignacio de Veintemilla.

En el lugar más sistemático de *Las catilinarias* —más sistemático como esperpento; no como teoría ética—, ese cuadro veintimillesco de antivalores se organiza en torno a los siete pecados capitales —es decir, cabezas de pecado—. Y, según Montalvo, «por una correlación que se pierde en las tinieblas del pecado, las pasiones criminales y soeces cultivan estrecho maridaje» (C. II, I-51).

Al rechazar estos pecados viciosos y miserables, Montalvo los distingue cuidadosamente de las pasiones. A la pasión Montalvo rinde culto.

«Ambición —dice, contraponiendo la pasión al pecado de avaricia— es afecto de los más elevados, vicio sublime de hombres raros, que no puede concurrir sino en compañía de virtudes grandes. La pasión, la noble pasión de guerreros y conquistadores...» etc. (C. II, I-43).

El «pecado» de *Las catilinarias* no lo es en un sentido religioso. El que aborrece Montalvo es una suerte de pecado de incivilidad, de impulcritud. «Yo soy capaz de hacer una muerte en el hombre impulcro y soez...» (C. II, I-59) La menor probidad, porque le parece que «probidad es en el hombre lo que honestidad en la mujer» (C. I, I-61). La falta de honradez administrativa —el viejo Urbina se ofrece como prototipo de deshonestidad administrativa—. Y, en general, Montalvo rechaza toda falta de integridad. Rechaza, por ejemplo, como falta de integridad, la mediocridad:

> El vulgo vive y muere insignificante... El vulgo no se condena sino para barrer patios y corredores, y para ir con la basura tras la casa. Los hombres altamente distinguidos nacen y mueren para cosas grandes: si buenos, para bien del género humano; si malos, para espanto del mundo y gloria del abismo (C. IV, I-117-118).

34

A la hora de resumir sus lecciones éticas, el propio Montalvo las resume así: «Rectitud, pundonor, audacia, santa audacia; patriotismo, amor apasionado a la libertad, estas son mis lecciones» (C. III, I-107-108).

Imposible conseguir ese ideal de hombre liberado, recto y patriota, piensa Montalvo, sin la educación, y de allí que vuelva una y otra vez al tema en *Las catilinarias*. (Por otra parte, también allí halla la contraparte de un Veintemilla inculto e ineducado).

En lo político *Las catilinarias* son harto más vagas que en lo ético. La libertad está como nervio que pasa de lo ético a lo político, y el Cosmopolita da testimonio de apasionado, indignado, amor a la libertad: «esclavitud es antirazón que vuelve animales a los hombres» (C. II, I-72). Así cierra Montalvo su segunda catilinaria.

Frente a miserables que se han encumbrado utilizando la enseñanza liberal y aun intentan usufructuar su prestigio, Montalvo defiende un liberalismo «de aire libre», «de idea y corazón», «a lo Thiers, a lo Gladstone» (C. III, I-93).

Corolario de sus ideas éticas y políticas, de su gran amor a la libertad y odio a la tiranía, es un llamado a la acción.

«¿Qué fuera de él —de Veintemilla— (exhorta Montalvo) con la nación alzada? ¿qué de sus cómplices y esbirros ahogados siempre en bebidas soporíferas y apocadoras? Pueblo, pueblo, la honra ha huido de tu pecho, la vergüenza de tu rostro» etc. (C. I, I-8 y ss.).

Aunque quiere mover al pueblo, a Guayaquil, solo cuenta para esa acción con los jóvenes. Rechaza con invencible y casi irrazonado horror la falta de ímpetu de la vejez y hace un canto a la rebeldía juvenil.

«Tres barbiponientes —se gloría— hubo que me siguieron por mi carrera de hombre sin miedo» (Y fueron los asesinos de García Moreno). «Los viejos vulgares no son para acciones eminentes; los hombres comunes pronto empiezan a volverse sesudos y no servir para maldita la cosa».

De allí que:

... cuando los vicios invaden el pecho de los jóvenes en edad temprana, todo está perdido para un pueblo; pero donde hay un muchacho que alza la cabeza y exclama: «¡Tirano, yo no soy de los tuyos!», la esperanza palpita en el seno de ese pueblo. (C. III, I-107).

La quinta catilinaria se cierra con este grito que ha llegado a convertirle en fórmula insignia para la juventud ecuatoriana: «¡Desgraciado el pueblo donde los jóvenes son humildes con el tirano, donde los estudiantes no hacen temblar al mundo!» (C. V, I-204)

Estas, pues, las lecciones brotadas de esa pasión que es núcleo —o forma interna— de *Las catilinarias*, y dadas en la fuerza de su forma. Lecciones, en suma, de dignidad y libertad. No le puede dudar que, a lo largo de generaciones, la cólera y el desdén del catilinario ecuatoriano nos han enseñado dignidad y libertad. Y que, para enseñarnos eso, desde el corazón de su enorme pasión, a través de su forma de estupenda fuerza, la prosa de *Las catilinarias* sigue siendo eficaz.

PRIMERA

Los pueblos que viven dentro de la jurisdicción de las hadas infaustas, sean grandes o pequeños, tienen la facultad de atraer sobre sí la vista de las demás naciones. El poder de las lágrimas es un secreto de la naturaleza, y la desgracia, título de consideración para los que saben coronarse de ella, resplandeciendo en las virtudes. «Llora, mujer, y vencerás», dice el refrán. Harto ha llorado Polonia, y está llorando todavía, sin esperanza de redención, ni más consuelo que la lástima del mundo, que a su vez llora la suerte de un pueblo ilustre. La mujer vence con las lágrimas; las naciones, mientras más lloran, menos acreedoras son al aprecio de los pueblos dignos. La libertad no es un bien sino cuando es fruto de nuestros afanes; la que proviene del favor o la conmiseración es ventaja infamante, a modo de esos bienes de fortuna mal habidos que envilecen al que goza de ellos, sin que le sea dado endulzarlos con el orgullo que la inteligencia y el trabajo suelen traer consigo. Pueblo que no tiene desahogo sino la humilde queja, ni arbitrio sino el llanto, ni compasión merece, menos compasión que los demás. Para que el infortunio sea cosa interesante, ha de ser devorado por uno con dignidad y valor, sin que la esperanza se halle nunca fuera de sus afectos. Sucede que a una persona se le caen a pedazos carne y alma, y todavía la miramos con desdén, si no se levanta sobre su suerte y nos hace ver que el espíritu no está sujeto a la materia. Mientras más ruin, más infeliz un hombre; un pueblo no tiene derecho para llorar sus tribulaciones, cuando ellas no son enviadas inmediata y directamente por Dios, único caso en que debe sufrirlas con paciencia, pues contra él no valen furias, ni sus decretos adolecen de injusticia: los males que derivan de la tiranía, tienen remedio, y a la mano. Pueblo es un vasto conjunto de individuos cuyas fuerzas reunidas no sufren contrarresto: su voz es trueno, su brazo rayo. Emperadores y ejércitos, capitanes y soldados, tiranos y verdugos, todos caen, si ese gigante levanta su martillo. El pueblo es un cíclope; suda a torrentes en su inmensa fragua, pero está forjando las armas de los dioses. Todo pueblo merece su suerte, dice un severo juzgador de la especie humana; y es así; pues si es mala, y no hace por mejorarla, ¿no es claro que está bien hallado con el yugo? La regla es falsa, me dirán; Polonia ha dado vuelos sublimes hacia la libertad, y no ha salido con su empeño: Polonia no merece su suerte. Si la merece o no, las investigaciones de los filósofos acerca de las causas de su caída, lo dirán; en cuanto a sus esfuerzos por libertarse y emanciparse, ellos son su gloria, y sin ellos el mundo no contemplaría esas ruinas sagradas, temblando en su admiración y su dolor. Presa de tres leones, ¿a dónde se ha de volver? Blanco cisne en medio de tres águilas, ¿cómo se ha de escapar? Desde que Juan Kosciusko, cayendo en Podzance bajo una bala moscovita, trazaba sobre la nieve con la punta de su espada estas palabras: *Finis Polonia*, Polonia desapareció. Esta es una excepción terrible que no saca mentirosa la sentencia: todo pueblo merece su suerte.

Si me preguntan cuál es el prurito que vuelve más vicioso y criminal a un gobernante, yo responderé que el abuso de las leyes. Leyes son los vínculos de la sociedad humana con los cuales viven los hombres formando un solo cuerpo, sujetos a unos mismos deberes, agraciados con unos mismos fueros. El que viola el código de esas reglas en provecho de sus orgullos, sus vanidades o sus iras, es impío que da un corte en el santo nudo que encierra los misterios de las naciones, y rompe el símbolo de la felicidad del pueblo. En razón de las leyes divinas reconocemos el poder de Dios, en razón de las naturales acatamos a la naturaleza, en razón de las humanas dependemos los ciudadanos unos de otros, y todos juntos somos esclavos respetables del soberano invisible que está ahí erguido y majestuoso con nombre de Estado. Al que prescinde de los principios religiosos, la Iglesia le pone fuera de su gremio; al que los escarnece, le maldice y tacha de sacrílego: maldito es y sacrílego igualmente el insensato que se pone él mismo fuera de la comunión social con el traspaso de las leyes. La excomunión es pena de las grandes en todas las religiones: cuando los pueblos, cansados de padecer y tolerar, yerguen la cabeza y levantan el brazo en ese movimiento espantoso que se llama revolución, los malditos pierden el color y se ponen a dar diente con diente. Ese tribunal es inexorable: mentiste, engañaste, hiciste burla del pacto general y befa de la república: muere, perverso; condénate, impío. El patíbulo, un feo cadáver en los brazos, está dando fe de la justicia de un pueblo, o las piedras de las calles teñidas en sangre del réprobo que ha concitado su justa ira.

Toda infracción es delito, y no hay delito sin pena: las infracciones repetidas son culpas multiplicadas que acreditan un gran pecador en el triste que así atropella los mandatos del Cielo como los de la tierra. El abuso triunfante, soberbio, inquebrantable, es tiranía: en las entrañas de esta Euménides se dan batalla las pasiones locas, los apetitos desordenados, los propósitos inicuos, y tomando cuerpo en forma de verdugo, comparece a un mismo tiempo en todas las ciudades de la república, condecorado con el hacha, la cuerda o el fusil pervertido, a llevar adelante sus obras de condenación. Tiranía no es tan solo derramamiento de sangre humana; tiranía es flujo por las acciones ilícitas de toda clase; tiranía es el robo a diestro y siniestro; tiranía son impuestos recargados e innecesarios; tiranía son atropellos, insultos, allanamientos; tiranía son bayonetas caladas de día y de noche contra los ciudadanos; tiranía son calabozos, grillos, selvas inhabitadas; tiranía es impudicia acometedora, codicia infatigable, soberbia gorda al pasto de las humillaciones de los oprimidos. La tiranía es fiera de cien ojos: ve a un lado y a otro, arriba y abajo, al frente y atrás: zahorí prodigioso, en el centro de la tierra descubre si una virtud prófuga está allí metida en su propio rubor;

si una inteligencia, procurando apagarse ella misma para no morir, se ha escondido en las sombras que ilumina a pesar suyo; si un corazón grande y puro se ha puesto tras el olvido para no ser tomado por los sicarios que ciernen el mundo en busca de lo justo, lo grande y lo bueno. Patriotismo, amor a la libertad, deseo de ilustración pública, son enemigos de esa hija del demonio, a quien ofenden e irritan luces y virtudes.

Tiranía es monstruo de cien brazos: alargados en todas direcciones y toma lo que quiere: hombres, ideas, cosas, todo lo devora. Devora ideas ese monstruo: se come hasta la imprenta, degüella o destierra filósofos, publicistas, filántropos; esto es comerse ideas y destruirlas. El tesoro nacional, suyo es; la hacienda de las personas particulares, suya es; la riqueza común, suya es: suyo lo superfluo del rico, suyo lo necesario del pobre. Si algo le gusta al tirano, es la oveja de Nahaán. Entre los antiguos mejicanos el tercio de los haberes de los súbditos pertenecía al Emperador: pueblos hay en estos tiempos de progreso y estos países de libertad irrestricta que habitamos, donde los ciudadanos libres y felices han llegado a pagar el quinto: a un paso están de los vasallos de Motezuma. Pagar, ¿a quién? ¿al Gobierno? ¿al fisco? No; al presidente, ese magistrado republicano que se está allí resplandeciendo en la luz de las leyes, fijo el oído en los consejos de Minerva.

Leyes... vuelven a salirme al paso, y me hago con ellas. Leyes son freno de oro que nos obliga a ir y venir mesurada, cuerdamente. Duro es el bocado, pero saludable: esos sabores mantienen la frescura de la boca, esas camas agarran las riendas, dan fianza para no soltar el nudo de la vida. Rotas las leyes, rota la caja de Pandora: los males salen en torbellinos y, braveando por la república, triste la dejan y arrasada. El que la suele romper es el depositario de ellas: hombre desleal, ¿así agradeces la confianza hecha de ti por los que te las pusieron en las manos? Traidor, las rompes, las has roto: ¿cuál es tu pena? No la has de oír, la has de ver, cuando, las manos con empulgueras, la carlanca al cuello, vayas lento y aterrado por esas calles por donde paseabas tu soberbia teñida de oro y sangre.

La transgresión de las leyes no es sino favorecimiento inicuo a unos pocos, o quizá a uno, contra la mayor parte de los ciudadanos, contra la generalidad. Los tiranos suelen ser el todo ellos solos: divinidades animadas por el orgullo, échanse a los hombros el mantón de Demetrio, y salen paso entre paso contoneándose cual Genios superiores al linaje de los mortales. Sol, luna, astros, bordados de oro y pedrería fina en fondo primoroso, están girando alrededor de Demetrio, cuyos decretos son divinos en concepto de los caídos atenienses. Los grandes tiranos, esos a quienes exaltan prendas y endiosan triunfos, todos suelen vestir el mantón sembrado de astros: estos giran humildes en torno suyo, y ninguno los toca: héroes, nobles, barones y terratenientes poderosos son los astros que giran alrededor de los tiranos de gran porte, esos que con la cabeza dan en el firmamento, y con los pies están haciendo acto posesivo del infierno. Para ser gran tirano se ha de menester inteligencia superior, brazo fuerte, corazón capaz del cielo y de la tierra; los opresores vulgares no llaman la atención del mundo; los ruines, los bajos, son tiranuelos a quienes perdona el pueblo cuando se derruecan, y olvida por desprecio. Los bajos, ruines, pero criminales, pero ladrones, pero traidores, pero asesinos, pero infames, como Ignacio Veintemilla, no son ni tiranuelos: son malhechores con quienes tiene que hacer el verdugo, y nada más.

El conde José de Maistre, apologista de este personaje, pone en sus garras con amable desenfado al revolucionario patriota, al amigo de la libertad y el bien común, al escritor luminoso y atrevido, al prócer, al apóstol, al hombre libre que levanta al cielo la frente y no reconoce vasallaje envilecedor: todos son presa natural del verdugo para ese gran teórico, émulo de Hobbes. El que mata a todos, con razón o sin ella; el que roba a todos; el que agravia a todos; el que oprime a todos, este es el único que no ha de subir jamás los cuatro peldaños de esa escalera negra por donde los más desgraciados de los hombres se encaraman en el altar de la infamia. Pues yo digo, señor conde, que si alguien merece el patíbulo, es el hombre inicuo, tirano y malhechor, sobre quien pesan crímenes propios y desgracias de los pueblos.

Sin traspaso de las leyes no puede haber tiranía: habrá quizá despotismo; si la hay, no está ella en el que las ejecuta, sino en el legislador. Si hay traspaso, hay tiranía, por fuerza de razón. Pues ¿cómo sucede que uno que las traspasa no se pueda llamar tirano? Los bandoleros las infringen, y no se llaman tiranos; son malhechores. Y el que se alza con todo, sin facultades para distinguir el bien del mal, sin luz de razón ni principios de gobierno, a impulsos de su bestial naturaleza; que brilla por el veneno y el puñal; que infama la tiranía misma con la hez de los vicios; que aborrece la justicia, por maldad; desprecia la inteligencia, por ignorancia; un azotacalles puesto en el Solio por asalto nocturno, y sostenido allí por una banda de gente hampesca; un pobre diablo como este, ¿alcanzará nombre y fama de tirano? De ninguna manera; y quedas, oh lector, remitido desde ahora a otro lugar donde más largamente se contiene esta materia.

Leyes... ¿para qué las quiere Ignacio de la Cuchilla? «¿Con qué derecho habéis descendido armados a estas tierras que no son vuestras?» le dijo un romano a Breno que se presentaba en Italia blandiendo la pica de los galos. «Nuestro derecho lo traemos en la punta de nuestra espada», contestó el bárbaro. No le preguntemos a Ignacio de la Cuchilla con qué derecho está ahí mandando a su manera sin Dios ni ley; con qué derecho está imponiendo contribuciones exorbitantes a los pueblos; con qué derecho se lleva a su gazapina las arcas públicas; con qué derecho proscribe a los patriotas, los escritores, los varones eminentes; con qué derecho manda a media noche asesinar a los mejores; con qué derecho suprime escuelas, quita rentas a los colegios, amenaza a las universidades; con qué derecho pone las aduanas y las administraciones en manos de hombres sin fe ni probidad; con qué derecho asigna rentas fabulosas a insignes pícaros, y capa o quita del todo las de los útiles oficiales; con qué derecho se tira de rodillas y llama extranjeros en su auxilio cuando las ha con enemigos interiores; con qué derecho cubre de infamia a la nación y de ridiculez al Gobierno; con qué derecho embriaga al Cuerpo Legislativo por costumbre, y convierte en lupanar la casa presidencial; con qué derecho impone multa y castigo denigrante a la Corte Suprema de Justicia por un fallo de este poder independiente; con qué derecho envilece y arruina al clero, obligando a sacerdotes encadenados a firmar documentos mentirosos de prostitución y esclavitud; con qué derecho acusa a los inocentes con cartas fingidas, fabricadas en su oficina de imposturas; con qué derecho busca a los más invisibles de los hombres, como sean los más corrompidos y perversos, para darles mando y dictadura en las provincias; con qué derecho retiene esas nefastas facultades extraordinarias sin término ni motivo; con qué derecho se anda por las calles seguido de una manga de sicarios, echando a tierra con el bastón el sombrero del que no le rinde vasallaje, y punzándole la barriga al tiempo que le harta de improperios: no le preguntemos nada de esto, porque él ha de responder: «Mi derecho está en la punta de mi puñal; mi derecho está en las puntas de mis uñas, largas como veis, sucias y retorcidas; mi derecho está en la punta de mi nariz, con la cual husmeo y descubro lo que cuadra con mi apetito; mi derecho está en mi negadez; mi derecho está en mi ignorancia; mi derecho está en mi proclividad; mi derecho está en mi impudicia; mi derecho está en este zurrón de vicios y perversidades que escondo en mi negro pecho». Este bárbaro ha descendido a la república con su cola de trogloditas, y en nombre del pecado y por autoridad del crimen ha planteado en ella las instituciones y costumbres de Sodoma.

Los trogloditas eran un pueblo sobre el cual la lluvia de fuego estaba en el disparador: hombres y mujeres, todos hundidos en un pozo de iniquidades y torpezas. Entre ellos la importancia personal de un individuo se graduaba por el número de acciones atroces, o por los actos que hacen temblar a la naturaleza. Pundonor en los unos, pudor en las otras, borrados de sus costumbres: sangre, rapiña, blasfemia, gula, incesto, pan de cada día para esos miserables. Viven sin gobierno: la anarquía, envolviéndose sobre ella misma, y soltándose luego cuan larga es, va serpenteando por la tierra, o se dispara veloz de un punto a otro: incendios, bacanales furiosas, adulterios, parricidios, esta la vida de los trogloditas. Tan veleidosos como soberbios, un día les pasó por la cabeza ganar en consideración volviendo su estado monarquía: quisieron monarca, títulos y condecoraciones, con lo cual prevalecían por la vanidad los principales llamándose condes, duques y hasta príncipes los más atrevidos y ambiciosos.

Había entre ellos uno que se quejaba estar en austero silencio, sin tomar parte ninguna en ese empeño general de crímenes y placeres indebidos: ora por corromperle, ora por ponerle al toque de las virtudes, le proclaman su rey: ¡al trono! ¡al trono! El rey electo se yergue, encapota la frente más y más, y en voz terrible dice: «¿Yo vuestro rey, pueblo infame? Los dioses castigarían en mí semejante condescendencia: vosotros los crímenes, yo las virtudes dentro de mi corazón: adoro al padre de los mundos, tiemblo de justicia, y procuro no parecerme en nada a monstruos como vosotros. El más inicuo de los trogloditas, ese es vuestro rey». Les vuelve la espalda y se va fuera de la ciudad a una cueva donde vive con una mujer casta y temerosa de Dios, cultivando la conciencia en comercio con la Divinidad por medio de los buenos pensamientos.

Los trogloditas no le matan: sorprendidos quedan, aturdidos. En tumulto inmenso van hacia el hombre justo, le toman en hombros y le traen a la ciudad por la razón o la fuerza. Sed nuestro rey, exclaman: guiadnos, corregidnos, curadnos esta lepra que nos devora el alma: os obedeceremos, os veneraremos. El hombre justo se pone a verter lágrimas. «¡Trogloditas! —dice—, del pueblo más perverso y corrompido de la tierra, seréis el más bueno y morigerado: el dedo de Dios está oprimiendo vuestros corazones, bien lo veo: llorad conmigo vuestras culpas, y seguidme por la carrera de las leyes: el cumplimiento de las divinas y las humanas será vuestra salvación». Le siguieron por allí al hombre justo los trogloditas, y vinieron a ser ejemplo de pueblos sabios y virtuosos.

Ecuatorianos, el troglodita que está sobre vosotros es el peor de todos, es el que designó el hombre justo: derribadle, buscad vuestra salvación en el cumplimiento de las leyes divinas y humanas; de otro modo seréis los trogloditas del Nuevo Mundo, y os devorará el alma esa lepra que corroe la del Jestas que tenéis sobre vosotros.

Hubo asimismo en un lugar una junta de hombres, no tanto malos cuanto viles, que se llamó Convención o Cuerpo Legislativo. Van a dar leyes, y no tienen rudimentos del Derecho; a prescribir reglas de justicia, y son injustos. El legislador es sabio como Solón, austero como Licurgo: hez de cuarteles, gente del campo, soeces taberneros, vagos y vagamundos, ¿qué constitución, qué leyes? Ignacio *de* Veintemilla, jefe supremo, va cada día a un chiribitil contiguo a la sala de sesiones, y está sacando la cabeza y alargando el cuello, a ver quién da su parecer en contra de sus pretensiones. Por la noche los legisladores están en su casa, comen y beben, se embriagan, vociferan: son los trogloditas del troglodón supremo. En este vaivén de carne y aguardiente, de vilezas y fechorías, las leyes estuvieron hechas: gendarmes sin ley, payos sin letras, polizontes sin oficio, rábulas sin equidad, sacerdotes sin Dios habían dictado leyes. El presidente de la Convención era un viejo ebrio consuetudinario: borracho iba a las sesiones; no contento con esto, se levantaba a cada paso a hacer aguas y echar trago: el botiquín de aguardiente está ahí, tras una puerta: allá se acoge a curarse a cada rato, a curarse... Templanza, honra, majestad del hombre son enfermedades para ese viejo sátiro. Se levanta la sesión: borracho fue a ella, borracho sale y se va por esas calles en lastimoso tambaleo. Un hombre está de pie en el umbral de su tienda: el presidente de la Convención, que está viendo dos candiles, alza el palo, se le pone encima «¡Canalla! el que me toque a un pelo a uno de mis soldados, al patíbulo». Él no va al patíbulo todavía; va a la cama, y allí le está tocando el pelo toda la noche a su santa esposa: la botella. Al otro día se ha de levantar un Minos, y ha de ir a dar la ley de la prostitución y el escándalo.

Los legisladores han concluido las leyes: el último día revisten de facultades extraordinarias sin término al dios de los dioses, toma a cada cual su mula de alquiler, y, delito en el corazón, la infamia en el rostro, las alforjas al anca y el empleo en la faltriquera se reparten por provincias y ciudades. Saliéndose aún de la órbita de ellas, el rey de los trogloditas no arrepentidos, es dictador: su dictadura, eso sí, modesta; para desterrar a los buenos; para sepultar a los mejores en prisiones; para gravar con nuevos impuestos a la agricultura, la industria; para celebrar contratos en los cuales se favorece él mismo con medio millón de pesos; para quitar a los planteles de educación sus rentas naturales; para ceder las aduanas a los cómplices, como le manden su parte equitativamente; para ninguna cosa mala. Y este cumplido troglodita está haciendo cada día una cruel amenaza a los ecuatorianos. «Me he de ir, dice; me he de ir a Europa, en donde saben apreciarme. Ingratos: me he de ir; en Francia me quieren; en Inglaterra conocen y reconocen mis méritos; en Alemania tengo vara alta: me he de ir».

¿Y en España, Ignacio de los Palotes...? ¿y en Madrid...? ¿y en la calle del Arenal...? ¿y en el *Hotel de las Cuatro Naciones*, no te saben apreciar, no te conocen tus méritos, no te quieren? Sí te quieren, para alojarte en los pontones de Cartagena o dar contigo en la Carraca. Testigo el marqués de Acapulco, don Mariano del Prado, con quien te mandó afectuosas memorias el italiano Juan Borella. No te vayas: las requisitorias están en París, te echan mano. Puedes irte, el niño: le ablandarás al de Madrid con un buen porqué de unto de Méjico; pues para algo han de ser los quinientos mil pesos que te tienes por ahí, amén de los seiscientos mil que te van a caer del cielo por el ferrocarril de Yaguachi. Puedes irte, amigo, y goza de las consideraciones y el amor que te profesan en Europa.

Llorad, ecuatorianos, ¡se va! Derretíos en lágrimas, se fue. Los esquilmos de vuestras haciendas estarán seguros, las alhajas de vuestras hijas no correrán peligro, la vajilla yacerá en su alacena: llorad. Un negro con lanza, un cholo cualquiera con gorra no os insultará en la calle, un *jefe* beodo no os cubrirá de injurias, un rufián de servicio no os llevará a la cárcel: llorad.

Vosotros, periodistas; vosotros, jueces; vosotros, profesores y catedráticos, llorad. Llorad; ya no tendréis quien os confisque vuestra imprenta, quien os castigue vuestra justicia; quien os reprenda vuestra enseñanza: llorad.

Clérigos, llorad: ya no os sepultarán en húmedas mazmorras, ni os pondrán grillos perpetuos, ni os harán firmar escritos infames el puñal al pecho.

Llorad, sastres, carpinteros, zapateros: vuestras hechuras no os serán defraudadas, ni correréis peligro de ir al cuartel, si tenéis la avilantez de reclamarlas.

Estudiantes, jóvenes que ansiáis por ilustraros, llorad: se va don Alfonso el Sabio, se va el Albusense: llorad. Se va Tritemio, se va Santo Tomás de Aquino.

Poetas, se va Mecenas, se va Augusto, llorad. Se va Cristina de Suecia, se va Luis XIV.

Llorad, agricultores, se va Ollivier de Serres, se va Enrique, el protector del trabajo y la industria.

Maestros de escuela, llorad: se va el dueño de vuestras rentas, se va.

Matronas de alta guisa, llorad: se va el yerno codiciado. Niñas de quince abriles, se va el novio pretendido: llorad.

Llorad, ninfas, se va el Silfo. Náyades de las fuentes, napeas de los bosques, dríadas y amadríadas, llorad: se va el Amor, el Genio de los fantásticos placeres.

Llorad, Musas, se va Apolo. Flores, llorad: se va el fresco, blando Céfiro.

Pan del hambriento, vino del sediento, vestido del desnudo, qué no era ese San Carlos Borromeo ceñido de invicta espada. Enseña al que no sabe, da buen consejo al que lo ha menester, visita a los enfermos, con la bolsa en la mano, para meter allí lo que encuentra en sus santas peregrinaciones, si gargantillas de perlas, si cucharas de plata. Lloremos, compatriotas, lloremos: se va nuestro libertador, nuestro civilizador, nuestro benefactor. Ingratos, ¿no lloráis? Oh corazones broncos, oh pechos áridos, oh almas de almirez, sacad agua de las piedras, llorad. Ya no oiréis ese paso lento, pesado, fatídico por vuestras calles. Ya no veréis ese pescuezo de meses mayores que está amenazando con una reventazón de hiel y vinagre; ya no sentiréis en las carnes esa uña envenenada. Se va el rey, se va el papa, se va. Se va, se va, se va nuestro padre y madre: llorad, lloremos.

¿Qué llanto deplorable es ese que inunda los ámbitos de la nación? Lloran los hombres, lloran las mujeres; lloran los civiles; lloran los eclesiásticos: se fue...

No lloran porque se va, sino porque no se quiere ir ni morir el bruto: lloran los cobardes, cuando lo que deben es alzar el brazo y dar al través con ese malvado tan sin fuerza contra un pueblo pundonoroso y valiente. ¿Es por ventura su poder obra de su vigor? La flaqueza de los demás, la entereza del ruin que al menor síntoma de cólera popular pone las manos a gentes extranjeras y las llama en su socorro. ¿Qué fuera de él con la nación alzada? ¿qué de sus cómplices y esbirros ahogados siempre en bebidas soporíferas y apocadoras? Pueblo, pueblo, la honra ha huido de tu pecho, la vergüenza de tu rostro. ¿Cuándo viste sobre ti alimaña más soez y despreciable que esta que hoy te está chupando la médula de tus huesos? ¡Y no te enderezas, y no te superas a ti mismo, y no ruges de cólera y sacudes de tu cuerpo el ávido murciélago que ya tiene exangüe! Honor, pundonor, consideración de las demás naciones, bienes de fortuna, todo te lo ha comido, todo. Y le sufres aún; y, esqueleto rechinante, le sirves de caballo, y él te monta, y él te mata. Pueblo, pueblo, pueblo ecuatoriano, si no infundieras desprecio con tu vil aguante, la lástima fuera profunda de los que te oyen y te miran. Un tirano, pase: se le puede sufrir quince años; ¿pero un malhechor? ¿pero un salteador tan bajo, un asesino tan infame?... Pueblo, pueblo, pueblo ecuatoriano, ve a la reconquista de tu honra, y muere si es preciso.

Se va a Europa, allí le aprecian, le quieren. Los que no saben cuánto alcanza en las naciones del viejo mundo, en esas capitales opulentas, un desconocido cualquiera que llega sin nombre ni bienes de fortuna, podrían quizá dar alguna significación a la pajarotada de ese farandulero. ¿Quién le aprecia en Europa? ¿la motilona que le lleva a mediodía su pitanza a la cama? ¿la vieja que le recibe la llave, cuando él sale para el café? ¿el mozo de la cervecería que le sirve copa sobre copa? ¿la dama del número 5 que le conoce como a su parroquiano? ¿el dueño del garito que le ve todas las noches? Estos le aprecian, estos le quieren. Por lo demás, ¿qué relaciones un quídam sin talento ni riqueza? ¿qué distinciones un pícaro de más de marca? Inteligencia superior, grandes obras de la pluma o de la espada, caudales bien o mal invertidos se han menester para hallar puesto entre la gente de chapa de esos mundos. Andar condecorado fraudulentamente, como Ignacio Veintemilla, falsificando cintas y veneras, podrá recomendarle a uno a los policías e infundir cariño en la gente del hampa; mas no son estos miramientos ni este amor los que buscan los hombres de bien y trascendencia. No hay duda sino que, si sale con vida de la nefanda aventura en que está metido, se ha de ir a Europa, se ha de llamar conde, ha de tener coches y lacayos, él, el pobrecito del ómnibus, el sopista de Picpus. Pero tras ese gran señor de yeso no podrá ocultarse el criminal, y una vez que el príncipe de Cavalcanti venga a ser descubierto, huir ha con títulos y millones. En su patria una muerte y muchos robos; en Madrid una estafa de... caballero; en París robo de la espada de Solano López, falsificación de símbolos nobiliarios. En esta última ciudad está llamado por la justicia: no ha comparecido; antes escribió al mariscal Mac-Mahon, presidente de la república francesa: «Grande y buen amigo». Si ese egregio magistrado, o la reina de la Gran Bretaña, tuviesen noticia de quién es su *grande y buen amigo*, mandarían sendos buques a castigar con bombardeo al pueblo que tiene la vileza de sufrir sobre él a perillán como ese, y al mismo belitre que se atreve a hombrearse con presidentes de marca mayor y testas coronadas. Un nubarrón oscuro en forma de corneta se está levantando sobre ese lapita afortunado: su estrella va a apagarse, se apagó.

> Muchas veces he membranza
> del cielo venir señales,
> que nos daban figuranza

de la mala venturanza
de nuestras cuitas e males.

Las leyes... Se nos han ido nuevamente de las manos, pero no hemos hecho infracción de ellas. Una vez que los convencionales las hubieron llevado a felice cima, se pusieron a roerlas ellos mismos, y las echaron abajo de raíz. Leyes, buenas o malas, ya estaban hechas: gracias a Dios, la dictadura vio su término, y el peligro inminente que Bolívar estaba señalando en ella para la patria, dejó de amenazarla. Dura labor la de esos legisladores: comer, beber, dormir, jugar muchos de ellos y firmar todos. Constitución y leyes, helas allí. Pero esos Claudios y Papiros, esos Régulos y Catones no habían contado con la huéspeda: «¡Mensaje del Poder Ejecutivo!», gritan los hujieres. El señor ministro, un soberbio capón de partirlo con la uña, se presenta, sus papeles en la mano: «Señor presidente, señores diputados: hará cosa de seis días, dos hombres misteriosos llegaron a la casa de posada de Guaranda. De Guaranda, señores, fijaos en la gravedad del asunto. Se encerraron estos hombres, y ni comieron ni bebieron: hombres misteriosos, como queda dicho. Venía el mayor cubierto con uno de esos aparatos de camino que llaman catalán, mascarilla o papahígo: el otro, por el recorte del pelo, daba indicios de ser fraile; capuchino, jesuita o dominico, no lo podría decir el supremo Gobierno. Al otro día los hombres misteriosos habían desaparecido. La Cámara, en su providencia, dictará las necesarias para la salvación del país».

«Señor ministro —contesta el presidente, viendo siempre dos candiles donde no había más que uno—, según lo expuesto por vuestra paternidad, la república se halla al borde de un abismo. Dos hombres misteriosos en una posada, fraile el uno, con papahígo el otro... la revolución está hecha. Podéis asegurar al excelentísimo señor capitán general de sus ejércitos, que este ilustre consistorio no escatimará los medios de defensa, ni le regateará su co... su co... su copa... su cooperación. Al joven Carlomagno le ha de caber de nuevo la gloria de salvar la libertad y los principios».

El honorable presidente se agacha, se agazapa y esconde tras la mesa de su alta plataforma, echa un trago, se endereza y pregunta: «¿Su señoría, el señor ministro, no tiene otras pruebas que aducir?» «¿Pruebas, señor presidente? eso es lo que sobra; mas antes dignaos advertir que entre *señor y señoría* hay pleonasmo». «¿Y cómo no? —replica el presidente—; pues si lo que habemos menester en estas nuestras apuradas circunstancias es un pleonasmo, un gran pleonasmo, de esos con los cuales Mitrídates salva la Francia, y Benedicto XIV pone a raya a... Torre Tagle. Un pleonasmo, sí, señores, pleonasmo; lo que se llama pleonasmo».

Profunda era la admiración de la Cámara por la sabiduría de su presidente; y el señor ministro, no muy seguro en ese terreno, pasó a dar las pruebas, y dijo: «Un honrado comerciante de Guayaquil nos escribe que los insurgentes no se dan punto de reposo, y que antes de uno o dos años la revolución será *urbis et orbem*». «¡*Urbis et orbem*!» grita el presidente; lo habéis oído, señores, señores diputados, *urbis et orbem*..., Andrés Alciato y Justo Lipsio hubieran dicho quizá *urbi et orbi*, mas el señor ministro y el presidente de la Convención hablan latín corregido, aumentado y perfeccionado; ellos dicen *urbis et orbem* latín parlamentario, latín oficial.

Los legisladores, por casualidad no estaban ese día tan borrachos como su presidente, no juzgaron que el caso del señor ministro fuese de tocar a somatén, y dejaron las facultades extraordinarias para cuando se presenten más pruebas, siquiera indicios de la conspiración. Esa noche el jefe supremo no les dio de comer ni beber, y como iban presentándose en su casa, los iba hartando de desvergüenzas, y echándolos escalera abajo. La siguiente, un horrible acaecido les abrió los ojos a los diputados, y vieron esos ciegos: libertad, instituciones, patria, se hunde todo, sin la advertencia y sabiduría del jefe supremo. ¡Fuego! ¡fuego! ¡arma! ¡arma! ¡Se quema el cuartel del *Número catorce*, arde el mundo, se pierde la Francia!

El infame cometió ese día el más bajo de los crímenes, el incendio. Traspuso por la mañana sigilosamente el parque, y de noche mandó meter fuego a un rancho que estaba sirviendo de cuartel. Era este un armazón de magueyes y paja sobre las paredes de una iglesia caída. Se presenta de nuevo Eutropio en la Cámara Legislativa, y dice que los enemigos del Gobierno han incendiado uno de los cuarteles; que la revolución está descubierta con hecho tan audaz y notorio. Los diputados, íntimamente convencidos de la superchería, le dieron facultades extraordinarias para toda la vida al incendiario. ¿Cuál es más infame, el malhechor o sus fautores? ¿el malhechor o sus encubridores? Tocado el rebato, acudió el pueblo: el batallón, distribuido en las esquinas, bala en boca, le echó a la espalda. Jefe supremo y presidente de la Convención, con bastones levantados, estaban ahí presidiendo el incendio, sin permitir que nadie acudiese a salvar la ex iglesia. ¿Piensan estos dos histriones que el pueblo es un canasto de títeres, y la nación un retablo donde ellos, rey Marcilio y rey sobrino, han de dar sus farsas en uno como maese Pedro? Los asesinatos castigaría yo con el patíbulo, los robos con el grillete y la escoba, y la patraña del incendio y las facultades extraordinarias, con azotes. Un hombre de sangre en las venas decía no ha mucho, que a los convencionales de Veintemilla y Urbina se les debía transmitir a la posteridad en un cuadro inmortal con sus retratos. Bueno; pero en el cuadro no han de estar sentados, sino echados de... barriga.

«¡Ese no! me ha de venir con leyes», respondió Ignacio de la Cuchilla a un individuo que para ministro de Estado le proponía un hombre de ley. El estilo es el hombre, dijo Buffón, cuyo axioma están repitiendo todos los días filósofos y moralistas: el estilo es el hombre. Las palabras del hombre son la imagen de su vida, había dicho Salomón, de donde por ventura sacó su principio el gran escritor moderno. Las palabras del hombre son la imagen de su vida: «Me ha de venir con leyes», dice el menguado sin fe ni ley. El autócrata de Rusia no habla con más atrevimiento, él que por ley es soberano absoluto. Un presidente de una república que se titula democrática ¿puede rechazar a sujetos competentes y de probidad, cabalmente porque son competentes y probos? Él quiere uno que no le venga con leyes; quiere eunucos natural y perpetuamente encorvados ante la majestad de su persona, que autoricen sin actuarse de ellos sus órdenes y decretos. Quiere delincuentes sentenciados, para desdoro de la nación y tirria del cuerpo diplomático. Su ministro de lo Interior y Relaciones exteriores actual, es un masón expulsado de una logia de Lima, previa sentencia condenatoria: estafador, impostor, mentiroso, incorregible, calumniante, y otros de estos son los artículos de la acusación por la cual los masones le pusieron de patitas en la calle, un cartel a la espalda, donde estaba dicho en gruesos caracteres: «Infame». El proceso y la sentencia, autenticados, salieron a luz por la prensa con la estampa del réprobo: todo el mundo los ha visto. Ignacio de la Cuchilla sabe muy bien esto, y por lo mismo le ha hecho ministro de Estado y le tiene en roce infamador con los de las naciones amigas. Estos, a fuer de pundonorosos, como representantes de gobiernos respetables, deben protestar contra semejante medianero, y negarse a tratar con uno cuyo retrato anda con la nota de inhábil y fallido. Ignacio de la Cuchilla es por lo menos consecuente consigo mismo: secretario del monipodio no puede ser sino Chiquiznaque y Maniferro. Hombres de ley le vendrían con leyes; no los quiere.

Por aquí pueden ver las repúblicas vecinas cuáles habrán sido los legisladores de Veintemilla, cuáles los que han puesto una triste nación como la vemos. Elegidos, en unas provincias a furor de espada, en otras a puro fraude, en las de más allá con prescindencia de los ciudadanos, la junta aquella fue una verdadera rufianería. En la capital de la república, los soldados hicieron la elección: desfilando por compañías, iban de mesa en mesa: ellos también son ciudadanos, tienen derecho... derecho a votar cada día cuatro o cinco veces cada uno, sin que la vergüenza ni el respeto público pudiesen algo con el que los mandaba. En Imbabura, un viejo del lazareto de Urbina, charreteras a los hombros, espada al cinto, crímenes e infamias dentro del pecho, se presentaba diariamente en la mesa electoral, y como quien hace un donaire, iba sacando de todos los bolsillos puñados de votos escritos y echándolos en la urna.

No contento con esto, se la llevaba a su casa por la noche, y rompiéndola, sacaba todos los de los buenos ciudadanos. En Tungurahua, uno de esos palurdos que llamamos *chagras*, disfrazado de *jefe*, sale un día, víspera de elecciones, y, «¡juego, mochachos!» hiere, dispersa liberales, mata un joven distinguido. He aquí las elecciones.

Por si estas líneas llegaren a manos literarias, ahora que en todas nuestras repúblicas hay una porción de humanistas o beneméritos filólogos que están haciendo agua por la cultura del lenguaje; por si alguno de esos doctos escolares de don Andrés Bello, esos que las cortan en el aire en esto del hablar pulido; por si un Cuervo, un Caro, un Marroquín, en Colombia; un Acosta, un Calcaño en Venezuela; un Amunátegui en Chile; un Gutiérrez en el Río de la Plata; un Merchán, un Mestre en Cuba; un Icazbalceta, un Ipandro Acalco en México llegaren a echar los ojos sobre estos renglones, habré de decir lo que es un *chagra* en el Ecuador. Chagra es lo que el *guajiro* en Cuba, lo que el *sabanero* en Bogotá. Hombre de zamarra, si a caballo; de pantalón, si a pie. Chagra sin poncho, no lo hay: la funda de sombrero, cosa suya. El chagra es mayordomo rural de nacimiento: tiene mula, yegua; caballo, rara vez. El chagra dice *piti* en vez de poco, responde ¡*jau*! cuando le llaman, y en siendo *jefe*, manda: «¡juego, mochachos!» Si le obligan a sentarse a la mesa, pues hay chagras calzados y tocados, no sabe el infeliz qué hacer de la cara y las manos: come con el cuchillo, hiere el pan con la cuchara, se limpia los labios con el poncho. Cuando este humilde personaje deja *la chagra*, no su fémina sino su mansión rústica, y empieza a sacar los pies de las alforjas, es personaje terrible: chagra con botas, presillas, cachuchas y galones, *abrenuncio*. El chagra-soldado, chagra-jefe combina mal las piezas de su vestido: pantalón blanco, chaleco de grana, levita verde, sombrero de copa alta o chistera, y hasta guantes de hilo se pone el macabeo. Verle a caballo, un rey de Prusia, sino que pide un *piti* de aguardiente, cuando se le aridece la canal maestra, y dice que *güelta* ha de venir a tomar trago. *Güelta*, en lengua viva de chagra, es otra vez; a donde viene a dar por *vuelta*; esto es que ha de volver a ocurrir tal cosa. *Trago* es simple figura de retórica, o la parte por el todo. El *chagra* habla también figuradamente, y sin saberlo, como monsieur Jourdain, comete hipérbatons, sinécdoques, onomatopeyas de las buenas. Si el *sabanero* de Bogotá y el *guajiro* de Cuba son como este, hermanos son, y deben convocarse a un congreso continental en Atenas, para darles términos fijos al *piti*, al *jau* y otras alimañas *ejusdem furfuris*, que hoy andan perdidos en comunidades de gente de capa parda.

El chagra llega a ser coronel. Dios misericordioso. Al que le dice «mi coronel», es capaz de darle un ojo de la cara, aun cuando sea tuerto. ¿El *guajiro* será hombre de este fuste? ¿habrá guajiros coroneles? Un gran señor libertino es terrible cosa, dice un moralista; un chagra gran señor con cacofonía, y todo, es la cosa más graciosa que puede nadie imaginar. Da convites, y en vez de jamón pone *cui*, animalejo doméstico de América de que los indios gustan por extremo. Humboldt que habla con tanto encomio de la *oca* y el *melloco*, ¿no tiene por ahí un capítulo del *cui*? Si Humboldt no se desdeña de hacer mención, y aun tratar de propósito estas quisicosas peculiares del Nuevo Mundo, ¿habremos nosotros, pobrecitos medias cucharas, de rehuir su contacto, picando en cultos y grandilocuentes? Compra vino el chagra; mas la chicha no falta de su mesa; y el café, que él llama *cuafecito*, no es bueno sino lo hiere con una punta de agua de Colonia. La loza blanca no ha penetrado aún en el palacio del chagra: allí se ven platos de mariposas azules y escudillas moradas como para frailes. Si el chagra baila, ríen los prados; eso es salir el sol a media noche, espectáculo brillante. ¡Y miren si son pocas las pernadas que da a modo de danza sutil! En resumidas cuentas, venga el chagra-galán, el chagra-diplomático, antes que, el chagra-militar; porque este, aun cuando se halle él mismo en amena conversación con amigos y señoritas, de repente se acuerda de que es soldado, y «¡juego, mochachos!».

Chagra no es barbarismo, como ya lo están presumiendo ciertos lingüistas rigurosos; tiene su raíz, es señor de etimología y de devengar quinientos maravedíes de lengua castellana, sin más que poner de las orejas en la calle a esa intrusa y salteadora, y reivindicar para la digna *c* el puesto del cual ha sido arrojada fraudulentamente. La *chacra* del diccionario es todo un solar para el *chagra* americano. Ahora que ciertos académicos de la Península, y nombradamente nuestro buen don Eugenio Hartzembusch, están mirando con tanto favor la parte razonable de nuestro lenguaje indo-español, allá va el *chagra*, por si acaso tiene a bien darle carta de naturaleza. Quitadle el *chagra* al Ecuador, y le habréis quitado la flor de su idioma: sin el nombre, el sujeto vendría a quedar en contingencia; y una vez desaparecido tan curioso personaje, la nata de la población del Nuevo Mundo se ha perdido.

Dando de mano a este punto cuasi literario, volvamos a nuestra amable política. Viejos del *lazareto* de Urbina y *jefes* flamantes, chagra-soldados, hicieron las elecciones a «¡juego mochachos!» ¿Qué mucho de la Convención de Ignacio de la Cuchilla haya sido una junta de dioses, no de los romanos, mas antes de los de África, esos monitos pelados, negros y ridículos; esos leones de piedra informes; esos animales extravagantes de que están llenos los templos de los hotentotes y los cafres? Ignacio Veintemilla va a decir que hubo libertad de sufragio, puesto que yo mismo fui electo para la Convención; pero trabuca sus recuerdos: electo, fui, verdad, a «¡juego mochachos!». Cuando pálido de cólera, trémulo de miedo, despechado y balbuciente oyó mi nombre, ¿no dijo: «Yo había dado orden de que el más insignificante de los ecuatorianos fuese electo por la más insignificante de las provincias?» Debe ser la más pundonorosa y valiente, cuando a fuero de atrevida pudo elegir al que desde entonces tenía proscrito en su ánimo ese excremento de García Moreno. Le eligió haciendo caso omiso de gobernadores, comandantes de armas, comisarios y sicarios, haciéndoles temblar la barba, como dicen, y metiéndolos en pretina. O fue más bien que no hubo allí apóstoles de la libertad que anduviesen predicando su doctrina con las culatas de los fusiles.

Reparad, señores, os ruego reparéis en esa nefanda agresión a la república, cuando dice el réprobo de las naciones que había dado orden de que yo fuese electo. La mentira es lo que me saca de quicio; la ignorancia desmochada de aguda, esto es lo que me irrita. Dar orden de elegir, ¿es por ventura haber elección?

Si la orden fue cumplida, de su peso se cae que el sufragio popular fue desviado y frustrado. Dio orden de que yo fuese electo... y, según las trazas que se había dado, era para él cosa inconclusa que yo no lo sería en ninguna parte. Cuando se le fue la albarda a la barriga, él había dado la orden. He aquí los fundamentos sobre los cuales levanta su vanidad, llamándose el Bismarck de Sudamérica. Bismarck será pícaro a lo grande, pícaro a lo César Borgia y Maquiavelo: inteligencia superior, sabiduría profunda, don de acierto y don de gentes, estos son los materiales de que se componen Cavoures, Metterniches y Bismares: fuera de ellos, no hay sino ridiculez y apocamiento. Diplomacia es la más peliaguda de las ciencias.

No puedo menos que hacer una salvedad, cuando doy en las galeras con esa canalla delincuente que se llamó Convención de Ambato. Hubo en ella tres o cuatro hombres que pudieran haber pertenecido a una junta grave y majestuosa, y un anciano con cuya presencia brillaría un colegio de senadores virtuosos. Don Pedro Carbo extremó su santidad hasta el punto de sufrir esa danza macábrica, y han de tomar parte en ella; y esto es lo que admiro en él sobre toda ponderación. ¿Hubiera yo visto esa cara de caballo que se asomaba por ahí a intimidar y a amenazar a los legisladores, sin echarle el agraz en el ojo? ¿Hubiera llevado en paciencia ver ese fauno asqueroso, durmiendo y roncando en el sitial del presidente, un palmo de boca abierta, a donde acudían las moscas de los alrededores? ¿Hubiera sufrido el alzamiento de esa manga de urdemales contra la honra nacional y la vergüenza pública? Bien apurada la cosa, podemos decir que hubo en la comunidad de fetiches nueve hombres de conciencia, si no acendrada, no tampoco asenderada; y fueron los que le negaron su voto para presidente de la república a Ignacio Fraudador de los Ardiles. Un clérigo pasó tan adelante en el desparpajo, que, encastillado en su mitra, le dijo cara a cara: «Ignacio, te he negado mi voto, porque te juzgo inepto para el mando; y porque has de hacer lo necesario para que te suban a la guillotina». ¿A la guillotina? cepos quedos, ilustrísimo señor: la profecía está cojeando del pie derecho, y envuelve lesión enorme para la cuerda. Rectifique vuestra ilustrísima su vaticinio de este modo: «Y porque has de hacer lo necesario para que te lleven a la horca», y véanlo allí fortificado con la sanción de la república. Pues montas que hemos de ir a cubrir de estiércol la cuchilla que tuvo la honra de echar abajo las cabezas de Luis XVI y María Antonia, ¡reyes cristianísimos!

¿Nuestros augustos padres, fundadores de la república, hubieran jamás pensado que así habíamos de bastardear nosotros que apenas somos ahora para distinguir la libertad de la anarquía, la democracia de la demagogia, el adelanto moral de esta preposteración maldita con las cuales vamos trote trote camino de Cafarnaúm, poniendo cada uno nuestras fuerzas en el desquiciamiento de las ideas y el desordenamiento de las cosas? El Congreso de Angostura y el de Cúcuta fueron concilios de padres venerables, sacerdotes de la libertad y civilización, que hubieran estado como en su puesto en el Senado entre Fabricios y Escipiones. La Convención de Ocaña fue compuesta de lo más selecto de Colombia: el Congreso de 1830 resplandeció por la sabiduría y el amor a las instituciones por las cuales tanta sangre había sido derramada en los campos de batalla. En esas juntas intachables cada representante de la nación cifraba su conato en ser útil a la patria, cuando con una idea luminosa, cuando con un principio de moral convertido en canon de la democracia. Todos esos congresos fueron formados de los hombres más eminentes de Venezuela, Nueva Granada y Ecuador, si por el patriotismo, si por el saber, si por el corazón y alma grande, que constituyen grandes ciudadanos. De guerreros, de hacendistas, de juristas lo mejor: hombres al fin que, estando como estaban más cerca del origen de la república sabían más que nosotros que ella no puede levantarse ni quedar sustentada sino sobre la sabiduría y las virtudes, cimiento de toda cosa buena y verdadera. Varón excelso, amigo del procomún, patriota sin mancilla, lepra en estos tiempos en que el crimen y la ignorancia dan la ley en la república. La taberna, ahí está; de ella se sacan legisladores. El cuartel, semillero de diputados. La aldea, la hacienda. Ática donde hierven oradores y hombres cívicos. No será mucho si afirmamos que nuestros congresos y convenciones tienen miembros que no saben entenderse con la pluma ni averiguarse con el libro. El presidente actual del Ecuador no llega sino a firmar, y no es encarecimiento, sino verdad probada; poco es que sus legisladores no sepan ni leer: para discurrir, discutir los altos principios de la asociación civil y del gobierno; para dar leyes y providencias sabias, basta con que el diputado haga las cosas a ojo de buen cubero: en su abacería es un gerifalte para pesar hollín, medir aceite; en su cuartel se pierde de vista para esto de echar un trago y dar de azotes a quien quiera; en su páramo es un brujo para el rodeo y que le tosan en el correr venados. La mayor parte de los *legisladores* salen de la recámara, con esos parásitos que se llaman palaciegos, rufianes de quienes huyen las virtudes, porque son ellos ministros de prostitución y desorden. El bajo servicial, el ruin adulador, el correveidile del que tiene las armas en la mano, esos son los diputados. Nariños, Pombos, Torres; Zeas, Yánez, Bellos; Olmedos, Merinos, Rocafuertes, enemigos del Gobierno, rojos para los conservadores, godos para los liberales: la suerte de la nación está en las garras de estos Otamendis, blancos o negros, cuya pluma es la lanza homicida, cuya elocuencia el *suplossio pedis* y esos *tacos* furibundos con que hacen temblar provincias y ciudades. Simón Bolívar, a Santa Marta; Antonio José de Sucre, a Berruecos: lo que han menester los pedazos de nuestra gran república son facinerosos como Ignacio Veintemilla. Los presidentes de Nueva Granada y Venezuela no se airen; el venablo no es a ellos: como hombres de bien, bien merecen cada uno su patria. El Ecuador, realmente, ha sido la parte desgraciada de Colombia.

SEGUNDA

Una tiranía fundada en el engaño, sostenida por el crimen, yacente en una insondable profundidad de vicios y tinieblas, podrá prevalecer por algunos años sobre la fuerza de los pueblos. Las más de las veces, la culpa se la tienen ellos mismos: como todas las cosas, la tiranía principia, madura y perece; y como todas las enfermedades y los males, al principio opone escasa resistencia, por cuanto aún no se ha dado el vuelo con que romperá después por leyes y costumbres. La tiranía es como el amor, comienza burla burlando, toma cuerpo si hay quien la sufra, y habremos de echar mano a las armas para contrarrestar al fin sus infernales exigencias. A la primera de las suyas, alce la frente el pueblo, hiera el suelo con el pie, échele un grito, y seguro se ahorra aras de tribulaciones y desgracias. Avino que un hombre de fuerte voluntad mandase azotar un anciano condecorado con el título de prócer de la independencia: le hizo azotar, y voló a esconderse, mientras veía cómo la tomaban grandes y pequeños. Un clérigo andaba por esas calles gritando: «Pueblo vil, ¿no lapidas a ese monstruo?» Un coronel se fue para el escondite, y le dijo al azotador: «Salga vuecelencia; el pueblo aguanta todo». Su excelencia salió, y fue García Moreno. Ignacio Veintemilla ha salido también: si los ecuatorianos le dejan seguir adelante, serán el pueblo de Capadocia, ese pueblo infame que no aceptó la libertad cuando se la ofrecieron.

Principio quieren las cosas, dice Juan de Mallara. Comer y rascar, todo es principiar, responde el gobernador griego. Los refranes son advertencias preñadas en sabiduría: el vulgo es el príncipe de los filósofos, que arropado con su manto de mil colores está pasando y repasando en vaivén perpetuo del Pórtico al Liceo, del Liceo a la Academia. Súfranle los primeros desmanes a ese candidato, del patíbulo, y por entre los cascos echará uñas el animalito de Dios. Le sufrieron, las echó, y tan largas, que es prodigio: el molino está picado: ahora ha de comer, se ha de rascar hasta que le rasquen a él con el machete. La maldad de un gobernante puede consistir en su propia naturaleza; del ejercicio de ella, los que padecen en silencio son culpables. Ignacio Veintemilla (¡oh triste fuerza de la necesidad! proferir este nombre es humillación impuesta por los deberes a la patria; es vergüenza que deja ardiendo el alma: ¿qué es? ¿quién es este desconocido que se llama Ignacio Veintemilla?), Ignacio Veintemilla principió engañando, hizo luego algunos ensayos groseros de despotismo: le salieron bien, pasó adelante. La codicia es en él ímpetu irracional, los bienes ajenos carne, y los devora como tigre. A boca llena y de mil amores llamaba yo tirano a García Moreno; hay en este adjetivo uno como título: la grandeza de la especie humana, en sombra vaga, comparece entre las maldades y los crímenes del hombre fuerte y desgraciado a quien el mundo da esa denominación. Julio César fue tirano, en cuanto se alzó con la libertad de Roma; pero ¡qué hombre! inteligencia, sabiduría, valor, todas las prendas y virtudes que endiosan al varón excelso. En Sila había de zorro y de león, de cómico y de rey, de persona mortal y de Dios. Napoleón fue también tirano, y en su vasta capacidad intelectual giraba el universo, rendidas las naciones al poder de su brazo. Tirano sin prendas morales, sin virtudes ni prestigio de ningún género, no se compadece con la opinión que el filósofo suele tener de esos hombres raros que se vuelven temibles por la fuerza, y llenan los ámbitos del mundo con el trueno de su nombre. El individuo vulgar a quien saca de la nada la fortuna y le pone sobre el trono o bajo el solio, por más que derrame sangre, si la derrama con bajeza y cobardía no será tirano; será malhechor, simple y llanamente.

Hablando de nosotros, achicándonos, descendiendo

a la órbita como un arito donde giran nuestros hombres y nuestras cosas, podemos decir que don Gabriel García Moreno fue tirano: inteligencia, audacia, ímpetu; sus acciones atroces fueron siempre consumadas con admirable franqueza; adoraba al verdugo, pero aborrecía al asesino; su altar era el cadalso, y rendía culto público a sus dioses, que estaban allí danzando, para embeleso de su alto sacerdote. Ambicioso, muy ambicioso, de mando, de poder, predominio; inverecundo salteador de las rentas públicas, codicioso ruin que se apodera de todo sin mirar en nada, no. Si García Moreno robó, lo que se llama robar, mía fe, señor fiscal, o vos, justicia mayor de la república, que lo hizo con habilidad y manera. Un periódico notable de los conservadores lo acusó de tener en un banco de Inglaterra un millón y medio de pesos.[*] El tiempo, testigo fidedigno, aún no depone contra ese terrible difunto: allá veremos si sus malas mañas fueron a tanto; en todo caso, su consumada prudencia para sinrazones y desaguisados al Erario, queda en limpio.

Ignacio Veintemilla no ha sido ni será jamás tirano: la mengua de su cerebro es tal, que no va gran trecho de él a un bruto. Su corazón no late; se revuelca en un montón de cieno. Sus pasiones son las bajas, las insanas; sus ímpetus, los de la materia corrompida e impulsada por el demonio. El primero soberbia, el segundo avaricia, el tercero lujuria, el cuarto ira, el quinto gula, el sexto envidia, el séptimo pereza; esta es la caparazón de esa carne que se llama Ignacio Veintemilla.

Soberbio. Si un animal pudiera rebelarse contra el Altísimo, él se rebelara, y fuera a servir de rufián a Lucifer. «Yo y Pío IX», «yo y Napoleón», este es su modo de hablar. Entre los volátiles, el guacamayo y el loro se acomodan a la pronunciación humana: si hubiera cuadrúpedos que gozasen del mismo privilegio, los ecuatorianos vivirían persuadidos de que su dueño le crio a ese enseñándole a decir: «Yo y Pío IX», «yo y Napoleón». Un célebre bailarín del siglo pasado solía decir de buena fe: «No hay sino tres grandes hombres en Eu-

....

[*] *La América* de Bogotá.

ropa: yo, el rey de Prusia y Voltaire». Pero ese farsante sabía siquiera bailar, tenía su oficio, y en él era perfecto: el rey de las ranas, la viga con estómago y banda presidencial que se llama Ignacio Veintemilla, ¿sabe bailar? Zapatetas en el aire, de medio arriba vestido, y de medio abajo desnudo, puede ser que las haga, cuando amores de la república le escamonde quitándole su vestimenta para pedirle cuenta y razón de traiciones y fechorías. Entre tanto, puede seguir diciendo: «Yo y el presidente de los Estados Unidos».

El segundo avaricia. Dicen que esta es pasión de los viejos, pasión ciega, arrugada, achacosa: excrecencia de la edad, sedimento de la vida, sarro innoble que cría en las paredes de esa vasija rota y sucia que se llama vejez. Y este sarro pasa al alma, se aferra sobre ella y le sirve de lepra. Ignacio Veintemilla no es viejo todavía; pero ni amor ni ambición en sus cincuenta y siete años de cochino: todo en él es codicia; codicia tan propasada, tan madura, que es avaricia, y él, su augusta persona, el vaso cubierto por el sarro de las almas puercas. Amor... nadie le conoce un amor; no es para abrigarlo en su pecho, ni para infundirlo en suaves corazones. Orlando por Angélica, don Quijote por Dulcinea pierden el juicio; y don Gaiferos por Melisendra:

Tres años anduvo triste
por los montes y los valles,
trayendo los pies descalzos,
las uñas chorreando sangre.

¿Qué juicios ha perdido Ignacio *de* Veintemilla? ¿qué calabazadas se ha dado contra agudas peñas? ¿qué árboles ha arrancado de cuajo? ¿qué ríos ha desportillado? ¿qué pies ha traído descalzos, ni qué uñas le han chorreado sangre, para ser digno émulo de esos famosos enamorados? La parte invisible del amor, la parte espiritual, no es suya; él se queda a los tres enemigos del alma, mundo, demonio y carne, y busca su ralea en las casas de prostitución. El amor purifica, el amor santifica: amor encendido, amor fulgurante; amor profundo, alto; amor que abraza el universo, abrasando lo que toca; este amor hace Abelardos, Leandros y Macías; esto es, filósofos, héroes y mártires, y de él no son capaces esos hombres rudos que no están en los secretos divinos de la naturaleza. Cuanto a la ambición, pesia a mí si la ha de experimentar ánimo tan bajo y corazón tan plebeyo como los de ese hijo de la codicia. Ambición es afecto de los más elevados, vicio sublime de hombres raros, que no puede concurrir sino en compañía de virtudes grandes. La pasión, la noble pasión de guerreros y conquistadores; pasión de Alejandro Magno, pasión de Pirro, de Julio César y Napoleón, ¿puede caber en pecho sin luz, pecho de vulgo, donde se apagaría al punto que allí tocase la chispa de locura y furor santo que está inflamando de continuo a los varones eminentes? Sed de sangre y de dinero, vanidad insensata, estos son los móviles con que muchas veces la fortuna saca de la nada a los más ruines, y los dispara hacia la cumbre de la asociación civil, como quien hace fisga de los hombres de mérito.

El tercero lujuria. Este vicio nos tiene clavados a la tierra; a causa de él no son ángeles los individuos agraciados por el Criador con la inteligencia soberana que los eleva al cielo en esos ímpetus de pensamiento con los cuales rompen la oscuridad y ven allá el reflejo de la luz infinita. Alejandro decía que en dos cosas conocía no ser dios: en el sueño y en los empujes de los sentidos. Ignacio Veintemilla conoce que es ser humano en esas mismas cosas. Ser humano digo, por decoro de lenguaje; esas dos cosas suben de punto en este Alejandro de Escoria, que le sacan de los términos comunes, y dan con él en la jurisdicción de la irracionalidad. El sueño, suyo es; no hay sol ni luz para ese desdichado: aurora, mañana, mediodía, todo se lo duerme. Si se despierta y levanta a las dos de la tarde, es para dar rienda floja a los otros abusos de la vida, para lo único que necesita claridad, pues su timbre es ofender con ellos a los que le rodean. Da bailes con mujeres públicas, y se le ha visto al infame introducir rameras a su alcoba, rompiendo por la concurrencia de la sala. Pudor, santo pudor, divinidad tímida y vergonzosa, tú no te asomas por los umbrales de esas casas desnudas de virtudes, porque recibirías mil heridas por los oídos, por los ojos. El valiente, el héroe tienen pudor: esta afección amable no está reñida con los ímpetus del valor, ni es atropellada por esas grandes obras que se llaman proezas. Soldados hay capaces de dejarse morir, por no exponer el cuerpo herido a las miradas de las hermanas de la caridad, con ser que estas mujeres, cuando siguen los ejércitos al campo de batalla, lo van dejando todo en el templo de la misericordia: juventud, hermosura, atractivos, malicia, todo. Pudor, santo pudor, tú nos liberarás del fuego de Sodoma, sirviéndonos de escudo contra las iras del cielo. Huye, huye de la casa del malvado, pero no salgas ni un instante de la del hombre de bien. Tras el hombre de bien está casi siempre la mujer honesta; y el hombre de bien y la mujer honesta son los fiadores que responden de la salvación del género humano.

El cuarto ira. La serpiente no se hincha y enciende como ese basilisco. Un día un oficial se había tardado cinco minutos más de lo que debiera: se presentó el joven, ceñida la espada, a darle cuenta de su comisión: verle, saltar sobre él, hartarle de bofetones, fue todo uno. La ira, en forma de llama infernal, volaba de sus ojos; en forma de veneno fluía de sus labios. Y se titulaba jefe supremo el miserable: ¡jefe supremo que se va a las manos, y da de coces a un subalterno que no puede defenderse! Viéndole están allí, en Quito: eso no es gente; arsénico amasado por las furias a imagen de Calígula. Hay ponzoña en ese corazón para dar torrentes a esa boca: agravios, denuestos, calumnias feroces, amenazas crueles, todo sale empapado en un mar de cólera sanguinaria. ¡Qué natural tan enrevesado y perverso! Me llama ladrón, asesino, delincuente en mil maneras, porque, bajo el ala de la Providencia, he podido escapar de calabozo, los grillos, el hambre, la muerte en el aspecto que aterra al más impávido. Siguiéndome está con el puñal; pero yo estoy vestido de un vapor impenetrable, vapor divino, que se llama ángel de la guarda. A un tirano antiguo se le había escapado una víctima, con haberse dado muerte por su propia mano: yo, huyendo al destierro, *me he escapado* también; y el destierro es la más triste de las penas. ¿Luego su ánimo era quitarme la vida en el martirio? Nadie lo duda, Dios me salvó sacándome de la mano a mediodía por entre sus enemigos y los míos. Su fin tendrá. ¡Y qué arrebatos los de ese dragón plebeyo! ¿Conque yo no tengo el derecho de defensa personal? ¿no me competía el salvar la vida propia? Cólera no es muchas veces sino tontera carbonizada al fuego del infierno: pasión injusta, ciega. Los hombres de corazón mal formado nunca experimentan esos empujes de santa ira que los dispara contra las iniquidades del mundo: ellos no sienten sino la fuerza de Satanás que se desenvuelve en su pecho y engendra allí esos monstruos que salen afuera con nombre de asesinatos, envenenamientos, proscripciones: antes de nacer a la luz se llamaban odios, celos, venganzas: sentimientos del ánimo convertidos en hechos; coronación del mal, gloria del crimen.

El quinto gula. Los atletas o gladiadores comían cada uno como diez personas de las comunes: la carne mataba en ellos el espíritu, y así eran unos como irracionales que tenían adentro muerta el alma. La materia no medra sino a costa de la parte invisible del hombre, esa chispa celestial que ilumina el cuerpo humano, cuando este sabe respetar sus propios fueros. Sabiduría, virtud son abstinentes: los gimnosofistas, esos filósofos indios cuya vida en el mundo partía términos con la inmortalidad, se mantenían de puros vegetales, y algunas gotas de miel, tenue como el rocío. La inteligencia come poco; la virtud, menos: los solitarios de la Tebaida estaban esperanzados en los socorros de los espíritus celestiales. Epicuro fue el corruptor de la antigüedad, y Sardanápalo está allí como el patrón eterno de los infames para quienes no hay sino comer, beber y estarse hasta el cuello en la concupiscencia. Yo conozco a Sardanápalo: su pescuezo es cerviguillo de toro padre: sus ojos sanguíneos miran como los del verraco: su vientre enorme está acreditando allí un remolino perpetuo de viandas y licores incendiarios. Su comida dura cuatro horas; aborrece lo blanco, lo suave: carne, y mucha; carne de buey, carne de borrego, carne de puerco. Mezclad prudentemente, dice un autor, las viandas con los vegetales. Sardanápalo detesta los vegetales: si supiera qué y quién es Pitágoras, mandara darle garrote en efigie. Las sopas son de cobardes, las frutas de poetas, los dulces de mujeres: hombres comen carne; carne valientes, carne varones de pro y fama. ¿Es perro, es tigre? ¡Oh Dios, y cómo engulle, y cómo devora piezas grandes el gladiador! Ignacio Veintemilla da soga al que paladea un bocadito delicado, tiene por flojos a los que gustan de la leche, se ríe su risa de caballo cuando ve a uno saborear un albérchigo de entrañas encendidas: carne el primer plato, carne el segundo, carne el tercero; diez, veinte, treinta carnes. ¿Se llenó? ¿se hartó? Vomita en el puesto, desocupa la andarga, y sigue comiendo para beber, y sigue bebiendo para comer. Morgante Maggiore se comía de una sentada un elefante, sin sobrar sino las patas; Ignacio Veintemilla se lo come con patas y todo. «Vamos a la *muquición*», dice; y verle *muquir*, es admirarle sin envidia, es perder el apetito.[*]

En casa del fondista Bonnefoi, en París, pedí una vez albaricoques: las frutas, y principalmente las redondas esos pomitos de color de oro, que parecen del jardín de las Hespérides, me deleitan. Como aún no había plenitud de frutas, cada pieza importaba dos francos, o cuatro reales.

¡Oh dicha, tomar esa pella suavísima en los tres dedos de cada mano, y abrir por la comisura esa esfera rubicunda, en cuyas entrañas están cuajados los delirios y las concupiscencias del dios de los placeres inocentes! Ignacio Veintemilla me estaba tratando de bruto con los ojos. «Hombre —dijo al cabo de su admiración—, usted nunca ha de ser nada»; y pidió estofado de liebre por postres. Había comido res, carnero, gallina, pato, pavo, conejo; raya, salmón, corvina; ostiones, ostras, cangrejo, y de postres pide liebre; ¿hay animal estrafalario? Desde el tiempo de Horacio los ajos han sido comida del verdugo: cuando este santo varón no ayuna ni está de vigilia, come liebre. Esa carne gruesa, negra, pesada, me parece que no sufre digestión sino en el estómago de ese que vive de

....

[*] Muquición, muquir, germanía: comida, comer. Términos de la cofradía de Monipodio.

carne humana. Los españoles y principalmente las españolas, saben lo que son postres: sorbetes para Musas; suspiros leves, que saborean ninfas impalpables, suplicaciones doradas, regalo de almas que se salvan. Los franceses no gustan de los dulces, pero tienen postres con que quebrantan peñas en el Olimpo, si las diosas adolecieran de hambre ni golosina. El dulce de ellos es el queso, o más bien los quesos de mil linajes con que sus manteles prevalecen sobre todos los del mundo. Un *brie* delicado *le hace honor*, como suele decir la galicana, al paladar de una hermosa de quince abriles; un *chantilly* aristocrático ineria a un emperador; un *rochefort* violento hace voluptuosos estragos en el gaznate de los hombres de fierro que se agradan de esa pólvora comestible. Lord Byron, a fuero de inglés de casta pura, *pur sang*, como dicen sus vecinos, comía por postres un tallo de cebolla fuerte, mal que les pese a las lindas hispanoamericanas, para quienes los panales del Hibla no son harto suaves y aromáticos. ¿Cogerían, morderían, mascarían ellas un tronco de cebolla cruda en vez de sus azucarados *chamburitos*? Lord Byron, con ser como era, sueño de las bellas, por ese su talento, su varonil gentileza y las poéticas extravagancias de su vida, hubiera estado en un tris de no hallar quien le quisiera en Lima, Quito o Bogotá. No de otro modo a una joven poetisa admiradora apasionada de Lamartine se le subió el santo al cielo, y ella cayó en un abismo de desengaño y desamor, cuando le vio a mi don Alfonso el día que fue a conocerle, sacar del bolsillo un pañuelo colorado de cuadros azules, bueno por la extensión para colcha de novios de aldea. «¡Gran Dios!» exclamó la poetisa, en tanto que el poeta, viejo ya, eso sí, sonaba armoniosamente; «¡gran Dios!» ¿conque este había sido Lamartine? Desde que tuve noticia del acaecido, mis pañuelos son el ampo de la nieve, y no mayores que un lavabo: por esta parte seguro está que me vaya mal con las dulces nuestras enemigas. Otro sí, no como cebolla, ni en presencia de ellas ni a mis solas. Ignacio Veintemilla pide liebre cuando ha de pedir gragea; si le fuera posible, tomara café de carne de puerco, y se echara a los dientes una cuarta de morcilla negra a modo de puro habano.

Los ajos, por no desmentirle a Horacio, siempre han sido de su gusto.

El sexto envidia. Nelson no tenía idea del miedo: cuando en su presencia nombraban este ruin afecto, no le era dable saber cuál fuese su naturaleza. Hay asimismo seres agraciados por Dios con una mirada especial, que no tienen nociones de la envidia; saben qué es, pero no la experimentan por su parte, con ser como es achaque de que adolecen, cual más cual menos, todos los mortales. La envidia es una blasfemia: envidia es cólera muda, venganza de dos lenguas que muerde al objeto de ella y al Hacedor, dueño en verdad de los favores que irritan a los perversos. Dones de la naturaleza, virtudes eminentes, méritos coronados, son puñal que bebe sangre en el corazón del envidioso. Inteligencia descollante es injuria para él; consideración del mundo, injusticia que no puede sufrir. Virtudes ajenas son vicios a su fosca vista; verdad es hipocresía, austeridad soberbia, valor avilantez: desdichado el hombre de altas prendas entre la canalla del género humano que ni ve con luz del cielo, ni juzga a juicio de buen varón, ni funda sus fallos en el convencimiento y a la conciencia. Envidia es serpiente que está de día y de noche tentando a los hombres con la fruta de perdición: ¡Cómela! ¡cómela! La come un desdichado, y mata a su semejante. Envidia, Caín armado de un hueso, tú no mueres jamás.

Por una correlación que se pierde en las tinieblas del pecado, las pasiones criminales y soeces cultivan estrecho maridaje: podemos afirmar de primera entrada que donde se halla una de estas culebras, allí está el nido. Soberbia e ira comen en un mismo plato, lascivia y gula duermen en una misma cama. El soberbio, avaro, libidinoso, caja de ira, glotón, ¿será extraño a la hermana de esas Estinfálidas, la peor de todas, la envidia? Aún los hombres superiores suelen estar sujetos a ese mortal gravamen de la naturaleza humana. Luis XIV, rey poderoso, adornado con mil prendas, experimentaba profundas corazonadas de envidia. Alarga la mano a todos, como todos confiesen su inferioridad: guerreros, hombres de Estado, poetas, escritores, artistas, todos son sus protegidos, puesto que ninguno blasone de echarle el pie adelante, ni en su profesión respectiva. Y con todo, cuando pone en olvido la soberbia, da muestras de humildad que le vuelven más y más grande. «Señor Boileau —le dijo un día a este famoso crítico—, ¿cuál es el primer escritor de nuestra época?» «Molière, señor», contestó el maestro. «No lo pensaba yo así; pero vos sois el juez, y de hoy para adelante abrazo vuestra opinión».

Ignacio Veintemilla, más rey y más inteligente que ese monarca, no la abraza. Censura a Bolívar, moteja a Rocafuerte, le da una cantaleta a Olmedo. La ignorancia, la ignorancia suprema, es bestia apocalíptica: el zafio estampa su nombre, sin tener conocimiento ni de los caracteres; no sabe más, y hace sanquintines en los hombres de entender y de saber. Que se haya burlado de mí, cogiéndome puntos en *El Regenerador* riéndose de *mis disparates*, estaría hasta puesto en razón; pero, afirma que si él hubiera estado en Junín, la *cosa hubiera sido de otro modo*; que Sucre triunfó en Ayacucho por casualidad, no porque hubiese dado la batalla conforme a las reglas del arte; que Napoleón I perdió la corona por falta de diplomacia, y otras de estas.

Un testigo presencial me ha contado que en Madrid, en una mesa redonda, se puso a departir con suma delicadeza en esto que llamamos buenas letras. Habló, y así engullía tasajos de más de libra, como echaba por la boca lechigadas de sabandijas. No sé por dónde fue a dar con el poeta Zorrilla, a quien no ha leído, puesto que no sabe ni deletrear. Las torpezas que dijo, solo las pueden creer los que le oyeron. Un cuasi anciano que se hallaba a la mesa estaba oyendo a su vez en curioso silencio y viéndole la cara al razonador. El buen viejo se levanta, se va, sin decir palabra. Uno de los concurrentes le sigue, le alcanza, y, con el sombrero en la mano: «Señor Zorrilla, no haga usted caso de las necedades de ese hombre, ni juzgue por él de todos los americanos». «¿Es loco?», pregunta el viejo. «No; no es sino tonto». «Pero de capirote», agrega el aficionado a las musas, y se va con ánimo secreto de ponerle en un entremés al *señor mariscal de Veintemilla*, como andaba titulándose el conde de Gallaruza. Desde entonces su alátere o compañero de viajes no era dueño de sentarse a la mesa sin esta imprecación, poniéndole las manos: ¡Ignacio, *pas de bêtises!*

El séptimo pereza.

Ni Dios ama el reposo; de improviso
sobré las alas de los vientos vuela,
o de las tempestades en el carro,
atronando los cielos se pasea.

El movimiento es propiedad del espíritu: la inteligencia vive en agitación perpetua. Tierra, luna, cuerpos sin vida, giran sobre sí mismos raudamente y se beben los espacios, volando por sus órbitas en locura sublime. Los ríos corren, lentos unos, contoneándose por medio de sus selvas; furibundos otros y veloces entre las rocas que los echan al abismo quebrantados en ruidosas olas. Los vientos silban y pasan por sobre nuestras cabezas; los bosques mugen en sus profundidades; y las nubes, holgazanas que parecen estar disfrutando de la blanda pereza a mediodía, se mueven, helas allí, se encrespan, se hinchan, y enlobreguecidas con la cólera, se dan batalla unas a otras, salta el rayo, y el trueno, en invasión aterrante, llena la bóveda celeste.

¿Ahora el hombre? El hombre todo es actividad, todo movimiento: su corazón palpita: la sístole y la diástole, este vaivén armonioso, aunque precipitado es fundamento de la vida: la sangre corre por las venas; los humores permanecen frescos, a causa de su circulación perpetua: todo es movimiento en nuestra parte física. La moral, oh, la moral es la más vertible, más inquieta del género humano: inteligencia que no se mueve, se seca, se pierde, como hierba sin lluvias; corazón que no se agita, se corrompe. Sabiduría, cosa que tan reposada parece, es efecto de los torbellinos del pensamiento, pues las ideas van brotando del choque de la duda con la verdad, dura labor que fortifica a los que se andan a buscarla por los abismos de lo desconocido, y regalan al mundo con los conocimientos humanos.

Pereza es negación de las facultades del hombre; el perezoso es nefando delincuente: mata en sí mismo las de su alma, y deicida sin remordimientos, se deja estar dormido a las obras que nos recomiendan a nuestro Criador. No moverse, no trabajar, no cumplir con nuestros deberes ni con una santa ley de la naturaleza; comer, beber, dormir sin término, esto es ser perezoso: no despertar ni erguirse sino para el pecado, esto es ser perverso. Ignacio Veintemilla cultiva la pereza con actividad y sabiduría; es jardinero que cosecha las manzanas de ceniza de las riberas del Asfáltico. Ese hombre imperfecto, ese monte de carne echado en la cama, derramándosele el cogote a uno y otro lado por fuera del colchón, es el mar Muerto que parece estar durmiendo eternamente, sin advertencia a la maldición del Señor que pesa sobre él. Su sangre medio cuajada, negruzca, lenta, es el betún cuyos vapores quitan la vida a las aves que pasan sobre el lago del Desierto. Los ojos chiquitos, los carrillos enormes, la boca siempre húmeda con esa baba que le está corriendo por las esquinas: respiración fortísima, anhélito que semeja el resuello de un animal montés; piernas gruesas, canillas lanudas, adornadas de trecho en trecho con lacras o costurones inmundos; barriga descomunal, que se levanta en curva delincuente, a modo de preñez adúltera; manazas de gañán, cerradas aún en sueños, como quienes estuvieran apretando el hurto consumado con amor y felicidad; la uña, cuadrada en su base, ancha como la de Monipodio, pero crecida en punta simbólica, a modo de empresa sobre la cual pudiera campear este mote sublime: *Rompe y rasga, coge y guarda*. Este es Ignacio Veintemilla, padre e hijo de la pereza, por obra de un misterio cuyo esclarecimiento quedará hecho cuando la ecuación entre los siete pecados capitales y las siete virtudes que los contrarían quede resuelta.

¡Oh flaqueza del hombre! este *mar Muerto* de estampa semihumana presume de garzón florido, las da de majo, y se anda por ahí a conquista de corazones y caza de supremos placeres. Para hacer ver que *desprecia* cargos y donaires de la imprenta, hace leer las obras de esta sabia encantadora, rodeándole sus Entropios: callando estuvo una ocasión mientras oía una verrina de las mejores: cuando el lector hubo llegado a un pasaje donde se le llamaba «cara de caballo», saltó y dijo: «¡Eso no! seré ladrón, glotón, traidor, ignorante, asesino, todo; pero figura si tengo». «Figura de caballo» dijo una dama, soltando la carcajada, cuando oyó referir esta graciosa anécdota, o *anidiucta*, como le he oído decir a él doscientas veces.

Dije que Ignacio Veintemilla no era ni sería jamás tirano; tiranía es ciencia sujeta a principios difíciles, y tiene modos que requieren hábil tanteo. Dar el propio nombre a varones eminentes, como Julio César en lo antiguo, Bonaparte en lo moderno; como Gabriel García Moreno, Tomás Cipriano de Mosquera entre nosotros; dar el propio nombre que a un pobre esguízaro a quien entroniza la fortuna, por hacer befa de un pueblo sin méritos, no sería justicia mera mixta. Monteverde, Antoñanzas, Veintemilla no son tiranos; son malhechores, ni más ni menos que Rochaguinarda, que se están ahí en su encrucijada, hasta cuando la Santa Hermandad les echa mano. Roque Guinart es presidente, rey del Ampurdan y Sierra Morena: da leyes, que se aplican; decretos, que se llevan a cabo; órdenes, que se cumplen a la letra. Un Vampa, un Trucaforte son verdaderos *jefes supremos* con facultades extraordinarias. ¿Qué va de estos magistrados un Melgarejo, un Veintemilla? Si el robo a mano armada es el objeto de la ambición de aquellos sires, el robo a mano armada es igualmente el objeto de estotros vagamundos. Si el puñal es el medio de esos, el puñal es el medio de estos: crímenes y vicios, lo mismo en unos y otros; con esta diferencia, que Roque Guinart es valiente, atrevido, generoso; que Roque Guinart conoce la justicia distributiva, y la pone en práctica; que Roque Guinart acomete a pecho descubierto, vence, y del botín le deja a la viandante humana, caballerosamente lo necesario para el camino. Ignacio Veintemilla no se contenta con la bolsa; le quita la camisa a la república, la deja en cueros, y allá se la halla con su desnudez la pobre tonta: ¿por qué no se defiende? El que se deja robar, pudiendo tomarse a brazos y dar en tierra con el salteador, es vil que no tiene derecho a la queja. La república para con Ignacio Veintemilla y José María Urbina, es lo que España para con Roque Guinart y su banda: persígalos, montéelos, derruéquelos, cójalos, ahórquelos: la Santa Hermandad tiene el deber de colgar a los ladrones en dondequiera que les eche mano al coleto. Los ojos para las gallinazas, la asadura para los perros, he aquí tu merecido, Ignacio *de* Veintemilla.

Un viejo llamado José María Urbina, el mismo quizá que acaba de ser nombrado, mandó suplicarme un día le hiciese el favor de ir a su casa. Los años tienen facultades que los hombres de buena crianza no ponen en duda. Fui: el viejo estaba en cama: habiendo bebido aguardiente seis horas consecutivas, sus ojos eran ascuas: su aliento vaporoso hubiera puesto en huida a las Musas; y Apolo no estuviera holgándose a la almohada de ese inmundo anciano, en cuyo orinal rebosante nadaban a la sazón puntas de cigarros, cual monitores de guerra en el mar Bermejo. La mareta sorda rugía ya en mi pecho: yo soy capaz de hacer una muerte en el hombre impulcro y soez, que ora por ignorancia, ora por bajeza y depravación, pierde el respeto a las buenas costumbres con actos y hábitos indignos. La causa primera del acre desprecio que yo he sentido siempre por Ignacio Veintemilla fue el haberle visto una vez tirarse desnudo de la cama, y ponerse a hacer aguas en presencia de gente, con desenfado de verdadero animal. Después he visto que el asno, que el macho no tienen más vergüenza ni mayores contemplaciones por los circunstantes. Cerrar con él a moquetes, hubiera sido acto primo muy ocasionado, según es el tracio de huesudo y corpulento; desafiarle por ese motivo, cosa ridícula, y hasta sin razón, pues el infelizote no lo hacía por agraviar a nadie, sino así, como propiedad de su naturaleza. No volver a su pocilga, y mirarlos como a perros, esta es la providencia que uno toma respecto de esa canalla afortunada a quien ni grados militares, ni títulos pomposos, ni alta posición pueden quitar la grasa de su ruin origen.

«Juan —me dijo el vejarro consabido, el capitán de fragata, la fragata aquella de las puntas—; Juan, es preciso que lo arreglemos todo: quiero estar acorde con usted. Veintemilla necesita la cooperación de los buenos liberales». «¿Mi cooperación a un traidor que, hecho apenas el pronunciamiento liberal, corre a ponerlo en manos de los jesuitas? —contesté subiéndomele a las barbas—; ¿un cobarde que va a solicitar amparo y certificados favorables de los obispos, porque imagina que sin ellos nadie puede salir bien? Usted mismo, usted me ha referido poco a los términos que oyó de sus labios: "General, no tenga usted cuidado, los jesuitas están conmigo". ¿Y solicita usted mi cooperación para embustero inepto como ese, que no sabe lo que hace?» «Eso es así —replicó el viejo mansamente—; a mí me dijo lo de los jesuitas; me lo dijo». «Mi cooperación a un infame cuyo primer acto administrativo es defraudar a la república en más de cincuenta mil pesos?». «¿De qué modo?», preguntó el viejo. «Haciendo traer de Nueva York mil fusiles de pacotilla —dije—, por ciento veinte mil pesos. La ineptitud hubiera quizá tolerado yo en ese pícaro; su prurito por las cosas ilícitas, ¡no! Yo no soy de la liga, ni mi revolución ha sido esta. Hoy mismo sale a luz un escrito mío, cuyo fin es poner a un lado a ese perverso». «¡Eso no puede ser! —gritó el vejezuelo esforzándose, pálido y trémulo ahora—: Veintemilla está limpio ahora como una patena». «Limpio como usted», dije para mí, y salí todo inflamado. Al día siguiente iba yo navegando por el océano Pacífico al más honroso de mis destierros.

Probidad es en el hombre lo que honestidad en la mujer. Si otros lo han dicho ya, vaya su voto en mi favor, y quede reforzado el principio con la opinión de muchos; principio que no es sino mandamiento de la ley de Dios cubierto con la vestidura de la sociedad humana. *Non furtum facies*, rezan las tablas de la ley; no robarás. El que roba quebranta, pues, un mandamiento e incurre en la cólera divina. El legislador no dice: No robarás a tu padre ni a tu madre; no robarás a tu hermano; no robarás a tu prójimo; dice: No robarás, esto es, no robarás a nadie, ni a tu padre ni a tu madre, ni a tu prójimo, ni al Estado. Robar a la nación es robar a todos; el que la roba es dos, cuatro, diez veces ladrón: roba al que ara y siembra; roba al que empina el hacha o acomete al ayunque; roba al que se une al trabajo común con el alma puesta en su pincel; roba al agricultor, al artesano, al artista; roba al padre de familia; roba al profesor; roba al grande, roba al chico. Todos son contribuyentes del Estado; el que roba al Estado, a todos roba, y todos deben perseguirle por derecho propio y por derecho público. ¿Conque el sudor de la frente del pueblo es para los apetitos y gulas de un hombre, un mal hombre, que está cultivando la soberbia y engordando la codicia? Si no puede haber Estado sin contribuciones generales, las contribuciones desviadas de su objeto son fraudes que el magistrado prevaricador comete en contra de los ciudadanos cuyo fuero surte por ley tácita: los ciudadanos, tráiganle al banco de la república, y si no por bien, por mal, tómenle cuenta y del robo, y de la traición, y de la sangre, y de la infamia convertida por él en princesa de exenciones.

Los hombres de corazón bien formado y juicio recto suelen poner la monta en granjear buena opinión entre sus semejantes; los que por sus méritos suben a gobernación de pueblos, no son ellos si no descienden de su alto lugar abrumados con las bendiciones de los cuya felicidad labraron, cuando pudieron ser carga para todos, si abusan de su poder. Los hijos de la fortuna, broza del género humano, que se levantan en alas del crimen, al soplo de esa deidad mal intencionada, no tienen cuenta sino en su provecho, ni les duele el concepto lastimoso que están beneficiando en los demás con sus abusos y sus latrocinios. El que no ama a Dios sobre ninguna cosa; que jura su nombre en vano; que ni santifica las fiestas, ni honra padre y madre; que mata, y levanta falso testimonio por costumbre, ¿tendrá cuenta con no robar? El malvado de nacimiento y aprendizaje aplica a su vida por la inversa los mandamientos de la ley; él dice: No amar a Dios sobre todas las cosas; jurar el santo nombre en vano, siempre que conviene; no molestarse en santificar las fiestas, ni con las rodillas, ni con el pensamiento; no honrar padre y madre: ¡matar, levantar falso testimonio, robar, robar, robar! robar siempre, robar cuanto se pueda. Réprobo, estos son tus mandamientos, y los cumples. Ignacio Veintemilla, tú eres el réprobo; tú eres el que no ama a Dios; tú el que jura su santo nombre en vano; tú el que no santifica las fiestas con culto interno; tú el que no honra padre y madre, puesto que los deshonras con crímenes y vicios; tú el que mata con lengua y con puñal; tú el que miente, levanta falso testimonio; ¡tú el que roba, roba, roba! Maldito eres por todo esto, maldito; y por todo has de estar pálido, temblando en presencia del Juez, cuando él te levante de tu propia ceniza con una voz, y te diga: veamos tu vida. Tu vida llena de excrecencias maléficas, negruras, abismos, no le ha de parecer a él, y con la mano, con el dedo te ha de señalar la muerte, y has de ir rodando por la eternidad, echando aullidos lúgubres en medio de las tinieblas que te envuelven y arrebatan sin que sepas a dónde. Tú eres el que mata, tú el que has robado. Veamos los documentos, en prosa vil; la prosa vil para los documentos.

Como avíos de gobierno entraron a la ciudad de Ambato sucesivamente doscientas cincuenta acémilas cargadas de licores fuertes: gastos de conducción, arriaje, todo se pagó allí por el Tesoro; el infame artículo mismo había sido comprado con las rentas fiscales. La embriaguez de esa horda de eunucos que se bebieron mil botellas de coñac en cuatro días, en cuanto *daban leyes*, no es asunto de este lugar; más aún el robo al Erario, y la impudicia del pícaro que las introduce como elemento público de civilización y progreso. Coñac para la Convención, coñac oficial; en este concepto, era gravamen honroso de los ciudadanos la embriaguez y los maleficios del jefe supremo, el general en jefe y sus legisladores. Yo digo que esa fue simplemente una defraudación crecida a la Hacienda nacional, un robo del que roba para beber. No hay en el mundo ley que vote gordas cantidades para el aguardiente del jefe supremo y el general en jefe.

Doce mil pesos es sueldo razonable en republiquillas cuyos gobernantes han de ser modestos y considerados: doce mil han tenido todos los presidentes en la nuestra, desde su fundación, y a ninguno le había ocurrido pedir el duplo: Ignacio Veintemilla se asignó el duplo, esto es, veinticuatro mil pesos, amén de mil percances, adehalas, alcabalas, pisos, castillerías, montazgos y tributos: erró poco de pedir chapín de la reina. No sabemos para lo que serán los veinticuatro mil ojos de buey, pues coge aparte para comer, para beber, para vestirse; aparte para sus criados, sus cocineros, sus echacuervos; aparte para sus caballos: sus caballos, sí señores, sus caballos tienen sueldo aparte. Su sobrina, sueldo de general; su sobrino, idiota a quien dan de comer en pilón de piedra maíz molido, sueldo de capitán. Las tres arpías que tanto le han ayudado en su obra de opresión, corrupción y dilapidación, ¿no tienen cada una sueldo de coronel? ¿No sería cosa extraña esta ridiculez en pueblo tan apocado y envilecido que sufre en paciencia las extravagancias injuriosas de ese Cayo Calígula a la rústica? Entretanto las escuelas van cayendo, porque los maestros se van a buscar la vida; las aulas no se cierran, por puro pundonor de los catedráticos; la universidad está amenazada de muerte, por falta de la subvención indispensable. Ecuatorianos, oh ecuatorianos, este es vuestro dictador; guayaquileños, oh guayaquileños, esta es vuestra obra.

Y esas son flores de cantueso para con los robos grandes; rapiñas y garrafiñas que no confieren título de ladrón al que las lleva adelante: Ignacio Veintemilla no es sino ratero todavía; para ser ladrón es preciso que desgarre el territorio nacional, y tome para sí diez mil leguas de opulentos bosques; es preciso que se vuelva monopolizador y dueño de los mares de quina del oriente; es preciso que de la noche a la mañana le veamos señor de países, amo de tribus, almirante del mundo descubierto y conquistado por su profunda sabiduría y por su fuerte brazo.

Las diez mil leguas no son para mí, dice el mohatrero; son para mi sobrino. El sueldo de sus caballos tampoco es para él, y él lo toma. Diez mil leguas de territorio al idiota del pilón, ¿para qué? ¿sabe él por ventura de achaque de cascarillas? ¿y a qué título, pregunto yo, agraciar a un muchacho imbécil con una dádiva, grande para un rey? Ciertamente, ser hijo de uno a quien García Moreno echó de su lado con desaire por manos puercas, es hoja de servicios que estaba requiriendo media nación por recompensa.

Ignacio Veintemilla no es todavía ladrón de marca mayor; no es sino de media marca: para ser de marca mayor, y ladrón inteligente, perspicaz, ladrón diplomático, es necesario que sustraiga de los archivos nacionales una contrata perfecta y sancionada, y ríe riendo, baba babeando, la subrogue por otra apócrifa, para robar cerca, o quizá más de un millón de pesos. Cuando la barata del ferrocarril haya llegado a conocimiento del pueblo, si este le surge aún, oh, ya no merecerá, no digo el sacrificio, pero ni una molestia de los hombres de bien y buenos ciudadanos.

Acaba el Tribunal de Cuentas de resolver un punto litigioso en favor de Ignacio Veintemilla y de su cómplice en otro robo. Llamado el comisario de guerra de la campaña de los Molmos a rendirlas, fue alcanzado en primer juicio en una considerable suma. Ignacio Veintemilla hizo venir a su casa a jueces y revisores, y a fuerza de aguardiente, el punto quedó resuelto: en segundo juicio, el comisario es quien alcanza a la nación en veintiún mil pesos. Preguntado este individuo de dónde los puso en su mendicidad, ha declarado que el señor capitán general de sus ejércitos los suplió de su propio peculio. Veintemilla, para colmo de iniquidad y desvergüenza, pide los intereses: el Tribunal manda pagarlos junto con el capital. He aquí treinta y dos o treinta y tres mil pesos arrancados al Erario a la luz del mundo. Pantalón más inverecundo que este infame, no hay en la tierra: limosna, tablaje, estafa, su modo de vivir, hasta cuando saltó sobre la república y le arrancó los ojos. ¿El fugitivo de la calle del Arenal de Madrid con dos mil duros robados; el escondido en la aldea de San Juan de Luz de los Pirineos; el pícaro tras quien van requisitorias a París, tuvo más de veinte mil pesos para echar por su cuenta en la caja de comisaría de guerra? Señor rico, señor opulento, ¿y por qué se tiró desde lejos de rodillas ante García Moreno, rogando por el sueldito de criado con que se presentaba en la mesa de juego? ¿y por qué pedía fiado a todo el mundo? ¿y por qué recibía dádivas humillantes? Vino embarcado por favor, y tuvo para poner de primera instancia en la campaña veintiún mil pesos de su propio peculio. Don Pereciendo hace cada día a la nación gracias imperiales: de la nueva aduana de Guayaquil dijo en cartas a todas las provincias; que ese edificio no le costaría nada a la república; que él iba a levantarlo a costa suya, echando ahí de *su peculio* la bicoca de trescientos mil pesos.

Consta a los guayaquileños que el Tesoro contenía cosa de trescientos mil pesos cuando se verificó la revolución de septiembre: saben además que a los pocos días Ignacio Veintemilla hizo un crecido empréstito; no se les ignora, por otra parte, que si Urbina llevó cincuenta mil pesos, su *jefe* pudo haber llevado otro tanto. De cualquier modo, sobraban en las cajas de Guayaquil algunos cientos de miles de pesos: ¿qué necesidad tuvo pues el capitán general de echar mano por su *bolsa privada*? Los amigos de este gran señor no dirán a lo menos que *está limpio como una patena*: este robo es manifiesto, como todos los otros; sino que aquí hay más osadía y falta de vergüenza. Tan desprovisto de lo necesario andaba el discípulo de García Moreno, que para hacer su viaje de comandante general, enviado por Borrero, sus tristes hermanas se vieron en el caso de hacer un préstamo, dando por hipoteca su pegujalito de San Antonio. Este es el caudal que llevó Veintemilla a Guayaquil, mientras le crecía las uñas y principiaban sus derechos al sueldo. Si queréis pruebas de la falta de probidad de este hombre raro, esta es una, y de mucho rigor. Por escritura pública consta, pues, que Veintemilla no tuvo qué comer hasta las vísperas del favor que hizo a la república poniendo de su peculio en la caja de comisaría la respetable suma de veintiún mil pesos.

¿En qué contrato ilícito, en qué farándula fiscal no tiene parte ese ruin *presidente*? Él es el alma de *las cascarillas*; él es el corazón de la plaza de toros; él es la mano, con uñas y todo, en la obra de la aduana susodicha; él tiene su presa, oh infamia de la patria, él tiene su presa en contrabandos que debe impedir y castigar. ¿Qué sed infernal de dinero es esta? ¿qué codicia convertida en satiriasis de riquezas? ¿qué desenfreno al cual no pudo llegar en la mitología el dios del robo? Consumidas las doce mil botellas de coñac por él y el presidente de la Convención, el excelentísimo señor jefe supremo, capitán general de sus ejércitos, puso venta de limetas vacías, lo que se llama cascos. A cuatro por medio real, las tres arpías convertidas en buhoneras, las realizaron en dos semanas bajo la inspección del otra vez excelentísimo capitán general de sus ejércitos. Aquí deja de ser ladrón de marca mayor Ignacio Veintemilla, y se convierte en gitano que hace su agosto con los clavos y botones que pesca en la basura. Ecuatorianos, oh ecuatorianos, este es vuestro presidente; guayaquileños, oh guayaquileños, esta es vuestra obra.

Estaba un día poniendo como nuevo al gerente del Banco de Quito, respecto de lesiones que imaginaba haber recibido en su codicia. Grosero, montaraz, un yangüés no se echa así con guías y todo, sin ahorrarse con su padre. El gerente, hombre de sangre en el ojo, tuvo cólera, y encendido en llamas de pundonor, respondió: «Vuecelencia sabe que no cobramos ni un centavo por treinta mil soles que tiene puestos en depósito, y así no alcanzo cómo...» El gerente dio en las mataduras, sacando a la luz del día el Aranjuez de las uñas de su majestad. Esa cara de vaqueta, quién lo creyera, cobró semblante de vergüenza, o fue más bien que la prontitud no le dio tiempo de acordarse de que él no la conocía. «Ah —dijo—, esos treinta mil soles están ahí para... para... para obras pías». A la vuelta de dos meses, las obras pías fueron a dar a su ataranza, pues cargó con los treinta mil soles en uno de sus viajes a Guayaquil, y junto con otros tantos de la aduana de esta ciudad, hizo la undécima remesa a Europa. No pudo tanto el peligro con los jóvenes liberales que no pusiesen el grito en el cielo por este hurto impúdico y notorio, citando al director del banco. El excelentísimo señor capitán general de sus ejércitos no acertó a decir palabra: banco y banqueros, ahí estaban; se quedó, pues, con esa bofetada de la imprenta.

> Mucho fas el dinero et mucho es de amar;
> al torpe face bueno et home de prestar;
> Face correr al cojo et al mudo fablar...

Esta ocasión, el dinero le hizo callar *al mudo* del arcipreste.

En yendo de fraudes, rapiñas, estafas, hurtos, abusos de confianza, robos manifiestos del excelentísimo señor capitán general de sus ejércitos, hay tela de que cortar; mas yo no presumo de nimio, y allí se queda la mina desflorada apenas, para que quien la desee y pueda ahonde y siga el beneficio. Corto he sido por mi parte; pero, amigo, lo que no va en lágrimas va en suspiros; dispensa la cortedad, y recibe a buena cuenta el escaso adelantado de lo mucho que en ley de justicia se te debe. Las hulleras de Chester no se agotan en día y medio; las hazañas de Monipodio no las apura un solo historiador, aun cuando este se llame Cervantes Saavedra. Día vendrá en que tu nombre llene por lo menos los ámbitos de Sudamérica, y en que Europa nos abrume con la severa interrogación: ¿estos son vuestros presidentes?

Azotes, sangre, robo, no son nada; aunque en verdad horrible cosa el espectáculo donde crímenes y vicios están bailando sobre buenas costumbres y virtudes derribadas en tierra. Pero los malhechores, una vez en la horca, no perjudican; su imperio es un hecho, y nada más. Puede una casa ser robada por una gavilla de bribones; sus habitantes no quedan por eso corrompidos. El genio para la oscuridad, esa luz envenenada que beneficia las tinieblas, esa es la mala; tiranía que corrompe a los hombres y pudre hasta las raíces que los estrechan con la eternidad, esa es la espantosa. Los criminales ineptos no se extienden por debajo de la sociedad humana y la abrazan en todas direcciones. Si cabe consuelo en pueblo que tiene sobre sí a un Ignacio Veintemilla, consuélense los ecuatorianos con recordar que, muerto el perro, muerta la rabia: como haya entre ellos un troglodita que no quiera ser su rey, no están perdidos. Donde no hay quien los contrarreste, el ímpetu de los malvados tiene fuerza de destrucción; el demonio sopla sobre ellos, y los vuelve terremotos y huracanes. En su órbita, nada los resiste: Carrera en Guatemala, Melgarejo en Bolivia, la araña en su tela, el insecto debajo de su hierbecita, el infusorio en su gota de agua, Ignacio

83

Veintemilla en el Ecuador, hacen temblar el mundo. Ignacio Veintemilla en el Ecuador es la araña en su red: allí los tiene crucificados a moscas y mosquitos, secos unos con el hollín de la cocina; pataleando otros, rindiendo el espíritu en manos de algún feo escarabajo. Los viles, los cobardes no lo rinden en manos del Altísimo: para los esclavos no hay cielo: esclavitud es antirazón que vuelve animales a los hombres.

TERCERA

TANTO MONTA.

MOTE DE LA EMPRESA DE DON FERNANDO EL CATÓLICO

Por miserable que un pueblo sea, nunca le faltan mártires y redentores; y si la virtud de estos no puede tanto con la misericordia divina que el Juez Supremo revoque los decretos de su justicia, es siempre un testimonio en favor del género humano la excepción que ella hace del hombre justo. Lot huye de Sodoma por orden del Todopoderoso; luego no es el hombre el condenado a las llamas destructoras, sino los hombres corrompidos, cuya perversión está clamando por su ruina. Las cataratas del cielo se han abierto, las nubes se han derretido, los mares se han tragado los montes, levantándose hasta las estrellas: hombres, animales, cosas, nada existe: la cólera de Dios reina sobre el mundo vacío en horroroso silencio. Mas ved allí esa nave que toma tierra lentamente sobre la cumbre de la montaña que empieza a despejarse: es la especie humana salvada de la destrucción del mundo. Así los trogloditas se salvaron por la voluntad de Dios y la virtud de un hombre; así los pueblos se redimen y libertan por la virtud de tal cual hijo suyo no inficionado por la servidumbre ni la infamia general. Harmodio y Aristógiton son dos hermosos muchachos que salen de su fuente, como Eros y Anteros, se abrazan con la maga que los evoca, y se vuelven al seno de su abismo luminoso. Esa maga es la libertad; y sabe, como Jámblico, los conjuros que arrancan de la nada a los Genios propicios de las naciones.

Se levantaron un día unos adolescentes, se estregaron los ojos, y vieron: una aurora viva, hermosa, se les entró por ellos, y les iluminó las entrañas. Sintieron con esa luz grandeza en el corazón, fuerza en el brazo, se fueron para el tirano de su patria, y le mataron. El gigante no había sido sino araña: le pisaron, le aplastaron; moviendo feamente doce patas, reventó, y no echó sangre, ni la podía echar; no la tenía. Todo en él era tripas, de las cuales no pudo desprenderse alma ninguna. El alma, según la doctrina de la Academia, reside en el corazón: donde no hay corazón, no hay alma; ¿hay día donde no hay sol? Muerto el tirano, libre debió quedar el pueblo, y no quedó; el tirano le había quitado el amor a la libertad, no del pecho solamente, sino también de la memoria. Murió el tirano, y ese pueblo no supo qué cosa fuese libertad. Asombrado, aturdido, dio voces que nada significaban. Salió por ahí un perro, y le ahuyentó a ladridos; vino por otro lado un asno, y le enseñó los dientes. Si las virtudes habían sido convertidas en escoria, ¿qué importaba que el diablo hubiese cargado con su alquimista? Espionaje, traición, delación, obras meritorias para ese; rectitud, firmeza, patriotismo, delitos eran, crímenes digo, que castigaba con prisión perpetua, destierro de por vida, patíbulo o azotes. Huido Rosas, Buenos Aires quedó libre; muerto Carrera, libre Guatemala: estos habían sido tiranos de hecho, y nada más. ¿Cómo de hecho? Cuanto a Rosas, concedido; pero Carrera, el indio Carrera, ¿no tuvo por alma la Compañía de Jesús? Si esta sabe de *hechos, los principios* son su ciencia. Barrios aún no ha extirpado las raíces desotro despotismo, tan memorable como el suyo; y con haberse dado tanto vuelo que ha caído al lado opuesto, luchando está con los remanentes de Carrera. Sea de esto lo que fuere, la tiranía de ese cuyo nombre no hemos proferido, fue sistema, ciencia profunda, como la sabiduría del enemigo malo, en cuyos dominios arden los cirios de la noche eterna que alumbran a los réprobos de las naciones por los espacios helados de la servidumbre. ¿Qué mucho que ese pueblo, muerto su tirano, hubiese todavía sufrido sus instituciones, sus costumbres políticas y sociales?

Tienen las regiones del norte ciertos habitantes cuya vida nos parece horrible castigo de la Providencia. Viven en grutas o cuevas de nieve, envueltos y revueltos con sus animales. El aire que respiran en esos subterráneos es viciado, pestilente: se pleitean carnes podridas con los osos y los lobos: su luz es moribunda, su sol un cadáver: desmaya este y se hunde a los cuatro meses de vida; casi todo el año está muerto para ellos. Sacad de su bodega a un kanchadal, traedle a la zona de la claridad verdadera, regaladle con nuestro aire puro y salutífero, nutridle de buenos alimentos, y a poco morirá: sus miasmas emponzoñados, el hedor de su pocilga, su oscuridad, su pescado corrompido le hacen falta. No de otro modo los pueblos de largo tiempo esclavos vienen a connaturalizarse con las inmundicias de la servidumbre, y les falta pecho para el aire fuerte de la libertad. Los rayos del sol no limpian el fierro orinecido; la luz perece en los cuerpos opacos. «Costumbre es segunda naturaleza», dice un filósofo: lo que viene a ser natural a fuerza de costumbre, difícil es de corregir: nada más sólido que el vicio. Siete años de lucha con la liga infernal de dos terribles potestades: el claustro y el cuartel; siete años de fatigar a la imprenta con los preceptos de la razón y las exigencias de la libertad; siete años de dar voces a mis compatriotas sobre que se despierten y levanten, ¿no me han servido sino, una vez conseguido el objeto, para verme proscrito nuevamente, después de cuatro días de patria y casa? García Moreno, a la eternidad; Antonio Borrero, al polvo y a la nada: ¡arriba los zánganos! ¡arriba los ineptos! ¡arriba los cobardes que nada han hecho por el bien de la república! Proscrito, cosa rara; rara y en honra mía, que lejos de pesadumbre me sirve de consuelo; en poco está que no me cause orgullo. En el Ecuador no ha habido revolución hasta ahora: el espíritu de García Moreno, vuela vuela sobre él, le hace sombra; sombra maléfica, profunda, bajo la cual no puede ni debe vivir un hombre libre. Yo soy *advenedizo* en mi patria, me lo han dicho. Los boarenses que le acosaron veinte años a Rosas, hasta dar con el monstruo en tierra, fueron advenedizos en sus hogares cuando volvieron a ellos. Los cubanos que andan fuera de Cuba serán advenedizos cuando la madre patria les abra las puertas de su adorada isla. Sí, ecuatorianos, el arminio es advenedizo entre los cerdos: si se da que pise el lodo, muere de asco y humillación. En ese vasto sepulcro de García Moreno, sepulcro abierto donde imperan sus gusanos, fui advenedizo por cuatro días: ya no lo soy. Mi pan es el hambre, mi vino la sed: como y bebo, y si no engordo el triste cuerpo, nutro la buena fama, sin que me afeen injusticias, ni me enfermen vilezas. Polacos, advenedizos, dejad que Mouravieff haga en Polonia lo que quiera: ¿qué derecho tenéis a romper las cadenas que os aherrojan?

La pretensa revolución de Guayaquil no ha sido revolución: un lego en lugar de un fraile, nada más: un malhechor en lugar de un tirano, un payo en lugar de un hombre de rara inteligencia y vastos conocimientos mal aprovechados. Cuando a modo de cargo de conciencia me dicen los que hablan sin discurrir: Mejor hubiera sido que ustedes dejaran a García Moreno que poner a ese ladrón; yo me voy de todas y contesto: ¿Hemos combatido por ventura al tirano en pro del malhechor? ¿soy yo quien ha arrancado del cieno a este bodoque infame? Deber mío era írmele encima al primero, resultare lo que resultare: no es a culpa mía si el pueblo deja pasar la ocasión y no sabe lo que hace. La muerte de García Moreno fue todo un acontecimiento; de su sangre debió haber brotado la libertad, y a su sepulcro debieron haber ido fracasadas sus cadenas. Muere, y el *pueblo libre, el pueblo rey*. Guayas heroico, se contenta con pasearse por sus calles en pelotones inmensos dando voces sin sentido. ¿No fue ese el caso de la revolución? ¿por qué no la proclamó? El cuerpo del tirano estaba bajo tierra; su alma, intacta sobre su trono. El escritor, el agitador, el patriota, el hombre de la idea había hecho su deber; el pueblo no hizo el suyo. Qué había de hacer... sobre el cadáver del tirano el pueblo no halló apóstol ni amigo sino fueron los ministros del tirano, o cosa peor. En pueblo como este ¿qué importaría que *hubiese un hombre?* No hay un hombre, están diciendo a cada paso, por ofenderme pues yo digo que no hay pueblo en esa comarca: Bolívar, Sucre, nada hubieran podido en país semejante. Mazzini es uno, Orsini otro. La pluma convence, conmueve, exalta: yo convencí, conmoví, exalté a los jóvenes, y el 6 de agosto fue «La Dictadura Perpetua», la sentencia de García Moreno. Andrade,

Moncayo, Cornejo, encerrados con luz artificial a mediodía, leían, leían, y renovaban mil veces su juramento de matar al tirano y libertar su patria: leían, y urdían la conjuración, y hacían prosélitos, y el puñal de la salud andaba en treinta brazos, y entraron en la conspiración jefes de cuartel, y esta fue vasta y grande, y cayó el tirano, cayó.

No hay un hombre... ¿He de ir yo a despanzurrar personalmente al malhechor? Un león, un tigre; aquí está mi vida: pero un perro... ¡Y por quién! ¿se trata del pueblo romano? ¿de una víctima ilustre? ¿de un pueblo grande, pueblo noble? Empresas contra el actual malvado, dos, y buenas; tres, y muy buenas; perdidas todas, la una por la conmiseración, la otra por la traición, la última por la cobardía. En el patíbulo estaba ya Ignacio Veintemilla: a ese Eloy Alfaro a quien ha quitado más de media vida en el tormento, a ese le debe dos veces la vida... El de la conmiseración, él fue; de la traición, él fue la víctima; el de la cobardía, yo me lo sé. ¡Y qué plan desbaratado por un valiente que a última hora *no se mete en nada* y disuade a los demás! Si así me destejen lo tejido, ¿qué había de hacer yo, aun cuando fuese un Washington de prudencia, un Páez de valentía? ¿Uno que hallándose preso, con enormes grillos, en una caverna oscura, comienza por seducir a los centinelas de vista, subyuga con su ascendiente a los oficiales, pone de su parte a los jefes y combina una terrible revolución en medio de las cadenas con sus propios vigilantes y opresores, ese, me parece, es también *un hombre?* Mas la traición, dueña de almas viles, no podía estar ausente de militares sin pundonor ni patriotismo, y la hazaña del preso fue desbaratada al instante mismo de convertirse en hecho grande. Eloy Alfaro pasó del cuartel al *infiernillo*, para ejemplo de fortaleza y valor. Conque, zánganos, liebres que murmuráis, que censuráis, que difamáis, ¿nos dormimos en las pajas? *¿no hay un hombre?* Bien visto lo tengo, mientras esta pluma no se me vuelva espada, cosa no he de poder con los ecuatorianos: razón sin bayoneta es sinrazón para ellos. «Dadnos cuatro tribunos como Juan Montalvo, y os respondemos de la libertad del Ecuador», acaba de decir un ardiente escritor de un pueblo libre.* Con rubor y timidez hago este recuerdo, tan solo por defenderme de ese inicuo *no hay un hombre* con que ineptos y cobardes quieren semejarme a ellos. Si hubiera un hombre, ¿qué hiciera este? Los grandes hombres mismos nada han podido ellos solos en ningún tiempo: cooperación, unión, impulso general necesitan para sus obras magnas. El hombre de la idea podrá llegar a ser héroe y libertador, si le sigue un golpe de gente apasionada: en no hallando quien le crea, quien le apoye, quien reciba la fuerza de su espíritu, ese hombre será la voz en el desierto, o el loco que andaba de día y de noche por las murallas de Jerusalén gritando: «¡Jerusalén se pierde! ¡Jerusalén se pierde!» Nadie le creía, a nadie conmovía: Jerusalén se perdió: el loco había sido profeta. Bolívar fue libertador, porque tuvo con quien nos libertase; él solo ¿qué hubiera hecho, aun cuando hubiera ido a matar con su mano al rey de España? Las preseas de Garibaldi no son las de un individuo; son las de una persona moral compuesta de millares de personas: ¿imagináis acaso que este paladín entra a Sicilia y la toma a furor de espada con mil voluntarios? No: al ver levantado el pendón de la libertad, los italianos en grandes acogidas de patriotas corren a limpiarse con esa santa sombra de la mancha de esclavitud que los ha envilecido tantos años. Cuando hay uno en el Ecuador que se atreve a levantar ese pendón, los ecuatorianos *no se meten en nada*; ¡y *no hay un hombre*! ¿qué hombre ha de haber entre *tamenes*** que no le pueden sufrir? Abrid los ojos, ciegos, mirad y convenceos: donde no hay pueblo, no puede haber *un hombre*.

Me suelen asimismo preguntar algunas almas de cántaro: «¿Por qué dejaron ustedes que este animal se elevase en Guayaquil?» La contestación, miradla, si gustáis.

Sucedió que ciertos sabios se hallasen una vez reunidos para elegir jefe supremo. A falta de león, claro está que debía serlo el elefante, y aun cuando fuese el tigre. Pero el zorro les

....

* Jorge Isaacs.
** El que quiera saber el valor de este vocablo, puede consultar la *Historia de la conquista de Nueva España* por don Antonio Solís.

había la noche anterior ensuciado a todos y perturbado los sentidos con esa su ambrosía que echa, sabe el diablo por qué parte. No contento con rociarlos, les dio a beber elíxir de sus entrañas, con lo cual les encalabrinó el alma y les apestó el corazón. «¡Viva el jumento!» gritaron en un arranque de frenesí divino; y el jumento fue jefe supremo. ¡Dios de bondad! el hijo de la cebada quiso ser también capitán general, como tributo de veneración a los tiempos coloniales; y lo fue. Quiso ser cabo capitán; y lo fue. ¿Napoleón el grande no era para sus soldados *el cabito*? *Le petit caporal*, en lenguaje de cariño militar, significaba emperador de Francia, dueño de Europa. Quiso ser agradable nuez moscada, como el sofí de Persia; y lo fue. Quiso ser espada de Bernardo, carabina de Ambrosio; y lo fue. Quiso ser alcaide de los donceles, cardenal de Acuapendente; y lo fue. Quiso ser conde del verde saúco, príncipe de Cavalcanti; y lo fue. Quiso ser barón de Montugtusa, marqués de los burdeles; y lo fue. Quiso ser caballero del Milagro, gran maestre de Calatrava; y lo fue. Quiso ser Federico Barbarroja, don Jaime el Conquistador; y lo fue. Quiso ser café con leche, azúcar de Saturno; y lo fue. Fernando Mondego, convertido en duque de la noche a la mañana, no paró hasta no verse con dictados que fueran envidia del gran Turco: Matador, Robador, Mentidor, gracias a un monito que por ahí le iba poniendo entre renglones cuantos títulos le iba él dictando a la sordina, sin conocimiento de la Junta: *meeting* digamos, para no quedarnos atrás de los que hoy hablan lengua castellana con propiedad y cultura. El bueno del asno había oído que en otro tiempo las ranas pidieron rey al padre de los dioses, y que este les echó a su estanque una viga: «Si una viga ha sido rey —dijo para sí—, ¿por qué no he de ser yo jefe supremo?» Y lo primero que hizo fue llegarse de puntillas a un noble bruto que estaba por ahí durmiendo, y darle una coz por la espalda. «Con esto —dijo—, los monto a todos, y que me pongan aliagas debajo del rabo».

El autor de esta fábula debe ser Esopo: esperando estoy que el más feo de los griegos me diga si fue su héroe quien montó en sus electores, o estos le echaron la albarda encima y le enviaron al molino. Aristóteles, padre de la retórica, sostiene que el apólogo es una de las figuras más hermosas, y la más adecuada para convencer. No vayan mis compatriotas a tomar al pie de la letra el cuento del pollino; no es sino una figura, y quizá mal cometida. Por lo que hace al rey de las ranas, sabido es que vino a ser su estercolero. Como es regular que los ecuatorianos no quieran ser menos grandes hombres que esos ilustres reptiles, si no se han subido ya, de presumir es que no tarden en subirse sobre su capitán general, jefe supremo y preste Ignacio de las indias y las negras.

Nunca deja de ser cargo fundado contra los hombres de viso de la república, el ver a los más ruines en la cumbre de los honores, y el más perverso e infame en el remate del poder y la soberbia. La forma de gobierno que llama al trono al heredero del monarca, no da asidero a los reproches del patriota y el filósofo; pero en ese cuya esencia es la elección, siempre serán para menos los que levantan sobre todos al más bajo, y están sufriendo después las tropelías envilecedoras de la ignorancia y la barbarie. Sin embargo, la dictadura de este Maximino que llaman Ignacio Veintemilla tiene su explicación, cuanto a su origen. Habiendo los liberales determinado la revolución contra don Antonio Borrero, locura hubiera sido en ellos pensar en salir con su empeño sin la cooperación de parte del ejército. Don Antonio, como obstáculo para los dichos liberales, le había entregado puerta y llaves de la república al sicario más empedernido de García Moreno: por mucho que la opinión de los ecuatorianos estuviese bien dispuesta para el cambio, el apoyo militar fue, por desgracia, indispensable. La revolución, hecha la tenía la imprenta: las armas, no estaban en manos de los patriotas. Veintemilla, como instrumento, simple instrumento, no era malo: dos mil veteranos con bala en boca tenía a sus órdenes este marmitón del difunto consabido, y había declarado que si no era él jefe supremo, sostendría a Borrero. Guayaquil, ni por audaz, ni por valiente, hubiera podido nada con las manos vacías, y así tuvo por bien contar con el ahora mortal enemigo de los liberales. Triste necesidad fue, no imprudencia reprensible. El mal no estuvo en esto, sino en que los revolucionarios pasaron por todo, se sometieron asnalmente al despotismo de un echacantos que al despotismo acompañaba las malas intenciones. Pueblo que hace revolución, la ha de llevar a cima conforme a sus propósitos y necesidades: verificarla, y agachar la cerviz ante el mismo de quien debiera servirse para sus fines, es demérito que trae consigo ineptitud y vergüenza. El pueblo casi siempre es burla de los que le guían: si estos son hombres sin fe ni amor, sin pundonor ni patriotismo, el pobre pueblo es el que se expone, el que vierte su sangre, el que triunfa; ellos los que maman la cabra, haciendo migas con traidores y farsantes.

He dicho que los revolucionarios sufrieron desde el principio los abusos tiránicos de su jefe supremo, y no he dicho nada: no le sufrieron solamente el despotismo; le animaron, le impulsaron por esa vía. No digo a hombre de suyo malo y soberbio, a uno bueno y molesto le hubieran corrompido esas condescendencias, esas humildades, esas tolerancias con que la viga creció en merecimientos a sus propios ojos. El pueblo, lo que es el pueblo, esa multitud compuesta de la parte laboriosa y útil de la sociedad humana, menos sometido y vil que sus cabecillas, quiso dar la ley en su revolución; los corifeos se opusieron, se lo impidieron. Cuando el rey de las ranas dijo: «No quiero ni suplente, menos colega», ¿no dio a conocer sus fines? Y con todo, cuando el pueblo quiso indicar, proclamar ministro general, los *sesudos*, los esclavos blancos fueron óbice a tan saludable providencia. «Él es el dueño; él hará lo que quiera», me dijo en mi casa un hominicaco liberal. Vi que no las había con un varón, sino con un eunuco infame, y ahorré palabras. Repudiado por *su dueño*, despechado, el ruin ha dado en borracho, y hasta en loco. El gobierno temporal de la Providencia, doctrina del conde José de Maistre, está palpable en ocasiones. Pueblo donde esos son los principales, esos que dicen él es el *dueño*, no es mucho sufra las voces con que le están asordando las demás repúblicas: ¡esclavo! ¡esclavo!

Veintemilla es obra exclusiva de los guayaquileños; los patriotas, los liberales, los dignos, los orgullosos, los valientes, los libres guayaquileños. Ellos tejieron, a ellos les incumbe destejer: de otro modo, cumplirse ha el término de la promesa, y prostituirse han al sátiro a quien han ofrecido su virtud. A Penélope no la salva su fuerza, pero le sobra industria para ser fiel a su marido. Guayaquileños, pueblo de valientes, si habéis perdido el valor, manifestad por lo menos que no os falta apercibimiento para vuestros deberes y vuestras honras futuras. Abrid lo tejido, deshaced lo hecho, y ved aquí la corona de la virtud con nombre de libertad y patriotismo.

Vegetaba en el Perú un hombre en quien tenían puestos los ojos quince años los patriotas y liberales del Ecuador. Sus intentonas de libertad, sus expediciones contra el tirano, aunque desgraciadas por su culpa, le habían granjeado la benevolencia de los que no le estaban viendo de cerca. Este liberal añejo, cabeza de partido, ninguna parte tuvo en la revolución de los liberales del Guayas; antes la improbó, de miedo, con increíble acerbidad. Hecha la revolución, la tuvo por buena y se vino a coger su parte. Una noche, gran gentío en el malecón de Guayaquil: Urbina, el viejo Urbina, se halla a bordo de un buque, va a saltar: con este, la revolución no será desviada, ni la beneficiarán de su particular ganancia bellacos de la orden de García Moreno, como Ignacio Veintemilla. «¡José María!», los viejos; «¡mi general!», los militares; «¡general!», sus amigos, todos se le van con los brazos abiertos. El pueblo necesita siempre un hombre en quien fincar sus esperanzas: cuando no lo tiene, entalla una quimera, dispone un simulacro, y adora al dios que le hace falta. Pueden los viejos ser recuerdos; esperanzas, no las busquéis sino en los jóvenes: las canas, y eso canas ilustres, son cuando más el estímulo de la sangre nueva: en volcanes apagados no pueden los operarios forjar las armas de la patria: el fuego del Etna habemos menester para sacar espadas de buen temple. El tiempo pasado no nos puede brindar con la esperanza; gaje del porvenir es esta. Esperad en el hombre mozo, en el adolescente, en el niño, que estos van mirando hacia delante: los viejos ven para atrás, y atrás están la muerte y olvido. Un gran viejo, de antecedentes gloriosos, puede ser un monumento; una gran esperanza, huid de ir a buscarla al borde del sepulcro.

El anciano recién llegado, en medio de tumultuosa muchedumbre, se dirige para su casa: allí, en ese recinto estrecho, está encerrado un mundo, el mundo del corazón: mujer, hijas, hijos, santo grupo de la familia con sus dioses y sus ceremonias apasionadas, esperan al marido largo tiempo ausente, al padre, al sacerdote del altar doméstico. Colgadas en las barandillas de la escalera, los brazos hacia la puerta, sus lágrimas están bendiciendo esas gradas, ese zaguán por donde ya va a entrar, a subir el hombre en quien está fincada su vida en ese instante. María, Rosita, de felicidad son esas que se os desprenden de las pestañas y ruedan en largo hilo por el seno. Vuestro padre, hele allí: ya llega, ya entra... ¡Cómo! el tropel sigue adelante: pasó, se alejó, silencio todo. El hombre descastado, el viejo ruin, dejó allí muriéndose al amor, y tuvo por más natural y santo ir primero a echarse de rodillas y besarle los pies al figurón sin alma que se estaba ya llamando jefe supremo. Para volver más notoria su irreverencia a Dios y la naturaleza, tuvo a dicha ir a pasar por su calle, por su casa, recibiendo con esto el fierro, la marca de un amo tan pobre de méritos y virtudes como él mismo. Ahora ya no se puede perder ni confundir entre vacadas ajenas: este buey seco, pelado, garrapatoso, que se mueve y tambalea, es de Veintemilla, del mudo Veintemilla, dicen todos; y le cogen, y le entregan a su dueño, cuando sale de su majada. Dinero, mucho dinero, a trueque de oscuridad e infamia, este es el actual Urbina. Poco sabe de derecho este furriel apolillado, pero dijo: *doy para que des, hago para que hagas.* Dio honra, fama; cogió y está cogiendo mazos de billetes de banco, talegos de moneda que se los bebe en forma de aguardiente.

No se me ignora la divisa de los antiguos caballeros, *mi Dios, mi rey y mi dama*; pero el cristianismo mejor averiguado ha hecho una transposición, y nosotros decimos con más acierto: «Mi Dios, mi patria, mi familia», siendo así que no tenemos rey. Si rey entra por patria, habremos de decir: «Mi Dios, mi patria y mi esposa». ¿Pero cómo ni cuándo ha de simbolizar la patria un malvado que no hace sino cubrirla de ignominia y arrancarle dolorosas lágrimas? Sin estos pegotes corruptores que arrodrigonan al opresor, quizá no hubiera tiranos: la soberbia vive de adulación; la adulación hinchada de vanidad, y aduladores y vanidosos caen sobre las naciones desgraciadas a modo de ceniza, y la queman, y la yerman. Los ciudadanos de chapa, los hombres de trascendencia, en todo caso han de ser contrarresto de gobernantes abusivos. Pero si lejos de ser apoderados naturales de la república, se vuelven fautores de su enemigo y ministros de sus crímenes, ¿cómo no han de llover desdichas y vergüenzas sobre un pueblo? Me han dicho que Urbina, siendo presidente, gustaba por extremo de zalamerías y cucamonas de cortesanos: hombres graves, decorosos, no eran suyos: para cortarle el ombligo convenía mostrarse indigno de un prohombre. «Nadie tenga la osadía de alabaros cara a cara», dice un gran autor; no le sufráis, reprimidle, agrego yo, pequeñuelo. La adulación corrompe, desvía: la calumnia vestida de alabanza, suele asomarse por los labios del palaciego: el gobernante sordo a los enemigos públicos que se llaman aduladores, ese está libre de mil males. La adulación no se contenta con alabar; su parte principal es indisponer al poderoso con ciudadanos quizá buenos. Encomios pagados con méritos de hombres sin virtudes: los varones de pro no han menester sino el silencio respetuoso de los dignos, la callada buena fe de los sinceros.

La diplomacia de Urbina es la adulación; si agregamos la mentira, planta espontánea en sus labios, el fraude y el engaño, bien así en las públicas como en las privadas relaciones de la vida, hemos dicho todo lo que sabe. Adulación, y tan extremada, y tan empalagosa, que le da semblante de retrechera sin talento. Hombre que peina canas, militar antiguo, ex presidente, adula, si su alma es baja, pero con aire y modo, y no así como una peliforra. Un poeta indigno de las Musas había dicho que Antígono era un dios. «Miente —respondió el tirano—; mi criado sabe que no hay nada de eso». Urbina, a pesar de los secretos de la recámara, que él los sabe muy bien, quiere que Ignacio Veintemilla sea un dios; un dios, pues valiera más llamarle Caco o Mercurio, que Godofredo de Bouillón o Carlomagno, como le ha llamado mil veces en sus borracheras. El que cae en los brazos de ese viejo, tenga paciencia; media hora ha transcurrido, y aún no le afloja. Si el dicho Sileno le ha menester para algo, peor: le besa desde la frente hasta la ijada, pasando por el estómago. Le besa los ojos una y mil veces; le besa la nariz por dentro y fuera; se da maña en besarle la nariz por dentro haciendo los labios pico de cigüeña. Le besa la boca: si el sentenciado a ese suplicio infamante no la cierra bien, le ha de hacer irrupciones asquerosas de lengua hasta el galillo. Le besa la quijada, la nuez: la mejilla ya la besó; esa es cosa suya. Le abre el chaleco, le besa la barriga; le vuelve, le besa tras la oreja. Si no hallara resistencia, ¡oh! ¿hasta dónde no llevara esos labios de Judas con los cuales le está vendiendo a uno por todo el cuerpo y cubriéndole de baba tabacosa? Dios sabe si Veintemilla se ha ido al baño cada vez que su mala estrella le ha puesto en brazos de su Mentor: ¿qué ha de ir cuando él mismo está cubierto por dentro y fuera del pringue de los vicios? En la Escritura, justicia y misericordia se encuentran y se besan; en la desescritura, Urbina y Veintemilla, esto es, la corrupción y el crimen, la embriaguez y la imbecilidad, se encuentran y se besan, y de esta cópula indecente nacen deshonra y males públicos. Sin Urbina, sin su traición a la patria y al Partido Liberal, sin su falange de leprosos antiguos, Veintemilla, Ignacio Veintemilla, cargado de una fanega de cebada, estuviera yendo al molino cada día. ¿Qué pudo este infeliz por sí mismo? Veintemilla, como ejecutor de crímenes y traiciones, ha caído en mal caso y merecido la horca; Urbina, como impulsor y causa, está llorando por la cuerda. El uno es cuerpo, el otro alma de este feo demonio que se está comiendo a bocados honra, bienestar y buena fama de un pueblo. Ideas, propósitos elevados, amor al género humano, impulsos de grandeza, anhelos de gloria, nada; lujuria de dinero, hambre de vanos títulos, sandez, falsía, desvergüenza, he aquí los medios y los fines de esos revolucionarios sin revolución, católicos sin bautismo. Como saben que los principios liberales son cosas grandes que se están dando vuelo por el mundo, se han llamado liberales, ellos: en las galeras hay también partidos: Urbina y Veintemilla, liberales de idea y corazón, no; liberales a lo Thiers, a lo Gladstone, no. Asesinen arzobispos, metan fuego a los edificios públicos, acarreen a sus casas los tesoros de la Iglesia y del Estado, en buena hora: esos no son liberales ni conservadores: son delincuentes a quienes, hasta hoy día de la fecha, y van nueve años, están fusilando en Francia. «General, no tenga usted cuidado; los jesuitas están conmigo». ¿Conque los jesuitas están con él?... ¿y el arzobispo envenenado? ¿y los obispos desterrados? ¿y los clérigos encadenados? ¿y los católicos asesinados? ¿y los canónigos saqueados? ¿y el concordato pisoteado? Dirán Urbina y Veintemilla que estas niñerías, y las otras que constan en su *memorial de agravios comunes*, como son redomazos, clavazón de sambenitos, untos de miera en la casa, lejos de desmentirlos, son pruebas de su liga *rodiniana*. Y concluyentes: si nada de eso hubiera sucedido en la república, de su peso se cae que los jesuitas no estuvieran con ellos. No ha quedado un liberal en el Ecuador; no hay sombra de imprenta, ni tribuna, ni sociedades, ni libertad, ni verdad, ni religión pura, ni conciencia, ni Cristo que lo fundó; claro se está que ellos están con los jesuitas: ¡y se llaman todavía liberales! Violencia y crueldad, terror infunden; la impostura es baja de suyo, y no inspira sino desprecio.

Sería yo temerario si afirmase absolutamente que los ecuatorianos son esclavos de nacimiento y por amor. García Moreno hecho pedazos, cayendo de su palacio a la plaza a puntapiés, dando zapatetas en el aire, según que lo había profetizado un humilde Isaías, viene aquí, y depone en favor de sus víctimas perpetuas. Borrero es asimismo testigo favorable, el pobrecito: diga si fue bajo el solio, o en su fuga, donde le pasaron una mañana las botas llenas de... agua, y él tuvo que ponérselas, llevándolo todo en amor de Dios. ¿Ignacio Veintemilla, la soga al cuello, le arrancará, y desvanecerá la buena opinión que Sudamérica principiaba a concebir del Ecuador? Veintemilla sin talento, sin poder, sin habilidad; Veintemilla, ignorante como un indio, cabezudo como un vizcaíno, pesado como un galápago, presuntuoso como un Quijote, incapaz de esa tiranía grande que inmortaliza en el aire a los bribones de gran talla, ¿estaría ahí para echar el sello a la desgracia de un pueblo, al ruin concepto en que los otros lo han tenido tantos años? La dictadura de García Moreno fue perpetua hasta el día del Machete; la de Veintemilla será más corta: las ranas han visto ya que se le pueden subir encima, y hacer de su rey su estercolero. ¿Te enojas, el amigo? Yo que te estriego, burra de mi suegro.

Desengáñense los ambiciosos sin mérito: en los rincones más oscuros las luces obran ya más de lo que les conviene a los oposicionistas de la civilización; en los pueblos más hechos a la servidumbre los agentes de la libertad se abren paso, y van alumbrando con su antorcha cien leguas en contorno. Tres números de *El Regenerador*, apoyado por los jóvenes liberales de Quito y Guayaquil, bastaron para quitarle al presidente más popular que habíamos visto en tierra de lirones sus *veintinueve mil votos*. La revolución, hecha la tenía la imprenta, esto es, la razón, el derecho de los pueblos, cosas que se vuelven efectivas en la libertad práctica y sensata, en el progreso cuyos fundamentos son virtudes. «Ya es tiempo, me escribieron los jóvenes del Guayas; venga usted, vuelva usted». Fui, y el pueblo me dio un susto. El aura popular en forma de huracán es simún en cuyo seno viene sonando una música aterrante. La modestia pierde el color y el habla en presencia de ese monstruo hermoso que le abre cien brazos y la saluda con mil voces. Uno a quien hasta hoy no le han cabido sino persecuciones y amarguras, debía darse por resarcido de sus padecimientos, por agradecido de sus afanes, cuando honrosamente conturbado, estaba viendo un pueblo todo al pie de sus balcones, oyendo unir su nombre a las santas palabras de patria y libertad. Ante la glorificación ardiente de miles de personas bien intencionadas, ¿qué importan majaderías de tontos, sandeces de borrachos, malas obras de ingratos, desvergüenzas de atrevidos, calumnia de perversos?

El diablo estaba haciendo en ese instante en una cochiquera un tiranuelo de lodo. En embrión lo tenía ya entre los dedos, y este feto del infierno tembló dentro de la oscuridad al oír las voces de la luz. Envidia, celos, aprensiones ruines, temores agudos pasaron sobre él abrasándole cual llamas infernales. A poco el feto había nacido en un cuartel, fue bautizado por Patillas el canónigo, y llamándose capitán general de sus ejércitos, salió campeando al mundo. Mas qué campea... campea y aún se pavonea por las calles de Quito, al centro de una muchedumbre de sicarios. Hombres, mujeres; viejos, niños; hidalgos, plebeyos, todos son sus enemigos, de todos se cautela: soldados, lanza en ristre; oficiales, la espada desenvainada. Así campea, así se pavonea, así se gallardea ese mezquino. «No me saques sin razón ni me envaines sin honor», es la divisa de la espada noble, espada valerosa que sale de las fraguas de Toledo: esos oficiales que, sin guerra, le llevan desenvainada por la ciudad, ¿la sacan con razón? ¿la envainan con honor? Un hombre del pueblo, un pobre hombre, está sentado sobre el umbral de una tienda, cabizbajo con algún pensamiento, meditabundo con alguna cavilación, triste con algún dolor: su excelencia el presidente de la república, valeroso caballero, se le va encima, le echa a tierra la cabeza, esto es, el sombrero, le harta de injurias. El hombre no le ha visto, no se ha puesto en pie, no le ha saludado. Herido en el cuerpo y en la honra, el triste mira a una y otra parte, ve un palo, se ase con él, salta, descarga, repite el golpe desaforadamente: su excelencia el presidente de la república, con tres gentiles garrotazos en el pescuezo, tambalea, en tanto que sus heroicos edecanes pican de soleta. Pero no es un 6 de agosto: vuelven los valientes, dan en el suelo con el descomedido, pisan sobre él, le matan... No le mataron: apaleado y lastimado, le llevaron al hospicio, por *loco*. Loco, y azotes cada día; loco, y juicio criminal de orden del presidente. Si este no es loco, él es el ente más bajo y despreciable de la tierra. Como ha visto ya que si le saludan los quiteños es con el palo, no se va sobre ellos con el bastón: los hace presos, los manda al cuartel, les pone gorra a los que no gritan: «¡viva el rey!»

Cuenta un sicario de Juan Manuel Rosas que este gaucho extravagante, cuando no mandaba a sus pretorianos hacer irrupciones en las casas de Buenos Aires y cortar cabezas a discreción, les daba órdenes tan patrióticas, como la de armarse de grandes tijeras y difundir por la ciudad: levita que aparecía, ¡tras tras! quedaba de chaqueta en quítame allá esas pajas. En cuanto al frac, lo que llamaba casaca, don Juan Manuel lo aborrecía de muerte: ¡desdichado del argentino que saliera de frac y guante blanco! no las faldas solamente, pero también el pescuezo hubiera perdido. A la puerta está Ignacio Veintemilla de salir contra la levita: la guerra contra el sombrero, ya es a todo trance. No quiera vuestra mala ventura, quirites del Pichincha, que, vencidos sombrero y casaca, vaya por los pantalones, y aún por los calzones, el Gran Pompeyo de José María Botellas. Mas como dicen que muchas veces el que va por lana vuelve trasquilado, puede ser que cuando menos piense salga el Mudo del combate en cueros. En este concepto, mi deber es fomentar la santa guerra a los paños mayores y menores.

Vivir para tormento de nuestros semejantes, y aterrado uno mismo, es negra fortuna de los que nacieron para el infierno. La historia no existe para los ignorantes; para los que no leen, nada ha sucedido en el mundo. Si Ignacio Veintemilla supiera que los tiranos, si no acaban a manos de sus víctimas, acaban a las de sus propios esbirros, no se propasara de ese modo en sus desafueros. Mas él no tiene para qué saber la suerte de los tiranos, si estos representan el último acto de su comedia en el patíbulo, si en una plaza o una calle; basta con que no olvide que para insignes malhechores, cuerda. ¡Qué vida la de ese tonto! en su casa, un batallón entero invertido en centinelas: centinelas en la puerta mayor; centinelas en la sala; centinelas en la cama: no se pone centinelas en la boca, porque quiere tener libertad de tragadero. Y este ser aborrecido, este que no puede dar un paso sin mirar por su vida, al tiempo que está siguiendo con el puñal en lo oscuro a los buenos ciudadanos; este reo de todos los delitos, tiene, no solo por lugar de seguridad, sino también de delicias a Guayaquil; la libre, la valiente, la orgullosa Guayaquil. Guayaquileños, este malvado, o no hace caso de vosotros, u os tiene por sus cómplices: lo primero es humillante, lo segundo denigrante. En Guayaquil andaba solo García Moreno de día y de noche, dormía a pierna suelta sin ensueños ni pesadas; en Quito vivía aterrado; velar era cautelarse, su dormir atormentarse. Viendo patriotas, jóvenes armados del puñal de la salud, vengadores y jueces por todas partes, saltaba de su lecho, corría por dondequiera dando gritos, pidiendo socorro en sueños. El sonambulismo de la sangre es la más terrible pesadilla. Al fin murió el tirano, murió; no a poder de libres y valientes guayaquileños, sino de esclavos y cobardes serranos. Los guayaquileños cuando saludaron el 6 de agosto con tan grandes procesiones, tuvieron por bueno el hecho, lo prohijaron; pero ellos no habían sido para la empresa. Vamos a ver, hijos del Guayas, los serranos cobardes os libraron y libertaron de Gabriel García Moreno; libertaos vosotros mismos, libertadnos y libradnos a todos de Ignacio Veintemilla. El uno valiente, audaz, temible; el otro, pálido en la menor ocasión, cuitado, despreciable. Y así y todo, este no piensa sino en Guayaquil: en sus terrores, sus amarguras, sus palos, Guayaquil; en los desprecios que devora, en sus cuitas, sus pesadillas, Guayaquil; en sus peligros, sus ansias, sus caídas, Guayaquil; Guayaquil es su consuelo, Guayaquil su salvación; consuelo y salvación del traidor a la patria, el robador de la hacienda pública, el perseguidor del Partido Liberal, el bárbaro para quien no hay más Dios ni ley que el vicio, ni más devoción que el crimen: ¡Guayaquil, Guayaquil! Guayaquil, cuna de la libertad; Guayaquil, tierra de hombres fuertes; Guayaquil, madre de hijos libres, Guayaquil, Guayaquil... Rocafuerte, Olmedo, no reconozcáis a esa madre envilecida, echadle al rostro las estatuas con que quiere engañaros. Esa, esa que erige estatuas a un viviente infame, no tiene derecho para levantarlas a difuntos esclarecidos: semejante trastrueque del orden de las cosas pudiera indignar a la Fama y la Gloria, y hacer temblar de ira a esas divinidades. Guayaquileños, ¿estatua a Vicente Rocafuerte, genio de las luces, campeón de la libertad, honra del Guayas; estatua a Rocafuerte en la Capua de Ignacio Veintemilla? Levantadla, sí, levantadla, pero no antes de haber dado en tierra con el Sísifo que fuera infamia de Gomorra. Le apreciáis, le amáis; él lo dice: ¿hasta cuándo seréis merecedores de agravio semejante?

Había en una comarca del Nuevo Mundo una joven llamada Ecua, hermosa en extremo, y dueña de grandes riquezas. Huérfana de padre y madre, un deudo suyo muy cercano la tomó bajo su amparo, con tanta más solicitud cuanto que, en muriendo, su padre se la había dado por hija. Inocencia, sobrada; experiencia, ninguna; no era ella para cosas grandes, ni hubiera ido derecho, si nadie la llevara por la mano. Se acodició un hombre a ella; no tanto a su hermosura cuanto a sus haberes, siendo como era codicioso de suyo y gran amigo de adquirirlas sin el sudor de su frente. Se llegó un día al tutor y curador de la joven casadera, y pidió su mano. El señor Dual, que así se llamaba el padre adoptivo, tuvo por bueno el matrimonio. Consultando con la niña, esta dijo que no. Insistió él, ella repitió su no con entereza. «Madruñero será mucho —dijo Dual—; por los tiempos que alcanzamos, los novios no están al escoger; cásate». Hombre bueno, pero aturdido, el señor Dual, medio de grado, medio por fuerza, la casó, y se estuvo a esperar que su pupila viniese a él a verter lágrimas de felicidad y agradecimiento. No fue así; antes la bella Ecua empezó a quebrar de salud y color: su genial alegría se convirtió en tristeza, su amable verbosidad en silencio de muerte. Ella, tan dada al arreo de su persona, dejó ver un increíble desafeite: la cabellera en abandono, el vestido descompuesto, las manos, las blancas manos, perdidas debajo de negra roña. A las preguntas de su tutor, sus contestaciones eran lágrimas. Dual, profundamente afligido, trató de descubrir el secreto de esos dolores, esa como muerte en vida que estaba presenciando. Vicios, no hubiera sido mucho: halló crímenes en Madruñero, y aún cosas nefandas. El caudal de su esposa, bebido, jugado, disipado; su honra lastimada con injurias y calumnias de su propio consorte; su cuerpo lleno de cardenales, de los golpes que recibía sin quejarse. La ictericia, campeando en ese rostro antes divino, estaba dando fe de sus padecimientos y amarguras. Del escándalo, no había estado libre la pobre Ecua: en las orgías, las baraúndas, las camorras públicas, ella era el hito de la perversidad de ese hombre, y la que cargaba con la vergüenza. El señor Dual quiso presentarse pidiendo el divorcio por causa de sevicia; pero cuando Ecua, deshecha en llanto, abierto el corazón ante su padre, le hubo descubierto las causas ocultas, alocado el cuerdo, enfurecido el manso, se fue para el monstruo y le mató. Su hija, atajada de razones, ahogada por el pudor ofendido, le había confesado que ese hombre infame no gustaba de la naturaleza; que muchas veces, en siendo bella aún, había querido, borracho, ponerla en manos ajenas; y por último que había matado los dos niños provenientes de esa unión deslayada y funesta, con decir que no eran suyos sino frutos de adulterios. Enmudecida por el terror, dominada por el influjo misterioso de ese demonio, la pobre mujer no había dicho nada; Dios lo estaba viendo todo, y eso era suficiente. Su tutor la esclavizó, él la libertó: la justicia de los hombres, dijo este levantando los ojos al cielo, sea la que fuere; perdóneme Dios, y estoy en salvo.

Guayaquileños, ya os estáis reconociendo en el tutor imprudente: la bella Ecua en vuestra patria: Madruñero, el horrible Madruñero, es Ignacio Veintemilla. Dual, pundonoroso y valiente, libertó a su pupila; vosotros, tímidos o inhumanos, la estáis viendo expirar en las garras del monstruo.

En cualquier situación de la guerra, las diligencias de paz son títulos de amor para quienes las hacen. En medio del fuego, entre el humo del campo de batalla, la bandera blanca asoma, y todos, valientes y cobardes, la miran con respeto. Los feciales de los romanos, los caduceadores de los antiguos mejicanos, los emisarios que hoy mismo se envían mutuamente los partidos, las naciones, son personas sagradas que alcanzan miramientos de bárbaros y civilizados, lejos de infundir enojo ni desconfianza. En el país del Ecuador se han visto muchas cosas extraordinarias: que se sorprenda dormido a un ciudadano, se le prenda como a delincuente, se le expatrie sin espera ni provisión de lo necesario, porque ha hecho proposiciones de paz a los beligerantes, y esto en los términos más decorosos y adecuados para el caso, ni entre enfermos de la cabeza hubiera sido posible que se viese. Los atenienses lapidaron a un hombre llamado Sircilo porque había propuesto la paz con el rey de Persia; mas fijaos, si gustáis, en que esa guerra era la conquista de la civilización por la barbarie, y en que los griegos trataban de salvar a Palas y Minerva. Europa echó poco ha coronas de flores a un poeta, porque propuso a las naciones restablecer la paz en el Oriente, y ahorrar al mundo sangre turca y moscovita. En América se le echa mano al que habla de paz e insinúa los medios de llegar a un avenimiento en guerra civil entre hijos de una misma madre. ¿Qué dirían de Mac-Mahon los franceses, si este hubiera enviado a Cayena a Víctor Hugo, haciéndole llamar engañosamente a media noche al Elíseo? Extravagancias son estas que, referidas en pueblos civilizados del Viejo Mundo, cobran visos de imposturas. Hubo entre mis amigos mismos quienes improbasen mi modo de proceder, y se engañaron tristemente, viéndolo están. Lo que hacemos con buena intención y valor, en servicio de la patria y honra de nuestros semejantes, no son *imprudencias* sino aciertos, aun cuando el puñal del asesino empiece a buscarnos las espaldas. Pongo en duda el tino y la eficacia de los que reprueban los pasos largos y resueltos, porque envuelven algún peligro para el que los da aun cuando ellos propendan al bien de todos. Ignacio Madruñero vive todavía, y tiene por suya la nación: si en vez de llevar a mal el corte que yo propuse, hubieran ambas partes acogido mis indicaciones, vivos y útiles actualmente las más de mil víctimas de esa guerra, y un hombre bueno y de luces al frente de la república. Pero no: todo fue hartamente de injurias don Antonio, censurar mi política los liberales, y el Mudo echarme el guante. Allí no podían sino triunfar los dos malvados: Urbina y Veintemilla triunfaron, y hoy son asesinos y verdugos de los que le dieron triunfando. ¿Quién lo pensó mejor? ¿quién procedió mejor? Yo, con mi guerra desde el primer día a Ignacio Madruñero, con mi temprana proscripción, quedo libre del cargo que con tanta injusticia y tanta malicia me hacen bobos y hombres de mala fe; cargo de haber elevado a Veintemilla. Poner el hombro por mi parte a despeñar a Borrero fue lo que hice; pero no había contado con la traición y la prostitución del viejo Urbina. Levantar a Veintemilla... ¿No le conocía yo por ventura? ¿no sabía que la parte concupiscible de García Moreno estaba

105

dentro de él, fuera de la espiritual?

En épocas anteriores me había andado rallando este zambombo porque le presentase de candidato para la presidencia de la república en *El Cosmopolita*. Esa carota de animal, trono hoy día de soberbia, cobraba semblante humilde, como quien estuviera en el tribunal de la penitencia: bajos los ojos, sumisa la palabra, esclavo el porte, en poco estaba que no vertiese lágrimas. «¿Quiere usted ser presidente? —le dije un día, cansado de su molino—; concertemos una revolución, póngase usted al frente de ella como caudillo militar, derrueque a García Moreno, y siga por allí adonde le lleve la fortuna». «Revolución, ¡eso no!», contestó con firmeza, como uno que realmente aborreciese las revoluciones. «¿Pues cómo piensa usted —repliqué indignado—, que he de ir a arruinarme en el concepto público, proponiendo semejante candidatura?» «Es que usted sería mi sucesor», dijo. Canalla... presidente por favor de él, contra sentir de la nación, ¿no habría sido yo el más despreciable de los mortales? Cuando hubiera tenido que haberlas con un hombre, no fue revolucionario: García Moreno le hacía temblar hasta con la mirada: cuando las hubo con una infeliz beata que le había puesto en las manos las llaves de su pecho, fue revolucionario, y se alzó con la *honra* de la vieja doncella. Echar del pie del confesor al pobre don Antonio, ni grado ni gracias: dar al través con todo un don Gabriel García Moreno, hubiera sido proeza de mármoles y bronce. Y aún así, ¿qué sería hoy de ese marchante, fuerte en el crimen, sin el empeño, el prestigio, el brazo de los liberales del Guayas? ¡Pobres guayaquileños, qué obra la suya! En combatir y triunfar, bien hicieron; no es esto lo que me pesa; pero sí admiro y me duele grandemente, ver cómo sufren todavía al traidor, al malhechor, a la elefancia del alma convertida en presidente, empeñada en inficionarlo todo, en hacer supurar la sociedad humana. Engañados fueron; castiguen al embaucador, reivindiquen su fama de pueblo libre y valeroso.

Tres barbiponientes hubo que me siguieron por mi carrera de hombre sin miedo. Cuando los vicios invaden el pecho de los jóvenes de edad temprana, todo está perdido para un pueblo; pero donde hay un muchacho que alza la cabeza y exclama: «¡Tirano, yo no soy de los suyos!» la esperanza palpita en el seno de ese pueblo. Los viejos vulgares no son para acciones eminentes; los hombres comunes pronto empiezan a volverse *sesudos* y no servir para maldita la cosa; los jóvenes son la fuerza, los niños el sueño feliz de la república. ¿Conque no estuve solo en ese caos de servidumbre, bajezas e ineptitudes, efectos generosos? Seguid, no al maestro, sino al amigo: rectitud, pundonor, audacia, santa audacia; patriotismo, amor apasionado a la libertad, estas son mis lecciones. La prudencia de la cobardía es vicio que apoca y envilece: el egoísmo es callado, el alma ruin cautelosa: ¿cuándo levanta la voz hombre vendido y comprado? ¿cuándo alza los ojos en presencia de su dueño? Ese, ese hombre vendido y comprado, sabe, como los *sesudos*, lo que *no conviene*: sabe que no conviene hacer reparos; sabe que no conviene pedir derechos; sabe que no conviene resistir, porque el azote quebranta peñas. Mas entre hombres, amigos, oh amigos, entre hombres, conviene que a fuerza de vileza y apocamiento de todos no se vuelva soberbio el humilde, valiente el cobarde, audaz el tímido, grande el pequeño, dictador el carlancón. Este Ignacio Veintemilla, vosotros le habéis hecho, guayaquileños. Pudisteis haber hecho de él un agente, simple agente de vuestras ideas, e hicisteis un amo: soberbio por vuestra humildad, fuerte por vuestra flaqueza, déspota por renuncia voluntaria de vuestras facultades morales y sociales, ahora habéis llegado a temerle, oh vergüenza, si es que no le amáis, como él afirma. Un torrente de sangre útil perdido en un campo infausto; un arzobispo envenenado; un hombre ilustre caído bajo el puñal nocturno; las arcas nacionales trasegadas a las cuevas de dos salteadores; la instrucción pública a punto de ruina; las buenas costumbres espantadas; la honra patria herida; la barbarie triunfante en ese bruto que con bastón de presidente se anda por las calles rompiendo la cabeza al que no le saluda: he aquí la revolución de este Ignacio Veintemilla que vive ciegamente confiado en el amor y el apoyo de los guayaquileños.

No le saludan... ¿y quién le ha de saludar, si lo que in-

funde no es terror sino desprecio? Dadme un presidente adornado de virtudes cívicas y privadas, y veréis si no le saludan
sus adversarios mismos. Cuando una persona ve desde lejos a
Ignacio Madruñero, un discurso lógico se va desenvolvien-
do silenciosamente en su memoria como se le va acercando:
«Ese trajo a los colombianos», dice; es traidor a su patria, es
cobarde que no puede afrontarse con el enemigo; es hombre
sin pundonor ni vergüenza; es canalla: no le saludo. Este, sigue diciendo, mandó asesinar de noche a un ecuatoriano en
quien las luces concurrían con la fuerza del ánimo; es asesino,
sus manos están chorreando sangre: no le saludo. Este hace
suya la Hacienda común; sin cautela ni rubor se lleva a su casa
el Tesoro; es ladrón atrevido y tonto que roba a ojos vistas: no
le saludo. Este es de malos antecedentes, está a pregón por estafador en otras naciones; es pícaro consumado: no le saludo.
Este deprime cuanto puede las luces y las virtudes, hace guerra a las escuelas, los colegios, las universidades, quitándoles
rentas y subvenciones, llevándose al cuartel a los rectores; es
ignorante, bárbaro: no le saludo. Este pierde el respeto a la
asociación universal, socava las buenas costumbres con las
suyas bajas y perversas; es inmoral, corrompido: no le saludo.
Este hombre de mala gracia me mueve al odio; cuando no le
aborrezco, le desprecio: no le saludo. Y no le saluda, pues no
le puede temer; y se expone a un ultraje de contado, a recibir
sus manazas en la cara, o va al cuartel a echarse encima la
bayeta del enemigo público.

Ahora mirad por ese lado: allí vienen dos hombres;
el uno es el presidente de la república, el otro su ministro.
Ni lanzas, ni bayonetas, ni espadas desenvainadas en torno
suyo: las virtudes son su fuerza, el amor de sus conciudada-
nos su seguridad. Honradez, indiferencia por su sueldo; de la
hacienda pública, vigilante guardián. Los bienes ajenos son
para él como si no existieran. De este hubiera podido decir
el príncipe de los historiadores: *pecuniae alienae non cupidus,
suae prodigus,*[*] *publica avarus.* Apasionado por la instrucción

....

[*] Tácito dice *parcus*, hablando del emperador Galba.

general, se anda de colegio en colegio, de escuela en escuela, reparando en todo con exquisita providencia. En el palacio, la dignidad del primer magistrado; en su casa, las buenas costumbres. Se levanta con el sol, tiempo le falta para las mil y mil ocupaciones que gravitan sobre el hombre que tiene a su cargo leyes y gobernación de un pueblo. Al comer, una hora escasa; al beber, ni un minuto: elevación y resplandor en ese ilustre esclavo de sus deberes. Si ocurren discusiones internacionales, las trata a lo grande; es instruido y sagaz; si conflictos interiores, da un corte en ellos con admirable pulso y energía. A este no hay quien no le salude. La inteligencia le saluda, el saber le saluda, el mérito de cualquier especie le saluda. «La hipocresía es el homenaje que el vicio rinde a la virtud», dice por ahí un filósofo: el vicio disfrazado de virtud, el vicio mismo, le rinde homenaje, le saluda. Grandes, chicos; buenos, malos; hombres, mujeres, todos le saludan; y al díscolo que desprecia la virtud, al protervo que no le saluda, no le da de palos con su mano; sigue adelante sin mirarle, afligido en silencio de ver que tiene un conciudadano con quien nada han podido sus buenas obras.

Ignacio Madruñero se pasa de torpe y da en loco: su última barraganía en las calles de Quito ha sido tomar del pescuezo a un joven de familia principal, darle contra el suelo, estropearlo malamente, y mandarlo al peor de sus cuarteles, porque no le saludó.[*] ¿Y por qué no le saludó? ¿porque le tiene por hombre de bien? ¿porque admira sus virtudes? ¿porque su ejemplo le tiene santamente conmovido? Respeto, amor a palos; he aquí, ecuatorianos, en qué extremo de miseria habéis caído. Digo habéis porque a mí no me inficiona vuestra servidumbre, vuestro infame sufrimiento. Cuando no os miro con lástima, arrebatos de odio son los míos. Quisiera libertaros por la razón o la fuerza y deciros: Pueblo sin ventura, aquí está vuestra libertad. ¿Me la aceptaríais? No lo creo.

Una noche, paseando con luna por los alrededores de

....

[*] Este joven, casi niño, se llama Ricardo Paredes. Estuvo en el cuartel del batallón *Convención*.

una ciudad del Ecuador, di con un indio ebrio que, ciego de cólera, estaba matando a su mujer. No contento con los puños, se apartó de prisa, cogió una piedra enorme, y se vino para la víctima derribada en el suelo. Verlo yo, dar un salto, echar a mis pies al furioso, pisarle en el pescuezo, todo fue uno. La india se levanta, se viene a mí, sacándose de la boca con los dedos un mundo de tierra de que el irracional le había henchido; y cuando puede hablar, suelta la tarabilla y me atesta de desvergüenzas: «¡Mestizo ladrón! ¿qué te va ni qué te viene en que mi marido me mate? Hace bien de pegarme; para eso es mi marido. *Shúa, manapinga, huairu-apamushca,*[*] ándate de aquí: quiero que me pegue, que me mate mi marido».

Oyéndolos estoy a mis apreciables compatriotas: ¡Mestizo ladrón! siquier zambo; *shúa, manapinga, huairu-pamushca,* ni más ni menos que para la india. Será mejor dejar que su marido la mate a esta hembra estrafalaria también; pues todos ellos juntos alcanzan a componer a lo más una hembra; pero bien casada, eso sí.

---

[*] *Shúa, manapinga, huairu-apamushca,* quichua. *Shúa,* ladrón; *manapinga,* sin vergüenza; *huairu-apamuscha,* entrometido. Literalmente, traído por el viento, llovido.

NOTA COMO FILOLÓGICA

Un distinguido escritor cubano, uno de esos que las cortan en el aire en esto del hablar pulido, como hubiera dicho Cervantes, me ha hecho notar que el vocablo *prescindencia* es inusitado en España, y que en Cuba nunca lo ha oído. Tarde, por desgracia, recibo esta lección: ese horrible *prescindencia* que ahora me parece un escarabajo, está campeando en la primera catilinaria, junto con los monstruos muchos y muy feos, de los cuales debe de haber un hervidero en ese cuadernito. He sabido más aún, esto es, que don Eugenio Hartzembusch escribió a Buenos Aires a don Vicente Quesada, improbando el uso de la palabra *prescindencia*, y haciéndole ver que ella no pertenece al caudal de la lengua castellana. Tan común es ese término en las repúblicas del Sur, en Colombia principalmente, que todo un Rufino José Cuervo, todo un Miguel Antonio Caro, se han de ver tirar de la capa por nuestro viejo pedagogo, el buen don Juan Eugenio. En verdad no se me acuerda haber hallado en libro español de los buenos tiempos a ese aventurero, que hasta ahora ha estado pasando por príncipe en América. Aquí te cojo y aquí te mato: el amigo *prescindencia*, por hábil que sea, no volverá a hacer sus milagros conmigo. En Francia y elegante lengua española ¿no llaman *caballero del milagro* al bellaco que entre galos y galiparlistas anda haciendo de las suyas con el nombre de *caballero de industrias*? El talión es la justicia ensangrentada: al propio tiempo que mi amigo el señor Merchán me cogía con las manos en la masa, me ponía un ojo, ojo abierto, ojo fatídico, a mi *caballero del milagro*. Si los hombres no cambiaran luces, nada supie-

ran; y yo *no tengo vergüenza de confesar que ignoro lo que no sé.*
Cuando Marco Tulio Cicerón no la tenía, y buscaba lecciones
hasta en las calles de Roma, ¿la habíamos de tener pobrecitos
como nosotros? Si de influir sale influencia, de delinquir delincuencia, ¿por qué de prescindir no ha de salir prescindencia? he dicho. Porque no hay libertad absoluta de formación
de palabras; porque la analogía no es fundamento suficiente
para los neologismos; porque el uso de las corporaciones autorizadas como la Academia Española, y el de los grandes autores, es indispensable para la introducción de voces nuevas;
por esto y por lo demás, el falso español *prescindencia* queda
desenmascarado, y lo ponemos de las orejas en la calle.

Verdad es que los castellanos censuran en nosotros
dislates o abusos en que ellos mismos caen a cada paso: hablando de la grande lucha con la cual ganamos servidumbre como la del Ecuador, anarquía como la de Colombia,
despotismo como el de Guatemala; libertad en todo caso;
hablando de esa grandiosa epopeya, decimos «la guerra de
la independencia». Los españoles cultos reprenden en nosotros este vocablo, nos indican para este caso el *emancipación*,
y ellos mismos conocen su gran lucha con el águila napoleó-
nica con el nombre de *guerra de la independencia*, esa guerra
hasta la navaja, según la sublime expresión de Palafox en las
murallas de Zaragoza. La *independencia* está canonizada por
el uso general; y tan difícil será que nos quiten la esencia de
la cosa como la palabra. Mas la *prescindencia*, el *formato*, el
panfleto, el *empeloto* y otros avechuchos ridículos que anidan
en tierra colombiana, opondrán, nos parece, escasas fuerzas:
los amigos del bien público quemaremos estas langostas, y
aventaremos sus cenizas por el aire.

CUARTA

Tanto monta.

Mote de la empresa de don Fernando el Católico

De Antínoo dicen que su muerte fue tan gloriosa como su vida había sido infame. El que vive mal procure a lo menos morir bien, para que los hombres, si le dedican un recuerdo, digan: «Murió como bueno». El pusilánime que disfruta de valor al dar el salto inmortal, ese paso largo y último con el cual salimos del mundo y nos metemos en el abismo de las cosas eternas; el flaco de espíritu que rebosa en firmeza cuando las ha con los Genios invisibles de la tumba; el malvado en cuyo rostro pálido está campeando la gloria envuelta en blancas llamas de contrición y perdón; esos, muriendo así, es como si hubieran vivido noble, santamente. Muerte de filósofo ilumina hacia atrás, y baña de verdad el campo de mentiras; muerte de santo endereza lo torcido, aclara lo oscuro y borra las huellas con que el perverso va señalando su vida reprobada. Ese acto de no tener por cometidos los pecados, por no ejercitados los vicios cuando un triste vuelve los ojos al cielo y llora sus culpas, es uno de los misterios más hermosos con que la religión vuelve amable a la Divinidad. Verdaderamente, la virtud de los pecadores, las hazañas de los cobardes, la nobleza de los infames, traen consigo un prestigio recóndito que nos llena de admiración. Un malo que se vuelve hombre angélico; un avariento que hereda con sus tesoros a las casas de misericordia y los planteles de educación; un mal patriota que, llegado el caso, se sacrifica por la patria; un ruin que de súbito se siente inflamado por el fuego celestial, y no sucumbe sino después de grandes hechos; un libertino que deja un ejemplar grandioso de magnanimidad y alteza de

113

alma, estos son héroes que, por lo extraordinario, cautivan la imaginación más que filósofos, valientes y bienaventurados que lo son sin esfuerzos, casi por naturaleza.

Vivir mal y morir mal es lógica del infierno, a cuyas sutilezas no pueden responder los que, sin voluntad para las virtudes, se ven faltos de sabiduría, esa sabiduría con la cual le llevan cuesta abajo a Satanás los que estudian en la escuela de la moral y del temor a Dios. El vulgo vive y muere insignificante: la suerte del vulgo, en la otra vida, debe ser conforme con la presente: si se salva, su gloria es moderadilla, luz pálida, música regular, sensaciones superficiales. La eternidad del vulgo no pasa de cien años; ni es preciso que vivan más en la otra los que ni contribuyen a la glorificación del Todopoderoso, ni causan envidia a los Coros y las Dominicaciones. Aun pudiera no morir el vulgo, y nada le importara a la tumba: muere por desocupar el lugar, por hacer campo a las oleadas que van viniendo con la marea de los siglos. Demos que se condena; el vulgo no pierde mucho: los diablos le miran con desprecio, sin honrarle con los calderos donde están hirviendo las almas de los malvados de gran porte, ni con las tenazas, dedicadas a las carnes de los réprobos gigantescos. El vulgo no se condena sino para barrer patios y corredores, y para ir con la basura tras la casa. Los hombres altamente distinguidos nacen y mueren para cosas grandes: si buenos, para bien del género humano; si malos, para espanto del mundo y gloria del abismo.

Vivir bien y morir bien, aun en el circuito de la modestia, es el destino más apetecible; vivir mal y morir mal, negro destino; ahora, vivir bien y morir mal, ¿no es el colmo de la desgracia? Hay un anciano en cuyas manos estuvo poco ha la suerte de un pueblo: uniéndose a los patriotas, los libres, los amigos del saber, pudo haber labrado la suerte de un millón de sus semejantes. Esto, él lo estaba palpando; y a sabiendas, por odio a la ilustración, la libertad y el patriotismo, hizo liga con ignorantes, esclavizadores y traidores, y ha infamado y destruido ese pueblo. José María Urbina, sin esos empujes ciegos que por la espalda le suele dar la fortuna al género humano, nunca hubiera salido del vulgo: por sus facultades personales, o más bien, por sus méritos, oscuro hubiera vivido, como nació, oscuro hubiera muerto. Por sus méritos digo, porque en pueblos sabios y virtuosos, o donde sabiduría y virtud son escarnecidas, no preponderan sino los individuos de altas prendas; en cuanto a facultades personales, pueden muy bien ser malas estas, y servirles a los hombres aviesos para levantarse y sacar la cabeza por sobre el mar del vulgo. Talento, nadie le ha negado nunca a Urbina: bien así como una ramera tiene buena cara, así Urbina ha tenido talento. Yo vi una vez en un campo de ruinas una flor bellísima en medio de mil plantas insanas o inservibles: ortiga, nabo, eneldo; y unas ramitas delgadas que iban y venían ridículas, tambaleando a impulso de flaco vientecillo. Sucio estaba todo alrededor: boñiga de res, trapos asquerosos tirados por ahí, huesos de animales. La corneja, volando de un extremo a otro, daba funestos gritos que inundaban de tristeza ese paraje. Y la flor, grande, erguida, roja, estaba descollando majestuosa en medio de tantas lástimas. Eso que vi en las ruinas de Itálica, esa es la imagen de Urbina: su talento descuella solitario entre las mil porquerías de su corazón y su alma; todo repugna y da asco en esa personalidad siniestra. Iba yo a tomar la flor del anfiteatro romano; pero una aprensión misteriosa me contuvo: temí que el Genio de las ruinas me castigase la irreverencia, envenenándome con las exhalaciones de ella. El talento de Urbina ha sido también flor venenosa. Ha sido, digo, porque ya no existe: libertinaje, embriaguez, prostitución de mil maneras y en mil formas, la marchitaron tiempo ha, la echaron al suelo. Inteligencia es planta delicada; la rosa no brilla ni huele más; pero asimismo perece fácilmente. ¿No dije ya, con la autoridad de un sabio, que una gota de simiente humana equivalía a una onza de sangre? Sin castidad, la inteligencia va cuesta abajo con increíble rapidez. Los sultanes de Constantinopla, los magnates del Oriente, van dejando en sus serrallos los dones de la naturaleza, y a fuerza de felicidad tangible, el que se sienta sobre el trono viene a ser idiota sobre quien la muerte está alargando el brazo. El gran pintor Rafael, el gran poeta Byron, hombres-palomas, almas de Apolo y sangre de Venus, hicieron bien en morirse en sus floridos años; si llegan a los cincuenta, hubieran sido ruinas de ellos mismos, incapaces de comprender ni sus propias obras. Rafael, como la mariposa, muere en brazos de su amada: la bella Fornarina tiene la culpa de esa pérdida de las artes; Byron, fragua de sí mismo, muere quemado por sus pasiones. Pero estos muchachos impetuosos dejan obras maestras, nombre claro, y se presentan a la memoria del mundo como dioses ahogados en un océano de inteligencia homicida.

El abono del talento es la instrucción: el ignorante no sabe si la tiene, ni cómo ha de conservar ese árbol sublime. La naturaleza le dio talento a Urbina, engañada por este; y no pudiéndolo recoger, se vengó con esparcir en su pecho semillas de todos los vicios. Ella sabía muy bien que a un libertino le sería imposible sustentarlo, y le echó lujuria a manos llenas; que un borracho lo perdería dentro de poco, y le cargó de embriaguez que se desenvolviera con el tiempo. Para que fuese más despreciable ese estafador de uno de sus mayores dones, puso en su constitución el órgano de mentira, el fraude, el engaño; el órgano de la codicia, el órgano del robo, el órgano de la traición. ¿No te hubiera convenido más a ese hombre de talento ser tonto con menos desventajas y agravios de la madre naturaleza? El talento, solo para maldades le ha servido, solo para ruines cosas; para engatusar a los que le han creído; para hacer traición a los que han puesto en él su confianza; para granjear nombradía de farandulero hábil, de tramposo diplomático. En bien de sus semejantes, de su patria, nada; por la justicia, la equidad, nada; para el progreso, la civilización, nada; todo para él, para sus apetitos, sus incontinencias, sus gulas y sus vanidades. La flor de la inteligencia ha caído; los trapos asquerosos, la boñiga, los huesos, allí están en ese campo de ruinas, en esa alma que es anfiteatro abandonado donde pecados y crímenes tienen sus bacanales con las culebras y las lagartijas de esos matorrales. Si este pobre viejo tuviera educación y escuela de moral, quizá los paralelos de los varones ilustres de Plutarco, las obras de Séneca y Montaigne hubieran conseguido modificar sus malas propensiones y hacer de él un hombre útil, un buen hijo de la patria. Mas si aprendió a leer y escribir ahora sesenta años, cárguele Judas si en su larga vida sabe lo que es libro: nunca, nunca ha leído una página, ni de obras pertenecientes a su profesión, menos a la filosofía, la política, la moral. Ignorante a quien favorece la fortuna, es enemigo mortal de la sociedad humana. Su casa de desterrado la conocí en Lima. Volviendo los ojos a un lado y otro, me estaba yo preguntando a mí mismo: ¿dónde están los libros? ¿dónde los papeles de este buen viejo? He oído que las letras son alivio de pesadumbres, consuelo de aflicciones; ¿cómo se alivia y consuela Urbina? Don Ángel Saavedra compuso *El moro expósito* en su asilo de la isla de Malta; don Diego Clemencín su *Comentario al ingenioso hidalgo* en el destierro: quisiera yo ver *El moro expósito*, el *Comentario* destotro desgraciado. El moro de Urbina, o más bien la mora, allí estaba sobre la mesa: era una botella de aguardiente casi vacía; el comentario, al lado: era un jarrito de hojalata en que el nuevo Ovidio bebía las aguas del Leteo, esto es, el olvido de sus dolores. Pobre viejo, me infundió lástima, y mucha. Comunicando esta angustiosa sensación con más de un compatriota nuestro, todos me dijeron: «No sabe usted lo que es ese viejo infame».

A pesar de tan triste informe, cuando le veía envuelto en su capa mugrienta, ronca roncando en su silla de fraile, mientras el viento le hacía mil burlas en un copetillo suelto de canas; a pesar de los informes de sus amigos, le volvía a tener lástima; y este efecto matador subió de punto un día que su hijo se asomó a la puerta y gritó: «¡Papá, la camisa!» «Hijo de mi alma, no la ha traído la lavandera», contestó el padre desventurado con lágrimas en la garganta. No tenían sino una de remuda para los dos. Y era humilde entonces, no ese archiduque de Austria que pone la pica en Flandes, si le hacen memoria del jarrito, y nos trata de malvados. La *camisa* de Lima es hoy manto imperial con que se arropa majestuosamente la augusta familia. Coñac de a cinco duros la botella, Roederer, honor de la Champaña; Jerez de cincuenta años; Marcó Brouner y Lafite a destajo por esas salas y comedores.

Mucho fas el dinero et mucho es de amar;
al torpe face bueno et home de prestar;
face correr al cojo et al mudo fablar.

Poco sabía el arcipreste de Hita: no solamente face correr al cojo y fablar al mudo, sino también rejuvenece al viejo, comunica gentileza al feo, da bríos y poder al agotado. José María Matusalén a fuerza de oro es jovencito, tiene dimes y diretes con las Musas; las tres Gracias le guiñan el ojo: ¡dichoso mancebo! Pero sabe el diablo qué brujas son esas con quienes Mefistófeles, disfrazado de general en jefe, corre sus aventuras en entresuelos y trastiendas. Los israelitas, para prolongarle la vida al rey David, anciano de muchos cientos de años, le pusieron en su lecho a la niña Abigail, sin que esta corriese el menor peligro: los judíos del Ecuador, si quieren conservar a su Caracalzón octogenario, a despecho del *delirium tremens*, no tengan miedo de abrigarle con las *mudistas* más bonitas. Lástima es que hombre tan útil, rey David como ese, se acabe de secar y consumir con las arpías a quienes harta de dinero. Rico, riquísimo, de la noche a la mañana el padre Urbina; y sin industria, y sin profesión, y sin oficio, y sin trabajo: milagro de las uñas que, metidas en las arcas nacionales, descubren la California cada día. No le miente el jarrito de Lima al gran señor; ante todo quiere haber sido siempre grande, siempre opulento. ¿Y el pedir dos soles? ¿y el recibir una peseta? Ruin, la soberbia de hoy está en pugna con la humildad de ayer. Cuando engulles la carne envuelta en ingratitud; cuando apuras el vino torcido por la maldad, y nos ofendes y nos insultas, y nos persigues a los que te hemos favorecido y servido, cual con el dinero, cual con la pluma, razón te sobra de temernos, pues a infame como tú vendido lo tenemos a la horca, por un real.

García Moreno tuvo por costumbre llamar ladrón a Urbina: yo me afronté con García Moreno y le di la desmentida muchas veces, exponiendo, como dicen, el pellejo. Urbina se hallaba ausente: los ausentes, si no son del todo desgraciados, tienen siempre un hombre generoso que vuelva por ellos. Urbina, además, es inepto, siempre lo ha sido, a pesar de su reconocida inteligencia. Inteligencia sin cultivo es ineptitud. Urbina nunca ha podido defenderse, por falta de luces, de valor. El talento de Urbina no fue oro sólido, ese metal precioso de que los artistas hábiles hacen preseas regias; latón fue, o papel dorado. Talento para engañar a bobos, deslumbrar a ignorantes, insinuarse con meretrices y predominar sobre sus negros. Dicen que tuvo buena palabra en su buena época: según Quintiliano, no puede haber orador sin caudal de sabiduría: la elocuencia de Urbina fue, sin duda, la de esos arlequines que en las ferias de San Germán, orillas del Sena, desenvuelven discursos sublimes acerca del lápiz, las estampitas, el hilo y más brujerías que quieren vender convenciendo al populacho. Cuanto al arte oratoria del amor, ese torrente de alabanzas sinceras, pretensiones atrevidas, términos ardientes que de rodillas solemos echar sobre el objeto de nuestra pasión, Urbina ha sido consumado en él; yo tengo una muestra de la elocuencia de ese luminoso pecho, de ese don Juan del Nuevo Mundo. Comiendo una vez en Lima en casa de un amigo, sucedió que por festejarme estuviesen campeando libremente en la mesa el famoso Elías, el delicado Cabello. La noche había cerrado, y todo era resplandor en esa amable morada: los buenos vinos son fosforescentes, dejan tras ellos larga estela que ilumina el porvenir, despertando en el corazón las esperanzas. He allí que de repente invade la sala un tropel de señoritas elegantes, amigas de la casa. Las limeñas son el diablo; sin ser hermosas, son el diablo, como las francesas: la sal se les derrama de la cabeza a los pies. Son lo que en América decimos buenas mozas, lo que llaman guapas en España. Bebieron sin ceremonia, bailaron sin hacerse de rogar. Hubo piano, frascones de esos que vienen del monte San Bernardo, por no decir *cartuja*; madera, jerez, anisetes de mil clases. Dicen que los cuervos de África acudieron a devorar los cadáveres del campo de Farsalia; es tal el olfato de esas aves, que huelen su ralea de un mundo a otro: así de África pasaron en bandadas a Europa. Urbina, el viejo Ur-

119

bina, olió también: hele allí, ya es de los nuestros: la espuma del champaña tiene humos que vuelan a mucha distancia; y cuando ese cuello largo, cuello de cisne, da su tiro echando el corcho al cielo raso, los *aficionados* son capaces de oírlo desde el Cuzco hasta Chorrillos. «Nunca viene este viejo ingrato», me dijo el dueño de casa llegándoseme al oído; ¿por qué habrá venido hoy? Si entonces le hubiera yo juzgado como al presente, no habría hecho sino indicarle con el rabo del ojo la cantina.

Mas no era este nuestro asunto, sino la elocuencia amatoria de Pepe Botellas. Sin descuidarse de beber, andaba el viejo muy pegado a una ojinegra de los mil demonios; era el *parasito* de esa Clori limeña. *Parasito* digo, no *parásito*: en medio de la guerra, no es mala una lección de lengua castellana. Muchas cosas nuevas, suaves y seductoras le decía, sin duda, el galán septuagenario a la damisela; lo que todos alcanzábamos a ver era cómo de cuando en cuando le azotaba la mejilla con el guante; y lo que le decía sin cautela ni rubor era *badulaque*. La concurrencia más decente y casta será corrompida por ese fauno libidinoso: él se tiene creído que la vejez le autoriza a lo que la honestidad y la buena crianza les prohíben hasta a los jóvenes. *Badulaque*...

Esta es la elocuencia amatoria, la buena palabra de Urbina. Y echando punto a tan ridículo incidente, volvamos al principal, que era llamarle ladrón García Moreno. No, aún no lo era: la inopia en que ha vivido en el destierro es prueba clara: ha pedido fiado a todo el mundo, ha recibido dádivas, ha mendigado; en no habiendo quién le dé, se ha muerto de hambre. Cuando fui a Lima supe que en la fonda donde vivía y comía estaba debiendo cuatro meses de pensión. Para darle a un *terrorista* que fue a pedirle caridad, me emprestó a mí dos pesos. Un terrible enemigo de Urbina le hizo una vez notar a García Moreno que el hambre de ese *general* era honrosa; que acusarle de haber robado millones y de mendigar para vivir, implicaba. Y todo era Urbina para García Moreno al propio tiempo: hoy tenían un millón robado; mañana, ni medio real para comer; el asunto era llamarle ladrón millonario y mendigo, según el humor del noble don Gabriel. Urbina no robó cuando fue presidente, y se ha arrepentido de su probidad pasada, se ha arrepentido: hoy roba por hoy, por ayer y por mañana: roba sin descaro, con torpeza, pues su cómplice, para robar sin miedo él mismo, deja robar a todos. Yo pienso que si Urbina no robó antes, no fue virtud: equivocación fue; tuvo por cierto que la república no saldría de sus manos, y juzgó innecesario enterrar tesoros. Quince años de destierro, lejos de labrar virtudes en él, han sembrado crímenes en el barbecho de los vicios. Ahora roba Urbina a ojos vistas, no tiene miedo ni vergüenza. Él no ha menester orden superior contra el Tesoro; pueblo adonde llega *a buena cuenta de sus sueldos*, quinientos, mil pesos hoy día: mañana, otros quinientos, otros mil pesos. Pasa a otro lugar, a buena cuenta; en Quito, a buena cuenta; en Ambato, a buena cuenta; en Guayaquil, a buena cuenta. Contribuciones de caballos, él tiene facultad de imponer contribuciones: caballos de estima, de gran valor, veinte, treinta, a los amigos principalmente, a los pícaros liberales: la ley sagrada del asilo es hollada por los *cholos* con gorra, por los negros: el general en jefe lo manda, abajo, guardián invisible de la casa. Genio mudo que custodias la propiedad, el pudor, los secretos de la familia: contra el general en jefe no hay ley humana ni divina: granja, hacienda, mansión de recreo, todo queda abierto, inválido, saqueado. ¿En qué irá el domingo a misa la pobre señora devota? Se le llevaron su yegua, le rompieron su montura. ¿En qué le paseará la calle el enamorado joven a su novia? Se le llevaron su castaño, ese bello animal de cerviz enarcada, ojo ardiente y cola primorosa. El general en jefe necesita para su guardia cuanto caballo bueno hay en el pueblo, la patria no puede ir en bagajes por el camino.

Urbina, ah Urbina... Las rentas de sales de Babahoyo, suyas son; los almacenes de la aduana de Guayaquil, suyos: por medio de sus hijos, él es guardalmacén, y todo se lo lleva a su casa, en todo comete fraudes en su provecho, arruinando a la nación. Gastos de rey, viajes de recreo a Europa: ¿dirá él también que de Paita trajo un gran peculio, como Veintemilla de los garitos y las tabernas de París? ¿como Veintemilla del *Hotel de las Cuatro Naciones*, de Madrid? La contribución de guerra, esa enorme suma arrancada al rico y al pobre; ese pan de huérfanos, luto de viudas, toda fue fraternalmente repartida entre los dos pícaros, sin que el Estado hubiera sacado el menor provecho de esa ruda venganza. La caja de la comisaría de guerra de Galte, Urbina se la llevó a su casa. A la villa de San Juan de Dios de Ambato llegó casi íntegra; ni dirán los jefes y oficiales de esa División que pudo haberse gastado más de mil pesos en los cuatro días que se murieron de hambre en dicha campaña. Urbina la llevó a su casa; no contento con esto, puso los talegos debajo de su cama. Probable es que el comisario tenga recibo del tesorero de Quito; ¿de cuánto es el recibo? ¿de cuarenta y nueve mil? ¿de cincuenta y nueve mil? El día de las cuentas y la justicia lo veremos.

Arrepentirse de la probidad pasada, vengarse de haber cumplido en otro tiempo con un deber, cosa es de hombre raro en los vicios, de corrupción nueva, descubierta bajo tierra en las ciudades malditas. Urbina se ha arrepentido de no haber robado con tiempo, se está vengando de sí mismo con torpeza. Y este es el secreto de su ingratitud, de su traición: sabía él que con Carbo, con Montalvo, con los liberales hombres de bien no podría disponer de los caudales públicos, y buscó, naturalmente, la liga de uno de su propia calaña. Este viejo infeliz que ha vivido por obra de los liberales durante quince años; que ha tenido quien le defienda a lo lejos, contradiciendo las horribles imputaciones del partido enemigo; que ha visto la flor de la república sacrificada por su causa; este viejo infeliz, no ha hallado más correspondencia en la sepultura de su pecho que aconsejar el destierro, los grillos, el asesinato de sus amigos. «Siénteles la mano a los infames liberales», le dijo a un *chagra-jefe* en cuyas manos iba dejando la más patriota de las provincias.

Le dieron pan los liberales, pan cuando tuvo hambre, agua cuando tuvo sed: infames. De dos capas que tenían le ofrecieron la una, se la pusieron en los hombros: infames. Le fueron a ver cuando estuvo enfermo, le asistieron, humana, santamente: infames. Le consolaron en sus aflicciones, le aliviaron en sus tribulaciones: infames. Fieles fueron a su causa, le apoyaron en sus aventuras, murieron por él y por la patria: infames. Tomaron a pecho su defensa, se encararon con sus enemigos: infames. Piden libertad para todos, alivio para los pueblos: infames. Gritan contra los vicios, hacen la guerra a la embriaguez y el robo: infames. Trabajan por el progreso, se empeñan en la difusión de las luces: infames. Se niegan a entrar a la parte, en lucros indignos, en latrocinios escandalosos: infames. Hacen uso de la imprenta, denuncian crímenes atroces del enemigo público: infames. ¿Infames, Urbina, infames? Si nosotros somos infames, ¿tú qué eres? ¿qué calificativo reservas para el más ingrato, ciego y corrompido de los mortales? El general que pide auxilio indebido a extrañas gentes; el proscrito que busca alianza y complicidad con sus enemigos de quince años, para oprimir, perseguir y destruir a sus amigos y benefactores; el militar que hace tiempo en el camino mientras pasa la batalla; el jefe que compra retiradas con los caudales de la nación; el ciudadano para quien nada son leyes ni derechos comunes; el hombre que vive en beodez continua, sin hablar sino para mentir, ni dar un paso sino para hundirse más y más en el cieno, ese es el infame; y ese se llama José María Urbina.

Andando una vez por un huerto de mi padre, gané la heredad contigua por alargar el paseo. Debajo de un grupo de morales centenarios que hacía sombra como para un ejército, un anciano estaba echado sobre la hojarasca. Como sintió pasos cerca de él, alzó la cana cabeza: «Don Ignacio —dije—, ¿está durmiendo?» «¿Dormir? —respondió el viejo—, lo que hago es estar pudriéndome de cólera. Ven acá Juanito: ¿sabes el desaire que me hizo ayer el patituerto de Urbina?» «¿Qué desaire?» «Pues fui a encontrarle con varios amigos, como lo habrás visto: saluda a todos, les da la mano, y a mí una mirada de perra parida, y pasa adelante». «¿Y por qué?» «Porque juzga que soy autor de la sublevación de la columna *Tungurahua*. Jefe supremo... —siguió diciendo el anciano—; me viene a mí con esa, a mí que andaba a llevarle al anca de mi caballo a todas partes. Si hubieras visto esos pies... en cada dedo tenía cinco niguas».

(¡Cielos, qué oigo! escritorzuelo audaz, escritorzuelo desaforado, ¿niguas dices, niguas? ¿sabes lo que son niguas? Humboldt, aquí vuelve Humboldt y me saca de estotro mal paso: Humboldt habla detenidamente de ese misterioso insectillo americano, insecto casi invisible, que metido entre uña y carne se convierte en perla, gruesa perla, perla de Golconda, buena para la corona de su majestad el rey don Ignacio *de* Veintemilla).

«Patituerto —volvió a decir el viejo—, cuando se ponía zapatos eran los rotos que yo le daba, o los que él pescaba en el basurero. Ya te figuras cómo andaría con una bota torcida en el un pie, en el otro un botín de mujer viejo, arrastrando. El pantalón ¡qué pantalón, hijo, qué pantalón! nunca hacía achicar los que le daban, y era cosa de ver cómo se lo iba atacando a dos manos a cada paso. "Don Ignacio, lléveme a las fiestas de Picaihua; don Ignacio, lléveme a los toros de Quisapincha". Ven, patojo; monta, churriento. Ahí me tienes desembocando en la plaza de Quisapincha con mi maleta de trapos al anca de mi yegua. Para pan, medio real; para chicha, medio real: y ahora, jefe supremo, me niega la salutación».

«Ha de ser por vengarse de los codazos que usted le ha de haber dado cuando le llevaba a la grupa», dije. «Eso sí —respondió el vejezuelo, hirviéndole los ojos en sus órbitas—; codazos a caballo, pisotones a pie, que era lo que más le dolía. Si la alfalfa no estaba pronta, las orejas; si no estaba él allí a las cinco de la tarde en punto para ensillarlo, pan de perro». «Venganza, don Ignacio, venganza: tenga cuidado no le aviente luego al Napo». «Es muy capaz —replicó el anciano—: cuando se acuerda que ha comido las sobras de mi casa, que se ha vestido de mi ropa vieja, es muy capaz de mandarme al Napo, y aún más adentro».

Pepe Botellas se amostaza, bien lo veo. Si supiera que Pericles en Atenas, Furio Camilo en Roma, salieron de la plebe, no llevara a mal estos recuerdos biográficos. ¡Pues digamos que la cuna del Gran Taborlan rodó sobre alcatifas reales, ni que las niñeces de este insigne bárbaro fueron las de un príncipe! No, señor; sepa don José que el Gran Taborlan, rey de los escitas, había sido pastor de puercos hasta joven maduro. Urbina no me ha de perdonar las niguas y los pisotones de su bienhechor, sino cuando yo le haga ver que Gregorio I, Gregorio el Grande, papa y santo, fue triste hijo de un pueblo, y tan pobre, que era un dolor verle traspillado y amarillo, cubierto de andrajos dignos de un lazzaroni de Nápoles. Nacer a los pies del tronco, y ser monarca veinte años después por derecho propio, no envuelve méritos ni virtudes; salir de la nada, y a fuerza de talento, valor y tenacidad venir a ser todo, esta es grandeza, cuando su buena fortuna la debe uno a esfuerzos lícitos y plausibles, no a traiciones y picardías. Lejos estoy de echarle en cara a Urbina sus desventurados principios; al contrario, si merecimientos pudieran caber en uno como él, serían el haber salido del albañal y llegado a la presidencia de la república. Mas qué demonio, si en su carrera le seguimos a ese hombrecico, larga huella encontramos tras él de infidelidades y malas obras, de felonías y asaltos infames que le vuelven odioso a los ojos del hombre de bien. Y por nada quiere haber sido lazzaroni de Ambato: «Yo soy quiteño —le oí una vez—; ahí está mi fe de bautismo en San Blas». ¡Bendito sea Dios que ya no tengo conterráneo tan deshonroso como el feligrés de esa parroquia! Quiteños, allá va Urbina... Me lo devuelven. Tacungueños, allá va Urbina... No lo reciben. Pillareños, allá va Urbina... Cierran las puertas. Pobre grande hombre, no tiene pueblo; ni los cholos de San Blas lo quieren; lo niegan, lo repudian. El viejo Pichincha se ha enojado, ruge y amenaza, si le echan ese expósito a los pies. Niño fatídico, algo hay de lamentable en su suerte no averiguada todavía; y como si la deshonra, el dolor y las lágrimas de un pueblo estuviesen recién engendrados por el demonio de ese débil pecho, por instinto de conservación y de vergüenza lo rechazan todos. ¿A dónde irá el hijo de la piedra? Urbina no es de Ambato, no es de Quito; ni Píllaro lo reconoce: ¿quiere ser de Londres? ¿de París? ¿de Viena? ¿de San Petersburgo? Patria no le ha da faltar; en todo caso ahí está Peralvillo.[*]

Vivía en casa de mis señores padres una octogenaria, sin fuerzas ya para salir al sol. «Mi señora Rosita —le preguntaba yo—, ¿le ha escrito su hijo?» «¿Cuál, el presidente? no me ha escrito —respondía la anciana con tristeza—. Mi Gabriel sí, viene a verme a cada rato; el presidente no me escribe». ¿Qué había de escribir Urbina? El corazón de este hombre singular es un desierto de donde están ausentes amor, conmiseración, generosidad: el egoísmo es su mundo, el egoísmo es su vida. Si de la muerte de un protector suyo ha de resultar para él una botella de aguardiente, le deja morir pudiendo salvarle. Estaba presenciando la agonía de Eloy Alfaro en el tormento, y no daba un paso en su favor; los dio, probablemente, en contra. Y a Alfaro le debe muchas hambres remediadas, muchas desnudeces vestidas. Los sanguinarios consejos que le ha dado su autómata respecto de mí, son otra prueba de la negrura de sus entrañas: en la acerba persecución de García Moreno y su partido a su nombre, su fama, no tuvo sino un defensor en su patria; y ese fui yo: razón le sobra para empeñarse en mandarme tras Vicente Piedrahita camino de la eternidad. Dije una vez que Urbina no había sido malo, esto es, que no había derramado sangre, no se había complacido en las lágrimas de sus semejantes. Efectivamente, Urbina no fusiló ni asesinó a nadie cuando la responsabilidad toda hubiera recaído sobre él: viendo estamos que eso no había sido bondad de corazón ni horror por la sangre humana. Un achispado hablador lleno de talento explicó una vez satisfactoriamente la humanidad de Urbina: «No mata —dijo—, de miedo del difunto». Manuel Zaldumbide sabía lo que decía; como edecán suyo, viéndole estaba temblar cuando doblaban por un desconocido, cuando pasaba una rata de un lado al otro del aposento, cuando una interjección militar resonaba por la calle. Dirá Urbina que los héroes más feroces de la independencia son célebres por su miedo a los difuntos. Pues yo vengo a presumir que Urbina tiene miedo a los muertos por ser como los héroes de nuestra

....

[*] Lugar de España donde ahorcaban a los malhechores.

emancipación, esos llaneros terribles cuya lanza bebía ríos de sangre goda, y no podían dormir solos en un cuarto. Si esta es la trastienda, nuestro Nabucodonosor está en lo justo: miedo de conquistadores, miedo de valientes. Pero el otro miedo no es de valientes; el miedo del que va con un ejército en auxilio del amigo sitiado, y hace tiempo en el camino, y está esperando el término de la guerra para seguir adelante. Mientras la pobre tía Cornelia agonizaba dentro de sus barricadas, espera, espera al general en jefe que venía a sacarla de manos de los caldeos, el general en jefe, en la villa de San Juan de Dios de Ambato, bebe, bebe y rebebe cinco días, hasta cuando llegaban noticias, del triunfo, para seguir adelante; de la derrota, para volverse atrás. Cuando a los católicos de don Antonio se los hubo llevado el diablo con reliquias y todo, el valiente general monta a caballo a las seis de la tarde, vuela al teatro de la guerra, suya es la victoria. Cinco o seis días en circunstancias tan premiosas, que la tía Cornelia, con la táctica de Federico II debajo del brazo, estaba metida en una cueva encomendándose, no a Dios de los ejércitos, sino al de los moribundos arrepentidos.

Los que no están bien hallados con el dominio absoluto de Ignacio Madruñero; los que en algo tienen honra y felicidad pública, han de darme gracias por los esfuerzos que hice con Urbina para impedir la dictadura de esotro hijo de Peralvillo. Desvanecidas sus sutilezas, pulverizadas sus argucias, tomado en el reducto de sus mentiras, no tuvo más arbitrio que decir: «No puedo estar botando presidentes cada día. Si usted los ha botado no más que por botarlos, está bien; mas si los ha echado al suelo en servicio de la república, ¿qué razón sufre se quede con el peor de todos?» «Que es tonto de capirote, usted mismo lo dice; que es ignorante hasta de las primeras letras, no lo niega; que sus antecedentes son indignos, lo sabe usted; que la nación será víctima de la soberbia insensata de ese idiota, usted se inclina a confesarlo: conque si sus revoluciones han sido por la libertad y los principios, ahora, ahora es cuando todo hombre de bien y buen patriota tiene el deber de conspirar».

El hombre de talento, atajado de razones, no halló que decir sino: «Ah Juan... qué Juan... este Juan... Tomemos un trago». «¡No tomo! —repliqué con ira— ¿Derribamos o no a este malvado?» «No puedo estar botando presidentes cada día —replicó—. ¿Qué presidentes ha botado usted? Boté a Flores; boté a Noboa; boté a García Moreno; he botado a Borrero: no puedo botar a Veintemilla».

A más de cuatro cáscaras de nuez de la calaña de Urbina he oído decir: «Cuando boté a Flores». Un vejete apolillado, medio cojo y medio tuerto, que no se llama nada, porque no tiene nombre, me ha dicho cien veces: «Yo, yo boté a Flores». Un negro del Chota venía por el camino con un haz de leña a la espalda; todo él era trapos; andaba por misericordia de Dios, pedía por los dolores de María Santísima. «Mi amito —dijo mientras yo echaba mano a la faltriquera—, cuando boté a *ño Flore*...» No hay perro que no haya botado a Flores, exclusivamente; no quieren que nadie les ayudara en tamaña empresa. Urbina dice, como el negro: «Boté a Flores»; ¿y Roca? ¿y Olmedo? ¿y Elizalde? ¿y Guayaquil? ¿y los grandes patriotas que contenía esa ciudad heroica, cuando era patriota y heroica? ¿y los valientes de la Elvira? ¿y las *capitanas* de Babahoyo, esas mujeres fieras, que han dejado nombradía de Juana de Arco, para vergüenza de los hombres de hoy? Nadie hizo nada; Urbina botó a Flores; Urbina, el asistente y echacuervos de Flores, el pobre diablo, el subalterno de Manabí. Olmedo el hombre. Roca el corazón y el seso, Noboa la popularidad, Elizalde el brazo, estos fueron los agentes de esa grande obra. La traicioncilla de Urbina, si sirvió para algo, fue una pequeñez, una miseria.

«Boté a García Moreno». García Moreno le botó a él a patadas; en Jambelí, en Zapotillo, le molió. En la hazaña del 6 de agosto ¿qué parte tuvo Urbina? ¿había él escrito *El Cosmopolita, La dictadura perpetual?* ¿salió con los jóvenes a buscar al tirano en su palacio a mediodía? ¿Rayo descargaba sus golpes a su nombre? ¿Cornejo se consultó con él? ¿Andrade seguía sus instrucciones? ¿Supo siquiera que tal cosa iba a suceder? El *botó* a García Moreno, y vive empeñado en llamar *asesinos* a los valientes, por congraciarse con los devotos de ese infeliz difunto: Urbina, infame Urbina. Cuando pudo y debió haber dado al través con el tirano, quedó como cobarde, como ruin; sacrificó la flor de los jóvenes guayaquileños, por inepto y por borracho. En tanto que Pepe Marcos y su puñado de héroes se las tenían tiesas en el mar a García Moreno, él estaba de mantel largo, presidiendo a lo emperador su mesa cargada de licores, dando decretos y repartiendo la nación entre los suyos. Cuando el enemigo se hubo echado al bolsillo la escuadrita, pudo haberlo esperado en tierra, y huyó, y corrió en cabeza, a pie, y llegó carleando a tierra de Tumbes, y cayó exánime. Volviendo en sí, sangrando, atendido con fraternal providencia, vio que se hallaba en brazos de un amigo, un compañero de armas, a quien acababa de hacer atroz agravio. «¡Doctor Auz —le había dicho en la mesa con increíble descomedimiento—, ese puesto es del ministro!» Y le obligó a levantarse al hombre a quien debía servicios y favores, por un pendolista a quien había hecho ministro ese rato, por falta de gente. Auz, compasivo y generoso, le salvó la vida, le dio dinero, le mandó a Paita, sin aludir al insulto de poco ha. Reconvenido después, contestó rascándose el cogote humildemente: «No sé cómo habrá sido eso, doctor Auz; no me acuerdo»; y con el dorso de la otra mano se enjugó una lágrima de... cocodrilo. Rasgos hay en la vida de ese viejo, que le persuaden a uno de que la existencia de las llamas infernales sería una irregularidad en la creación.

«Boté a Borrero». ¡Pobre don Antonio! su amigo leal, su firme apoyo, su comisionista, su administrador, su diácono, su ayuda de misa y olla, su Pólux, su lazarillo, sus andaderas, sus anteojos, Urbina, José María Urbina, *¡le ha botado!* Cuando los liberales del Guayas hubieron urdido su primera revolución, contaron con Urbina, el enemigo mortal de las leyes de García Moreno: el hombre de dos caras y ni un corazón, al embarcarse para Lima, le tomó aparte a Eloy Alfaro y le dijo: «Entiéndete con Teresa *para todo*». Dejó tendido el lazo: cayeron en él los jóvenes: la denuncia salió de su casa, y todo fue desbaratado. «Dejaría de llamarme Urbina, si mi padre entrara en una revolución contra Borrero», dijo una bella señorita. Borrero, que sabe los milagros de santa peseta, puesto que él es quien pide para las ánimas, le había dado cuatro mil pesos por de pronto al viejo troglodita. «¿Plata a mí? —exclamó indignado el troglodita—; yo sirvo a la república y al Gobierno de mis simpatías por patriotismo». Y renunció el estipendio de sus servicios en nota oficial enviada directamente a Quito, al propio tiempo que tomaban por él y para él en la Tesorería de Guayaquil la dichosa cantidad. ¡Hombre indigno! y torpe, y zurdo, pues ¿cómo quería salir bien con semejante engaño? Una vez puesto en Lima, me escribió a Quito pidiéndome con lágrimas en los ojos le defendiese del cargo de los cuatro mil pesos. No puedo negar que en ocasiones soy *tigre*: no me lo engullí al que fue con la carta, suplicándome *por su parte*, porque hasta ahora está corriendo el canallazo. Por la derecha hace renuncia del salario, por la izquierda lo apaña; y quiere el libertador de pueblos que hombres de bien y pundonor le defiendan. *Calaverada infame*, llamó la revolución contra Borrero, cuando hubo fracasado; cuando salió bien, la llamó *santa*, y Carlomagno, y Cicerón, y Pío V al calavera infame. Ahora díganme los descreídos, si ese viejo se nos escabulle y se nos va, ¿no es preciso que haya otra vez infierno? Si le podemos haber a la mano, no será necesario ese establecimiento; la horca lo puede suplir. Lo que queremos es que la impunidad constante de los malvados, y el martirio sin tregua de los buenos, los generosos, los creyentes, no nos hagan cavilar respecto de la Providencia.

Hubo en cierta época de la república un anciano que con puño débil asió el bastón del mando. Urbina el apoyo, Urbina la fuerza de ese Gobierno. «Señor —le decían al anciano—, Urbina no es acreedor a la confianza de vuecencia; preciso es cautelarse de ese hombre tan falso como ambicioso». «¿Mi José María? —respondía el ingenuo vejezuelo—; ¿no saben ustedes que es mi hijo?» Su hijo, por su parte, su José María, le estaba escribiendo de Guayaquil: «¡Véngase, papá!; ¡papacito, véngase!» No se vaya, señor don Diego; Urbina lo amarra; el Ejército es suyo: lazo es el que le tienden, señor. «¿Mi José María? ¿mi hijo? no lo crean». Y enseñaba las cartas donde su José María le llamaba *papá, papacito*. Metió la cabeza el pobre anciano, y salió por allí: su hijo no le dejó ni tomar tierra: pasó de largo el ex presidente a expatriación tan dura como inicua. Si Urbina empezara a escribirme llamándome *papacito*, ya no me atrevería a salir del Gran Hotel, porque temiera que el puñal de mi José María, de mi Ignacio, me estuviera esperando en el vestíbulo. José María e Ignacio; hijos de don Antonio, después de haberlo sido de don Diego, le *papasean* cuatro meses antes al que han resuelto entregar a la estricnina o al puñal nocturno. *Taita* le llamaba el Mudo al arzobispo de Quito: otras veces, para mayor terneza, le decía *mama*. Pobre sacerdote, gracias, probablemente, a su hijo se bebió un cáliz llenecito de veneno. De Vicente Piedrahita dice también que *lo apreciaba*: no quiera el cielo que Veintemilla os aprecie en ningún tiempo, amigos míos. El gato aprecia con las uñas, el perro con los dientes, el Ignacio con el puñal. Los *papacitos* de Urbina y las *mamas* de Veintemilla están condenados a muerte desastrada. Conocidas son las cartas de este excelente hijo a su buena madre don Antonio en las cuales le decía *mamá, mamita*, y le ponía el ejemplo de la doncella cuyo patrimonio es la honra. Él, como comandante general del Guayas, era la doncella: volverse contra don Antonio, sería quedar deshonrada. El Mudo ya no es doncella: Demócrito, cuando le encuentre en la calle, no le ha de saludar: ¡*salve, virgo*! sino *salve, mulier*. Yo quisiera ver la cara que pone don Antonio a estos recuerdos. Este buen hombre es la madre Celestina: él supo muy bien que solo a fuerza de polvos y hierbas malas podía entregar la muchacha como virgen al embajador de Francia.

De estos comentarios resulta que Urbina no ha derribado sino a un presidente: él dice que ha botado cuatro, en lengua tan vulgar como es falsa la ideología de sus asertos. Con traición inaudita sorprendió a un anciano a quien llamaba padre, le desterró, destruyó un Gobierno que él mismo había hecho porque surgiese de la guerra civil; prevaricó, se pasó al partido liberal, dándoles de coces a sus sectarios, enviándolos a las selvas del Oriente. «La historia lo dirá», me contestó a la última carta que le dirigí, haciéndole los cargos que merece, horribles cargos. ¿Piensa este que la historia sale del lupanar, o que él la ha de hacer escribir con uno de sus capones, de sus negros? Las noticias que damos los escritores presentes son elementos de la historia: la de Urbina está contenida en *Las catilinarias*. Pero no tema; ya él ha dejado de ser personaje de historia. Historia... César Cantú le tiene entre manos: va a entrar en ella junto con Washington y Bolívar. Un delator ¿no deja de ser persona? un traidor ¿no ha caído en mal caso? un pícaro de siete suelas ¿no tiene por suyo el desprecio de las gentes? Urbina, José María Urbina, entrará en la historia... de Gil Blas de Santillana.

Si Urbina quiere anticipadamente un trozo de su historia, véalo aquí: pidió al Gobierno del Perú un ejército organizado para invadir su patria; en guerra civil, llamó a los colombianos en su auxilio, y después les puso las manos para que se fuesen: esperó en el camino que la guerra concluyese, cuando la invasión de Quito por los conservadores del norte: he aquí puntos de historia, grande historia. «Censuran mi conducta en Zapotillo —me dijo en Lima—, porque no saben lo que hay adentro de ese asunto: día llegará en que yo les dé un tapaboca al parlanchín de Moncayo y más detractores míos, descubriéndoles el secreto». El secreto es que el general Castillo, que lo desarmó en los límites de la nación peruana, había ido enviado por Pezet a las órdenes de Urbina. Castillo debió pasar la línea, según el pacto, y apoyar a los invasores del Ecuador. Como no pasaba, el traidor tuvo miedo, y se volvió atrás, pudiendo haber hecho frente con los suyos a Pepe Veintemilla; y con horrible sorpresa de su parte, fue desarmado por el general peruano. ¡Y me lo descubre, y me lo dice el torpe, a mí que aborrezco de muerte las invasiones con extranjeros, teniendo creído, como tengo, que todo pueblo debe ser artífice de su libertad y dueño de su suerte! De la tacha de cobarde quería lavarse con la de traidor. He aquí los efectos de la subversión de los principios y la moral adulterada. Ignorancia es hada enemiga que vuelve negro lo blanco y torna en cochinos a los hombres. Pezet no le había engañado a Urbina; pero García Moreno, que a las veces le hallaba el pelo al huevo, se dio sus trazas y consiguió en Lima que el presidente del Perú se arrepintiese. Castillo, realmente, salió como auxiliar de Urbina: a medio camino recibió la orden de desarmarlo. En materia de traiciones, Urbina no le va en zaga a García Moreno: si este se vino con Castilla, ese se vino con Castillo: los castillanos están corriendo a punto el postre las vegas de la patria.

El proceder de Urbina con los colombianos auxiliares o invasores no puede ser más negro. Excusado es que yo repita aquí mis artículos de *El Regenerador*, los colombianos, más sensatos, ilustrados y pundonorosos, a vueltas de algunos insultillos, se han unido para hacerme justicia; no hay quien no aplauda ahora la guerra que les hice como ecuatoriano: Veintemilla, Urbina y sus capones todavía dicen que he sido un pícaro en no haber aprobado la intervención armada.

En pueblos de escasas luces y abundante mala fe; entre partidos y hombres aviesos, para quienes la virtudes no tienen resplandor, ni la honestidad pública atractivos; que ven las cosas por el aspecto de su interés personal, sin buscarle el viso a la razón, tenemos que explicar las cosas más sencillas, distinguir lo más distinto, dar con el mazo en la cabeza de las verdades más notorias, para que puedan entrar en la de los menguados que no las ven, o que las niegan teniéndolas a la vista. Urbina, verbigracia, no es el *inconsecuente*; lo soy yo. Yo, que antes dije que no había robado, no había matado, y ahora digo que roba, y mata quizá, yo soy el inconsecuente. Cuando yo le defendía, en verdad no era aún ladrón; dadas están las pruebas; hoy roba; tengo que montearlo y cazarlo, como oficial de la sociedad humana, como soldado de la república: ¿dónde está mi inconsecuencia? El juez que no juzga y condena al que ha de hacer un hurto de aquí a diez años, no falta a sus deberes; cuando lo juzga con el cuerpo del delito por delante, cumple con ellos, y no es tenido por *ligero* ni *voluble*. Si porque antes dije que no había robado, me empeñara hoy en negar sus robos manifiestos, ¿no parecería yo su cómplice?

Hele también aplaudido el no haber derramado sangre humana: efectivamente, no la derramó en ninguna forma en sus buenos tiempos: hoy. Dios me perdone, estoy convencido de que tuvo conocimiento del proyecto de asesinato en la persona del malogrado Piedrahita; lo tuvo, y quizá fue el inspirador de ese crimen. Su liga con Veintemilla es confidencial, sin reserva; ventajas presentes, temores de lo futuro, arbitrios y providencias, todo es de mancomún. No entrando Urbina a la parte en esa compra y venta de sangre, su maniquí hubiera temido, se hubiera retraído. Hay además contra Urbina indicios tan claros, que son sospechas vehementes: uno de los asesinos ha sido siempre su criado de confianza, su ministro de obras secretas, ciego ejecutor de sus designios; en vísperas de la muerte desastrada de Piedrahita, los días anteriores, se le vio a ese malvado frecuentar la casa de su amo, hacer viajes continuos a Babahoyo, tener con él encierros y conferencias misteriosas. Urbina, no hay remedio, tiene su parte en ese crimen: guardó la sangre para sus últimos días este desgraciado, para refrescar la vejez con ella rodándose el alma ennegrecida y marchita con los vicios. Cuando me acuerdo de la cara que ha echado Urbina con quince años de desgracia depravada y perversa; de esos ojos comidos por los gusanos del vicio; ese mirar soslayado; esa dentadura cubierta de toba pestilente; ese conjunto sesgo; esa nube siniestra que lo envuelve, no puedo dejar de achacarle en mi corazón mil acciones nefandas. ¡Pobre viejo! ¡cuánto bien le hubiera hecho la Providencia divina con alzarlo ahora treinta años! Sus designios son inescrutables: pudo también la Providencia haber suspendido el fuego que cayó sobre Sodoma, y lo dejó caer: asimismo pudo haber suspendido la vida de este hombre-Sodoma, y le deja vivir, para que esté cayendo sobre un pueblo culpable, y consumiéndolo, y volviéndolo ceniza. Vive Urbina, porque fuego debe caer sobre Sodoma. He sido también *inconsecuente* con don Antonio Borrero, esta madre Celestina que tanto sabe de filtros y bebedizos. En *El último de los tiranos* pedí la Convención que diese al traste con el despotismo legal del difunto García Moreno: después de esto propuse la candidatura de

Borrero. Aceptadas por los guayaquileños mis indicaciones, tomaron ellas cuerpo y se convirtieron en cosas reales. La madre Celestina quiso ser García Moreno armado de la dictadura, y se vino de cara al suelo. ¿Cuál es el inconsecuente, esta bruja que había escrito ayer sus majaderías contra las leyes de García Moreno, y hoy se aferra sobre ellas, o yo que llevo adelante sin alteración ninguna mi política, mi sistema? ¿Porque había propuesto su candidatura, debí haberle apoyado a capa y espada, aun cuando el cleriganso *liberal* hiciese traición a los principios y ofendiese a las personas, rodeándose de los esbirros más infames de García Moreno? Pues yo, para ser consecuente, le di un puntapié que lo echó patas arriba. ¿Conque una palabra que diga uno en favor de un hombre le esclaviza para siempre a él? Y si el que fue de bien se vuelve delincuente; si el que fue leal viene a ser traidor; si el que teníamos por digno da en infame, ¿para ser *consecuentes* no hemos de perseguir delitos ni afear mala conducta? Pues sepan cuantos son nacidos en esa tierra de murciélagos, que yo no soy consecuente sino con Dios, con la honra y con la patria, y que mis acciones están fundadas en la moral según mi leal saber y entender. Con los malvados no soy consecuente, porque no soy su cómplice. Con los infames no lo soy tampoco: desde el instante que caen en mal caso, no me tengan por amigo: si los saludo es con la punta del pie. Antonio Borrero quería que yo fuera *consecuente* con él; ¿cuándo le había ofrecido apoyarle en su traición? ¿cuándo le había prometido aplaudir su ingratitud? Perdonar a los sicarios de García Moreno, en buena hora; yo también lo hubiera hecho; entregarles nuevamente la república, en agradecimiento de que le habían llamado *rojo*, *bruto* y *asesino*, oh, esto ya no era posible llevar en paciencia. Si pensé que su candidatura fue afición a su triste persona, se engañó por la mitad de la barba. Pero es cierto que entonces no sabíamos que don Antonio era notario de la curia, y campanero, y trotaconventos de las ánimas benditas. Buen presidente, gran presidente, con su platito en la mano, pidiendo «¡para el santo entierro de Cristo!» Que estos judíos maten a Jesús cada año, no me saca de mis casillas; que pidan para enterrarlo, esto sí me causa tedio. Piden para enterrarlo, y no lo entierran; luego es estafa la suya. Cuando don Antonio, con su capa verde del tiempo de Carlos IV, su ceñidor de cuero y sus anteojos salvados del terremoto de Riobamba por milagro; cuando este don Antonio, digo, está gritando en la puerta de la Iglesia: «¡Para el santo entierro de Cristo vida nuestra!» sabe muy bien que no han de enterrar a Cristo: fiémonos de ese sepulturero.

Ahora para concluir, venga aquí mi viejo troglodita, el cuatro veces libertador de la patria, y dígame a cuál de las categorías pertenece: ¿a la de los que viven bien y mueren bien? ¿a la de los que viven mal y mueren mal? ¿la de los que viven mal y mueren bien? ¿a la de los que viven bien y mueren mal? De este no podremos decir, puesto caso que le sobrevivamos, que su muerte ha sido tan gloriosa como infame su vida; pero es cierto que va a morir mucho peor que ha vivido. Dicen que su período de presidente fue un alto a las truhanerías desaforadas de Urbina: cuando presidente, se formalizó, fue hombre serio, y hasta decoroso: su Gobierno, si no el mejor, no tampoco el peor de todos; sino que consentía, y hasta fomentaba con la tolerancia, el desenfreno militar. Ni el indio su burro, ni el chagra su yegua, ni la persona principal su caballo: la jurisdicción de los negros se extendía por calles y caminos: todo era de ellos, todo; y aún los hombres, pues el indio, cosa mostrenca, del primer taura ocupante. El *habeas corpus*, sagrado derecho de pueblos libres, era desconocido entonces, como lo es al presente, y ni vida ni hacienda estaban en salvo del uno al otro extremo de la república.

Un día asomándome al balcón de la casa de campo que habitaba, llevé un susto mortal: un *taura* enfurecido estaba allí tronando y relampagueando contra mi hermano Francisco, quien tenía en la mano una lanza formidable: era la del negro, arrebatada de hombre a hombre por un indio gallardo a quien el soldado había querido herir. El punto era que, si el negro recuperaba su arma, los había de alancear a uno y otro, a mi hermano y al indio; pues el bandido estaba echando espuma por la boca. Verlo yo, tirar por mi estoque, ponerme de un salto en el patio y en la calle, fue cosa de un segundo. Al ver otro hombre armado, aunque muchacho, frente a frente, el negro tuvo miedo. El indio, además, se había hecho ya de un gran garrote: el asesino apagó sus blasfemias, se humilló, y clamó por su lanza. «¡A su cuartel!» le dijo mi hermano, entregándosela, la tomó el negro, y empezó a escoger entre nosotros con la vista a cuál despanzurraría desde luego; pero el indio, todo un hombre, como dicen estaba allí con su maza de Hércules a punto, y la hoja larga de mi esto que no hubiera faltado a su deber. Fuese el taura refunfuñando y amenazando con un pronto regreso. Así andaban en Quito los negros de Urbina, con sus lanzas por los alrededores de la ciudad, y la vida de los ciudadanos en un hilo.

Otra ocasión iba yo acercándome a Quito por las verdes planicies de Turubamba, de vuelta de unas vacaciones. Un batallón, que andaba para Guayaquil, venía por allí muy cerca: indios, chagras, señores, todos huyen de un batallón en el camino, cuando tienen tiempo; yo no lo tuve, y si lo tuviera, no hubiera huido tampoco, de vergüenza de mí mismo: me hice a un lado, e iba pasando en medio de mil burlas de cuartel y de insultos soeces: «¡Quítenle el caballo a ese tal!», grita un oficial, y lo echa redondo. Cuatro cholos se me vienen encima: «¡Pie a tierra, ca...tólico!» «¿A tierra? —contesto como bueno—; eso será lo que tase un sastre». «¿Estudias para abogado, chiquillo, o eres embrión de clérigo? —dice chanceando el oficial—: déjate de subterfugios, y echa acá ese alazán, que bien lo he menester para mi Rosa que viene mal montada». De mi nombre, no hubo remedio: «¡Tate! —exclamó un jefe—: ese doctor es persona: mi general le llama Pachito: ¡dejen pasar al estudiante!»

Gracias a mi hermano salvé la vida: pues el caballo no hubiera aflojado yo sino pasando por las bayonetas de los cholos.

Por lo demás, no dejó de engañar Urbina con la libertad de esclavos, y con cierta deferencia por el pueblo, en odio a la aristocracia. La libertad de los esclavos sería página brillante en la historia de Urbina, si fuera cosa suya; pero ¿qué hizo él sino no objetar el decreto de la Convención? El siglo, el pueblo, las naciones que nos rodean exigían imperiosamente la libertad de los negros; no podíamos nosotros, en medio de la libre, liberal y propagandista Colombia; en medio del Perú, Bolivia y Chile que habían abolido la esclavitud; no podíamos, digo, mantener esa institución nefanda. La libertad de los esclavos en el Ecuador no fue obra de un individuo ni de muchos; resultado necesario fue de mil circunstancias grandes e invencibles.

Se alaba también Urbina de haber expulsado a los jesuitas; mas no dice nada de su liga actual con ellos, ni de los secretos en que anda envuelto con Jacobo Clemente y Ravaillac. Concluido su periodo, Urbina va cuesta abajo hasta llegar al centro de la ignominia. Al suprimirle el sueldo al presidente Pardo, dijo que el Perú no daba pensiones de vicio. De los gobiernos anteriores había recibido baja limosna; y con todo mandó decir, en la Convención de Ambato, que había rehusado las pensiones ofrecidas por los gobernantes del Perú, y se presentó por boca de sus mentidores como ejemplo de virtudes durante su destierro. El señor Pardo no lo pensaba así. Cuando fue últimamente a Lima enviado por Borrero, al otro día de su llegada amanecieron en las esquinas de las calles carteles que decían: «¡Urbina ha vuelto!: ¡hola, acreedores de Urbina!» He aquí el ejemplo de virtudes que honra a su patria como Catón, que la ilustra como Escipión. «A mí me darán cien mil pesos, como a Flores», le dijo a Eloy Alfaro. Este muchacho, tan desprendido como austero, se opuso; le hizo ver la vergüenza que sería ir a pedir plata por nuestras hambres, plata por nuestros dolores, plata por nuestras lágrimas, deshonrando la desgracia, vendiendo el patriotismo. «Si usted pide cien mil pesos —le dijo el liberal sin miedo—, ¿cuánto debe pedir Montalvo, que ha padecido más que usted? ¿cuánto debo pedir yo que he gastado más que usted?» Patria y libertad han sido la causa y el objeto de nuestros padecimientos: ir a endulzar con un puñado de dinero nuestras amarguras pasadas, sería quedar envilecidos y deshonrados.

El viejo impúdico guardó silencio, y principió su guerra mortal a los liberales patriotas, para excluirlos de la Convención. Considerándole a él la mitad de Flores, no le dieron sino cincuenta mil pesos, para que coma ignominia y beba menosprecio: cincuenta mil pesos que él ha sabido beneficiar y convertir en ciento, doscientos, cuatrocientos, mil pesos: las salinas de Babahoyo son inagotables; nunca acaba de cogerlos. Prestigiador maravilloso, de una botella saca veinte clases de vinos, y no deja de estar llena, aun cuando se beba ríos de ella. Urbina, alma del régimen nefando que hoy destruye al Ecuador; partícipe en escandalosos latrocinios; cómplice de crímenes horrendos, va a morir viejo mucho peor que ha vivido joven. Antínoo, con su muerte sublime, echa un torrente de luz sobre su vida infame.

EL TIMES, EN BOGOTÁ

No es el *Times*, el gran *Times* de Londres, que pudiera cubrir a Brigham Young y sus veinte mujeres, sirviéndoles de sábana o de recel de lujo; no es ese *Times* que tiene de tributarios a los príncipes de la tierra, o hace temblar a los que no quieren sujetarse a su dominio; no es el *Times* que así está campeando en mesas de ministros y embajadores como en el taller del zapatero y el barbero en esa Babilonia donde reinan la libertad y la paz: es otro *Times*, *Taimesito*, pequeñuelo, muchacho, niño recién nacido, pero de barba ya taheña y escabrosa, cuyas hebras son saetas que van derecho al corazón, de los malvados. Nobles propósitos, ideas superiores, lenguaje culto, fino, según los ejemplares de los buenos tiempos del habla castellana, ¿qué más se había menester para llamar la atención de la más ilustrada ciudad de Sudamérica, esa Atenas andina, que allá en su altiplanicie está resplandeciendo con sus sabios, sus oradores, sus poetas, sus mil ingenios que pican en ciencias y artes liberales, sin descuidarse jamás de la política? Adriano Páez, el infatigable husmeador del talento, que con delicado olfato lo siente y lo descubre en el más oscuro rincón de América, ha sentido el *Times*, se ha ido tras él, lo ha descubierto, ha hecho presa, no para devorarlo, sino para sacarlo a paz y a salvo, bien como el delfín sacó sobre su cuerpo a Anfión del medio de los mares. Admiro el talento de Páez, su laboriosidad ejemplar, su ardiente americanismo; su corazón, su carácter, me admiran mucho más. Inteligencia es prenda común; cual más cual menos, como no seamos tontos, a nadie le falta su poquito; prendas como las que le adornan a Páez, son de todo punto raras. Para él no hay vanidad nacional, egoísmo, deseo de prevalecer sobre los otros: no existe el Táchira ni el Carchi: Venezuela, Ecuador, Perú, Chile, Buenos Aires, son su patria tanto como Colombia. Donde brilla un ingenio, allí está él a atizarlo con la sensata alabanza que nunca es adulación; donde palpita un corazón grande, allí está él a contar las pulsaciones de ese órgano del dolor, ese altar de los misterios del alma. Dije ahora poco que Nelson no había tenido idea del miedo: Adriano Páez no tiene idea de la envidia, no sabe lo que ello es: a lo menos ese cruel afecto no le carcome las entrañas en medio de tantos otros martirios que le están santificando su desgracia. Censuras de Páez, no he visto: ese noble joven no nació para ser la pesadilla de nadie, sino de los tiranos: lo que veo a cada rato son apologías de hombres que a juicio las merecen, laudatorias llenas de sensatez y buen gusto, fuera de las ocasiones en que se deja arrastrar por una fuerte preocupación imprimida en su pecho desde que era niño de letras. Cuando habla de mí, verbigracia, su discurso es un arrebatado torrente de hipérboles, de figuras que me levantan mucho más arriba de adonde he llegado por mis merecimientos. Me importará poco hoy día que los malsines hallen punto de murmuración en esto de corresponder según el caudal de mis facultades los repetidos favores de un escritor a quien no conozco siquiera; pero ya estaba rebosando en mi pecho el deseo de hacerle justicia, y solamente el recelo de que digan los malos que hay comercio de alabanzas entre nosotros, me ha contenido. Los hombres oscuros tenemos siempre este linaje de aprensiones; no así los claros, para quienes la urbanidad, la generosidad no hallan contrarresto en la vergüenza. Habiendo llegado a manos del señor de Lamartine uno como poemita, una piecita infantil que yo escribí en París respecto de él siendo muchacho, me dirigió inmediatamente una carta, con autorización de darla a la estampa. Víctor Hugo no fue menos pronto y cortés cuando leyó mi elegía del terremoto de Imbabura. Yo le hubiera dado las gracias a Páez y manifestándole mi admiración desde que se vino a mí con una corona en la mano; pero ahí estaban los envidiosos, los ruines, para decir

141

que ese era cambio de lisonjas, y tamaña deuda la he estado pagando con afectuoso silencio.

Todos verán que estas son mis primeras palabras en favor de Adriano Páez: dándome por bien servido, como dicen, ya pasaba por ingrato; no lo soy: sepa ese amigo mío nunca visto, que sus juicios, sus encomios, sus vuelos de admiración acerca de mí, mucho me han conmovido, mucho me han servido en un país donde verdes y azules se levantaron a darme caza, tan luego como hube salido con mi *Cosmopolita* a la luz del día. Lo digo con dolor: hasta cuando empezaron a llegar a Quito las opiniones de Caro, Cuervo, Páez; hasta cuando periódicos del Perú, de Chile vinieron en mi auxilio, yo estaba pasando por loco en mi patria: si tarda ese socorro, amigos y enemigos me meten en la casa de orates. Hoy mismo un capón infame, pagado por Ignacio Veintemilla, dice que yo mismo soy el autor de cuanto en Colombia y otras partes se ha dicho en honra mía y que mis manejos se extienden hasta Europa. Ved, pues, a Lamartine y Víctor Hugo sirviendo de simple instrumento de mis vanidades; y lo que es peor, de mis patrañas. Teniendo para sí que a mí me insulta, el insulto del asiático es a personas de posición elevada, a escritores célebres en América, que son quienes me han favorecido con sus encomios. Miguel Antonio Caro, Rufino José Cuervo, José Joaquín Ortiz, Jorge Isaacs, Adriano Páez, han recibido los *disparates* escritos de mi puño y letra, ¡y los han autorizado con sus ilustres nombres! ¿Hasta dónde no llega la insensatez del aborrecimiento fundado en afección tan baja como la de la envidia?

¡Páez... pobrecito! Adriano Páez... Quisiera yo llevarlo a la orilla del lago de Tiberíades, tierra de los milagros, e impetrar uno en su favor, a fuerza de lágrimas a los pies del Todopoderoso. Padece, amigo, y sufre; ¿sabes que entre padecer y sufrir va la propia diferencia que entre la necesidad y la virtud? Padecimiento es gravamen general: buenos y malos, todos padecen: sufrir no saben sino los hombres favorecidos por Dios con esa fuerza oculta que se llama paciencia. Paciencia es bondad, paciencia es valor, paciencia es resignación; y estas virtudes sacan burlada a la desgracia, porque sus golpes caen sobre diamante infrangible donde están grabados en caracteres luminosos los secretos de la gloria. Padezcamos, pero suframos: los que no saben sufrir, esos son los que padecen verdaderamente. «Niño, has venido al mundo para padecer: padece, sufre y calla», estas eran las palabras con que los antiguos mejicanos saludaban al recién nacido. Páez, Adriano Páez... Un mundo de dolor pesa sobre él, y nada dice: Job se queja, Job levanta la voz al cielo: estotro Job está callado respecto de sus males, porque considera que los del cuerpo no son nada: el espíritu es el todo; y ese está puro, en él, está blanco y transparente. Cuando sacuda los miembros que lo aprisionan, y, rota su cárcel, salga libre, ha de volar a la eternidad, y ha de desaparecer en el océano de la luz infinita.

Y así y todo, trabaja Adriano Páez, trabaja incesantemente; el trabajo es una religión para él: corazón activo, inteligencia ardorosa, el movimiento es ley de su rica naturaleza: trabaja por Colombia, por América, por el mundo: Páez es hombre de inmenso mérito: si le sobrevivo, me he de poner luto por mi propia cuenta y como personero de mi patria.

El *Times* no podía ocultarse a la mirada escrutadora de ese ilustre colombiano: los encarecimientos que hace de ese periodiquito, merecidos son por él; mas supone que es obra mía, a causa de su buena frase, y yo, por lealtad, debo sacar a la luz del mundo al joven modesto que, mereciendo tanto, ha ocultado con tanto empeño su nombre hasta ahora poco. ¿Páez estará curioso de saber quién es esotro castellano que así rasguea tan garbosamente la lengua de Cervantes en país de donde la tiranía, el desenfreno, la barbarie están ahogando la ilustración, y aún la *inteligencia*? Se llama Federico Proaño ese escritor de papeles chiquitos; chiquitos, pero buenos. Unos son las perlas gruesas; el aljófar sirve para hilos que rodean gargantas de Hermiones. El café grueso no es el mejor; el de la Moka es menudillo, redondo, y no hay quien no se deje embriagar por esos humos aromáticos. El mérito del *Times*, todo le pertenece a Federico Proaño; yo no tengo ninguna parte en esa graciosa miniatura. Si mis obras, si mi ejemplo han influido algo en él, ya para lo escritor, ya para lo patriota, bien puede ser, y ese sí sería mérito mío. Federico Proaño y Miguel Valverde, casi niños, tuvieron la gloria de ser desterrados, por escritores y hombres libres: La Nueva Era le causaba singular desazón a García Moreno, quien los hizo callar, aventándolos a las selvas del Oriente, según la costumbre de ese *virtuoso republicano*, como le llamaban sus sicarios. Que padecieron mucho los noveles periodistas en ese mundo enmarañado y terrible del Amazonas, no hay para qué se diga: la honra quedó salva. Les brindó el tirano con la libertad como descubriesen el autor de una carta que le había escocido por extremo: los jóvenes optaron por el destierro, ¡y qué destierro! En esos dos muchachos hay tela para dos egregios ciudadanos: donde lealtad y firmeza van unidas, ya podemos estar ciertos de que el talento hará sus grandes cosas. Proaño y Valverde, nuevamente desterrados por ese Monipodio que llaman Ignacio Veintemilla, son dos esperanzas para las letras y para la república. Proaño, más feliz, está padeciendo en el destierro; Valverde, más desgraciado, ha vuelto a su casa y, en libertad, está disfrutando de la servidumbre y la ignominia de su patria. Pero tiene, sin duda, el corazón devorado por esas santas fieras que con elocuentes rugidos le llaman a uno a la libertad y a la honra.

Juntad con estos gallardos mozos a Marcos Alfaro, Luis Felipe Carbo, los Gómez, Manuel Felipe Serrano, Mauro Vera y más proscritos de 24 años de edad, y decidme, ecuatorianos, si todo son tinieblas para vuestra patria. Si algo he podido, ha sido en los jóvenes, en las universidades, los colegios: los viejos son materia inerte, los maduros son *sesudos*; los jóvenes mi elemento, los niños mi caudal. Casi todos los del 6 de agosto fueron estudiantes: Manuel Cornejo, apasionado por el estudio de las antigüedades; Abelardo Moncayo, poeta; Roberto Andrade, barbiponiente de la universidad de Quito. Los *treinta* del 6 de agosto, fueron de un coronel que huyó tirando al suelo sus armas, cuando los valientes se le fueron encima al tirano, todos fueron muchachos. Una alabanza mía a un niño sin miedo produjo en el colegio de San Vicente de Guayaquil tres o cuatro periódicos de guerra a los opresores. Dicen que los griegos antiguos pulían con los dedos la cabeza, y aún el rostro de los recién nacidos: esa blanda materia se presta a sabios contactos que la modifican favorablemente: así el corazón, así la inteligencia del hombre en sus primeros años son objeto de experimentos y progreso humano. Tocarle la cabeza a un viejo, tanto valdría como tocar un guijarro: del mismo modo el corazón de los hombres encallecidos en la maldad, la servidumbre y el vicio, no admite pulimento. Jóvenes, ¡oh jóvenes! nada esperéis de los mayores; ellos no os ofrecerán sino depravación y cadenas: dueños sois de vuestro porvenir. En pueblos agraciados por la suerte con la libertad, el pundonor y la ilustración, los hombres maduros son ejemplares respetables; donde sometimiento vil, codicia, indiferencia por la cosa pública los infaman, la patria nada tiene que esperar sino de los jóvenes: los libertadores nunca han sido viejos.

QUINTA

Tanto monta.

Mote de la empresa de don Fernando el Católico

Las altas corporaciones civiles son como representantes del Estado, el cual, dividido en muchos cuerpos para el ejercicio de sus funciones, no deja de ser uno e indivisible. Senado, Ministerio, Corte Suprema de Justicia, son la república en sus tres grandes personas. Poder Legislativo, Poder Ejecutivo y Poder Judicial. El Senado, cuando está poseído por la convicción de su propia grandeza, es esa *junta de reyes* que daba tanto que admirar a los embajadores de los bárbaros en Roma. Esos adustos personajes de larga barba que empuñados en su cetro de marfil, cubiertos con la majestuosa trabea, se están a dar leyes al mundo, tienen semblante de genios ante los cuales rinde su espada la fuerza, y la barbarie, absorta, no alza la voz sino para hacer ponderaciones de su majestad y poderío. Los galos han entrado a la ciudad a sangre y fuego: todo lo matan, todo se lo llevan por delante, todo lo asuelan; en presencia de los senadores, ancianos venerables que se han reunido para morir juntos, salvando la dignidad de la república, los bárbaros pierden su furor, y se dejan estar admirando en silencio esa corporación augusta. Uno de ellos alarga respetuosamente el brazo, pasa la mano por sobre la barba cana del viejo Papirio y la acaricia cual si fuera la de un dios: el senador levanta su cetro de marfil, y hiere con él al insolente. El Senado cae a los golpes de sus admiradores, quienes acaban de ver que esos como entes sobrenaturales no han sido sino hombres sujetos a la muerte.

En los tiempos modernos el Senado de Venecia ha sido la más célebre corporación de cuantas en su clase se han he-

147

cho admirar por las naciones: sabiduría y prudencia, suspicacia y crueldad le volvieron ese tirano de cien ojos y cien brazos que todo lo veía y todo lo alcanzaba, haciendo temblar el mundo. La Convención francesa, ese poder absoluto que absorbe todos los poderes; que es poder legislativo, ejecutivo y judicial; que da leyes y manda los ejércitos; que juzga a testas coronadas y las derriba en el suelo, es la más tremenda personificación de un pueblo que sacude las cadenas y se echa furioso a castigar a sus verdugos y vengarse de sus enemigos. En todos tiempos el respeto al colegio a cuyo cargo están las leyes ha sido la medida de la civilización no menos que de la libertad. El Senado, ese senado que no delibera, sino obedece; que no discute, sino recibe; que no tiene la mira puesta en la conveniencia del reino sino en la de su protector, está diciendo a grito herido que la Gran Bretaña se ha entregado ciegamente a Cromwell. Donde los ministros de la Corona tiemblan, si el Parlamento los llama al banco del imperio; donde un Burke, un Fox sueltan la lengua sin recelo a los torrentes de elocuencia con que inundan los ámbitos del mundo; donde un Chathan es más poderoso que el monarca mismo, allí, allí está la libertad arropada con su manto.

Supeditar al Senado es proeza de tiranos; servirse de él sin dar qué decir, es secreto de hábiles políticos; viciarlo, corromperlo, es obra de viciosos y corrompidos, tan ajenos a las luces como a la dignidad de ese grandioso cuerpo. Los dominadores fuertes suelen servirse del temor; los ruines, de la corrupción: de la embriaguez, no hubiera sido posible que se viese, no existiendo en el mundo un rincón donde ebrios consuetudinarios llegan a ser dueños absolutos de una que se llama república. El Parlamento obedece ciegamente a Luis XIV; si no, *él volverá a poner las cosas en orden*: sombrero con plumas, espuela de oro, látigo en mano, sale a largo y lento paso el joven que, viéndose rey, se siente gran déspota y grande hombre. Este no les pasa la mano a los diputados y les dice: «Vengan, vengan a casa a tomar una copita»; este no se emborracha con ellos, ni da empleos por facultades extraordinarias; este no compra poder absoluto con cajas de coñac y ofertas preñadas en dinero: sale por medio de los representantes de la monarquía estupefactos, y les ofrece volver a poner las cosas en orden. La tiranía de la fuerza mil veces ante la que la corrupción; el despotismo del genio, no el de los vicios. Ignacio Veintemilla y José María Urbina se han valido del aguardiente para todo, ¡infames! Facultades omnímodas: aguardiente. Redoble de sus sueldos: aguardiente. Donativos insensatos: aguardiente. Todo comer, todo beber en esa gazapina que llaman el *palacio*. Por mal de mis pecados mi casa estaba al frente: ese amor fino, esa alza que te han visto eran mi pesadilla. Bailaba también el arrayán el excelentísimo señor jefe supremo; o más bien le hacían bailar las bellas, cantando y alentando con las palmas, puesto el zoquete al centro de un círculo que formaban diez o doce ninfas del negro bosque. Los que le saborearon dicen que era cosa de ver cómo alzaba las patas alternadamente, volviendo su cara de caballo ora a la izquierda, ora a la derecha, en busca de aprobaciones femeninas.

Un extranjero distinguido se detuvo tres días en el Versalles de Mac-Jarrin: viniendo a casa a despedirse, me dijo que no había pegado los ojos las tres noches, a causa de la vecindad; ¡qué molino, señor! ¡qué presidente! y mire usted, he ido a visitar al general Veintemilla, por conocerle.

«¿Y qué tal?»

«Hum...»

«¿Ese hum...?»

«Qué, señor don Juan, si me pregunta cómo queda la familia».

«¿Luego es amigo de la suya?»

«No sabe si la tengo; ni me conoce siquiera: cuando me juzga francés».

«¿En qué vio usted que lo juzgaba francés?»

«En que me saludó al entrar: "*Bonsiur, monllur*"».

«Quiso decir "*bonjour, monsieur*", el pobre. Dispénsele. Como ha estado en Francia, natural es que hable francés. ¿Y de política?»

«Me preguntó si no traía una encomienda del rey de

Prusia, su íntimo amigo, quien le había ofrecido un pantalón de paño blanco y la cruz de Carlos III».

«¡La cruz de Carlos III el rey de Prusia! Vaya usted, señor don José, y publique en su tierra que en la villa de San Juan de Dios de Ambato ha visto a Ulises Grant puesto a la española».

«A la francesa, diga usted»; y desternillándose de risa, o *destornillándose*, como dice el presidente que tenemos entre manos, se fue a dar a la estampa sus viajes el francés de Cartagena. Ya habrán visto la luz pública. ¡Pobre Ecuador!

Los negros son tenaces en sus tripudios y sus zambras: cuando cogen la marimba, si la policía no da sobre ellos, han de cantar, gritar y bailar cuarenta días. Viajando por las montañas de Occidente para bajar de los Andes al océano Pacífico, me detuve una noche en un caserío de cuyo nombre no quiero acordarme. El cura me dijo: «Estos negros vecinos están de chunga; no le han de dejar dormir toda la noche; sería mejor pasase usted adelante».

«Un millón de gracias, señor cura: no estoy por ir a despeñarme a oscuras, ni por quedar sepultado en el primer barrizal que encuentre; ni hacerme picar por equis y corales. Los negros aullarán cuanto quieran, yo dormiré lo que Dios fuere servido». «En fin —repuso el cura—, quédese pues, pero no le he de dar de comer: Dios sabe si yo mismo estoy en ayunas hasta ahora». «Holgárame —dije—, de que vuestra reverencia no hubiera yantado cuatro días, y así tuviera yo la gloria de restaurarle y sustentarle para quince días con mi repostería. A vuestra paternidad no se le oculta que, el que de Sevilla sale, herrada lleva la bolsa: quiero decir que a Barbacoas no echa uno a andar sin harto pan, jamón, pernil, manjar blanco y otras porquerías que hubieran hecho abrir el ojo a Sancho Panza. Pues digamos que es malo el vinito que me han puesto en el canasto». «¿Trae vino? —preguntó el cura, trazándose una cruz maestra de la cara al estómago—; téngame por su huésped. Ha de saber que ni para el santo sacrificio se presenta el hereje en este despoblado. Pero los negros...»

¡Santo varón, quién le hubiera creído! No digo que me

picaran equis y corales, y me mordieran verrugosas; boas hubiera querido me tragasen, antes que la música y el canto que me asesinaron el alma toda la noche. «Señor cura», decía yo de cuando en cuando con voz angustiada y llorosa.

«Ya le dije, señor don Juan: los negros nos han de moler».

«¡Gallinazos! Voy allá con un palo».

«Señor cura...»

«¿No le dije? aguante. ¡Negros de Barrabás!»

«Señor cura, señor cura...»

«Ahora verá lo que hago», dijo el padre, se botó de la cama, y a poco oí que se desquebrajaba el mundo en el rancho del frente, andando el palo por grandes y pequeños. Los negros se deshacían en alaridos; el cura ahogaba sus voces con las muy más altas que él echaba, remitiéndolos a todos a los quintos infiernos. «¿Piensa que algo hemos hecho? —dijo a la vuelta—; ya verá si tornan a las andadas». Efectivamente, aún no se había reacostado el acallador, cuando la marimba con más gana, y el cantazo con más fuerza. Tomaba mi caravana el portante, bien entrado el día, y los negritos estaban al principio de su bureo.

¡Un cura, un cura de estos en la villa de San Juan de Dios de Ambato! Aun cuando no saliera con la empresa de hacer callar al Mudo y sus negros, la tanda yo le hubiera agradecido. La aurora había roto por el horizonte, y el bodorrio iba adelante. Beatas que madrugan a la iglesia, una ocasión, vieron que el jefe supremo, en cabeza, iba corriendo por media plaza tras unas bailarinas que al descuido se le habían salido del palacio, cansadas de bailar y zapatear y beber y oír los sotiles enamoramientos de ese moro Gazul. Las alcanzó, las hizo prisioneras y dio con ellas en el maremágnum del coñac, las burlas pesadas y las ordinarieces de la canalla convencionalesca y cuartelesca. Marimba hasta el amanecer, marimba hasta el anochecer: tal fue la Convención, tal es el presidente de la República democrática del Ecuador: así vive, así gobierna ese cerdo coronado; y no echa por largo cuando dice que *él solo puede hacer la felicidad del país.*

Cada vicio es una caída del hombre: el juego, la pasión por el juego, le envilece, le expone al robo, le deshereda: el jugador no tiene palabra, no reconoce obligaciones, no cumple con sus deberes de hijo, esposo ni padre. Su universo es el garito, su género humano los tahúres. Juega lo propio y lo ajeno, se empeña, pierde el alma haciendo pacto con el diablo. Caballo, reloj, ya no son suyos: su mujer conserva unos zarcillitos de oro con gotas de perlas como avellanas, los guarda con cuidado y amor, como prenda de su difunta madre; va el domingo por ellos para adornar a su hijita junto con la cruz de diamantes con que la pone como una infanta real: el cofre falseado, el estuche vacío; lágrimas y más lágrimas; el pobre hombre se los ha llevado, los ha perdido. Veinticuatro eran las cucharas de plata; tres están; vendidas o empeñadas las demás; el pobre hombre no tiene miedo ni vergüenza. ¿Qué jugará? ¿qué perderá? Las tierras, la hacienda, tiempo ha que dio por la mitad de su justo valor; la casa es herencia de su esposa, no la puede vender; y sobre que esta se rehúsa a facultarle para la enajenación, menudito con ella; insultos y mojicones, el pan de cada día. Mal traído, mal mirado, el infeliz no se atreve a mostrar sus harapos, huye de parientes y amigos; y como ya no puede ser jugador activo, se ha vuelto jugador pasivo, es mirón perpetuo: cuando hay quien se la dé, pide la barata. El garito es la quiebra de la honra y la felicidad; caer en él es hundirse e ir a salir al otro lado, donde infamia y desdicha le reciben a uno con los brazos abiertos. Judas vendió a su maestro para jugar; Judas fue jugador: el jugador está siempre en potencia propincua de vender a maestros y condiscípulos: ora provenga de la humillación, ora del delito, el tahúr quiere dinero: pide; si no le dan, roba: ¡hombre desventurado!

Este vicio es el de los incurables; Jesucristo no lo remedia. Propongo esta impiedad con un hecho por fundamento. «Señor —estaba diciendo un hombre, hombre viejo y de cuenta, postrado ante un crucifijo, inundados en lágrimas los ojos—; Señor, estoy arrepentido, estoy reformado: me has oído; gracias, gracias te sean dadas. Ya no juego, ya no jugaré. El juego, lo aborrezco; bienes paternos, dote de mi mujer, nada existe; mis hijos sin estudios, mis hijas sin el arreo de su clase; yo miserable, ay de mí, fuera de casa todas las noches; llaman al salterio, y no salgo aún del garito; disputas, pendencias, riñas declaradas; tiros muchas veces, y puñal no pocas. Estas pestañas caídas, estos lagrimales comidos, estos párpados irritados, juego es todo: esa lámpara criminal, esa luz del infierno me deshonran, me matan: protégeme, sostenme: ¿jugar yo? la muerte mil veces». Y llora que llora el pobre viejo.

En este punto un echacuervos ha entrado al cuarto *pian pianito*, se le ha juntado de puntillas, y con la voz y el modo de la serpiente, la serpiente aquella, esa de marras, le está diciendo sobre el hombro: «Señor don Francisco, esta noche se rifa una mula de provincial: negra, herraduras de plata, vuela de paso». Sorprendido por el demonio el reformado, chispeantes los ojos, vuelve la cabeza: ¿Cuánto es la puesta? Doce pesos. Cuenten conmigo. Y se levanta dándose una gentil pechada, para designar su firme persona. Vamos a ver, ¿cuál pudo más, el crucifijo o el enviado de las tinieblas?

Juego, concupiscencia y embriaguez son los tres vicios que pudieran llamarse capitales: el juego arruina, pero no socava de contado la parte moral del hombre: concupiscencia y embriaguez van a estrellarse contra el entendimiento: el espíritu y la salud son sus víctimas. He leído en un autor celebérrimo de medicina que una gota de simiente humana vale por una onza de sangre: la esencia pura, esencia primorosa de las sustancias nutritivas, sacada por un sabio invisible en el laboratorio de nuestro cuerpo, no es riqueza de prodigar, porque ni se repone fácilmente, ni lo repuesto es de los propios quilates que lo perdido. Cómo el derroche de esta sustancia material acaba por destruir la inteligencia, es uno de los arcanos de la naturaleza: el alma recibe golpes funestos de los abusos de la carne: por la vía de los placeres vamos inconscientes a la sepultura. Ciertos insectos quedan muertos en el acto de la generación: su vida ha sido traspasada a otro ser, que existirá cuando su generador sea partícula invisible de la nada. El hombre es insecto grande: muere por las mismas causas que la mariposa, sin más diferencia que él muere lentamente: el fruto de la vida es la muerte. Ley rigurosa de los seres terrenales, no nos perdemos por el cumplimiento de ella, sino por el abuso: en tanto que giramos dentro de sus términos, por la órbita de la necesidad y la razón, no hemos incurrido en la pena del vicio; mas al punto que tomamos más de lo que nos corresponde, perdidos somos. Las minas se agotan, los volcanes se apagan; ¿y el hombre, el hombre ha de ser inexhausto en su pobreza? Los ángeles viven sin fin, porque no están sujetos a los sentidos; la inmortalidad es casta: sus placeres se desenvuelven en el seno de la luz eterna, de donde nacen la gloria y las santas generaciones que rebosan en la mansión divina. Próculo no ha sido útil de ningún modo al género humano; ese poder suyo de desflorar cien vírgenes en quince días, es infructuoso: a Newton le ha confiado la sabiduría los misterios más recónditos del universo: Newton murió inocente como un niño. En esa materia la ignorancia es más viciosa que la instrucción: si todos supieran que los peores achaques de que adolece el mísero del hombre provienen de la incontinencia, menos ayes vergonzosos se oyeran por el mundo. La alegre Higía tiene relaciones ocultas con la pura Vesta: castidad y salud se dan la mano.

¿Pues la embriaguez? Vicio infamante, como todos, es el peor de todos, por cuanto pervierte la razón y hurta a la locura sus más feos perfiles. Cólera, furor, inverecundia, de ella nacen; sin contar con los estragos que hace día a día en la organización física del mísero que la lleva adelante. Bien como el opio es el azote de ciertos asiáticos, así los licores fuertes son la caída de los pueblos del Occidente. El cerebro, en erección preternatural y continua, está desviado de sus funciones; el estómago padece irritación crónica, y rechaza el sustento necesario de la vida: los nervios se aflojan, pierden su resistencia: el corazón, minado de día y de noche, ya no goza, ni de la sensibilidad exquisita con que le dotó la madre naturaleza, ni del amor que era su dicha; los sentidos se entorpecen; el ebrio de costumbre ve dos donde no hay más que uno, oye lo que no suena, pisa en vacío, y da con el triste cuerpo en el suelo. Al borracho no lo incita la hermosura; los impulsos inapeables que nos arrojan violentamente a las heroicidades del cariño ciego, son brisa muerta en él; los licores espirituosos han metido fuego a sus pasiones y las han vuelto cenizas; el bebedor no tiene que hacer en Chipre ni en Citera. Hombres que con el uso cabal de su razón hubieran estado para una buena o grande obra, privados de ella, caen en mal caso. Borracho no es sino loco; y tanto más sin ventura, cuanto su demencia es voluntaria. Si el ebrio es tan inútil, ¡qué digo inútil!, si el ebrio es tan perjudicial como persona particular, como individuo privado, ¿qué no será en cuanto ministro de justicia, en cuanto gobernador de un pueblo? emperador, rey borracho, ¿qué será? ¿quién le sufrirá? Príncipe bebedor pierde sus fueros: embriaguez es renuncia voluntaria de la corona, porque embriaguez constante y locura son la misma cosa. Felipe II tuvo encerrado a su hijo hasta la muerte, por violento y malo: violento y malo es el borracho. El pretendiente al trono de Inglaterra, conde de Albany fue excluido, y aún perdió su esposa, su adorada Aloysia, por borracho: el papa los separó. El antecesor del viejo Guillermo, emperador actual de Alemania, se vio obligado a abdicar, por enfermo de la cabeza; y sabido es que beber y perder la cabeza son una misma cosa. Solo nosotros tenemos obligación de tolerar presidentes bebedores, ebrios consuetudinarios que suplen con la embriaguez lo que les falta de inteligencia. Dicen que el hijo de Agripina traía de continuo a los ojos un enorme carbunclo, con lo cual todos los objetos se le presentaban como bañados en sangre: el coñac es el carbunclo de Nerón: el que lo usa por costumbre, trae a los ojos ese rubí fatídico que está condenando a muerte a las dos terceras partes del género humano. Furor es lo primero en el que bebe: razón, justicia, reportamiento, al vuelo han huido de ese hombre viudo de su alma: el borracho no es sino cuerpo; cuerpo con vida magnética ingerida por el sabio de las sombras, ese que sugiere maldades y aconseja sacrilegios. Si la familia cuyo padre da en beber es perdida, ¿qué será de la nación cuyo presidente, cuyo general en jefe son ebrios consuetudinarios? Es también perdida; más que perdida, infame; pues debe poner término al predominio de esas bestias cuándo feroces, cuándo risibles, que no saben lo que hacen, o adrede hacen lo peor.

¡Qué liga la de los vicios, qué liga! «Ustedes me sostienen a mí, yo los sostengo a ustedes», les dice Ignacio Veintemilla a sus jefes, sus oficiales, y sellan el pacto cada día con botellas destapadas y vaciadas en un verbo. Ese hombre sin ventura no alcanza más arbitrio para abrirse paso al corazón de sus semejantes, que el licor: entra un militar, una copa; entra un civil, una copa; entra un eclesiástico, una copa; copa al ministro juez, copa al canónigo, copa al obispo; desgraciado del diplomático que entra a esa taberna condecorada; copa le ha de dar, y no solamente copa, sino también cantaleta; pues le muele el moledor en el molino del vulgo: «Acabe, acabe». «¿Qué toma usted? —le dijo a uno que entraba a su casa por la primera vez; coñac, italia, pisco?» «Tomaremos de todo, excelentísimo señor», respondió el truhan, que era de esos que pueden arder en un candil. Y tomaron de todo, toda la noche: *Nocte pluit tota.* Al otro día vino a casa el pillo inundado en risa: «Don Juan, anoche le hemos dado un trasquilón al Mudo, bebiéndole más de media bodega». «¿Le hicieron bailar?» «No había señoritas quienes alentasen; mas yo tengo vistas por ahí seis y ocho pirujas que le hagan volver al regosto del *arrayán*, que es su delicia».

Jugar, comer, beber, dormir, he aquí la gobernación de ese gran presidente, Lincoln de Sudamérica. ¿Habríamos jamás temido que Sardanápalo se levantase, rompiendo con la cabeza el mundo de pesada infamia que doscientas generaciones han amontonado sobre su sepultura? Pues se ha levantado; allí está con facultades extraordinarias: «Come, bebe, diviértete; lo demás no es nada». ¿No es esta su divisa? Come, bebe, se divierte Ignacio Veintemilla, y hace algo más que Sardanápalo primero; arma del puñal nocturno a sus sicarios, y les manda: «¡A ese!» Sardanápalo ha ganado en prendas y facultades con tres mil años de pudrición y podredumbre.

En un pueblo que yo conozco hay un borracho que es dictador perpetuo de la plaza: su voluntad soberana no sufre contrarresto: interjecciones mal sonantes, voces subversivas, injurias públicas y privadas, de todo hay en ese hervidero de insolencias. Hombres cuerdos, mujeres castas, niñas inocentes están oyendo horas enteras a ese loco atrevido, y nadie le dice nada. Harta de desvergüenzas al que por ahí asoma, tira piedras, juega al palo, arremete al que va a pasar: señor inmune, testa coronada, allí se está arramblando la moral y las buenas costumbres. «¡Vivan los principios!» grita; «¡viva la libertad!» y hace uso de ella. Dichosos los pueblos libres... Mas yo digo: si ese tiene libertad de embriaguez, de vilipendio, de perturbación pública, ¿la policía no tiene libertad de represión? Si él es libre para salir borracho a la plaza, ella debe serlo para echarle mano al coleto. Mas no es así: en país donde las garantías individuales son cosa real y efectiva, el individuo no admite restricción para las suyas. De forma que si, así como hay uno o dos borrachos públicos, hubiera veinte, cuarenta o mil en ese pueblo, y todos ellos salieran a la plaza a hacer de las suyas, ¿la policía estaría obligada a respetar las garantías individuales de los borrachos? Las de los cuerdos, los morigerados, los de buenas costumbres violadas son por ellos: sea por amor a Dios y los principios. Yo le oía un ministro plenipotenciario de una república libérrima; le oí con estos oídos que se han de volver tierra: «No hemos de parar hasta no ver establecida la autonomía individual». El establecimiento de la autonomía individual, dando de barato que algo signifique esta monserga en dos palabras, sería la abolición de las obligaciones mutuas y de los derechos de la sociedad humana. Los bárbaros mismos, en sus bosques, están unidos con ciertos vínculos que si no son leyes, son costumbres: la autonomía individual no reconoce leyes ni respeta costumbres. Trepar con mil fatigas a la cúspide de la civilización, para vernos allí hombres en estado de naturaleza, no me parece triunfo de la libertad ni los principios. Por dicha los sensatos abundan en el país de ese loco, para que vengamos a lastimarnos de su suerte. Admirando estuve poco ha el que un pueblo mediano tolerase a un borracho de profesión; y no admiro el que una república entera sufra la dictadura de un borracho, y aguante indefinidamente esa carga infamadora.

Memento Sardanapali, acuérdate de Sardanápalo: sí, no le olvidemos. A la una de la tarde aún no se ha levantado Ignacio de Veintemilla; se levanta a las dos, con lo cual da a conocer que ha pulido su educación. En París se levantaba a las tres, ni un minuto antes; salía a las cuatro, y que le busquen en Ginebra. Volvía a las cuatro de la mañana, se echaba, y que se hunda el globo terrestre. A las doce del día saca la cabeza por entre las cortinas: mal despierto aún, los ojos están envueltos en una capa de pereza: el pelo caído hacia la frente; la nariz arremangada; el pescuezo al aire, semeja el de un buey desollado. Abre la boca; de ella sale una como voz humana: pide su pienso, come: pan sobre pan; manteca, mantequilla, con los dedos por las esquinas. El agua no es suya, ni para beber, ni para lavarse. He allí que cae sobre la almohada nuevamente: labios, dientes, sucios; ya está roncando, abiertas las mandíbulas, que son la ratonera de la casa. Así el caimán se huelga orillas del Orinoco en los bancos de tierra; así acuden ciertos pájaros amigos suyos a arrancar las tiras de carne que se le han quedado en la dentadura.

En Quito duerme como presidente, nada tiene que hacer: se levanta a las dos, almuerza, no ya café, sino carne en veinte formas, vino de diez clases. «Ni cuando era pobre me faltaba el vino —dijo una ocasión que la imprenta le afeó su intemperancia—; menos ahora que Dios me da más de lo necesario». Ya almorzó: sigue la cerveza, ahora reina la cerveza; coñac, mallorca, diáconos que ayudan a esa sacerdotisa de la embriaguez. Son las siete de la noche: el nuevo Tito no ha perdido el día: dos cajas de licores vaciadas; dos ciudadanos desterrados; un clérigo al calabozo; un hombre del pueblo metido en el hospicio de orates, por ciertos palos excelentísimos: quinientos pesos perdidos al juego la noche anterior, hoy se han repuesto con mil; allí a la mano está el Tesoro. Son las siete; a comer: los grandes comen de noche: carne y recarne, vino y revino. ¡Oh sublime devorador, bendito seas! ¿A qué hora, de qué modo digieres ese montón de animales muertos? Para cada comida ordinaria de Antonio se derribaban doce jabalíes; pero él no se los comía íntegros. Café, *pousse-café* o sobre café; ¿qué más? Ya comió, ya comieron los grandes; las mesas de juego están allí, repartidas por la sala; me han dicho que son siete u ocho; su sala es un resumen de garitos. La mesa principal desde luego, donde juega el rey con los altos dignatarios de la corona: mesa para sus jefes; mesa para sus edecanes; mesa para sus deudos; mesa para sus amigos; todos juegan: el rey preside el juego general, con esa cara, ese aspecto de padre de casa de mancebía. Solo el número 5 le falta en la puerta de calle a ese plantel de prostitución. Nunca y nadie ha jugado a secas; preciso es humedecer las trampas con el brandy animador. A media noche, borracho él, borracha su gente, cien ojos están relampagueando como piedras preciosas de la infamia; y siguen bebiendo y de este modo va adelante la prosperidad de la república. Desgraciado del hombre de bien que le incita la memoria a cualquier hora del día: le come el corazón con sus dientes, le empaña el alma con su aliento: mentiras, calumnias e improperios, en ciego tropel, se amontonan en sus labios ¿es tonto? ¿es loco? más que todo, es perverso. Si el talento y la virtud cayeran en sus manos, rugiera de placer, como tigre dichoso.

Las tres de la mañana: reyes y emperadores se acuestan a las tres; un prohombre como él no puede ir a la cama a prima noche: ya duerme, ya está muerta la gran bestia. ¿No hay diputados de la nación, no hay convencionales que guarden ese sueño augusto en respetuosa vigilia, y estén prontos a alzarle las botas cuando él se las pida dentro de doce horas? Que este garañón lo pase con su ministerio como lo pasa, no es lo que me irrita; que de un cuerpo tan respetable como el Poder Legislativo haya hecho una gazapina a fuerza de empleos y aguardiente, esto es lo que hombres de buenas costumbres y patriotas llorarán hasta el último día de la virtud y la república. Mientras haya Cortes, Parlamento, formados de hombres de bien y templanza, no hay tirano cabal en una monarquía: libertad y dignidad, encastilladas en su sagrado recinto, no están heridas de muerte. Asimismo, en una república, en tanto que el Congreso sirve de freno al sargentón que ordinariamente es amo de ella, no están del todo perdidas instituciones

159

y garantías sociales. Mas si los representantes de la nación se convierten en fautores: digo más, en rufianes del quídam sin luces ni virtudes que por desgracia se ha engarabitado en ella, ¿qué le queda al pueblo sino estar balando como oveja, o rugir como león y echarle la garra al delincuente?

El Poder Judicial es todavía más santo que el legislativo en pueblos sobre los cuales la civilización derrama su luz inextinguible: puede ocurrir un desacato contra el Parlamento en Alemania o en Francia; contra la alta Corte de Justicia, no; ni habría cuando, pues el gobierno civil permanece ajeno a los asuntos del juez, cuyas facultades giran en órbita apartada de la gobernación política. ¿Se ha visto nunca a la reina de la Gran Bretaña ni al emperador de los franceses ingerirse en lo perteneciente a los tribunales de justicia, conminar a sus ministros con penas arbitrarias, y castigarlas una por una, si la sentencia no cuadra con sus deseos? La Corte Suprema es la corporación más augusta de cuantas reconocen nuestros estados democráticos: Poder independiente, no recibe inspiración de nadie, ni está sujeto a veedor; sus actos son obras de sabiduría, sus resoluciones dimanan de esa deidad que tienen en la diestra la balanza en uno de cuyos platos van cayendo desafueros de los hombres e insultos al derecho de todos. Temis es soberana: se aconseja de Minerva, pero no recibe influjo exterior, ni los señores de la tierra se dan por lastimados por sus decretos. Minos, Éaco y Radamanto son la trinidad que a lo largo de los siglos están simbolizando, tanto la inflexibilidad como la omnipotencia de la justicia.

En un calabozo húmedo y oscuro está un hombre agachado sobre sus enormes grillos: seis meses lleva de prisión; mas la libertad, la dulce libertad, se le acerca en alas de la justicia. Absuelto ha sido por los tribunales de primera y segunda instancia del delito que se le imputa: su causa está en la Corte Suprema; el último día de su martirio ha llegado. Tristeza en su semblante, palidez mortal en su rostro, dan a conocer que ha padecido mucho en el tormento. Negra la vestidura, abotonada humildemente hasta la nuez, diciendo está que ese hombre es sacerdote. La corona, media borrada, no es ya la santa placa que infunde veneración. El vientre inflamado, las piernas hinchadas a fuerza de quietud y prisiones, el recluso va a morir: castigo antes de sentencia, he aquí el flujo de la maldad y la ignorancia apoderadas. Si ese hombre es absuelto, los males que ha padecido ¿quién los remedia?, de los perjuicios que ha recibido ¿quién le resarce? Pena sin delito, secreto de la tiranía. La Corte Suprema de su fallo, le absuelve de culpa y pena: ¡loado sea Dios que así mira por sus criaturas! Vuelve, vuelve, infeliz, a la luz que te robaron, al aire de que te privaron hombres inicuos. ¿Tienes madre? corre, tírate de rodillas, recíbela en tus brazos: sus bendiciones, sus lágrimas de gozo te vuelven salud y fuerzas, te imprimen alegría. ¡Oh beatitud inefable esa del amor puro, esa que para el buen hijo fluye a torrentes del seno de la madre virtuosa! Su hijo ha sido absuelto; la buena señora, dando gracias a Dios, le tiene ya contra su pecho... ¿Contra su pecho? Los grillos están como carne con carne en los pies del sacerdote: el malhechor público ha declarado que la sentencia de la Corte no vale una chita, y que en el calabozo ha de morir el triste, si no firma el papel que él le presenta, si no canta la palidonia, o más bien, si no jura el santo nombre de Dios en vano, llamando mentira la verdad, día la noche. En cuanto le animó el fallo de la justicia que esperaba, fuerte fue el preso, firme se mantuvo el encadenado; desvanecida esa esperanza, se le caen las alas del corazón, flaquea el pobre clérigo. La firma o la vida le han pedido: guarda la vida, entrega la firma. Firma el infelice diciendo lo contrario de lo que ha dicho. Dijo ayer que Ignacio Veintemilla había mandado envenenar al arzobispo de Quito; hoy sostiene que su excelencia el presidente de la república, lejos de tener parte ninguna en ese crimen, no ha omitido diligencia para dar con los criminales. Poniéndole sus dos firmas contradictorias a los ojos, ¿qué dijera el huésped eterno del calabozo? Dijera, ya le oís: El primer escrito fue obra mía, resultado de mi juicio y mi convicción; escrito dado a luz voluntariamente en pueblo extraño, bajo el amparo de sus leyes; el segundo no es obra de mi conciencia, más aún de mi verdugo, que me constriñe a suscribirlo el puñal al pecho.

161

Flaco es el hombre, fuerte el amor a la vida; oh vosotros que me llamáis infame, poneos en mi lugar: ¿cuál es el héroe, el santo que se quede a expirar en el martirio, antes que entregar su nombre?

Yo siempre le he disculpado a ese eclesiástico sin ventura; es como él dice: de entre los clérigos, los godos que le llaman infame, ¿cuántos hay que hubieran preferido la muerte en los grillos, a firmar el papel que le presentaban los correveidiles del malhechor omnipotente? Ni uno, de seguro; antes muchos de ellos no hubieran esperado siquiera la sentencia definitiva. Virtud subida es esa, heroicidad inapelable que están para almas del temple de la de Eloy Alfaro. Este hombre salió del *infiernillo* en brazos ajenos, medio muerto ya: la oscuridad le había enflaquecido, las cadenas le habían devorado. Ignacio Veintemilla quiso arrancarle, en cambio de la vida, un documento contra Juan Montalvo: cuando fueron sus trotaconventos a solicitarle al preso, este le llamó infame a boca llena, y se quedó a la muerte. ¿Qué obligación tiene un pobre clérigo de ser como Eloy Alfaro?

Esto cuanto al reo; ahora veamos cuanto a la Corte. La Suprema confirmó el fallo de los tribunales de primera instancia, le declaró al sacerdote libre de culpa y pena. Por menguados y prostituidos que fueran sus vocales, no les hubiera sido dable obrar de otro modo. En realidad no había delito; no lo había, en cuanto los perpetrados fuera de su jurisdicción no surten su fuero. Ignacio Veintemilla no le hacía juzgar al clérigo por conspirador, sino por *calumniador*. Caballero sobre un corcel fogoso, blanco al igual del que montaba el apóstol Santiago en las batallas contra los moros, le habían visto al presbítero guerrero yendo y viniendo por las faldas del Pichincha. La cruz, no la maravillosa estampada en la bóveda celeste a los ojos de Constantino, sino la material y palpable, era la insignia de la santa revolución. Dios es con los cruzados, ya les cae del cielo la victoria. Mas como por desgracia el cielo se arrima casi siempre al mayor número, el ejército de la religión mostró las herraduras, y que le echen un galgo. Esto no es de ahora; rancios católicos lo dan firmado. ¿No los juzgáis heterodoxos a los españoles antiguos, yo presumo? pues oídles, si gustáis, ortodoxos de mi tierra:

> Vinieron los sarracenos
> y nos molieron a palos;
> que Dios ayude a los buenos,
> cuando son más que los malos.

Los sarracenos de la tía Cornelia fueron más que los cristianos de don Antonio, y los molieron a palos. El apóstol Santiago mismo no hacía el milagro sin meterse de hoz y de coz en la batalla y exponer el pellejo; mas los católicos del don Antonio quisieron que Dios se lo pelease todo, y él no les dio gusto, porque abomina a los tontos, y no está por la sociedad leonina. Sea de esto lo que fuere, el clérigo estaba allí, no lo niega: mas no fue esto lo que le escoció al sarraceno mayor, sino el que le hubiese dado del *jumento*, del *plebeyo*, del *cobarde*, y más títulos con que suelen favorecer a sus enemigos barbas tan honradas como un acendrado católico. Dijo también el cura de misa y guerra que *el mudo Ignacio Veintemilla era el envenenador del ilustrísimo arzobispo*; y sobre esto cuartel, grillos y muerte segura, habiendo el bellaco presidente atraídole a sus manos con salvoconducto falso. Si envuelve o no calumnia el llamarle envenenador a Ignacio Veintemilla, no es mío el averiguar; mas el clérigo lo había dicho y publicado en Colombia, y no pudo ser juzgado en el Ecuador por actos que no eran delitos en donde acontecieron. Ley de la república es la libertad absoluta de imprenta; y he allí un bobalicón que manda levantarle auto cabeza de proceso en su casa por acciones legalmente inocentes verificadas en ajenos países. Un sabio *in utroque jure*, como Ignacio de la Pandilla, no es reo sino de ignorancia en este caso: quien no sabe leer, ¿ha de entender de derecho de gentes, derecho civil ni Juan derecho, o niño muerto, como dicen en España? Él pensó que podía mandar condenar al último suplicio a uno que en Rusia le hubiera llamado tonto, y lo hizo juzgar. Los tribunales de justicia vieron el asunto en otro aspecto, y declararon no haber delito. Sabido es que los franceses, para combatirse de persona a persona, ganan el territorio de Bélgica, a fin de no ser perseguidos judicialmente en Francia; pues aun cuando las costumbres toleran el duelo, las leyes lo prohíben. En este concepto la Corte Suprema puso en limpio la maraña del clérigo y el Mudo, y declaró, como queda dicho, no haber delito: corriente y moliente.

Pero no fue corriente ni moliente el vil aguante de la mencionada Corte, esa humildad con que echó a pedirle perdón al malhechor público, cuando este le hubo castigado su justicia con suprimirle el sueldo, irrogando de este modo agravio irreparable a una corporación ilustre, y pervirtiendo la moral, fundamento de la sociedad humana. Que Ignacio Veintemilla se hubiese estrellado contra un tribunal eminente, no fue mucho, supuesto que nos hallamos acordes en el dictamen de que los móviles de sus acciones son puramente físicos; pero que todo unos oidores, entidades grandiosas en la república, hubiesen puesto a los pies de un idiota la justicia, diciéndole: «He aquí, señor, nuestra conciencia, nuestra honra y dignidad; haced de ellas lo que fuéredes servido; pero devolvednos nuestro sueldo»; esto es lo que admira y aflige a hombres que, huyendo de esta Sodoma de la política, vuelven los ojos cargados de esperanza al templo de la justicia. ¿Quién se fiará en adelante de la integridad de esos Radamantos enlodados, cuando vaya del interés del verdugo presidente? Cuando se quedaron en la Corte, contrajeron con él un tácito compromiso de imprimir la fuerza de su voluntad a sus sentencias; de otra suerte, como hombres de bien, jueces inflexibles y ciudadanos honestos, hubieran dicho: «Suprimirnos el sueldo es imponernos multa, porque no hemos fallado a su antojo; es castigarnos la justicia: no quiera Dios vengamos nosotros a ser los fautores que este necesita para el reinado de la iniquidad y la violencia». Y echando ahí la toga, como reyes ofendidos, hubieran ganado el hogar, iluminados por la resplandeciente pobreza que mantiene e ilustra a los hombres de buen corazón y alma grande. *Que la codicia se arroje al mar, que la ambición se ría de la muerte*, no es del todo malo; eso indica atrevimiento y valor. Codicia que se arroja al mar, ambición que se ríe de la muerte, en el umbral están de las virtudes: codicia que se arroja a las plantas de un malvado, ambición que se echa al rostro manadas de estiércol, son vicios que matan al hombre y le sepultan en la vergüenza. Y he aquí los sustentáculos de la tiranía: sin estos viles que pasan por todo, estos buscavidas condecorados, ministros de prostitución y servidumbre, antes que de justicia, los pícaros irían quedando solos, y al fin, por falta de pared donde se arrimen, ciegos, con paso torpe, se despeñarán al abismo. Mas si Congreso, Corte Suprema de Justicia, ciudadanos de cuenta le ofrecen la espalda, puestos de uñas contra el suelo, para que el irracional bordado de oro esté subiendo al solio cada día, ¿cómo no se ha de prolongar?, ¿cómo no se ha de perpetuar el reinado del crimen y la barbarie?

Si los ministros de Justicia son peonzas con que Ignacio Veintemilla enreda y se divierte, cual otro Galerio que se descuartiza riendo al ver devorar cristianos sus osos amigos, ¿qué no hará de los oficiales de la instrucción pública? El rector de la universidad es persona de mucha cuenta en dondequiera que algún miramiento alcanzan los estudios, el ejercicio de la inteligencia y la sabiduría. Ese plantel venerando que se llama Universidad, es institución tan elevada, que los reyes mismos no se atreven a visitarla sino con el sombrero en la mano. La universidad ha vuelto célebres a ciudades cuyos nombres suenan como el resumen de los conocimientos humanos y la ilustración de un pueblo: La Sorbona, en París; la Universidad de Salamanca, en España, son unos como Estados literarios que gozan de exenciones e inmunidades. Los Abelardos, los Budeos no salen del cuartel; y a estos nadie los arrastra a un calabozo por leve o ninguna causa; antes los reyes se paran delante de sus retratos y sus obras, y, descubiertos, están rindiendo pleito homenaje a la sabiduría. Así Felipe III, quitada la gorra, se dejó estar una buena pieza en presencia del Tostado en la Biblioteca de Valladolid. Ignacio Veintemilla acaba de sepultar en una mazmorra de cuartel al rector de la

Universidad de Quito, de mano poderosa, sin auto de juez, ni siquiera motivo verosímil. El rector de la universidad se había rehusado a jugar y beber con él en su casa de prostitución; y, sobre que ha corrido las calles un papelucho ruin, al cuartel ese magistrado: ¿quién puede haber escrito la quisicosa sino el rector? Incomunicado, hay más que decir, ¡cual reo de delitos grandes! Y consta en la constitución el artículo de la libertad de imprenta; pero que no constara, ¿cuál es el cargo? ¿quién es el juez? ¿dónde está el juicio? Parte interesada, fiscal, tribunal, todo es Ignacio Veintemilla; y no contento con ser la sola y única persona de esa trinidad grandiosa, es también ejecutor de sus propios fallos, ministro de sus venganzas, verdugo de su patria y sus mejores hijos. ¿Qué república, qué democracia, qué gobierno es ese donde ni Corte Suprema de Justicia, ni universidad, ni imprenta, ni altar, ni leyes están en cobro de los arranques insensatos de un hombre sin letras, nociones de moral ni rudimentos de política? Siempre sobran ruines en las ciudades populosas, para que vayamos a buscar entre los hombres de pro los autores de obritas despreciables. El que a media noche va a pegar en la estatua de Pasquino esas líneas disfrazadas que rebosan en agravios, no es el rector de la Universidad de Roma, sino un poetastro oscuro del Trastevere. La malicia de los tiranuelos bajos y sin pundonor es achacar a los hombres de más viso las obras que pudieran *acarrearles* mala fama, si el pueblo estuviera pronto a dar ascenso a sus detractores. La guerra que suelen hacer buenos patriotas es a pecho descubierto: si quieres saber quién te ha herido, oh tú, enemigo de todos, arráncate el venablo que tienes en el corazón, y lee allí su nombre: no dice: «¿Asterio ha lanzado esta flecha mortal a Filipo?» Cuántas veces el torpe Veintemilla ha hecho porque mi crédito venga en disminución, atribuyéndome obritas de cualquier truhan; pero mi nombre está grabado en mis flechas, y con ellas en el corazón mueren tiranos y tiranuelos: díganlo García Moreno y *El Cosmopolita*; díganlo Antonio Borrero y *El Regenerador*. ¿Lo dirán también Ignacio Veintemilla y *Las catilinarias*?

Más fácil es perdonar la crueldad que la mala fe: mucho, mucho hacen en su propio favor la franqueza y la arrogancia, aun cuando tengan entre manos la ruina de sus semejantes. Ese flujo por la mentira, esa segunda intención que los menguados sin conciencia dejan ver en obras y palabras, son proceso contra ellos mismos, y todos los sinceros, los dignos son jueces que los condenan a la ignominia. Se presentó una vez Ignacio Veintemilla en una casa, y echando mano a la faltriquera, dijo: «Hemos salido de dudas; Montalvo es el autor de la *hoja suelta*: su impresor lo denuncia; he aquí la carta». Esta diligencia fue repetida con cuantos quisieron oírle, hasta cuando el impresor calumniado dijo por la imprenta: «Es falso que yo hubiese escrito al general Veintemilla sobre ninguna materia; y menos revelándole cosas que no están en mi conocimiento». El falsificador se quedó con este bofetón del impresor: el cohombro enlodado le dio de lleno en el rostro; mirad esa cara abrutada, cara de animal inmundo, tras la sangre y el cieno que le están chorreando a las marmellas. Si él había hecho fingir la denuncia, ¿qué había de decir el infame? Y ni en cabeza propia escarmienta este relapso de la mentira: no ha mucho hizo comparecer en su casa al presidente de la Corte Suprema: «Eloy Alfaro —le dijo—, ha puesto en mis manos las cartas del hermano de usted; cartas que le condenan como a conspirador». «Sea servido vuecelencia de manifestármelas», respondió el presidente de la Corte. «Las he dejado por olvido en Guayaquil», replicó el indigno. El indigno estaba calumniando, tanto a Eloy Alfaro como al hermano del juez; no tenía tales cartas. Bien lo sabía su interlocutor, y en su conciencia le estaba llamando *infame*; pero le faltaba valor para traer a los labios ese ímpetu del alma. Ignacio Veintemilla no sabe leer ni escribir, y tiene cartas para todo: para difamar a un hombre de bien: aquí está la carta. Para acusar a un inocente: aquí está la carta. Para imponerle multa a uno: aquí está la carta. Para desterrar a otro: aquí está la carta. Malhechor más vil y cobarde que este, no hay en la tierra. García Moreno no tenía cartas para nada; todo lo hacía con su propia fianza, sin dar autores de cargos ni relaciones; este bribón no quiere responder de nada: todo se lo dicen, todo se lo escriben, y nombra las personas con cuya mano quiere meter el cuchillo.

No extrañaría yo que, si estas noticias llegaran a oídos de los estudiantes de Lima, Santiago, Caracas o Bogotá, curiosos de lo que les pertenece me hicieran esta pregunta: «¿Y los jóvenes de la Universidad de Quito qué han hecho? Si gustáis, señor don Juan, yo me quedara muerto, y no respondiera más que uno que nunca ha hablado, por no traer a menos la generación en la cual finca la patria su esperanza». ¡Esperanza! ¿la llenarán esos? Lo que han hecho ha sido dar a luz un papelucho como una hoja de peral, justificando y ensalzando al oscuro apagador de la civilización, y poniéndole las manos para que, «por Dios, por la Virgen», ponga en libertad a su rector.

Tenía yo no ha mucho un sirviente medio mudo, el más gran bellaco que pueda tocarle en suerte a un desterrado. Para el pan, el vino, un Lazarillo de Tormes; para la bolsa, un Rinconete; para las trazas y trapazas de más cuenta, un Escudero Marcos de Obregón. Pero humilde como un San Buenaventura, y adicto a mí como si él me hubiera criado. Nunca pasé ni pude pasar de palo y medio con él, ni en sus embustes mayores de marca, pues al primero ya estaba a mis pies el mezquino, echando unos lagrimones como cuentas de vidrio, y llamándome *su padre, su benefactor*. Pues no han hecho los estudiantes de Quito con su mudo, sino lo que el mío hacía conmigo: dales ese más de palo y medio con quitarles el rector, y ellos no descubren otro expediente que echarse a sus plantas, llamándole *su padre, su benefactor*, y pidiéndole «por Dios, por la Virgen» que les suelte a su maestro. ¡Y digo si el papelucho es obra de canallas! El excelentísimo señor presidente es un prohombre; elevado, justo, bueno. Si algo ocurre de malo, no es cosa suya, sino de algún pícaro que lo engaña. Todo esperan de él los ecuatorianos, todo: no quieren sino que ponga en libertad al rector, y suyos son para toda la vida. No es él, ah, no es él; él es ilustrado, equitativo, respetable; son las *víboras* que le rodean. He aquí las hazañas de hombres hechos a la servidumbre, a quienes ni favorece el valor, ni ilumina la verdad. En pueblo semejante, será poco si Ignacio Madruñero no reina quince años, a guisa del amo y señor a quien ha heredado una república.

Y no es todo: al respaldo de ese impresito infame han puesto sus autores de letra de mano unos renglones en que apuntan lo contrario de lo que dicen por la imprenta, y me lo han remitido, pidiéndome «por Dios, por la Virgen» que castigue este nuevo delito del *infame Veintemilla*, dicen. Al un lado del papelucho, es recto, al otro inicuo; al un lado bueno, al otro perverso; al un lado nada hace él, al otro todo es obra suya; y, «por Dios, por la Virgen», tome a pechos este asunto, usted que no tiene miedo; que si ellos no lo tuvieran tampoco, vería usted si le ajustaban la golilla.

Yo presencié desde mi balcón una vez una batalla campal entre dos truhanes: a los cuatro porrazos, tomó las de Villadiego el menos bravo, y en tanto que las afufaba, iba diciendo: «Da gracias, pícaro, que no soy valiente; que si lo fuera, ahora vieras si no te hacía cantar el *kirieleisón*».

Dante Alighieri compuso ya *La divina comedia*; Balzac ha compuesto *La comedia humana*; Hoffmann, arriba en su cuarto piso, mirando y siguiendo el género de los mortales, pasaba al papel cuanto veían sus ojos en la calle. Nadie suponga que yo imagino estas aventuras, por venir al pelo de mi intento: mientras está mi frente alzada a la bóveda celeste, con el rabo del ojo estoy pescando en la tierra: en *La divina comedia* el mundo es el primer galán. ¿Es culpa mía si tengo tal cual brizna de observador, y si aplico la vida real a la moral?

Las manifestaciones públicas de los estudiantes son notificaciones que dan en que entender a los gobiernos, dondequiera que los jóvenes son gente de sangre en el ojo y barraganes de pelo en pecho. León Gambetta, actual presidente del Cuerpo Legislativo en Francia, era, no ha más de quince años, esforzado guion del barrio latino. Donde Gambetta alza la voz, *la legión* está siempre a punto: si protestas, si reclamos, se lleva todo a cima con audacia y valor de mozos que tienen la mira puesta en *la república* y en los asientos más encumbrados de ella. La suerte de un pueblo está en manos de los jóvenes: los estudiantes son elemento del porvenir. ¡Qué es, mi Dios, ver a los universitarios de las ciudades de Alemania afrontarse con la fuerza armada, medirse con ella y dejar enhiesto el pendón de su alta clase! Los estudiantes tienen fueros; quien los lastima, verá comunidades: vuela el sombrero por el aire, rueda el libro por el suelo: ¿qué turbión es ese que baja llenando la calle y va a pasar el puente? La tropa de línea está allí, al otro lado: bala en boca los infantes, sable al hombro los jinetes, tienen orden de contemplar a los estudiantes hasta el último extremo. Allí, en esa muchedumbre de levitas negras, están los sabios, los hombres de Estado; allí los generales, los ministros; allí los marinos, los descubridores; allí los millonarios, los banqueros; allí los jurisconsultos, los médicos; allí los sacerdotes, los apóstoles; allí los escritores, los poetas; allí los grandes hombres del porvenir, la flor de los franceses: atropellarlos, matarlos, sería delito de leso patriotismo. ¿Qué quieren, qué piden los estudiantes? Un magistrado superior está ahí; el prefecto del Sena, por ventura. Se levanta sobre todos un mancebo de aspecto de león, un O'Connell de colegio: es el orador. Habló a nombre de todos, convenció, conmovió. El gobierno está bien con los estudiantes; anhela por complacerlos: concedido. ¡Viva Francia! los estudiantes han triunfado, pues no reclaman sino lo debido, no piden sino lo justo. Cazadores de Vincennes, dragones de a caballo, sonriendo en medio del bosque de sus mostachos, están fraternizando con esa multitud inteligente y valerosa, que dentro de diez años será honra y gloria de la patria. ¡Desgraciado del pueblo donde los jóvenes son humildes con el tirano, donde los estudiantes no hacen temblar al mundo!

SEXTA

Tanto monta cortar como desatar.

El señor Santiago Pérez, ex presidente de la Unión Colombiana, reproduciendo un trozo de la quinta catilinaria en su periódico, dice: «¿Por qué fatalidad, pluma como la de Juan Montalvo tiene que ocuparse en catilinarias contra Catilinas que todos juntos no valen uno de sus rasgos?» Porque erré el lugar de mi nacimiento, señor don Santiago, como ya lo han dicho de mí. Y nadie tenga esta razón por vanidosa, ni vaya a imaginar que yo deseara haber nacido en la capital de Francia o en la de la Gran Bretaña: si mío fuera elegir el lugar de mi cuna, en un tris hubiera estado que no me decidiera por las regiones donde el Amazonas, rey de los bosques, gobierna en silencio a la naturaleza, o sobre las orillas del Misisipi por donde van corriendo Chactas y Atala en busca de soledad para sus amores y sus dolores. Si hemos de ser bárbaros, venga la diadema de altas plumas, la chonta y el arco, primero que estas fundas de paraguas que llamamos pantalón, esta quisicosa de mangas denominada levita; este juicio desviado, este pecho corrompido, estos anhelos ilícitos, estas pretensiones vanas que son herencia del mestizo de Sudamérica con pujos de civilizado. Ciertamente que no hubiera escrito yo catilinarias entre los sachenes de los moscogulgos, ni entre los jóvenes guerreros de los iroqueses: entre ellos no había un cara de caballo más ladrón que Juan Palomeque, llamado Ignacio Veintemilla; ni un viejo podrido en vicios, tal como José María Urbina: el jefe de la tribu es un soberbio hijo de la selva, gallardo de cuerpo, superior en sentimientos del ánimo, que rige a su gente con mero mixto imperio, respetado por su majestuoso señorío, admirado por sus virtudes, temido por su fuerza y su valor. Codicia no es oriunda de los bosques: el oro no tiene allí más valor que el que ha menester la india joven para el adorno de su gentil persona; y así no hay ladrones que lo roben, ni avarientos que lo sepulten, ni viles que entreguen cuerpo y alma por un puñado de esa reluciente porquería. Allí no hubiera yo escrito catilinarias, porque el gobernante no se lleva a su casa los caudales públicos, ni azota hombres con casaca y todo, ni castra a sus médicos, según que lo ha hecho y lo está haciendo el buitre blanco que se titula presidente de la república del Ecuador. No, allí no hubiera escrito yo catilinarias; hubiera ido a la guerra, desnudo el pecho, alta la frente, blandiendo mi lanza, y de persona a persona, me tomara con un enemigo, más valeroso quizá, pero no más leal que yo, ni más puesto en el punto de la honra. Pero aquí, o más bien allí, en esa tierra de fantasmas, ¿qué he de hacer sino arremeter con ellos, y alancearlos y desbaratarlos, aunque no sean sino monjes benitos y ovejas, siquiera por matar el tiempo y el fastidio? El que no ha pasado jamás una aventura de don Quijote, no sabe lo que es el mundo. A falta de pan buenas son tortas, y cuando nace la escoba nace el asno que la roya. Mientras la suerte me depara Filipos para filípicas, Verres para verrinas, lleven vuesas mercedes en paciencia que yo embista con esos cueros de vino llamados presidente el uno, general en jefe el otro, y los despanzurre, y los mande capados de barbas al círculo de *La divina comedia* donde están pagando las hechas y por hacer los asesinos y los infames. Yo bien quisiera hallarme en situación de componer Julianas contra Julio César, Napoleónicas contra Napoleón; ¿mas qué he de hacer si esa pazpuerca llamada suerte; ese ignorante hijo de la piedra llamado destino, me toman de la nada y me depositan en esa cueva de murciélagos donde el sol brilla pero no fecunda? Ya llegará el día, señores míos de mi ánima, que dando al diablo esta guerrica en que me hallo con sabandijas grandes, me abra el océano, y me vaya a repuntarme con el príncipe de Bismarck y con el Matador de la Sublime Puerta. En tanto que esto ocurre, soy un grano de anís, cual lo requieren adversa-

172

rios tan diminutos como los míos, y lleno de vergüenza hago mis entradas en el campo de las pasiones bajas y el crimen asqueroso, y a cuchilladas derribo en tierra las orejas de esos demons pequeñuelos que allí se están hartando de la moral hecha pedazos y las virtudes que chorrean sangre.

Preguntado Alejandro, niño aún, si quería disputar el prez de la victoria, respondió que sí, puesto que lo disputase a reyes. ¿Dónde están los reyes a quienes yo les dispute la corona del triunfo? Tan lejos se hallan mis cueros de vino de ser emperadores ni gigantes, como yo de parecerme al gran muchacho que toma una falange de macedonios y se va a la conquista del mundo. Pero la idea, señores, ¡oh señores! pero la causa, pero la esencia de la guerra que hacemos los soldados de pluma, ¿no son motivos tan grandes y fundamentales cuando las habemos con gente noble y poderosa, como cuando las pleiteamos con follones de menor cuantía? Sir Philip Francis, el misterioso Junius, no saca a la luz del día sus terribles cartas de la inviolable oscuridad de la imprenta, por el gusto de combatirse con el primer ministro de la Gran Bretaña, sino por la gloria del triunfo, cuando el lord abusivo caiga al suelo agonizante, y las regalías del pueblo inglés queden reivindicadas. Ni Pablo Luis Courrier estuvo contemplando la estatura de los enemigos con quienes iba a embestir, ni Cormenin le midió de arriba abajo con los ojos a Luis Felipe, primero que entrasen a la estacada con sus folletos en la mano: iba de la libertad de los franceses y la dignidad de la monarquía, y allí estuvieron sus campeones, alto el morrión, alzada la visera. ¿Qué sería de los pueblos pequeños y desgraciados, si por desprecio a sus verdugos los dejásemos en sus garras sin tiempo ni esperanza? Libertad, ilustración, virtudes son unas mismas, ora se trate de cuarenta millones, ora de un millón de hombres; y tan benemérito será del género humano el que saque del abismo de la servidumbre a un puñado de gente desgraciada, como el que rompa las cadenas de un pueblo numeroso, y le abra los ojos a la razón y el orgullo. Voy a más y digo, que es más digno de alabanza y se granjea más títulos el que toma a pechos la causa de un pueblo barbarizado por la tiranía, que el escritor que sale con sus protestas en medio de infinidad de hombres inteligentes, a quienes no se les pasan por alto sus nobles fines, y de patriotas que le apoyan y sostienen, aplaudiendo sus propósitos y premiando su atrevimiento con las condecoraciones de la gloria.

El conde José de Maistre sostiene esta extraña proposición, que los pueblos bárbaros no son pueblos primitivos y principiantes, sino al contrario, los más antiguos y viejos, que han caído en la barbarie por exceso de civilización y sabiduría. Puede el señor conde abonar su principio con la historia, mostrándonos ahí toda el Asia hundida en la ignorancia y la ignominia del despotismo; empero no sería fácil para los que no internan el pensamiento en el secreto de los siglos, convencerse de que las tribus que vaguean desnudas por nuestras selvas del Oriente; los aduares del África sin Dios ni ley, hayan sido en otro tiempo naciones perilustres, que cayeron por haber querido saber tanto como Dios. El estado natural del hombre es la civilización; la barbarie, su caída. Mucho tiene de razonable este modo de pensar; sino que Darwin sale por ahí y se afronta con ese respetable papista; haciéndole ver que solo a fuerza de trabajo, progreso y dolor ha llegado a ser criatura pensadora este animal originario de las selvas que hoy se llama hombre; las selvas, donde el joco y el babuino están todavía reclamando la sangre de sus venas que han transmitido a la especie humana. Que las naciones cultas de nuestros días adelantan hacia la barbarie por la carrera de la civilización, no hay quien lo quite: los pueblos, como los individuos, tienen un período conocido durante el cual se dan a entender que viven, acometiéndose unos a otros, y llenando la tierra de sangre, lágrimas y miserias: el último día de las naciones, el dios de las ruinas las señala para la nada, y allí está el olvido acreditando con el silencio que ese es el sepulcro de un imperio, y que en él yacen generaciones que en otros siglos llenaran el mundo de ruido y esplendor. En este concepto el dictamen del conde José de Maistre tiene su fundamento: la barbarie es la última página de la civilización: testigos Grecia, Roma: donde Pericles levantó las fábricas portentosas que ostentaban el último grado de cultura, la cimitarra de los hijos de Mahoma ha vibrado hasta ayer insolentemente en el rostro difunto de un gran pueblo; y donde la voz de Marco Tulio Cicerón desafiaba a las generaciones antiguas a igualarle en elocuencia, la esclavitud del espíritu y la razón está declarando que ese imperio vasto y poderoso ha caído, y el hombre ha bastardeado hasta frisar con la barbarie.

¿Quién duda que dentro de veinte siglos los refinados franceses volverán a ser galos, a quienes gobierne despóticamente una bárbara invisible, que alimenta su cerrilidad en lo profundo de los bosques, como Bolleda? Los alemanes serán germanos y teutones, y los ingleses orgullosos de su nombradía serán esclavos desnudos que van a ser vendidos en la feria de alguna gran ciudad futura. Menfis, Atenas, Roma son panteones donde el tiempo, sepulturero inexorable, ha enterrado vivos muchos misterios provechosos; y como no hay tumba que no se vuelva cuna después de alguna resistencia de la soledad, de ellos, de los sepulcros, olvidados, ha nacido esta muchacha vencedora que llamamos civilización moderna. Ciencias, artes, ¿qué son sino piedras rodadas de esos cementerios, de cuyas inscripciones y jeroglíficos han sacado nuestros hombres expertos la historia antigua, y con ella el saber y la importancia del mundo? Las ruinas ilustres son como los libros sibilinos: mucho ofrecen, mucho enseñan: cuando no creemos en ellas, sale de entre los ancianos pedrones una vieja maravillosa, destruye sus avisos inmortales, y he allí que hemos perdido las dos terceras partes de la sabiduría de los dioses.

Que de la cumbre de la civilización comencemos el descenso de la barbarie, puede afligirnos, pero no debe causarnos maravilla: ley es de la naturaleza esta indefectible necesidad de destrucción, y por lo mismo hemos de rendir el cuello, sin cólera ni despecho, al yugo de la nada: que sin haber subido cuatro palmos esa montaña santa donde resplandecen como nuevos profetas los bardos insignes, los filósofos esclarecidos, los artistas hábiles, los héroes bien intencionados, los gobernantes regeneradores, los mártires ilustres, nos veamos caer en ese mar oscuro, donde están vociferando los crímenes y los vicios, con la ignorancia hasta el cuello, esto es lo que, en corazones bien formados y juicios rectos, debe infundir dudas amargas y pesadumbres de muerte. Las republiquillas hispanoamericanas, donde el despotismo asiático gallardea, dando vueltas sobre sí mismo, ¿están principiando su civilización, o son pueblos caídos en la barbarie por exceso de conocimientos humanos y de felicidad? Yo pienso que nuestra democracia alharaquienta es como el precito condenado a llevar una enorme peña a la cúspide de un monte: no ha subido cuatro pasos, cuando cae y vuelve al trabajo y el dolor. La civilización es para nosotros el peñón de Sísifo: no lo hemos levantado siete estados, y henos allí caídos al pie de la montaña. La labor de los buenos es destruida por los inicuos: por un civilizador comparecen diez bárbaros que desbaratan sus obras: este es el modo. Entre las naciones, o digamos nacioncitas, de nuestra raza indohispana, las hay que son muy desgraciadas; como la del Ecuador, ninguna. El diámetro de la órbita de la tierra tiene setenta millones de lenguas: esta línea, dicen los astrónomos, es un punto imperceptible en el espacio, que no puede ser línea paralela del diámetro de las órbitas donde giran las estrellas grandes. Un millón de hombres ¿podrá ser punto de comparación con pueblos que se componen de treinta millones? El señor Santiago Pérez, sujeto de grandes antecedentes, escritor de primera clase, piensa que no, y me tiene lástima de verme envuelto y revuelto en el embolismo de desdichas y miserias donde se están ahogando felicidad y dignidad de un pueblo. El consejo que me da de huir de tierra semejante está fundado en una alta opinión personal, y me cumple depositar mi reconocimiento en estas líneas. Mas los deberes de un buen hijo de la patria por pequeña y triste que esta sea, no concluyen ni donde principian la ingratitud y la justicia. Víctima de una y otra, hago la última embestida, cierto de que no habré dado un paso en el corazón de los ecuatorianos, pueblo que ha llegado a no temer sino el azote, y a no apreciar sino la fuerza, aun en forma de crímenes y vicios. Apoyo, ni en sombra; galardón, ni en sueños: todo peligro, y grande, de la honra y de la vida. Tal es la suerte del patriota y del tribuno en país como ese con cuyas sombras quiso tenerme oscuro la providencia de Dios. No ha mucho el alcalde encargado de la policía expulsó del lugar de donde vengo a una mujer denunciada por envenenadora. Yo la vi a esa condesa Giudicelli del vulgo: sus ojos estaban resplandeciendo negramente, envueltos en el espíritu de la Tofana: un *persignumcrucis* enorme, recuerdo, sin duda, de uno de sus jayanes, le servía de lunar gracioso, símbolo de conquistas de amor. La cabeza, sin peinar, era la de una mulata corrompida y perversa que tiene mucho de Medusa. Alta, seca: estantigua feroz, aun sin saber nada de ella la hubiera yo tenido miedo. Me echó en la calle un vistazo que fue un puñal: la sangre de sus ojos tenía sed de la de mis venas. Al otro día, a las seis de la mañana, pasó por mi puerta, corredor arriba, llenando de luto con su mirada escrutadora mi aposento. Por la tarde supe que el jefe de policía le había expulsado, por denuncio venido del Ecuador de que esa mujer traía un secreto pavoroso en su viaje. Y no es esta la primera tentativa de los civilizadores de la república; es la tercera. Pero mi ángel de la guarda me tiene debajo de sus alas: voy adelante, él va tras mí; me vuelvo atrás, él me precede. A la derecha, a la izquierda, siempre conmigo. No nací para la felicidad, pero tampoco para la desgracia en forma de muerte desastrada. La muerte que le pido, Dios me la ha de dar: muerte de filósofo cristiano, sin dudas ni terrores por una parte, sin insolencia ni fatuidad por otra: creyendo en Él, y no en las patrañas de sus difamadores; alabando sus obras, y no maldiciendo las de los hombres. De enfermedad decente, noble: con fuerza para sobrellevar los dolores, sereno ante la vida que me huye y la tumba que se está abriendo delante de mí. Sin remordimientos, porque no tengo crímenes ni delitos; sin vergüenza, porque no hay infamia en mi vida. Yo bien quisiera levantarme sobre la palabra divina, como Enoc, o sobre un globo de fuego, como Elías, e ir a esperar el juicio universal en el paraíso; ¿mas dónde están las virtudes acendradas y muchas que un escogido ha menester para aligerar el cuerpo y el alma, de modo que se eleve en el espacio

177

sobre una llama invisible o sobre una voz del cielo? El puñal y la estricnina de Ignacio Veintemilla han sido vanos ante la vigilancia de mi custodio impalpable; mi muerte no es cosa suya; deje esa obra al dueño de mi vida, y sea ella para que yo resucite en mundo mejor que el nuestro.

DIGRESIÓN

Entrando un día a mi casa en el pueblo de Colombia donde estaba refugiado, encontré en el patio una yegua, cuyo jinete acababa de salir a la calle, según me dijo mi sirviente. Si hubiera sido caballo ese huésped irracional, no hubiera yo hecho quizá pregunta de ninguna clase: el ver una yegua allí no pudo menos que despertar en mi ánimo una combinación de curiosidad y disgusto. Algo hay de extraordinario en el que monta en yegua; si no es un mezquino hermafrodita, no se escapa de ser un Mari-Cruz, a quien se puede zurrar, sin más efecto que sus lágrimas. Si la yegua es con cría, tened por bien averiguado que ese miserable nació para sacristán, o que su arte y oficio son pedir para las ánimas en la puerta de la iglesia. *Eleemosynarum collector ad suffragia defunctorum.* Don Antonio Borrero, antes de que hubiese conquistado por la fuerza de su invencible brazo el solio presidencial de la República del Ecuador, montaba en yegua, no larga y desvencijada, sino corta de cuerpo, gruesa de barriga, las ancas exiguas y flacas, el pescuezo de lánguida azucena, bien como el del hipócrita de Gracián; bajita y pasicorta. El mismo refiere en sus *Memorias* que un día que salió por aldeas y campos a pedir su acostumbrada limosna *ad suffragia defunctorum*, volviendo la cabeza después de larga meditación filosófica respecto del infierno, vio que la cría se le había desmanado, sin que él supiese en dónde. Echó alrededor una mirada investigadora, y descubrió allá en una loma el descarriado potro, hijo de su corazón. Don Antonio debe de ser perito en esto de silbar y llamar animales tiernos; esta ocasión nada prestó su ciencia silbatoria, pues cuanto más silbaba, tanto más se internaba la bestezuela por un rastrojo en junta de otros muchos irracionales. El futuro presidente constitucional de la república se hallaba en calzas prietas: tocó a somatén, y habiendo acudido sus carcaños, empezó a talonear, puesta la proa a su buena cría; pero la pazpuerca de la madre, que no sentía en los ijares rodaja mocha ni buida, lo echó al trenzado, y mátenla primero que salir de su habitual menudeo. El presidente se moría. En los grandes conflictos, dice un filósofo, las grandes resoluciones son las que pueden salvarnos: don Antonio Borrero tomó la de hacer relinchar a su yegua; mas esta, que no era el caballo de Darío, no quiso hacerle rey, si bien no falta en él el requisito de ser mago; y primero muerta que decir oste ni moste.

Para que mis lectores del Ecuador no se queden en ayunas de este pasaje, les he de contar en dos palabras, que los siete magos de Persia, habiendo vacado el trono del Gran Jerjes, se convinieron en que ese sería rey cuyo caballo relinchase desde luego. Darío, uno de los pretendientes, tenía un criado de esos que pueden arder en un candil: ¿qué hizo el camastrón? Tomó en vísperas de la prueba el caballo de su señor, le llevó al camino por donde debían ir los siete magos, y entregándole una hermosa yegua, le grabó con el placer en la memoria lo que convenía se acordara en beneficio de su dueño. Otro día, he allí que asoman por el campo los aspirantes al cetro del mundo, en soberbios corceles que piafan y bracean. Cada cual de esos grandes señores tiene pendiente la corona del relincho de su caballo; cuando, llegados al sitio donde el de Darío había estado ayer, la apasionada bestia sorbe con las fauces su felicidad reciente, y expresa su alegría con un agudo relincho. Se tiran al suelo los seis príncipes, y echados de rodillas ante el electo de la Providencia, le proclaman rey y le adoran cabizbajos.

A don Antonio no quería hacerle rey su yegua, como queda dicho. El presidente constitucional no es de los que se dejan poner la mano en la horcajadura, ni pierde jamás por carta de menos, pues ahí trae en la manga lo que ha menester en un apuro: se recogió de hombros, adelgazó la garganta y quebrando la voz dentro del pecho, la sacó fuera con tal arte, que su yegua misma no hubiera dado relincho más cumplido. Don Antonio tiene diablo; no se le va el conejo por falta de vencejo; mas que demonio, el potro no venía; volvió a relinchar, y relinchó por tercera vez, y siguió relinchando, hasta que el hijo del viento, conmovido y enternecido por el clamoreo de su madre, levantó la cerviz y contestó agudamente, poniéndose en amoroso galope en busca de ella y su señor. Desde entonces don Antonio, otro Ruy Díaz, juró no volver a montar sin espuelas, inadvertencia de la cual suelen dimanar muchas aventuras y desventuras. La del Cid Campeador fue que Vellido Dolfos se le escapó de las manos, y se metió dentro de las murallas de Zamora, después de haber dado de puñaladas al rey don Sancho; la de don Antonio fue que su buena cría erró poco de perderse para siempre, por falta de espuelas para su madre. Téngalas el Cid, y el traidor Vellido hubiera pagado con la vida su delito; pero ese día, mal pecado, no estaba sobre Babieca, y el otro echó menos el acicate. Don Antonio, a quien no se le llueve la casa, juró a su vez no montar sin ellas; aunque no sabemos si ha hecho voto de castidad respecto de los estribos de palo y las alforjas.

Este don Antonio tiene la virtud de proporcionarme diversiones o apartarme de mis objetos principales, aun en perjuicio de la unidad de acción. Por dicha la prosa se acomoda a salidas de todo linaje, y bien como episodio, bien en forma digresiva, podemos echar una cana al aire, yéndonos por esos trigos con tan curioso personaje. De la yegua de don Antonio a la del huésped misterioso que quedó en mi casa no va mucho; aun cuando la de ese desconocido no era chiquita y barrigona como la del presidente, sino alta y soberbia, como la que montaba doña Isabel la Católica. «Es un caballero de Bogotá —me dijo mi criada—: dice que mañana llega su gente y sus baúles, y que pasará de largo». Di orden cómo se le diese un aposento y cómo se mirase por él en lo concerniente al comer y al dormir, y entré a mi cuarto. Tres días eran que el hombre estaba allí, y ni criados ni baúles asomaban, ni él se llegaba a saludarme; antes eché de ver que rehuía los ojos, sin sufragar por la urbanidad sino con un principio de salutación sesgada y oculta entre el sombrero. «Qué hombre tan comedido, señor —me dijo mi criada al cabo de ese tiempo—: dice que él me enseñará a hacer un café que por acá no hemos probado: entra a la cocina, averigua lo que le gusta a su merced, y me quiere ayudar en todo, con tan buena gracia que le he llegado a querer». Si perdí el color, no sé; no debió de haber sido así, pues no me suelo cortar en ningún caso. El mismo día había yo recibido por el correo del Sur este papel: «Hace algún tiempo un extranjero estaba frecuentando la casa de Veintemilla. Tuvo con él encierros y conversaciones secretas. Era, según su propio testimonio, norteamericano. Su nombre, Narciso Jones. Este individuo ha desaparecido: se dice que se ha ido por el norte: ¡cuidado!» Mi huésped era Francisco Mena, argentino residente en Bogotá: no había pues cuidado. Una tarde noté que ese hombre estaba como en acecho tras su puerta entreabierta; y saliendo al corredor, llamé en alta voz: «¡Narciso Jones!» Francisco Mena salió de súbito sin saber lo que hacía; y reparando en su desatino, lívido, trémulo, balbució un «señor» confuso, y se quedó como un bausán. «¿Es usted Narciso Jones?» «No, señor; yo soy Francisco Mena». «Dispense usted, amigo, la equivocación». Y me volví a mi cuarto. «Este hombre es un malvado —le dije a mi criada, llamándola adentro—: ha venido a envenenarme; guárdate». Isidora se santiguó aterrada: «¡Santísima Virgen!», dijo, y se soltó en llanto. «Ni una palabra, ¿oyes? ni una palabra: yo sé cómo ha de concluir esto». Sin su profundo respeto, la pobre mujer hubiera hecho un escándalo de contado: no lo hizo, por obedecerme; mas la primera vez que se presentó en la cocina el argentino, no estuvo en su mano dejar de gritar: «¡Señora Ignacia! ¡señora Ignacia!» Una soberbia bolsicona de Imbabura salió a la carrera de su tienda, y compareció ahí haciendo quiebros: «¿Qué hay?» «Este es», respondió Isidora. La bolsicona le midió al intruso con los ojos de los pies a la cabeza, y le dijo: «Me alegro de conocerlo...» «Señorita... ¡Salga usted de aquí! Señorita... Salga de aquí, o vea lo que se hace». Salió el huésped, y de ese camino a la calle.

A las nueve de la noche de ese mismo día un tropel y vocería inusitados en el zaguán me obligaron a bajar de prisa: había mucha gente. ¿Qué desorden es este? Nadie responde. A la luz de la luna, en el centro del tumulto, mi sirviente y la bolsicona están prendidas de las barbas del argentino, el cual da voces furibundas, amenazando al cielo y a la tierra. «¡Saquen a este hombre! ¡échenlo afuera!» Un gallardo pastuso amigo mío, llamado Pedro Erazo, le tomó por el pescuezo, y le avienta a media calle. El miserable, al verse en país enemigo, se acoquina y alebresta, pidiendo por Dios le salven la vida. Acude el jefe municipal, y le manda a buen recaudo a la cárcel salvándole, pues la gente popular le hubiera matado. Allí confesó que realmente habían ocurrido tres o cuatro conversaciones entre él y el general Veintemilla; pero que su presencia en su casa no tuvo otro objeto que pedirle protección. El efecto de esas conversaciones y esa protección fue su viaje al norte, a pueblo desviado de todo camino real. Salió de la cárcel por empeño mío, para tirar hacia Popayán ese mismo instante, jurando por Dios nuestro Señor que se iría por ese lado, y una por una se fue, sin dejar ingratos recuerdos a orillas del Carchi.

Dos meses después, dirigiéndome al istmo de Panamá, llegué a Barbacoas, para salir por el Patías al océano Pacífico. Esa misma tarde me trajeron un periódico de la ciudad, en el cual se leía que «el ilustre proscrito brasileño señor Alfredo Túper no había tenido con don Juan Montalvo en Ipiales sino una discusión política un tanto acalorada, y quizá arrebatos literarios que no salieron un punto de los términos de la cortesía. Los avisos del *Star and Herald* adolecen de exageración, y aún de falsedad manifiesta». Y esto lo firmaba Alfredo Túper. «¡Échele mano! —dije en el acto—; ese es un pícaro». Es el argentino Francisco Mena, el norteamericano Narciso Jones. El conejo ido, palos con el nido: allí fue el admirar su propia ingenuidad esos buenos hijos del Telembí; allí el echar maldiciones sobre el ladrón que les había echado una albarda; allí el poner las manos al cielo por sus relojes, pistolas y alhajas. Alfredo Túper, cargado de prendas de oro, anocheció y no amaneció, dejándoles un palmo de narices a los honrados señores que le habían favorecido con darle a componer mil preseas y artículos de estima. Comisión por aquí, comisión por allí, las cuadrillas de la Santa Hermandad no hubieran dado con el bellaco, más ladino, aunque no más gracioso que Ginés de Pasamonte. ¡Y miren las pajarotas con que se los echó al bolsillo a los expertos ribereños del Huahuí! Alfredo Túper, republicano ardiente, había urdido una conspiración contra la corona y la vida de don Pedro II del Brasil. Descubierta su proeza antes de tiempo, don Pedro, hombre humano y generoso, le perdonó la vida, pero le desterró para quince años. Ocho lleva de residencia en Bogotá, donde se casó con una viuda tan llena de atractivos como de virtudes. Dios le ha dado tres hijitos: dos muchachos admirables, y una chiquita «de este porte», decía midiéndole entre la mano y el suelo; y con el dorso de la izquierda se enjugaba las lágrimas. Su hermano primogénito, tan monarquista como él republicano, es coronel de la guardia del emperador: tanto le quiere este príncipe, que no ha podido negarle el salvoconducto para su querido Alfredo. «Mi madre... mi madre... mi anciano padre... mi tía Pilar... enferma...» Y llora, llorando, les hacía llorar a los circunstantes. No hubo quien no le diese su reloj a componer, porque era relojero; su revólver, porque era armero; su anillo, porque era platero. Con más de dos mil duros y dos *frascos* de oro en polvo, Telembí abajo, las fue a tener a Huapi, mientras a los alguaciles les sudaba el hopo camino de Tumaco y de Esmeraldas. Con sorprendente instinto geográfico, se internó por el Chocó, salió a Palmira, subió a Popayán y Pasto, y el día menos pensado, don Ignacio de la Cuchilla tuvo en Quito a su inglés devuelta a preguntarle si no quería se diese un nuevo tiento a la fortuna.

El argentino naturalizado en Colombia, el brasileño de don Pedro II, el norteamericano Jones no eran sino el *gago Martínez*, sargento primero de caballería en un escuadrón de Guayaquil. La madre de este caballero del milagro, mujer por todo extremo hermosa, y tan hermosa como de mala cabeza, se fue de Quito con un polizonte de los muchos que por acá suelen venir en busca de cama y rancho. La siguió su marido, pero sin fruto. «¡Caramba —decía el llanero—, y esa mujer que se escribía ella solita unas cartotas!» Andando el tiempo, los pichones de estas dos enamoradas palomas fueron a dar a Pernamburgo, a solicitud de la fugitiva, libre ya del miedo de su consorte, quien había pasado a mejor vida. Allí aprendió el joven Alfredo a chapurrar el portugués, a urdir conspiraciones contra don Pedros y don Juanes, a componer para él relojes ajenos, a llorar por sus hijitos, a hacer café sin igual, y a prestar sus servicios a esos padres de casa de mancebía que se llaman presidentes y generales en jefe de la República del Ecuador. El coronel Martínez, de los centuriones de Flores, es célebre en ese país por su valentía y su lealtad como soldado: su hijo será famoso como discípulo de la marquesa de Brinvilliers y como ministro de obras secretas del conde Ignacio de la Pandilla.

Oyendo estoy aquí que don Antonio Borrero, a fin de mejorar y ennoblecer su caballería, me reduce a la memoria la yegua blanca de Mahoma, esa en la cual huyó el profeta por los aires de la Meca a Jerusalén. Sea en buenhora, señor presidente; mas sea también servido vuecelencia de decirnos si vuecelencia haría en la suya lo que el hijo de Abdul Motaleb y Codijah. Veamos si el señor don Antonio acierta a huir por los aires en su yegua, de Lima donde le preparan cencerrada y paliza, a Chile donde, según sus epístolas a sus corintos, le han proclamado presidente legítimo e indefectible de una cierta república al pie del Cotopaxi. Si tanta virtud tiene su yegua como la de Mahoma, ¿por qué no se levantó arriba en las atmósferas, y se libró por arte de encantamiento de la soga y cantaleta que le dieron en el reino de sus antecesores los zipas, muiscas o moscas? Sabido es que el licenciado Torralva pasó una noche de Valladolid a la ciudad eterna caballero en un palo de escoba: veamos si don Antonio no es para menos, y se levanta del patio de su mesón, y en dos o tres horas se pone en la plaza del Vaticano a recibir las bendiciones de nuestro padre santísimo León XIII. Las brujas de España acudían a los conventículos de Zugarramurdi montadas en chivos, cabras, puercos y otras animalías *ejusdem fúrfuris*: don Antonio no haría mala figura si llegase allí sobre su yegua; y aun pudiera ser que Herodías, que es quien preside esos cónclaves femeninos, le saludara con una sonrisa llena de promesas. Materias hay en que don Antonio no es gran diablo; ni puede ir a Zugarramurdi por los aires; y con todo su yegua debe de ser para mucho. ¿Veamos si concurre a las carreras de Chantilly, cerca de París, y se los lleva en el pico a Chispa y a Radina? Las yeguas árabes se beben el espacio, cuando los jóvenes beduinos tienen entre manos una aventura de amor del uno al otro extremo del desierto, o van en busca de su adorada venganza tras el enemigo que les ha irrogado agravio: ¿cuál es el desierto que se bebe en su yegua don Antonio? ¿desierto era por ventura la ciudad de Quito, por cuyas calles pasaba, veloz como Hipogrifo, o como sobre el alado Rabicán, gritando él mismo: «¡Viva Borrero!» «¡Viva el presidente constitucional de la República!?» ¿Qué amores tenía de la Cruz de piedra a Santa Prisca, de San Sebastián a San Blas, cuando así devoraba el espacio a media noche, cual joven beduino que lleva el infierno en el corazón, si va celoso, el paraíso, si justamente esperanzado? Las beduinas de don Antonio siempre han sido como su yegua, y, gracias a Dios, no le hemos envidiado su buena fortuna. Ese moro Gazul se contenta con Maritornes, y no le disgusta Mari Ramos, la de la gatita que halaga con la cola y rasguña con las manos. La belleza de las doncellas árabes está principalmente en los ojos, esos rasgados, negros, depósito resplandeciente de amor y felicidad; por lo mismo a don Antonio le cautivan esos de donde está manando piedra azufre desleída por entre un laberinto de granos de caparrosa. Su yegua y un desierto, no más nuestro católico beduino. Lamartine tenía una linda yegua, inteligente, afecta a su dueño: cuando este entraba al corral con el freno en la mano, la poética bestia alzaba la cerviz, levantaba la cola, y a largo trote describía tres o cuatro círculos alrededor; después de esa elegante fuga simulada, venía por sus pasos y tomaba el bocado en los dientes. La yegua de don Antonio es yegua de equitación: ¡bruto femenino así tan donairoso! Puede escribir el buen hombre un tratado de lógica sobre su yegua, no nos hará creer jamás que ese avechucho sea del mismo sexo que la alfana de Isabel la Católica ni el Bucéfalo de Alejandro Magno.

«En todo tiempo los gobiernos se han fundado y consolidado por medio de la cicuta y el puñal», dijo una buena pécora de feliz memoria en las repúblicas hispanoamericanas. El mariscal de Ayacucho es prueba irrefragable de la verdad de ese principio. A Ignacio Veintemilla, galopín de ese filosófico bribón, no le oí sino dos máximas en el tiempo que tuve la desgracia de tratarle; y pienso que no sabe otras, ni por leídas, ni por oídas. «No salgas con la vejiga llena ni con la barriga vacía», suele decir cada vez que le importaba irse a la calle; y en presencia del Padre Santo había de llevar a efecto ese apotegma de Anacarsis. «En todo tiempo los gobiernos se han fundado y consolidado por medio de la cicuta y el puñal», se dejó decir una ocasión en mi presencia. Se le habían grabado en la memoria estas siniestras palabras de uno de sus amos antiguos; pero será imposible oír de sus labios un término que envuelva un buen propósito ni una virtud. En lo tocante al puñal, más afortunado, cumplió su deseo: Vicente Piedrahita está enseñando con el índice desde la eternidad al filósofo que tanto sabe de gobierno y de política. Después de *Las catilinarias* de ahora un año, han salido, dicen, papeles donde le llaman *hombre de bien*, *gobernante ilustrado*, *ciudadano probo y de altos méritos*.

Mucho faz el dinero et mucho es de amar;
al torpe face bueno et home de prestar.

El dinero puede mucho en la pluma y la lengua de los que lo apetecen a todo trance; contra la verdad, nada puede. Un jesuita español, puesta la mira en uno de los obispados vacantes del Ecuador, dijo que los cargos hechos al general Veintemilla por don Juan Montalvo no hacían sino crecer el lustre y los merecimientos de ese grande hombre. Don Juan Montalvo le acusa de estafa, robos muchos y muy grandes, embriaguez consuetudinaria, ineptitud lastimosa, ignorancia irremediable; le acusa de falta de patriotismo, de superchería y traición, le echa al rostro crímenes y vicios, pecados y defectos los más negros y ruines: el jesuita no afirma que las acusaciones son infundadas, ni sostiene que su héroe es inocente; lo que da a entender es que con todo eso, y cabalmente por eso, el consabido malhechor es más digno de admiración y aplauso. Casi no hay cargo en mis escritos que no tenga por comprobante un documento público: la barata del ferrocarril, donde el pícaro se aprovechaba de cerca de un millón de pesos, consta en varios contratos. La usurpación de diez mil leguas de tierras en el Oriente, dimana de una ley pedida por él y expedida por sus eunucos. El monopolio infame de las quinas consta en autos y litigios que le han promovido extranjeros a quienes ha echado de los bosques. Robos menores, como el producto de la contribución de guerra impuesta sobre culpables e inocentes y repartida entre él y el viejo *corredor de oreja y aún de todo el cuerpo*, se ejecutó a vista y paciencia de toda la república. El depósito oculto de treinta mil soles del erario en el Banco de Quito, y su repentina desaparición, fue denunciado por la imprenta por escritores sin miedo que citaron al director del dicho banco. Ignacio Veintemilla nunca ha tenido vergüenza de participar de la caridad pública de que siempre ha vivido su desventurada familia; limosna, uno de sus renglones: ocurre una campaña, y pone en la caja de comisaría de guerra más de veinte mil pesos de su propio peculio. Exige, además nueve mil pesos de intereses, y los toma. Con orden falsificada del ministro de Hacienda, exige por segunda vez sueldos de dos años, y rasga de los libros la hoja salteadora. ¿Y ese, ese hombre sin nociones de moral ni asomos de probidad; ese, que ni tiene por conveniente ocultar sus fechorías; ese, para quien el abuso y el hurto son condecoraciones; ese es el hombre sin mácula, precisamente porque su abominable figura es una colección de manchas? En su concepto, él no roba; toma lo suyo donde lo encuentra, nada más. «Ladrón, ladrón, —dijo una vez en casa de una señora que le estaba oyendo llena de maravilla—; ladrón, ladrón... mío mismo, es todo». Este pertenece a los *hijos de Écija*, y no a los *beatos de Cabrilla*. Los *beatos* no tienen derecho sino a la mitad de los haberes ajenos, y no tomaban sino legalmente la mitad de la bolsa de los caminantes. Cuando por *zafar* de ellos alguno quería dejar todo: «De ninguna manera —respondían—; con lo que es nuestro nos haga Dios merced». Y no iban fuera de camino los señores, pues fundaban su modo de vivir en el versículo y el precepto de la Escritura que dice: «Si tienes dos capas, da la una al pobre». Los Hijos de Écija no eran tan cristianos; ellos quitaban hasta el último cuadrante, y llamaban ladrones a los que desbalijaban. Como Ignacio Veintemilla, eran dueños de todo lo ajeno. «Mío mismo es todo», dice. Suyo mismo es el erario nacional; suyas mismo son las aduanas; suyas mismo son las salinas; suyo mismo es el papel sellado; suyo mismo es el siete por mil; suyas mismo son las alcabalas; suyo mismo es el reloj de ese que allí viene; suyas mismo son las cucharas de plata de las antiguas casas ricas; suyos mismo son los buenos caballos de todos. ¿Dónde se halla el texto del Evangelio que le da esta propiedad universal a este gracioso Monipodio? Suyo mismo es; no roba nada. Los *beatos de Cabrilla* no tenían derecho sino a la mitad de los bienes ajenos: Ignacio de la Pandilla es dueño de todo: «Mío mismo es». En este concepto, reconvenido por *sus sobrinos* de haber huido de Madrid, le llamó ladrón al italiano Juan Borella, a quien había robado dos mil duros. «¿No veían ustedes cómo me robaba ese pícaro? comida, a la cuenta; vinos, a la cuenta; coñac, a la cuenta; cigarros, a la cuenta. Hasta lo que le pedía yo en plata lo apuntaba, para venirme con esa listota de más de dos mil pesos. Ese es un ladrón; hicieron ustedes mal de oírle». Suya mismo era la repostería, suyas mismo las bodegas, suyos mismo cajones y baúles del propietario del *Hotel de las Cuatro Naciones*. ¿Qué mucho que sea *suyo mismo* el tesoro de la República del Ecuador? Tan lo cree así, que deponiendo airadamente a un director de estudios, por haber este consentido en que una niña le llamase en un discurso cara de caballo, dijo: «Ya el infame no comerá *de mi bolsillo*». Las arcas públicas son su bolsillo: este sabe más que los *beatos* de arriba, y aún que los hijos de Écija. Eran estas dos instituciones de España, semejantes a la cofradía de Monipodio, con sus respectivos cónsules, veedores, proveedores, cajeros y claveros... El que quiera saber el fin, busque la materia donde más largamente se contiene, que yo paso adelante.

El jesuita y demás extranjeros que, sin conocer el Ecuador ni a sus malhechores, han rodado suavemente sobre el unto de Méjico, ¿serán osados a decir que esos cargos carecen de fundamento? ¿cómo pueden ellos estar al corriente de lo que no han tenido noticia? Acusación probada envuelve sentencia condenatoria; si ahí están las pruebas, ¿quién dice que no están? Los principios de moral son absolutos, y no relativos: probidad, rectitud, pundonor, grandes cosas que obligan a los hombres en todas partes del mundo. Vergüenza es, y lástima, que, personas de bien quizá en su patria, se despeñen así tan ciegamente en la iniquidad, a sabiendas de su falta de razón. Si por amigos de la justicia, ¿por qué no destruyen los cargos? si por instinto del bien, ¿por qué no ponen de manifiesto las virtudes de su cliente? Decir no es hacer: extranjero que no conoce el país de que habla, ni a los individuos a quienes defiende, mucho peligro corre de que escritores y lectores no lo pongan en el número de los dioses, ni... de los hombres de bien. ¡Tan poca cosa es la suerte de un pueblo, que el pícaro que le está arruinando a la faz del mundo, halle así a tan poca cosa, abogados y campeones que, sin ganar nada para él, pierden todo para ellos, fuera del ruin estipendio del servicio vano? Si cuanto yo he dicho de Ignacio Veintemilla puede ir con la señal de la cruz, ¿cómo sucede que sacerdotes y cristianos que esperan la recompensa de la virtud y el castigo del crimen, toman por suya la causa del criminal, y se echan sobre el alma ese derrumbe de ignominia y delincuencia?

En la avenida de gente que salió de París huyendo del hambre y los peligros del sitio, tomaron hacia los Pirineos cuatro señores juntos con aire de sudamericanos, y llegaron todos a una casa de huéspedes.

En la villa de Madrid,
Y en su calle de Hortaleza.

Miento, fue en la calle del Arenal, en el albergue llamado *Hotel de las Cuatro Naciones*. Al día siguiente, un periódico de la villa coronada, entre el retrato de Holoway y la máquina de coser de Wite, intercalaba este aviso: «Ayer llegó a esta ciudad el ilustre general Ignacio *de* Veintemilla. Está en el *Hotel de las Cuatro Naciones*». Cuatro duros le costó el aviso al viajero, sin más gloria que ver su triste nombre envuelto en drogas para la sarna y materiales podridos de zapatería. El ilustre general Ignacio *de* Veintemilla, el esclarecido mariscal Perico de los Palotes, el insigne capitán Juan de las Viñas, todo se sale allá. Ignacio *de* Veintemilla no será más ni alcanzará más que Diego de la Perilla. El primer gasto que hacía en ciudad adonde llegaba ese pobrete, era el aviso en el diario: «Ha llegado el ilustre general Ignacio *de* Veintemilla». Las píldoras del dicho Holloway ni la zarzaparrilla de Brístol son más tenaces que ese potingue en los periódicos. Cosa es de tomo, ciertamente, la llegada de ese armatoste a París, a Madrid, a capital europea chica o grande. También llegan los sordomudos, los orates que van en busca de remedio para sus males; y llegan también los caballos de Normandía, cuando los empresarios de ómnibus los mandan traer por su valor. En el Jardín de Plantas de París he visto un paco o *chazo* llegado de Riobamba, y un borrego enorme que había llegado también como curiosidad de su especie. El ilustre general Ignacio Veintemilla, cuando le remiten a alguna parte, llega con esto de particular, que el borrego ni el paco, ni los caballos de los ómnibus se hacen anunciar ellos mismos en los diarios, mientras que la gran bestia de los Andes no está contento si reyes y emperadores, y Parlamentos y Academias no saben que ha llegado.

Cuando Garibaldi fue a Londres viviendo José Mazzini, el gobierno de lord Derby le notificó su inmediata salida, a pesar de que Inglaterra es el asilo del mundo. Era tal la popularidad del conquistador de Nápoles, tanta la prisa de los ingleses a ver y victorear al viejo italiano, que los ministros de la reina tuvieron a bien estorbar esas demostraciones gigantescas en las cuales iban envueltos grandes pensamientos de política.

Garibaldi, hombre de mérito, héroe de grandes hechos, no necesita sacar de su bolsillo cuatro pesos para hacer saber al mundo que ha llegado a Londres, a París: acaba de entrar a Milán, como no hubiera entrado Víctor Manuel, como no entraron Napoleón III y Mac-Mahon después de las batallas de Magenta y Solferino. Los españoles, y principalmente las españolas, recibieron a nuestro Ignacio Garibaldi en su gran villa, cual no recibieron a los Reyes Católicos después de la unión de los dos reinos. Andando calle de Alcalá don Ignacio el católico apostólico romano, con esa cara de hereje (*Necessitas carel lege*; la necesidad tiene cara de hereje); esa nariz donde Moisés ha herido con su vara; esa boca abierta; esos pies que parecen cuadrados de la hipotenusa; lento, gordo, flemático; uña preciosa ojinegra, mirándole por ahí en un balcón, exclamó: «Bendito sea... ¡Y qué animal será este!» No sabía la bellaca que era el ilustre general Ignacio Veintemilla, más apuesto que Amadeo, más benemérito que Cialdini, más valiente que Juan Prim.

El jesuita mencionado poco ha lleva muy a mal, no que Ignacio Veintemilla hubiese hecho robos tantos y tan grandes, tantos y tan pequeños, sino que yo le hubiera llamado ladrón. Pudo el escritor, dice, insinuar la propia idea con algunos circunloquios y perífrasis, de suerte que los lectores viniesen en conocimiento de que allí había algo de ilícito; pero de ninguna manera tratarle como a un pícaro a quien llevan a la cárcel. Pues ahí tiene el reverendo padre que su bella compatriota no se anduvo tampoco por la cumbre del Parnaso en busca de términos poéticos y disimulados para llamarle *animal* al señor de las hebillas (de don Diego); sino que se lo dijo en las barbas, y le quedó mirando, sin dejar de admirar eso que en la calle se estaba moviendo como gente.

Sainte-Beuve, el crítico célebre que duerme con sus padres diez o doce años ha, recuerda en su ameno libro de las Conferencias literarias de Lieja, que un tal Dumas, no el viejo novelista ni el joven dramaturgo, sino así un Dumas cualquiera, Dumas de poco más o menos, como verbigracia un Adolfo Dumas, le pidió una ocasión le llevase a casa de Lamartine y le presentase al semidiós caído. Vino en ello Sainte-Beuve: «¡Famoso animal el que usted me trajo ayer!», le dijo el poeta al crítico al otro día de la visita, ¿Conque lo que no es malo para dicho por el más culto y remirado de los poetas, y por el más prolijo y severo de los críticos, lo ha de ser para un simple mortal como yo? ¡Y en qué libro hallamos esas cosas, si pensáis! ¡En uno donde están campeando Chateaubriand y Lamennais, Víctor Hugo y Lamartine, las señoras de Stael y de Beaumont! Si pues Lamartine y Sante-Beuve le llaman sin empacho animal a un tonto, ¿por qué me he de privar yo de esta satisfacción? ¡Hay cosa más grata, expansiva, suculenta que llamarle animal a un cara de caballo a quien de bonísima gana dobláramos a palos? La española de la calle de Alcalá había leído las Conferencias de Lieja, cuando así con tanto donaire y gracia le preguntó al viento: «¿Y quién será este animal?» Para que vea el jesuita que así como a un ave zonza se le puede llamar animal, asimismo a un belitre largo de uñas se le debe llamar ladrón, sin andarse por las nebulosas para dar a entender con dificultad lo que uno puede poner a la vista holgadamente. El Consejo Militar que juzgó al mariscal Bazaine lo condenó a pena de la vida *pour avoir forfait a l'honneur*: no quiso decir por traidor, y dijo *por haber faltado a la honra*. Pero esto entre franceses ofende más, agravia más, y cubre de ignominia más que este simple vocablo: «Traidor». Marco Tulio Cicerón, dando cuenta al Senado del fin de Lentulo, Cetego y más perillanes de Catilina, no dijo «han muerto», sino «han vivido», pero en sus oraciones no se andaba con rodeos para acusarle a este de incestuoso y parricida. El jesuita que censura el que a un ladrón se le designe con su nombre, es, sin duda, admirador de ese bardo compatriota suyo que llama a las *estrellas gallinas celestiales*; y por no decir sol, palabra común, nos da a conocer al luminar del día con el épico nominativo de *gallo de fuego*. Pues mi mudo Ignacio Veintemilla no es gallo ni gallina: cuando roba es ladrón: cuando usa del puñal, asesino sin perífrasis; y en todo caso es *pollo*, a causa de sus tiernos años. ¡Rara instrucción la del clérigo de misa y olla que no sabe los grandes asuntos eclesiásticos de la edad contemporánea! El ilustrísimo Dupanloup, obispo de Orleans, hallándose en la necesidad de proferir el nombre de Renán, lo profirió, y dijo: «*Puisq'il faut l'appeler par son nom*»; puesto que es necesario designarle por su nombre. Y no se crea que ese venerable sacerdote no tuviera a quién imitar en esto, pues ahí está el viejo Lafontaine que llama por su nombre a la serpiente, y deja para las generaciones venideras estas clásicas palabras: *puisq'il faut l'appeler par son nom.*

Alojado estaba, pues, el señor de las hebillas en el *Hotel de las Cuatro Naciones*, comiendo tarde y mañana perdiz y lamprea, bebiendo a boca de jarro vinos de Francia, y contoneándose cual convenía a testa coronada como la suya. «¿Cigarros?», pregunta un día, llegándose al mostrador. «Habanos, señor general, de los comunes». «¿Comunes, insolente? ¿comunes a mí? ¿a qué llamáis comunes, y qué es comunes en mi presencia?» *Vuelta-Abajo*, u os paso de parte a parte con esta lanza. *Vuelta-Abajo* todo el día, puros de los de a medio fuerte la pieza: coñac superior, Chateau-Laffite, champaña de primera clase, todo para que se cargue a su cuenta. Hasta billetes para el circo de toros y entradas para el teatro mandaba traer a la del dueño de casa. Coche con lacayo de librea, a la cuenta; viene el sastre: que se le pague en la sastrería; el zapatero: a la secretaría; relojero: el secretario. «Rothschild» estaba repitiendo a menudo: «letras para Londres». «Este es un duque», decía el dueño de casa; «un lord de Inglaterra», contestaban los criados. Es un príncipe ruso. ¿Quién sabe si el heredero del trono de la Gran Bretaña, viajando de incógnito, se halla entre nosotros? «Es el mariscal Saldahana de Portugal», afirma uno. «De ninguna manera: Saldahana es anciano, y este *joven* no deja sospechar más de cincuenta y seis años. Debe ser Kibrisly Mehemed Bajá, gran visir de Turquía». «No, yo pienso que es el zar, anda, sin duda, estudiando instituciones y costumbres de los pueblos, como Pedro el Grande». «Duerme demasiado para estudiar nada —respondió el mayordomo del hostal—; y bebe mucho para hombre de buena razón». El mozo de cámara puso en duda toda la grandeza del desconocido, haciendo saber cómo roncaba, y cómo dormía en cueros, y cómo hacía aguas en presencia de gente. «Yo, señores —dijo—, nunca podré creer en la principalidad de uno que no tiene vergüenza de servirse de mano ajena para ajustarse el braguero». «¿Es quebrado?» «Quebrado, señor; quebrado. Hum... —dijo el maestresala—; el príncipe debe ser un palanquín o ganapán que ha hecho mucha fuerza antes de ser *general*». «Ya lo veremos —respondió el amo—: en el pagar y en el dar se conoce a la gente de modo».

Un día convocó el señor de las hebillas a su aposento a sus tres aláteres, o compañeros de viaje: «Tráigame cada uno de ustedes todo el oro que tenga, póngamelo en esta mesa. No es sino para media hora, durante la cual pueden ustedes no perderlo de vista, pues no exijo que se vayan. Es para una prueba: como buenos paisanos y amigos, espero que no me dejen mal». Se miraron unos a otros los señores, se hicieron del ojo, y uno de ellos preguntó: «¿Y para qué, Ignacio?» «Yo sé para qué: si no me dan gusto, ténganme por muerto en adelante». Salieron los tres individuos, o *indiviudos*, como dice Veintemilla, y cada cual volvió con una buena porción de luises o napoleones franceses, que fueron amontonados en la mesa. En esta sazón entra Juan Borella, hostalero, conversa un rato, y se despide: «Amigo Borella, aquí tiene usted cuánto dinero necesite». «Gracias, general; no hay apuro». «Cuatro, cinco mil pesos de oro, tome usted». «Gracias, gracias, general: a su tiempo». Y salió el italiano lleno de confianza. «Ahora —dijo Ignacio Pilla-Pilla—, recoja cada cual sus escudos, que no los necesito para nada, y lárguense». Valga la verdad; no se le pegó la cera ni en luis ni en napoleón, y devolvió el último cuadrante. Otro día se llega al secretario del establecimiento, y le pide doscientos duros. «¡*Per Dio!* —exclama el hostalero, allí presente—; ¿y esos montones de oro que vi ayer, en su mesa, general? ¿Esa bicoca?» «Hombre, si me la ganaron anoche al rocambor en casa del duque del Infantado. Ya le pediremos al amigo Rothschild letra abierta, y veremos si el duquecito nos obliga a ir por el resto». Apaña los doscientos duros ese día, y al cabo de tres pide ciento cincuenta. «Rothschild —dijo—, me escribe que *instament* vendrá la letra que para Madrid le he pedido». «¿Qué es *instament?*», pregunta una dama *sottovoce* al secretario. «*Instament* es dentro de poco, inmediatamente». «Ah —repite la dama—; este es un francés de distinción; dice *instament*».

Cuatro días más tarde, se vuelve a llegar a la secretaría, y pide trescientos duros. El secretario, perplejo, interroga con la vista a su patrón, y cuenta la suma. «He recibido —dice— Kibrisly Mehemed Bajá, un otro despacho *tegreláfico*: la letrita es de cinco mil libras *estilinas*, y puede ser que llegue hasta *dimanche*». Curiosa por demás debe ser esa señora, pues no deja pasar ni el *un otro*, ni el *estilinas* ni el *dimanche*. «*Un otro* —responde el secretario—, es otro; *libras estilinas* son libras esterlinas; y *dimanche* es domingo». «Este extranjero sabe mucho —replica la señora—. Y el *despacho tegreláfico* ¿qué será?» «Debe ser despacho telegráfico», responde el secretario.

Volvió a pedir el príncipe ruso, y volvieron a darle; y pidió más, y todavía más, y todavía dieron: ¡tan buena espalda tienen los pícaros! Buena espalda, si no lo sabéis, es buena suerte, buena estrella. Cogió buen dinero, y lo jugó; cogió buen dinero, y lo enterró en los lupanares; comió bien; durmió a pierna suelta, bebió como un ilota, y se dejó estar allí unos cuantos días nadando en su grandeza. Invitado por sus compatriotas para un viaje al Guadalquivir, a la risueña Andalucía, se negó. Se fueron los señores. A la vuelta, mal pecado, Juan Borella, furioso, se les apecha: «¿Ese era el general? ¿ese era el gran señor? Valiente pícaro me trajeron ustedes aquí: ustedes pagarán, puesto que son sus sobrinos». «¿Sobrinos? —responden santiguándose los viajeros—; por lo que tenemos de Adán; no hay más parentesco entre ese individuo y nosotros, amigo Borella». «Pues él me dijo que ustedes eran sus sobrinos». «¿Y le dijo también que debíamos pagar sus gastos? Él, como tío nuestro, debió haber pagado por nosotros».

El caso fue que el príncipe ruso le hizo saber un día al hostalero que sus letras habían llegado, y pidió su cuenta. Se la trajeron con el recibo al pie, según que es de uso y costumbre. ¿Pagarla? que vuelvan los tunantes. El acreedor, seguro de esa cantidad, puesto que allí estaba el lord de Inglaterra, descuidó un tanto su negocio. Por dónde ni a qué hora se fue el señor de las hebillas, nadie lo sabe. «¡*Capo di Dio*! —gritaba el italiano Borella, arrancándose las barbas a dos manos—: si le llego a coger al caballero, en fuerte planeta fue nacido». Y tomó el tren de Bayona. Pero antes que don Mariano Prado, marqués de Acapulco, hubiese comparecido en el hostal a preguntar por el *señor general Veintemilla*. El italiano, fuera de sí, vuela al aposento del huésped misterioso, toma los arrapiezos que este había dejado, y sacudiendo una camisa arambelosa y un pantalón mugriento a la vista del marqués: «¡Este es su general, señor marqués! ¡aquí está su señor general, señor marqués!» Sabedor de lo acontecido el grande de España, se fue lleno de rubor de haber hecho más de una visita a baladrón semejante. Y no se crea que por el nombre de Veintemilla, sino porque habiendo el joven Prado residido en Quito algunos años, como secretario de la legación española con el señor Bróguer de Paz, creyó de su deber dar una prueba de cortesía a esa gente ecuatoriana. Entretanto Kibrisly Mehemed Bajá, lejos de irse a París como pensara el hostalero, se metió por ahí en una aldea de los Pirineos, llamada San Juan de la Luz, y se dejó estar calladito hasta cuando el chubasco amainase. «Si me acusaran de haberme robado las torres de Nuestra Señora —decía un jurisconsulto parisiense—, me escondería inmediatamente». El señor de las hebillas, o Ignacio de Villadiego, no había robado torre chica ni grande, y no obstante juzgó de su deber meterse en un rincón a modo de conejo. ¿Quién le huele? ¿quién le levanta? Síganle los pinchados, y ahí se las den todas. Se querelló Borella de estafa ante el juez de un circuito de París, el juez dictó auto de comparendo, el príncipe ruso no compareció, y se acabó el cuento.

El marqués de Acapulco, grande de España, es persona abonada, y está vivo en Madrid: diga si la escena del *Hotel de las Cuatro Naciones* adolece de un punto de falsedad. Los señores Rafael Barba Gijón, aristócrata, rico de Quito; Manuel Semblantes, escritor; Julio Castro, ex ministro de Estado, fueron los *sobrinos* del gran visir, y ellos son los testigos de esa negra aventura que cubre de infamia, no tanto al bribón que la lleva a felice cima, cuanto al pueblo vil que le sufre y le tiene de *presidente de la república*. Castro, ministro de Veintemilla y aborrecedor mío, podrá quizá desmentirme, negando la verdad: cien veces ha dicho, en libelos sin firma, que yo soy el ladrón, y no su camarada; pero él mismo no pudo refrenar su indignación cuando, a su regreso de Sevilla, sabedor de la fuga de su Pílades, exclamó: «¡Qué Ignacio, haber hecho esto! ¿más bien por qué no nos pidió a nosotros?» El presidente actual del Ecuador no puede salir de esta angostura, si no publica las contradicciones de los señores Barba y Semblantes. En todo caso, ahí está la boleta que expidió el juez de paz; ahí está Borella, ahí el marqués de Acapulco. «Parece que ya ha mandado pagar eso» (parece y nada más), me dijo a bordo de un buque un *mudista* viajero. Si ha mandado pagar, es claro que no consumó la estafa, ni se fugó a Madrid, ni fue demandado en París: limpio está de culpa y pena, y también de ignominia y vergüenza.

Dos famosos ladrones robaron en Guayaquil a una casa de comercio una gran suma: el pobre hombre del dueño estuvo para volverse loco. A cabo de meses, una carta y una letra de Lima en su favor: era la suma robada con sus réditos cabales. Esos hombres de bien las afufaron al Perú, jugaron en Chorrillos, ganaron ciento cincuenta mil soles, y su primera atención fue restituir a su dueño el principal, con la esquela más agradecida y cortés que han escrito hombres pulidos. Vaquero y Mauleón fueron, sin duda, hidalgos de devengar cinco mil reales. Vaquero ha muerto en la demanda, pobrecito, no sin haber visitado el palacio de Mazas,* y haber residido en él por algún tiempo. ¿Ignacio de Villadiego sería para cosas tan cumplidas como ese famoso caballero del milagro? ¡Y digo si era simpático el muchacho! En Buenos Aires proscripto ilustre, víctima del tirano García Moreno, los periódicos le saludan y prometen gran porvenir en su patria. En Méjico es millonario, se hombrea con las testas coronadas del oro. En España, noble de primera clase, quebranta la cabeza a los tes-

* Mazas; prisión célebre de París.

tarudos chapetones, y vuelve locas de amor a más de una marquesa. Hele allí en la capital de Francia, lugar de cita de serenísimos príncipes, bergantes y polizontes del mundo entero. Coche de día con lacayos de franjas amarillas: corceles árabes de un mismo color, un par de ellos que no vale menos de veinte mil francos: paseo por el Bosque de Boloña a las cuatro de la tarde, a trote imperial por la Carrera de la Emperatriz y el Arco de la Estrella. Comida en la fonda de Brebante o en la de Bigní: cena en el Café Inglés: sorbetes y frutas heladas en casa de Tortini. Palco en la ópera nueva, sillón delantero en la Opera Cómica: desafíos a la espada, si a manos vienen: gran señor en todo, y tan bien agestado, que las muchachas alegres de los antiguos baluartes de París o boulevares, se van tras él diciéndole al disimulo mil apasionados chicoleos. Un día un joven quiteño entró cariacontecido en el albergue americano, y llegándose al lecho en donde estaba estirado un hombre muerto, levantó la esquina de la sábana que le cubría el rostro. Bello era el cadáver, su color de mármol fino recibía admirablemente esas dos largas madejas oscuras de barba a la inglesa que se descolgaban hacia los hombros. Cerrados los ojos, pálida la boca, los brazos se le extendían con las manos abiertas a lo largo de los muslos. Era Vaquero, el gran señor, a cuya vida de embolismos y ficciones acababa Dios de señalar la última hora. Fernán Caballero dice que las demás naciones europeas pueden blasonar de Napoleones, Wellingtons y Garibaldis; pero que solo en España ha podido florecer un José María. No de otro modo Bogotá, Santiago, Lima estarán envidiosas de Quito que ha tenido la gloria de dar un Pacho Vaquero, quien mil veces estuvo en poco que no se coronase emperador en cien partes del mundo. El cementerio de Montmartre abriga en sus entrañas los restos de este esclarecido ecuatoriano, a quien no le dará al tobillo Ignacio Veintemilla, aun cuando viva cien años como la corneja.

El citado Fernán es ciego partidario de José María, el Roque Guinart de la España moderna. Valiente, generoso, cortesísimo, sin lo de ladrón hubiera sido un Duguesclín, no, pues para serlo necesitaba ser feo, muy feo; y José María era el pícaro más bien apersonado que nunca han visto la Olivera de Valencia, los Percheles de Málaga ni la plaza de San Lúcar. ¡Qué digo plaza de San Lúcar, ni Percheles de Málaga, ni Olivera de Valencia! Estos eran depósitos de gente bahuma o soez canalla, y José María, todo un gran señor de cuchillo que se andaba noblemente en busca del peligro, robando con pulcritud, matando con heroísmo, y salvando muchas veces a sus propias víctimas a riesgo de la vida. No hay persona con tendencias a la caballería andante que sienta despego por Rochaguinarda, el héroe del Ampurdán: los *bandidos* de Schiller han vuelto envidiable para los jóvenes fantásticos de Alemania la carrera más dura y azarosa; y los bandoleros de Calabria están rodeados de una aureola de poesía. De ser ladrón, como Roque Guinart y José María, sable en mano contra el mundo entero, y dejarle para el camino honradamente lo necesario al viandante. Con las mujeres, un don Quijote de la Mancha, ese que por no dañar las redes con que estaban jugando las jóvenes pastoras, quería buscar otros mundos, y rendía la espada a los pies de la hermosura. Mentir, fingir, engañar y fugar con lo ajeno, como Ignacio de Villadiego, es no tener puntas ni collares de hidalgo ni poeta: plebe de los criminales, el ladrón canalla es la deshonra del robo, y así como debajo del manto de Alcibíades el libertinaje viene a cobrar semblante de rey, así un ladrón de elevados sentimientos en el ánimo viene a usurparle al héroe sus más hermosos resplandores. Ignacio de Villadiego no es bueno para José María, porque es gordo, hidrópico, pesado: no puede dar saltos de cabrito por las peñas, ni desflecharse como una sombra en su caballo a la vista de la Santa Hermandad o la guardia civil que le persigue. No acierta a reírse de una cuadrilla de enemigos, hiriendo en ellos y espantándolos, porque no tiene el brazo del gigante Orrillo, sino uno cerdoso y torpe, bueno para la azada. No cautiva corazones, y se lleva las más lindas prisioneras a su palacio en las rocas, según que lo verificaba Conrado, el pirata de Byron, porque no es el mancebo en cuya fisonomía están campeando el crimen y el amor en perfiles de fuego altamente seductores: él es feo, muy feo: esos ojos de besugo en esa cara de esfinge es rasgo de deformidad muy desagradable. Los pómulos semejan lomas hinchadas; las mejillas, flojas, caídas, son árguenas de fraile mendicante. La boca amarilla, nauseabunda, no está debajo de un prudente disimulo sino merced a las dos greñas de bruja que él llama bigotes. Y no era feo el príncipe; yo mismo le conocí hombre pasadero, fuera de las orejas y los pies, que siempre han sido el duplo de ellos mismos: el aguardiente le ha desfigurado, la carne le ha perdido. Ahora es demonio incapaz de seducción, o padre maestro provincial todo cogote y todo grasa. Hermoso bandido que infunde admiración y amor, no será jamás: estafador ruin que miente, engaña y desaparece el día menos pensado, esto ha sido, y esto será si la horca le da tiempo.

Pícaro de esta calaña halla defensores entre los que no le conocen ni saben lo que dicen. ¿Conque es más este Caderousse que un pueblo de un millón de almas arruinado e infamado por él?

Mucho faz el dinero et mucho es de amar;
Al torpe face bueno et home de prestar.

Lo que es la vida, según Séneca

Vivir, Lucilio mío, es combatir, ha dicho este filósofo. La vida es la guerra: cada día una batalla, cada acción ordinaria una acometida. Los hombres no somos hermanos, somos enemigos; y si somos hermanos, lo somos a lo Caín y Abel. Hermanos, para quitarle su vaca al pobre, y envenenarle el perro al vecino. Hermanos, para seducirnos mutuamente las mujeres y engañarnos las hijas. Hermanos, para hacer alarde de las desgracias ajenas, y fisga de las necesidades. Hermanos, para confiarnos secretos con más holgura, y echarlos en la calle a la primera oportunidad. Hermanos, para levantarnos quimeras y darnos de torniscones. Hermanos, para morirnos de ira, envidia, venganza, y andarnos bebiendo la sangre, cuando a gritos escandalosos, cuando en silencio y a la sorda. El que no es víctima es verdugo, ya lo dijo un gran poeta. La quijada del asno es nuestro tirso, nuestro caduceo: somos emisarios de paz, y sembramos la discordia; hablamos de fraternidad, amor, y nos echamos las manos a las barbas, y nos agarramos con los dientes. A cuál de nosotros no podría preguntarnos el Señor: «Caín, ¿qué has hecho de tu hermano?» «Señor —respondería uno—, le maté con haberle quitado su esposa». «Señor —diría otro—, le maté con haberle vendido un secreto». «Señor —diría este—, le maté robándole un caballito con que ganaba la vida». «Señor —diría ese—, le maté imputándole una acción que no había efectuado, un propósito que no había tenido». «Andad, malditos —respondería entonces el Señor—, yo os puse en el mundo para vuestra dicha, y vivís empeñados en cultivar y extender vuestra infelicidad».

No tan insigne guerrero como los grandes capitanes que ganan batallas, pero yo también peleo y he peleado. He peleado por la santa causa de los pueblos, como el soldado de Lamennais; he peleado por la libertad y la civilización; he peleado por los varones ilustres; he peleado por los difuntos indefensos; he peleado por las virtudes; he peleado por los inermes, las mujeres, los amigos; he peleado por todos y por todo. El que no tiene algo de don Quijote, lo vuelvo a decir, no merece el aprecio ni el cariño de sus semejantes.

He desollado verdugos, he desollado pícaros, he desollado ladrones, he desollado traidores, he desollado agiotistas, he desollado indignos, he desollado viles, he desollado tontos mal intencionados, he desollado ingratos, y, gracias a Dios, a justo título soy un monstruo. A mí también me han desollado, con mano torpe, inhábil; pero yo no dejo mi piel; me la echo al hombro, y, como San Bartolomé, salgo muy fresco, porque un rocío celestial me baña en lo vivo, y destruye los ardores de esa inmensa llaga.[*]

....

[*] Esta conclusión la he tomado de *El antropófago*, opúsculo que hice imprimir en Bogotá, y que mandé destruir sin publicar, por no haber salido a mi gusto. La traigo aquí, porque aquí encaja: servirá ella, además, de muestra de esa orbita, por si la dé yo a la estampa otra vez, purgada del metal que el tiempo ha convertido en escoria.

Página para un proceso, a modo de nota

Entre tantos libelos insensatos como Ignacio Veintemilla ha hecho publicar contra mí antes y después de *Las catilinarias*, ninguno de sus abogados, me han dicho, niega en particular los artículos de acusación que gravitan sobre ese hombre sin ventura. La defensa de un culpable no consiste en cubrir de improperios al fiscal de la nación, sino en desvanecer los cargos y poner a la vista la inocencia. Para negar los robos escandalosos de ese malhechor, no había lugar, pues ahí están los instrumentos públicos donde ellos se contienen: lo que convenía era llamarle «sujeto de probidad», «gobernante ilustrado», «ciudadano benemérito», a pesar de crímenes y vicios, o cabalmente a causa de ellos. El dinero es un papagayo; habla sin inteligencia ni conciencia. Deseara yo saber si las pruebas humildes tienen fuerza de convicción en el pecho de hombres rectos y jueces acendrados. Yo pienso que sí: la verdad puede ser descubierta por circunstancias de poca monta, y, obrando ella en el espíritu del Juez, la opinión general queda formada. Ved aquí una prueba de pequeñez de un delincuente por mayor.

París, 5 aun 1878

Monsieur le general Veintemilla.

Je prenda la liberté de vous adresser par l'entremise obligeante de monsieur Manuel Cornejo la facture de chaussures que j'ai eu

204

l'honneur de vous fournir dans le courant de 1872, s'élevant a fr. 70.

Je viens vous prier, monsieur le général, de bien vouloir m'en fournir le montand; c'est une somme tres mince pour vous, et pour moi cela me rendra grand service. Je compte sur votre obligeance pour me solder ce compte le plus tot possible, et vous prie d'agréer, monsieur le général, les salutations respectueuses de votre serviteur.

Pour mon père,
P. Sègoire.

Si alguien preguntare de qué modo este documento ha venido a mi poder, yo responderé que la cosa está a la vista: el señor Manuel Cornejo, conductor de ella, la recibió del zapatero Ségoire, y abierta la puso en mis manos, para los fines que a los ecuatorianos conviniesen. Puede el señor cónsul del Ecuador en Panamá ver el original en la imprenta del *Star and Herald*, y escribir a su colega de París excitándole a preguntar a ese artesano francés si realmente él ha escrito esa carta. Ella sirve, no solo de prueba general del vil carácter y los infames antecedentes del ahora sacra real majestad del Ecuador, sino también de prueba incontrastable de un delito especial. El zapatero reclama, según la factura, 70 francos, perdonándole los intereses de seis años. O no los tuvo Veintemilla cuando huyó de París, y entonces ¿de dónde puso veintiún mil pesos de su *peculio* en la caja de la comisaría de guerra a su llegada a Guayaquil? o los tuvo, y no quiso pagar esa miseria a un triste artesano que había tenido confianza en él. En uno y otro caso queda por hombre sin probidad ni pundonor. Que hubiera mandado a Borella la suma que le estafó en Madrid, es muy dudoso: si no paga al sastre, al zapatero, ¿pagará al hostalero? Puede ser: como no lo sé, no lo niego. La progresión de las pasiones es horrible. No hay una de ellas que no venga a parar en *satiriasis*, cuando la ahijamos de manera de sacar a la naturaleza de sus goznes. La codicia de Ignacio Veintemilla es ya satiriasis: tiene más de un millón de pesos, y defrauda al zapatero, hombre de poco, que da de comer a mujer e hijos con el sudor diario de su frente. Ségoire, de París, no es el único; pero sería muy ocasionado citar personas que a puro azote firmarían una desmentid. ¡Y ese se llama presidente de una república, y se está allí bajo el solio, arrellanado en sillón de terciopelo, con su cara de dios Falo y sus uñas de cernícalo! Él no tiene la culpa: los ruines que le apoyan, el pueblo que le sufre, ellos merecen

que se les corten las faldas,

según costumbre antigua de España con las *corredoras de oreja y aún de todo el cuerpo*.

Pruebas, jurisconsultos a lo grande, como Escévola; oradores insignes, como Cicerón, las van a buscar, no digo en zapaterías, pero en lugares más humildes, si necesario o conveniente. La verdad es como el oro: puede hallarse, y se halla entre montones de escoria.

SÉPTIMA

Tanto monta cortar como desatar.

En la Exposición Universal de 1867 el señor Manier presentó un mapa de la instrucción popular en Europa, obra que obtuvo premio y encomios del Jurado de Calificaciones. Este sabio y laborioso francés divide los pueblos en cuatro categorías, según los conocimientos de ellos, y son:

Pueblos muy adelantados;
Pueblos bastante adelantados;
Pueblos atrasados;
Pueblos muy atrasados.

C'est de l'empire du Nord que nous vient la lumiere,

había dicho Voltaire en su tiempo: del Norte es de donde nos viene la luz. Cosa rara, el Oriente, por donde nace el sol, está sumido en la oscuridad; y las luces humanas salen del Norte para guiar y mejorar a los hombres. Las tres pequeñas monarquías en que hoy está dividida la antigua Escandinavia, son las naciones donde la instrucción popular se halla más extendida. En Suecia el globo de las ciudades, la gente de capa parda, jornaleros y gañanes, todos saben leer y escribir; y no hay mozo de cordel, ni ganapán que no firme de su puño y letra su contrato de matrimonio. Esto le sucederá con más frecuencia al hijo del terruño, hombre incansable que fecunda la tierra ajena con el sudor de su frente, que al trascantón que pasa las horas en la esquina de la calle, tan dispuesto a tomar sobre sí una tarea lícita, como a ganar el rancho de hoy día con una pillada o una viveza de Rinconete. Por el recibo no falta, si escritura ha menester en la facienda de quitarle a un clérigo su bolsa de seda carmesí; y ahí trae en la manga lo que necesita para que una vieja que tiene la cabeza a las once ponga una libranza en su favor. Su contrato de matrimonio, no una solamente, tres veces lo firma, si hay tres bestias que se dejen echar por él a la faltriquera. El leer y escribir le sobra, y aún la regla de compañía, cuando conviene desplumar a un comerciante maduro a quien el broncocele ha desmemoriado y desmejorado la inteligencia. Esta clase de truhanes se casan rara vez; cuando se casan, no se contentan con uno ni dos: principian el himeneo en el altar, y no lo concluyen sino en las galeras o en la horca, cuando han consumido la virtud y la esperanza de dos hermanas, dos primas, o cuatro inocentonas diferentes, a cuya seguridad no alcanzan ley ni policía. El campesino casi siempre es hombre de bien; él no sabe de entruchadas: si alguna vez le cae el número del crimen en la lotería de la vida, llevado es por una de esas pasiones que no sufren contrarresto, ni si les sale al frente Minerva armada del cerebro de Júpiter. Él se casa de buena gana, firma de buena fe, vive con su esposa de buena voluntad, y después de treinta o cuarenta años de blando yugo, entrega el alma a Dios con resignación y amor. Al hombre de bien no le perjudica la letra; al bribón tampoco; si ha de ser pícaro este, él se lo sea; pero de letra menuda, a lo jurisconsulto, y más listo que Cardona.

¡Válgame la Peña de Francia! ya van los quiteños a pensar que estoy aludiendo aquí a su Cardona, ese viejo de nariz morada, anteojos verdes y bordón nudoso, que se los lleva de calles y se los mete en sus alforjas a cuantos son los jurisperitos, a fuerza de enredos y trampantojos. Pues no señor: ser más listo que Cardona es modo de decir castizo, que allá en tierra de garbanzos se aplica al pillo a quien nadie le puede en hecho de quitarle la capa al prójimo y desollar vivos a huérfanos y viudas. Lo que induce a creer que en tiempo del rey que rabió hubo en España un leguleyo tan prolijo en lo de atar y desatar, que su nombre ha venido a ser la sustancia de un proverbio. Mucho debió de saber el Cardona de España, cuando se ha ingeniado de modo que venga a servir a las generaciones subsiguientes de prototipo de rábulas invencibles y escribanos martagones; pero no estoy a dos dedos de poner en duda si el Cardona del antiguo fue tan devoto como el del Nuevo Mundo; y si después de pasar el día en ese embolismo del Foro, iba a una capillica por ahí a la oración, y hacía rezar cantando a las viejas del barrio, como le oía yo al nuestro cada tarde al oscurecer en la del Señor del Buen Pasaje, de vuelta del Ejido del Norte. Cardona, no hay duda sino que sabía leer y escribir; y por aquí vengo a anudar el hilo de mi discurso sobre la instrucción pública, roto tan al principio, a causa de esos dos viejos a cuál más sutil, ardidoso y profundo en injusticias cuya tapa es el fraude bien vestido. Antes de pasar de Suecia a Noruega quisiera yo saber si estos Cardonas habrán tenido peluca, así como tenían anteojos. ¡Estamos frescos! ¿Ha visto usted escribano o procurador de capa larga, zapatos de tres suelas, antiguo y achacoso, que no traiga peluca? La peluca es la esencia de su personalidad: escribano o leguleyo viejo sin ese sudario de la juventud, no puede haber: así como la araña teje su red, así estos sires cargan peluca, la una para coger sus mosquitos, el otro para ocultar sus malas mañas y malas obras, que están hirviendo como gusanos debajo de ese aparato de la hipocresía. Y con esto vengamos de nuevo a la instrucción popular en el territorio de la antigua Escandinavia.

Por cada cinco habitantes hay un escolar en Noruega; por donde vemos que no hay niño en edad de aprendizaje que no vaya a la escuela. Hombres y mujeres, todos saben leer y escribir; algo más saben: saben geografía, historia nacional, aritmética, por lo menos las cuatro reglas, siendo la de tres, muchas veces, elemento de la educación primaria. Sucedió que andando en ferrocarril allende el mar unos buenos señores de la aristocracia de Quito, le ocurriese a una dama inglesa trabar conversación respecto de la cordillera de los Andes, y tal que la pelirrubia no quería perdonar ni una línea de altura de la montaña, ni un grado del barómetro, ni una hoja de las plantas de esas regiones. «¿Cuántos metros bien medidos tiene el Chimborazo?» preguntó a los hijos de este rey de la naturaleza, que le habían estado viendo desde que nacieron, y habían pasado cien veces por sus faldas mirándole en su más sublime despejo. Al más instruido de los viajeros le había cogido un sueño invencible ese rato, a vista y paciencia de esa impertinente marisabidilla, que le quería buscar el pelo al huevo, no que el *ranúncula* al Chimborazo, el *umbilicaria pustulata*, ni el *verrucaria geográfica* que vio Humboldt a 5.554 metros en la famosa montaña. Lástima de zambo o de cholo que no hubiera estado allí para suplir por el señorío de esa capital, y volver por la honra de la raza hispanoamericana, respondiendo a esa maliciosa preguntona: «El Chimborazo, hermosa señora, tiene 6.544 metros sobre el nivel del mar, según Humboldt, quien le midió desde la planicie de Tapia, a principios de este siglo. Bouger y La Condamine, antes que él, no le habían adscrito sino 6.275 metros; y los miembros españoles de la comisión científica que vino a determinar la figura de la tierra, esto es, Jorge Juan y Ulloa, le dieron 6.587». «¿Parece —continuó diciendo la viajera—, que el Chimborazo es la montaña más alta del globo terrestre?» Dos de sus nobles interlocutores estaban durmiendo, y respondieron con un inteligente ronquido, al tiempo que el uno estiraba la pierna, y el otro le buscaba el amor a la cabecera. El único despierto de los instruidos sudamericanos dijo que sí en dos letras, a lo cual sonrió perversamente la señora, como una que ya los había juzgado en su conciencia. Pero el zambo o el cholo hubieran respondido: «Tal se había pensado, señora, antes de que a los montes de Bolivia se los sujetara a estricta mensura: después de acuciosas operaciones, ya geométricas, ya barométricas, verificadas posteriormente, el Chimborazo arría bandera delante del pico del Soratá y del encumbrado Illidmani, que pasan de siete mil metros. No se admire de esto vuesa merced, pues el pico más alto de la cadena del Himalaya llega a 8.575 metros. Y la montañuela es bajita en gracia de Dios».

«Deseara yo saber —dijo la dama—, cuáles son las ciudades más elevadas del nuevo continente». A esta sazón el nuevo interlocutor le había cogido también el sueño, ora a causa del molino de la vieja, ora por no ser menos que sus amigos. Pero el zambo o cholo le sacó a paz y a salvo respondiendo desde la pared del frente: «La más elevada ciudad del mundo, señora mía de mi ánima, es Quito, prescindiendo de las poblaciones y aldeas de Bolivia que se pierden en las nubes. Según la fórmula de Laplace, el barón de Humboldt le da 2.935 metros. Por donde viene a suceder que las ánimas benditas que la pueblan, que a las veces son demonios, están cogiendo las estrellas con la mano. Santa Fe de Bogotá la sigue de cerca, pues se halla a 2.625 metros, sin que por esto los santafereños sean frailejones, *manco male*, ni frailes benditos, ni fríos *embothryum emarginatum*, planta que crece en su alta planicie. Méjico, capital de la república de este nombre, se levanta a 2.294 metros sobre el nivel del mar, y ocupa, fuera de las de Bolivia, no el tercero, sino el cuarto lugar, en lo tocante a la elevación, ya que la ciudad de Cuenca, en el Ecuador, sube sobre ella, y no se detiene hasta los 2.514.»[*] Solo en alturas como esta pueden florecer *rhododendrones* y hombres tan grandes como don Antonio, el de la yegua de la sexta catilinaria. Don Antonio blasona de haber nacido en uno de los lugares habitables más elevados del mundo, y en esto finca sus títulos a la presidencia constitucional de la república. ¿Pero no sabe que los vaqueros y ovejeros de Antisana valen más que él, supuesto que han nacido y crecido, y viven y mueren a muchos centenares de toesas más arriba que él y su yegua? ¿Y qué será del orgullo de ese hombre, si le hacemos saber, con el viajero Jacquemont, que la aldea de Ghuyoumaeul, en el Himalaya, está a cinco mil metros de elevación, y no por esto los indios orientales que la habitan se tienen por presidentes de derecho divino, presidentes indefectibles, a pesar de la revolución triunfante y el reconocimiento de las demás potencias? «Preso, desterrado; pero él con la vara, tieso que tieso», decía una beata jesuita. Tieso que tieso don Antonio: primero ha de soltar la vida que la vara. Este conde de Chambord de la América republicana no quiere ceder ni un ápice de la augusta herencia que por línea recta de varón le viene

....

[*] Humboldt. Cuadro físico de las regiones ecuatorianas.

211

de Rumiñahui y de Quisquis, sus abuelos paternos. En Dios y en su ánima él tiene por presidente constitucional, sin que sean óbice los grillos de Pasto, la encerrada de Lima, ni la paliza que en Chile está madurando en el seno del porvenir. ¡Maldito hombre éste! ya vino otra vez a entremeterse en mis renglones y trabucar el asunto de mi escritura. Póngase a un lado, don Antonio, y déjeme pasar adelante; si no, por Dios que le hago ver para lo que le han puesto en este mundo. ¿No íbamos tratando de los tres aristócratas sudamericanos dormidos y la señora inglesa demasiado despierta quizá? Demasiado, pues ella sabía muy bien lo que se pescaba, y lo que sus sonámbulos interlocutores no querían responder: su propósito no era otro que tomarles el pulso y ver a lo que olían esos príncipes andinos. Yendo en diligencia de Roma a Nápoles, una dama de Varsovia, esto es, polaca, la cual yo no sé si sería de las cien doncellas sármatas de Próculo, se me puso a examinar respecto de cosas de mi tierra, y quiso saber de mí si en las mesetas del Nuevo Mundo había elefantes, mastodontes y otras animalias de esta naturaleza. Cuando le hube contestado que muy buenos, me hizo la mamola allá para sí, y sin hablar me dijo «¡pobrecito!» con una simple sonrisa. ¡Mas cuál no fue su asombro cuando oyó de mis labios que el señor Juan Larrea, marqués de San José, había mandado de presente al barón de Humboldt a Guayaquil un colmillo de puro marfil, de figura cónica y un pie de longitud, hallado en la hacienda de la Concepción de Mira! Con el testimonio del dicho barón y de don Francisco José de Caldas, caímos en un mismo dictamen, conviniendo en que de esos monstruos, esto es, elefantes y mastodontes, los hubo tal vez en otras edades de la tierra, si ya no echamos mano por el diluvio universal, para traer a América restos de seres vivientes que ya no existen en la superficie del globo, o son producciones exclusivas del África y el Asia. ¿La bellaca de la vieja no las tuvo todas consigo cuando, cogiéndola en los Andes, la llevé a las montañas Rifeas, y le pregunté si en la cordillera del Ural había llamas, alpacas y gallipavos? Lo que conviene es, amigos de Sudamérica, poder estar despiertos en toda circunstancia, y no verse obligados a caer dormidos ante una mujer que no es ni Circe ni Armida la encantadora.

Mis tres lores de Quito están durmiendo en su departamento, por no saber lo que han de contestar respecto del Chimborazo: tomad un dinamarqués de poco más o menos; un hombre cualquiera, un pobre hombre; pedidle noticias del monte Hecla, y os las dará de contado más de las que hubiérades menester. Sabe los metros y las líneas de su elevación; tiene en la uña la funesta historia de ese volcán; sus erupciones, los terremotos y ruinas de que ha sido agente; los viajeros que le han visitado. Saben más los hijos del Norte: saben que el Nuevo Mundo no fue descubierto por Cristóbal Colón, mas aún por un escandinavo compatriota suyo, hijo cabalmente del descubridor de la Groenlandia. Este navegante, arrojado por las tempestades a mares desconocidos, anduvo a Dios y a la ventura mucho tiempo por el piélago inclemente, cuando un día el piloto de su nave gritó a media noche: «¡Tierra! ¡tierra!» Era la que, por injusticia de los hombres y ceguedad de la fortuna, se había de llamar América andando los siglos. Esta novedad ocurría a principios del onceno, cuatrocientos años, como veis, antes que Colón llevase a felice cima la empresa que se le desgraciara al noruego Erikson, a causa de una peste que dejó despoblada su patria; con lo cual olvidaron el camino del Nuevo Mundo los pocos escandinavos que fueron libres de la muerte. El dinamarqués, el sueco y el noruego saben todo lo relativo a su patria, y no han menester sueño impostor a mediodía, como nosotros que pagamos trescientos pesos mensuales a vagos sin provecho, y quince o veinte al maestro de escuela, que señalamos ciento cincuenta a nuestro cocinero, y negamos treinta a los profesores de la Universidad; que asignamos sueldo a nuestros caballos, y cerramos planteles útiles y aún necesarios, como la Escuela de escultura y el Conservatorio. Nosotros digo, y digo mal: si yo fuera uno de los que hacen eso, me quitaría la vida, temiendo como Demócrito, que mi alma estaba en decadencia y mis facultades intelectuales se desvanecían a más andar. Los que hacen esas erogaciones y rehúyen las otras, son los que se ven obligados

213

a caer dormidos en presencia de una mujer instruida; esto es, los hijos de la piedra que se oponen a pecho descubierto a que la infeliz América Latina entre a la carrera de la civilización; esos que sin ser para la pluma no son para la espada: los majagranzas o los truhanes de calle que dicen: «El Tesoro soy yo», y no saben las primeras letras; esos son los que no harán nunca nada porque el pueblo, aprendiendo a leer y escribir, venga quizá a tener sospecha de sus deberes y sus derechos.

En Dinamarca, lo mismo que en Suecia y Noruega, por cada mil habitantes hay uno que no sabe leer; y este se conceptúa el más desdichado de los hombres, cuando cae en la cuenta de su ignorancia. El Wurtemberg es pueblo de tal naturaleza, que no respira uno solo de sus miembros que no lea su lengua como Ventura de la Vega la española, y no la escriba como el autor de *La Ricahembra*. Los alemanes ponen la monta en que cuantos son ellos estén en aptitud de levantarse con la palabra y la pluma contra Roma, y sacarle verdadero a su terrible reformador. Los alemanes, inclusive los soldados rasos, en su invasión al país de Francia, conocían la geografía física de este imperio mejor que los generales franceses. «Ha llegado a mi conocimiento —decía antes de la guerra un coronel en una orden del día—, que hay entre vosotros dos personas que no saben leer y escribir: callo por hoy sus nombres, confiado en que dentro de seis meses habrán adquirido los conocimientos que les faltan. Si esto no sucede, los citaré, para entregarlos al justo desprecio del batallón». ¡Qué orden del día esta! Vale más que la proclama de Bonaparte en Egipto: «Desde lo alto de esas pirámides cuarenta siglos os están contemplando». ¿Quién ha de contemplar desde ninguna parte a ignorantes como Ignacio Veintemilla, quien no puede leer las cartas de sus queridas, si un secretario oficioso y caritativo no le hace merced? «¡Qué temeridad! —les decía a Semblantes, a Cornejo en París—; dejarme tres días con las cartas sobre la mesa... Las cartas, allí estaban, doncellas no tocadas; ¿por qué no las leía el gran señor? En siendo talegas de escudos con sello y marca ¿hubiera sido tan respetuoso de la inocencia? Las viola, sin duda, y no está esperando que vengan sus amigos a abrirle las cartas. ¿O así como los príncipes en ciertos pueblos bárbaros hacían desflorar sus novias por los esclavos la noche del matrimonio, así el Kan de Tartaria de Cayambe hacía desflorar sus cartas con sus paisanos menos importantes que él? Verdad es que en la villa de San Juan de Dios de Ambato dio pruebas repetidas de saber leer, verbigracia cuando leyó su gran discurso de toma de posesión de su alto empleo. Mas todo el mundo sabe que, para no ser oído, había mandado a la tropa de que estaba llena la iglesia hacer ruido infernal de armas y aplausos. De suerte que él estaba diciendo «ba ba ba ba ba», y los soldados echando a tierra el edificio a puros encarecimientos. Consta además por testimonio de asistentes fidedignos que volvía las hojas del cuaderno de izquierda a derecha. «Ignacio no sabe sino poner su nombre —dijo un amigo íntimo suyo—; y eso porque yo le enseñé a viva fuerza, matándome dos meses en grabarle esos cuatro caracteres en la memoria». Y todavía no los aprendió bien: «Don Juan», entró una vez a mi cuarto en Guayaquil un corresponsal suyo; y con sonrisa volteriana me enseñó una firma. Letra gruesa, clara, muy bien hecha; sino que el jefe supremo piensa que el signo de la *i* segunda es la *o*, y escribe: Ignacio de Veintemolla. O tan perfecta, tan redonda y cerrada, que no hay duda en que él tiene esa trocatinta por verdad de a folio. Ignacio de Veintemolla no es bueno para soldado alemán. El coronel de su cuerpo daría esta orden del día: «Ha llegado a nuestro conocimiento que el general Ignacio Veintemolla hace leer con sus compadres cartas que deben ser reservadas de todo punto. Si dentro de dos años no aprende a leerlas él mismo, le denunciaremos a sus coimas para que dejen de escribirle».

Tengo la satisfacción, gracias a sus secretarios, de saber las mil cosas que le decían en lo fino del cariño sus leales amigas, así del Viejo como del Nuevo Mundo. «*Mon petit chou*», le decía una francesa; otra: «*Mon petit chat*». Buena gana tendrán de penetrar el sentido de estas palabras los que no entienden de lengua gálica ni de arrumacos de palabras apasionadas. Ardua obra sería el traducir eso, así como no habría escritor hábil y audaz que osase volver al francés el «bonito», el «negrito», el «cholito», el «corazoncito» de las quiteñas. Quien no arriesga no pasa el mar: sepan cuantos son nacidos, que *mon petit chou* quiere decir: «ay mi tronquito de coles»; *mon petit chat*, «gatito mío». De suerte que el general Ignacio de Veintemolla era el tronquito de coles y el gatito de las parisienses de la calle Pigalle... La española de la Alcalá le supo juzgar mejor cuando, al verle, exclamó: «¡Y qué animal será este!» Para que vea don Ignacio lo que es no saber leer ni escribir: sírvale de gobierno mi orden del día y no confíe en adelante ni a las once mil vírgenes sus *petit chou* y *petit chat*. Una quiteña de San Roque le decía en una carta: «Ojitos de mi corazón, cada vez que oigo tropel de bestias, me parece que eres tú; cada vez que oigo un caballo me parece que te veo». Esta mora Jarifa había leído a Molière, y antes que a él a Juan de Meung.

«Ángel mío —le decía otra más culta—: las botitas que me has mandado me recuerdan tus propios pies. Dicen que en París hay médicos para callos: no te vengas sin hacértelos sacar de raíz, que esto es lo que desea (y tu amor) tu constante Hermenegilda».

Los pies del angelito son, ciertamente, para quedar grabados hasta el día del juicio en la memoria del que tiene la dicha de mirarlos. Un geómetra proponía nos pusiéramos en comunicación con los selenitas o habitantes de la luna, por medio de figuras gigantescas trazadas en los llanos de la Siberia, a los cuales se les daría vivo resalto por medio de refractores luminosos. Juzgaba el geómetra que ninguna era más a propósito que el cuadrado de la hipotenusa. Nosotros preferíamos el pie del general Ignacio de Veintemolla: estampado en los vastos arenales de Cunchibamba, de seguro que los selenitas se volvían a nosotros llenos de admiración.

Uno de los defectos que no aceptará el general ni en artículo de muerte es su crasa ignorancia; y en esto es digno de aplauso. Se empeña en toda ocasión en manifestar que es hombre que sabe: «Aquí —decía—, aquí», señalando con el índice una página cualquiera de mi *Regenerador*, y moría de risa de mis disparates. Entrando una tarde el ministro de Chile al cuarto *de escribir* del presidente, le halló en medio de sus secretarios que dictaba tres cartas a un tiempo, como Juliano el Apóstata. Al ver al diplomático, se vuelve magistralmente a sus taquígrafos, y dice: «Esa "*i*" está por demás; suprímanla». Uno de los secretarios lee despacio: «Dos soldados de caba-lle-rí-a...» «Esta "*i*" es necesaria, señor presidente». «Pues quítale un punto». «No tiene más que uno, excelentísimo señor». «Ese uno está demás; ¡quítelo usted!» Esto de subir el tratamiento un emperador suele ser un peligro de muerte para un pobre esguízaro como un pendolista; punto, acento, *i* en cuerpo y alma fueron barreados y suprimidos de orden de su excelencia el presidente de la república, y así fue la carta al gobernador del Guayas: «Dos soldados de caballera...» Ahora ya no me admiro de que me hubiese dado brega el señor de Veintemolla, hiriendo con el dedo mis escritos y diciendo: «¡aquí, aquí!» aunque no daba más razón. Como adicto a los peruanos (por si acaso triunfaban), su tema era garbear con el ministro chileno, causándole admiración de sus conocimientos en las letras humanas. Un día que el señor ministro fue con un empeño tocante a un pobre hombre a quien el rey había expatriado a fuerza de sabiduría, sacó este una carta y *leyó* en presencia del enviado extraordinario, esto es, dijo de su propio caudal cuanta mentira, cuanto gazafatón puede improvisar un bellaco sin talento, y tuvo para sí que se lo había almorzado a su sagaz interlocutor. Pero este, que sabe dónde le aprieta el zapato, volvió por su negocio y dijo con admirable desparpajo: «Dispense vuecelencia, me parece que esa carta no está de pies». Efectivamente, el sabio gobernante la tenía patas arriba. «¡Secretario! —gritó con noble cólera—; me has puesto en la mano la carta de cabeza, malandrín». Era esta una del infeliz don Antonio, en la cual le suplicaba a un compadre suyo mirase por sus animalitos, no dejase caer del todo las tapias del corral. Hablaba de *mulas* el presidente indefectible, de *arrieros* y de *barriles de vino*. «Las mulas son fusiles —dijo Tinacrio o Ignacio el sabidor—; los arrieros son conspiradores; y barriles de vino somos los que debemos ser asesinados». Sobre esto calabozo, grillos, destierro al señor compadre del señor presidente don Antonio. Ved aquí por donde vine a decir que esa expatriación había sido a fuerza de sabiduría. Sabio es preciso ser, y de los siete de la Grecia, para penetrar el verdadero sentido de la palabra *mulas* y saber que ellas son fusiles, y los arrieros conspiradores. En cuanto a los *barriles de vino*, sí, no había que decir sino cueros, y ahí quedaban patentes, el rey y su *factotum* que debían ser asesinados. Cualquiera asesina con puñal, cuchillo, lanza o pistola: al pobre don Antonio le estaba reservado asesinar con *mulas*. Si la inocente víctima hubiera dicho con asnos, ya pudiéramos haber colegido que el un presidente quería servirse de *la quijada* contra el otro, como buen hermano suyo.

Todo el mundo le asesina al rey de copas: no hay fraile, militar ni jurisconsulto a quien no haya achacado ese nefando propósito, sin más fundamento que su propia conciencia que está pidiendo la horca a voz en cuello. Él puede morir el lunes en las calles de Quito, cuando la policía mande alancear perros de sobras, como suele suceder en esa culta ciudad: si piensa morir como don Gabriel García Moreno, se engaña por la mitad de la barba; los liberales no le harán jamás la honra de embestirlo como a tirano ni de matarlo como héroe. Verdugo o gendarme es necesario para esa alimaña mil veces ruin. Un fraile perverso ha dicho en una carta que los masones, en vez de estar pensando en revolución, debían hacer con «el Mudo» lo que hicieron con don Gabriel. Con don Gabriel, hombre de rumbo, jayán temible, pudieron los liberales exponer la vida en grandiosa aventura: el fraile asesino que da ese consejo, mate, si quiere, al porro que le incomoda, y aprovéchense de su fazaña los judíos de sacristía: por mano de los cuatro liberales, ya no tendrán mesa puesta esos bribones. Yo sé muy bien que si revolución hay algún día, obra de aquellos será; la ganga al contado que piden los Hijos de Écija de cogulla, a otra puerta que esta no está abierta. El día que los radicales matasen al malhechor, víctimas serían de los mismos que están ansiosos de que tal suceda: canalla como esa no tiene derecho a mártires ni a héroes: patriotismo es maldad para ellos; virtud es herejía. Así como el vulgo ruin, en su miserable ignorancia, llama judíos a todos los europeos, así el vulgo torpe del partido clerical, en ese país, llama herejes, masones, a todos los que no pertenecen a su rufianería. Y vulgo es el jesuita en el púlpito, el escritor en la imprenta, el parlanchín devoto en el corrillo, que son quienes revuelven la naturaleza de las cosas y calumnian a las personas, con mengua de la verdad y para orgullo de la mala fe triunfante. ¡Qué es, mi Dios, ver al clero en pueblos más felices poner sus fuerzas en el ímpetu general con que todos pasan adelante en el largo camino de la civilización y la felicidad común!

En Chile el clero ha sido elemento poderoso, no en contra sino en favor de la corriente con que el género humano se afana, en medio de angustias y dolores, por cumplir con el objeto con que fue creado. En Venezuela una parte del clero es muy ilustrada, lo mismo que en Colombia, y en Méjico hay clérigos ilustres. En el Ecuador, todo lo que no sea postrarse vilmente ante el saco negro de pecados que anda echando a un lado y a otro excomuniones y maldiciones, es impiedad, reprobación y muerte. En España se quemaban en otro tiempo brujos y brujas; así nuestros chacales de acetre e incensario quieren quemar liberales. Y esos son todos, qué demonio, en ese pueblo sin ventura. «El Mudo no hace sino azotar y robar —dicen—; los liberales no azotarán ni robarán, pero nos vendrán con su progreso; con su libertad, igualdad, fraternidad; con su enseñanza obligatoria; con sus garantías individuales y sociales; con su imprenta y su tribuna, para corromper a los jóvenes. El Mudo no hace sino azotar y robar». «Y castrar», pueden añadir ahora: el Mudo no hace sino robar, azotar y castrar; esto no es tan malo como la libertad y el progreso. Pues que viva el Mudo, que viva: para tal pueblo tal tirano. Dios me ha mandado salir de Sodoma: me voy, y sin volver la cabeza, para no quedar convertido en estatua de sal. «Nunca mueren los malvados —dice Filocteto abandonado en la isla desierta—: los dioses los rodean, los protegen». Sí, pero no son los dioses del cielo sino los genios del abismo. Si ellos, esos que nos llaman herejes, pudieran hallarle solo y dormido al león de casco redondo, allí le dieran de puñaladas, y lo negaran por la señal de la cruz. Si quieren mudo muerto, ellos han de ser los ejecutores. ¡Qué han de matar! Esos no matan sino con la difamación, y no a los tiranos, sino a los amigos de la libertad. Si alguna virtud sobresale en ellos, es la baja cobardía: lo que hacen es perseguir a los que viven al yunque del trabajo por la patria y los fueros del hombre.

No pase adelante el olvido de mi asunto, el cual es la instrucción popular en las naciones; y ved que no hago en cada página sino concurrir en un mismo juicio con algunos españoles y colombianos que llaman *ilustrado*, sin conocerle, al opresor que así ha envilecido su patria, que el trato que le damos ciertos pícaros rebeldes a la servidumbre y la corrupción, es todavía demasiado honroso para ella. ¡Ilustrado un zompo que no tiene conocimiento de las primeras letras! Siendo oficial, el coronel de su batallón pidió su baja al Gobierno, fundándose en la «ineptitud irremediable del teniente Ignacio Veintemilla», rezaba el informe. Jugar de noche, dormir de día, esta ha sido su carrera de cincuenta y ocho años cabales. ¿A qué hora se hubiera instruido ni siquiera en lo tocante a la milicia? ¿Pues cómo, dirán, se ha levantado este al primer lugar de la república? En naciones donde inteligencia, sabiduría, don de gentes prevalecen, la interpelación envolverá duro argumento; pero allí donde se persiguen de muerte los dones de la naturaleza, y más aún las buenas costumbres políticas y privadas, ¿quiénes han de sobresalir sino los perversos, los ineptos, que son cabalmente los que tienen la fuerza en la mano? Que hay pueblos que viven hartándose de esta desgracia, nadie me lo puede negar; y aún por eso, el trágico griego, el divino Sófocles, en un arranque de airada tristeza, exclama: «Me veré obligado a aborrecer a pueblos donde prevalecen los inicuos, y los buenos son últimos; a hombres entre los cuales los de bien y de corazón sucumben, y los viles son principales». Los buenos sucumben, sí; y no a poder de los tiranos solamente, sino también al de las víctimas. El que no se va con la corriente del vilipendio general es un *tigre*. En tiempos de depravación e infamia, la austeridad, la rectitud son culpas contra las cuales se levantan todos: ora por *orgullosos*, ora por *impíos*, la oleada popular cae sobre los hombres bien intencionados, y huella y destruye las esperanzas de la patria... ¿qué es patria? Patria es el conjunto de semejantes nuestros que forman una nación, clavada en los lugares donde rodó nuestra cuna: si esa nación, si las personas que la componen son víctimas voluntarias e infames de cuatro ladrones sanguinarios, o artífices de esa obra de destrucción e ignominia, ¿qué patria queda? ¿dónde está la patria? Huyamos, sí, huyamos de hombres entre los cuales los de bien y de corazón sucumben, aunque no aborrezcamos al pueblo donde preponderan los inicuos.

Pobre pueblo... ¿tiene él la culpa? Los inteligentes, los ricos, los pundonorosos que no aúnan fuerzas y ponen el hombro a desbaratar esa máquina de crímenes y vicios, de ignorancia y corrupción, ellos son los culpables. Triste cosa es el pueblo: se levanta en su presencia un hombre malo, con su segunda intención inicua, ignorante además y burdo, llama herejes, masones a los apóstoles de la libertad, y el pueblo se yergue contra el bien que le estamos ofreciendo. Un hijo de la oscuridad y el demonio, con media cabeza raída, barba cenicienta hasta el estómago, ojos de cabrón por la lujuria, vestido de jerga y de hipocresía, puede más en el pueblo, a pesar de su crasa ignorancia y la cerrilidad de sus maneras, que el tribuno que le habla en culta frase de los derechos del hombre y los deberes del ciudadano. Cuatro frailes catalanes llovidos de Monjuich han bastado para desbaratar una revolución contra Ignacio Veintemilla. Sepan los católicos a quien deben la prolongación indefinida de sus desgracias y vergüenzas, y pónganle el dedo desde lejos al tartufo que ellos conocen con el nombre de *conde Patricio*. Este infame y su costal de mentiras, por medio de los capuchinos, levantaron el pueblo, y salvaron a Ignacio Veintemilla. Ignacio Veintemilla, quién lo creyera, tiene por rodrigones a jesuitas, descalzos y frailes de todo linaje, y con tal imprudencia e impudencia le apoyan estos, que un *grano de guisante* sube al púlpito, y pronuncia oraciones personales, y fulmina, de su propia autoridad, excomuniones sobre los que tenemos la mira puesta en la salvación de la república. ¿Ese Cortadillo eclesiástico no teme la cadena de galeotes con que encontró el caballero de la triste figura? Para que yo le nombre, el jesuitilla es muy chiquito; pero en la cadena pueden ir rufianes y ladronzuelos. Tente, padre, que allí te verás obligado a responder tu nombre. ¿Conque el púlpito para defender a facinerosos como Ignacio Veintemilla? ¿el púlpito para calumniar e insultar a los campeones de la libertad? Bellaquín como tú no es bueno para padre de la Iglesia; bueno es para enano bufón de un príncipe de la Edad Media. Padre de la Iglesia... padre de la Iglesia es Ambrosio, ese calvo anciano de belleza celestial, que se tira a la puerta del templo, resplandeciendo con el Espíritu en el rostro, y le obliga a caer de rodillas al emperador de Roma. Padre de la Iglesia es Agustín, ese hombre del mundo convertido por las deprecaciones de su santa madre y encendido en el amor de Dios, que está alumbrando a modo de divina antorcha. Padre de la Iglesia es Juan Crisóstomo, ese que saca el pecho afuera, desafía a emperadores y validos, y no teme ir a pasar treinta años y morir en el desierto Pithio. Padres de la Iglesia son los hombres venerables que la han sostenido con el saber y la virtud, el amor y el sacrificio, siempre, y siempre contra los tiranos de la Iglesia y de los pueblos. Padres de la Iglesia son los Basilios, los Atanasios, por la sabiduría; los Antonios, los Jerónimos por la penitencia. Sacerdote prevaricador, esbirro de sacristía que prefiere la opresión con los opresores a la libertad con los pueblos; el crimen y los vicios con los malvados, a la justicia y la pureza con los apóstoles, no es padre de la Iglesia: expósito es en sus puertas que pagará algún día la pena de su ingratitud y su maldad; buena es esa madre; en el castigar, severa. Si la justicia divina se llama Iglesia, alguna vez cae sobre los traidores, y cuando cae, abruma.

Ayer no más cristianos y católicos, clérigos y frailes, se levantaban contra Ignacio Veintemilla apellidando religión; ahora esos mismos clérigos y frailes están sosteniendo la religión en Ignacio Veintemilla. ¿Luego Antonio Borrero fue el hereje? Cuando este infelizote se puso a gritar, no como loco sino como tonto: «¡Pueblos! la religión se pierde; la revolución es contra la Iglesia; vienen los herejes a incendiar nuestras casas, nuestros templos, a violar a nuestras hijas»; ¿gazapatones como estos los estaba diciendo de mentira? El pobre jefe supremo de entonces no ha incendiado casa ni templo todavía; y si a hija ha violado, no ha sido a las de sus enemigos... Pero don Antonio no puede quejarse ni de casa quemada, ni de hija violada, según que mostraba temer en sus infames pastorales. Por el contrario, los jesuitas le tienen a su rival debajo de sus alas, guardándole de violadores e incendiarios; y hoy por hoy, don Antonio es el que viene a incendiar las casas y violar a las hijas del Mudo y los mudistas. Si don Antonio fue impío, ¿cómo sucedió que todo el mundo se fue con él a los infiernos en defensa del catolicismo? Tan torpes son los pueblos como bribones la canalla que los dirige en esa Cafarnaúm que llaman república, para escarnio de las instituciones republicanas. «Los liberales son masones; ¡pueblo, aborrécelos!» está gritando allí al otro lado del Carchi un morueco vestido de pelo de camello. El prosélito de Jesús no dice: «Pueblo, aborrécelos, mátalos», sino: «Pueblo, perdónalos, sálvales la vida». Sacerdotes de odio y muerte, ¿lo serán de religión y piedad? Estos restos de Rosas Samaniego no pueden ser ni sacerdotes, y no lo son muchos de ellos: carlistas feroces de la banda de Jergón, de esos que al grito de «viva el Papa» violaban mujeres y las colgaban de los pies hacia el abismo de Iguzquiza hasta que expiraran, han venido a ser sacerdotes por aquí con corona subrepticia y hábitos apócrifos. «¡Pobre país!» dirán los colombianos, los chilenos, en poder de forajidos semejantes. El sacerdote, el sacerdote de paz; el bueno, manso, sabio, dádmele; eso pido, y que me instruya y vuelva mejor con sus obras puestas a la vista. Obras sabias, obras santas: obras de San Carlos Borromeo, que se anda de día y de noche curando apestados y acarreando difuntos al cementerio. Obras de San Bruno, que reparte sus riquezas entre los pobres, y se queda tan liviano que un ángel invisible le levanta sobre las alas, para que no se rocen sus pies con las piedras. Obras de San Francisco de Sales, que dedica todas las horas de su vida, todas las fuerzas de su alma a la instrucción de los niños. Obras de San Vicente de Paul, que funda el instituto sublime donde aprenden y ejercitan la caridad los hombres piadosos de todo el mundo. Obras de San Gregorio, que sale y se presenta a los bárbaros, y salva a la patria vencida. Estas obras vuelven venerables a los hombres, y santos a los venerables. Obras como las de Fénelon, que escribe libros de virtud y ejemplares para testas coronadas. Obras de Bossuet, que hace temblar a los enemigos de la Iglesia. Obras de Lacordaire, Dupanloup, Wiseman: estos son sacerdotes, altos sacerdotes, si por sus luces derramadas, si por sus deberes cumplidos. ¿Qué es un destripaterrones bestial, que en presencia de un pueblo indocto, sube al púlpito con sus barbas de chivo, y se pone a gritar: «¡Los liberales son masones, cuidado! ¡los masones son herejes!» Y los barriles de aguardiente que entran a su atarazana cada día, ¿qué son? ¿masones? Y los borregos gordos, y los puercos cebados, y las gallinas, ¿qué son? ¡herejes? Y las morcillas negras, y las longanizas, y las ollas de chocolate espeso, ¿qué son? ¿liberales? Y las bateas de pan, y las roscas de dulce, y las empanadas de carne que parecen almohadas, ¿qué son? ¿impías? ¡Calle usted, impías dice! eso es católico, muy católico, y por allí cogemos el camino de la bienaventuranza eterna.

Un día llegaron dos capuchinos, pasando el Carchi, a una casa amiga mía. El uno venía a quedarse cuarenta y ocho horas, para menesteres de su incumbencia; el otro era el superior del convento, y su objeto, recomendar a la dueña de casa ese buen fraile. «Señora —dijo el segundo—, el hermano Melchor no sabe comer». La señora, sorprendida, respondió: «¡Cómo! ¿no sabe comer?» «Digo que come tan poquito, que es como si no supiera». «Pierda cuidado, padre; aquí le daremos algunas lecciones». A manera de renglón, y allí de contado, le pusieron al neófito de la bucólica una escudilla de caldo oleoso con una flota de tronchos de carne gorda, que no había más que apetecer: hasta monitores de guerra se veían en ese mar espeso de regalar a un benedictino. Al lado del océano comestible estaban reventando de gordos dos panes tales, que a un difunto le hubieran hecho tus tus. El padre Melchor hizo tan bien la plana, que fue necesario premiar su buen comportamiento: «Padre —dijo la señora—, mientras ponen la mesa ¿sería servido vuesa reverencia de hacer boca con un par de plátanos ahornados, de esos que llaman hartones?» «Eso queremos los de a caballo que salga el toro —respondió el padre, irguiéndose de alegría—. En las provincias vascongadas no tenemos esta fruta de santos; y así en América nos hemos dedicado a ensayar si los podemos comer en honra y gloria de la Iglesia. El hermano Lorenzo se contenta con tres o cuatro; fray Manuel suele pasar a cinco; y fray Alejo no se detiene en los seis. Yo, más pecador, me suelo satisfacer con dos, cuando no hay otro tanto». Le sirvieron allí dos yacumamas soberbias, cuyo vientre amarillo estaba desafiando el oro por el color al paso que el lomo de las preciosas culebras, tostado y reventado, ofrecía en sus grietas un almíbar de provocar a los dioses. «Estas porquerías —dijo el padre—, le dan a uno la vida, si bien me temo que me haga daño al estómago, a causa de que el voto cuadragesimal que tengo hecho me lo ha enflaquecido y debilitado como el de San Pedro Nolasco. ¿Con qué se acostumbra a tomar los plátanos en este país?» «Con queso, padre Melchor». «¡Domitila! un queso entero». Vino allí luego un recién sacado de la encella, que hubiera servido para queso padre, si de estos animales se sacara cría por multiplicación. «Este debe ser de Pasto, señora Rosalía —dijo el fraile—: y qué rejo tiene el muy tunante». «Venga usted acá...» Y con admirable desenfado, de dos cuchilladas le capó la tercera parte. En un santiamén pasaron las dos yacumamas al vientre reverendísimo del padre capuchino; y si fueran cuatro, en un santiamén y un verbo hubiera dado el sacerdote buena cuenta de ellas. «¿Agua, fray Melchor?», preguntó la señora. «Hum... —respondió el fraile—, poco favor me hace vuesa merced: en España tomamos valdepeñas por bebida ordinaria». «En este valdelágrimas, padre mío, nosotras no solemos tomar sino penas, y son esas de que nos hartan hijos y maridos. Tan arriba a estos montes no suben los buenos vinos; pero si gusta su reverencia de un poco de chicha...» «¿Chicha? yo dejo el Málaga superior por ella. El Espíritu

Santo le debió de alumbrar al indio que inventó la chicha: *Veni Sancti Spiritus*. ¿Será cierto, señora Rosalía, que el rey Atahualpa no quería beber otra cosa?» Sin esperar la contestación se echó al coleto una taza conventual de aquel precioso líquido. En esta sazón llamaron a comer: «Santa palabra», dijo el capuchino; y todo metido en su jergón y sus barbas, pasó al comedor, claudicando como por vía de ahilo o flaqueza corporal. «¿Repite la sopa?», preguntó la señora. «Repito la sopa; esta es la de mi predilección: ¿no es de fideos de máquina? Pues digamos que no le gustan a nuestro reverendo padre superior, salvo que no es bueno comer dos platos, a no ser en casos excepcionales, como el presente. Estas cosas no se hacen a roso y velloso, sino con cuenta y razón: pues aun cuando uno sepa hender un cabello en el aire, el día que apriete el tornillo de la cuenta final, tendremos que arrepentirnos de los gustos que nos damos con perjuicio del alma. Cuando la conciencia dice *peccavit*, no arrepintiéndose, sino jactándose, firma Dios». «¿No es pichoncito migado ese que va a desperdigar, señora?» Se rieron los circunstantes, y dijo la señora: «¿En dónde ha visto pichoncitos de este porte, padre Melchor? Es capón de los buenos». Bendijo los labios con una cruz el fraile y respondió: «No diga eso, señora, que Dios puede castigar. Pero está bueno el capón, como dijo vuesa merced. Pecador de mí, ya dije capón. Esa que vamos a probar será pierna de carnero». «Pierna de carnero, padre, ¿le gusta?» «¿Si me gusta? no hay otra cosa para mí». Comió dos veces de un mismo plato el capuchino: de las carnes estofadas y guisadas no perdonó ninguna: la torta le pareció tan buena, que la obligó a comparecer por segunda vez en las tablas; y en llegando a los postres, dijo que adrede se había abstenido de las cosas de sal, por dejar espacio para las de dulce, que le gustaban por extremo. Era día de buñuelos ese: la miel, compacta y clara, corrió en abundante chorro sobre esas doradas avecitas de las cuales desaparecieron cuatro o cinco pares de la mano a la boca del santo ministro. Tan de propósito comía, que se le habían untado tres dedos hasta la segunda falange, para que su reverencia hiciese la pulcritud sirviéndose de ellos como de

226

chupadores de niño no desmamado. Luego se los llevó a la cabeza, y en tres o cuatro gallardas vueltas sobre el cerquillo los puso como si se lavara con jabón de lechuga. «Ahora —dijo—, voy a casa de doña Garibay para una consulta que tiene que hacerme. Pero no hemos rezado. Padre nuestro que estás en los cielos...» Hizo rezar, echó la bendición, se caló el capirote, y, arrastrando las sandalias, desapareció la puerta afuera. «Sea servido su reverencia —le dijo doña Garibay—, así como se presentó la santa visita». «Vale más llegar a tiempo que ser convidado», respondió el fraile; y comió de tan buena gana, que bien estaba uno viendo que el pobre sacerdote había ayunado a pan y agua los cuarenta días. Se dejó estar allí de digestión dos horas, durante las cuales no habló sino de sus dolencias físicas, la debilidad de su estómago, y aquella desgana que había de acabar por disolución completa de fuerzas. «No ayune tanto, padre», dijo doña Garibay. «Los pecados, señora, requieren algún descuento en hambre, necesidad y privaciones. ¿Qué fuera de nosotros si todo fuera irnos al pelo de la vida? ¡Un ojo a la sartén y otro a la gata, señora Garibay! Las ocho; ¿no están dando las ocho? Me voy: mi chocolate me suele hacer dormir algunas veces; aunque las más las paso de claro en claro». «Para no más de chocolate, no falta en casa —respondió la señora». «¿De Soconusco?» «Tanto como eso no; pero sí de Popayán». «Si es de Popayán, lo habré de tomar: ese no tiene aquellas partículas pecaminosas que hacen de los otros unos venenos para la castidad». Le pusieron por delante uno como aguamanil que estaba rebosando en provocativa espuma. «*Absit* —dijo el fraile—: ¿no me hará daño?» «Si lo toma sin esta costra —respondió la señora—, seguro es el cólico esta noche». «Pues venga la costra, que yo no quiero un patatús sin confesión ni extremaunción». La costra era, si cabe, más reverenda que su paternidad: una como rodela repujada con dos aspas o aletas de pescado en la barriga; o más bien un Jorullo que había surgido en el horno esa mañana, pues tenía un enorme cráter relleno de manteca de vacas. Si hubiera habido allí una alondra mansa, de esas que picotean las migas, tuviera que hacerse una

227

cruz en el pico: el capuchino las había juntado con la última prolijidad ahuecando la mano, y en un solo tiempo aventó aquel puñadillo de harina dulce al palmo de boca que abriera de propósito. Se le fueron a la campanilla algunas chispas, tosió el fraile, volvió a toser, echó lágrimas, como perlas falsas, y estuvo a poco de entregar el alma al diablo. «En lo que está la vida, señora Garibay: el enemigo lo hila muy delgado, y nos va cogiendo las vueltas. Yo que tengo un sermón para mañana, iba a quedarme muerto sin ton ni son». «¿Cómo es? ¿sin ton ni son, o sin son ni ton?» «Uno estudia estas cosas de chiquito, y las olvida con los años y la experiencia. Ruega por nosotros pecadores», estaba rumiando entre dientes el capuchino, cuando hubo amainado la tos: «Taita padre —dijo una criada de su casa de alojamiento, llegando en ese punto—; mama-señora que venga luego por allá». «Debe ser para la consulta», respondió el fraile; y con una salutación macarrónica en latín, se fue cojín cojeando por la oscuridad de esas calles. «*Pax huic domui* —exclamó al entrar—: doña Garibay me ha servido allí tal runfla de puntos dudosos relativos a su conciencia, que no ha habido forma de salir. ¡Cómo salir! si la pobre señora por poco rinde el aliento, atragantándose un cuscurro de pan que se lo quiso tragar sin previa masticación». «¡Ay, pobrecita! —dijo la señora—: Garibay es así, tan atolondrada, que no conozco otra mujer. ¿Y queda fuera de peligro?» «Sana y buena —respondió el fraile—; pero no fue cuscurro sino migas de costra. Buena cristiana; pidió confesión». «Se le enfría el chocolate, padre; porque no le haga daño pasada la hora le hemos hecho llamar». «Conque migas de costra: ¡qué mujer!» «Sí, sí; si paso de las ocho y media, sabe Dios la noche que me da el demonio. El enemigo es más listo que Cardona: si no es hoy será mañana: en esto no hay que hacernos los suecos, y hemos de pagar nuestro delito, porque del cuero salen las correas. Vivamos con el credo en la boca, hijas y señoras mías. Cada hora del tiempo es un tropezón de la vida: al pie de ella está el abismo llamándonos con voces de sirena: allí caemos, si no andamos la barba sobre el hombro. ¿El chocolate será pecado mortal o venial?» «Cuando es sin pan —respondió la señora—, es mortal; con los adminículos correspondientes, no es sino venial». «*Peccata minuta* —dijo el fraile; y en cuatro sorbos desmedidos dejó en seco esa laguna de Titicaca de chocolate—. El chocolate, señora Garibay... Garibay he dicho: soy un porro. El chocolate, señora Rosalía, dicen los enemigos de la Iglesia, es muy ocasionado a malos pensamientos y malas obras; por donde han venido a proscribirlo, por lo menos en teoría, de conventos y monasterios. Para mí esa toma es un lacticinio, por no decir de una vez un anafrodisíaco. A todas las demás cosas cuadramos la boca los servidores del Señor, y nos vamos contra corriente por el raudal de tentaciones con que el mundo quisiera desustanciar nuestra alma, engordando su estuche, que es el cuerpo. ¿Cuál es mi celdita, señora, o mejor decir, mi sepultura? Los siervos de Dios no tenemos cama, sino siete pies de tierra, por cuanto de día y de noche estamos muertos a los goces de la vida». «Vuestra reverencia dormirá en el cuarto del jardín: ¿pero así, sin tomar nada, padre?» «*Absit*: mi cena son mis oraciones: yo como el dolor de mis cilicios, bebo la sangre de mis azotes». «¿Siquiera una agüita de toronjil, padre Melchor?» «Si no es más que eso, tomaré. Sea servida vuesa merced de mandármelo con una chica a mi aposento». «Agua tibia en estómago vacío, qué va a ser de mí», fue murmurando a la callada mientras salía. Y volviéndose de súbito: «¿El toronjil admite leche, señora Garibay? Volví a decir Garibay; erre que erre; ¿señora Rosalía?» Se rio la señora para su capote, y contestó: «¿Por qué no, padre Melchor? Voy a mandarle también unas tostadas con mantequilla de Guamialamag». «Dichosos los ojos que ven a ustedes», dijo el fraile saludándolas, cuando le fueron traídas puestas de largo a largo en una palangana: difuntos así, bien merecen entierro en barriga católica; y habiéndolas sepultado sin ceremonia ninguna, se quedó dormido de una pieza.

Otro día tomó la fresca para llegar a hora de misa al pueblo donde estaba arraigada su comunidad: llegó, en efecto, con más barbas que un zamarro, ojicomido y carilodoso, subió al púlpito de rondón, y predicó: «En la tempestad de ayer tarde han muerto un indio, cuatro mulas y dos vacas: ¡almas de cántaro! Estas cosas suceden porque no ayunáis: *quia non ayunaris*, como dice San Edmundo. La comunidad matándose de hambre, porque no caigan rayos, y estos chagras imbéciles destruyendo nuestra obra con toda clase de golosinas. Papas enteras, para ellos; *cuis* asados, para ellos; *chara, charita, charata*, para ellos. ¿En nuestra ignorancia no llamamos *charita* la cebada fracasada y cocida ora con sal, ora con miel? ¡Brutos! ha de llover fuego, han de cargar los diablos con vosotros. La semana pasada no entró al convento vacona ni puerco gordo: se contentaron estos caras de caballo con dos borregos y seis gallinas, como si nosotros también no tuviéramos barriga. Hombres de mal vivir, largos como pelo de rata, el día llegará, y los muertos se levantarán, y allí me lo dirán los que piensan que la religión es cosa del otro jueves. ¿Para qué estoy hablando lengua castellana en presencia de estos *sebondoys*? *Sebondoys* es como si os dijera hotentotes, cafres o papús, raza de indios de Pasto al Caquetá, sietecueros y tragaldabas. Largos como pelos de rata os he llamado: esto quiere decir mezquinos, miserables, ahorrativos, cicateros y cucañeros: vosotros sois, pues, largos como pelo de rata. Los padres ruega que ruega por ellos, y ellos mátenlos de hambre. Ya han de estar andando por aquí los liberalitos... ¿No os hemos dicho que los liberales son masones? ¿y que los masones son herejes? ¿y que los herejes tienen pacto con el diablo? *cum diábolo pactatus sum*, dice San Sebastián Alcantarilla».

Por aquí siguió el orador hasta cuando las mujeres, enternecidas, soltaron la voz a llorar por sus culpas, y asordaron la iglesia, pidiendo perdón a Jesucristo y al santo padre que así sabía tocar en lo vivo. Ese día fue un terremoto: las viejas gritaban por las calles contra los masones; las muchachas juraban no casarse con radicales; las madres de familia daban en qué merecer a los mozos de sus hijos. «¡Ay —decía una ojo de breque—, con liberal, jamás! ¡con liberal, jamás!» Ya lo creo... ¿qué liberal había de haber tan católico que se animase a semejante pescado de ocho días? Esas penitencias son buenas para santos como el *conde* o *padre Patricio*. Cuatro o seis jayanes convertidos no se vieron satisfechos sino cuando hubieron aliviado su conciencia con un papel público donde protestaban contra liberales y masones, y juraban por la cruz en que fue sacrificado Nuestro Señor no pertenecer jamás a ese partido, sino al de los que guardan abstinencia de viandas en témporas y vigilias, pero no de mujeres ajenas: al de los que pagan diezmos y primicias a la Iglesia de Dios amén, y despluman al prójimo a la vuelta de una esquina, y dejan en la calle a la viuda sin amparo; al de los que oyen misa cabizbajos, ojicerrados, y están pensando en el enredo con que se proponen desnudar al huérfano; al de los que confiesan y comulgan jueves y domingo, y se hartan lunes y martes de difamación y calumnia; al de los que acompañan al Santísimo con un farol en la mano, y acaban de matar al moribundo con una mirada llena de mala intención a la alcoba de su esposa; al de los que profesan hablar la verdad, y la ocultan o disfrazan por costumbre; al de los que blasonan de seguir la ley de Dios, y despedazan los mandamientos, y huellan las tablas que la contienen: a ese partido juraron pertenecer, urgidos por los frailes, esos rústicos desdichados cuyos ojos no salen del infierno. Un fraile de alma ilícita, es el demonio: los rayos habían caído, las vacas habían muerto, los padres estaban con hambre, todo a causa de don Juan Montalvo y sus doctrinas, a causa de él y sus prosélitos: ¡hay más que decir! Que en poblaciones donde la ignorancia tiene la sartén por el mango abusen de ella en esta forma esos misioneros de Satanás, pudiera admitir explicación; pero que en una capital, una ciudad de ochenta mil almas, donde se supone que la clase ilustrada es numerosa, den la ley y encaminen al pueblo pillos huidos quizá de la Carraca o de los pontones del Ferrol, esto es lo que pudiera causar la muerte, si uno ahondara con el pensamiento ese abismo de miseria y falta de luces sin las cuales no hay vida civilizada. Se ha visto en Quito un cabrón de Mendés subir al púlpito, quemarse las manos en un mechero, meter en la boca una vela encendida, y probando con esto que la virtud de Dios obraba en él, gritar que en ese instante el diablo estaba andando suelto por la iglesia, y formar remolinos espantosos de plebe engañada y escarnecida. Y no ha habido policía que baje a ese pícaro del pescuezo y le imponga un fuerte castigo corporal, ni gobierno que le mande con grillete a Guayaquil, a embarcarle en el primer buque ballenero que aparezca. Al mismo penitente embaidor se le había visto, cuando el terremoto de Imbabura, salir azotándose por las calles de Quito, y gritando que por las maldades y falta de devoción de la gente había ocurrido esa desgracia. Levantada ahí al punto una armazón de madera en la plaza de la Catedral de Quito, subió allá el arlequín, y, desnudo por delante seis dedos abajo del ombligo, forrada la espalda con un cuero de vaca debajo de un tul negro, se dio cinco mil azotes, burlándose así de las cosas santas, del pueblo congregado, del siglo decimonono, del Gobierno, y hasta de Sancho Panza, quien, al fin y al cabo, se dio siquiera cinco buenos y pasaderos. En Bogotá, Caracas, Santiago, Lima, Buenos Aires, parecerán imposibles estas escenas de nefanda barbarie, que se han visto repetir mil veces en Quito en las mayores aflicciones públicas. Terremotos, lluvias de ceniza, cóleras furibundas de los volcanes, allí están los frailes gachupines a quemarse las manos en el púlpito, a morder cabos de vela, a ver al diablo con sus ojos, y decir que todo lo provocan y lo hacen los liberales. ¿Quién puede vivir en pueblo semejante? Los frailes con cristos por las calles, arrastrando a la gente a lo que les conviene, son espectáculos tan comunes allí, que quien no tiene noticia de ellos no ha oído campanas. Predican, esos, ¡y en qué lengua! Una casa de mancebía no es instituto más peligroso para la castidad de la esposa y la inocencia de la virgen. Todo lo dicen, y lo dicen como no lo dijeran soldados, de la manera más bestial que puede usar humana lengua. Ha llovido tierra, porque los herejes están andando impunes; ha hecho una erupción de fuego el Cotopaxi, porque fulano y fulana están viviendo amancebados; ha habido eclipse de sol, porque los padres no tienen qué comer. Y ahí es que no es nada lo que omitimos por desfallecimiento de la pluma.

Estos bribones son hoy el partido, la fuerza de Ignacio Veintemilla. El clero nacional casi todo le es adverso; más puede menos que estos caballos de brujas, que con nombre de descalzos y capuchinos, se han dilatado ya hasta las orillas del Carchi. El clero está, pues, dividido; y de aquí saco yo un argumento sin vuelta de hoja contra clérigos y clericales. Jesuitas y capuchinos están sosteniendo la religión en el gobierno de Veintemilla: vicarios, canónigos y frailes nacionales tienen por perdida la religión, mandando Ignacio Veintemilla. Nunca han sido más sinceros estos hombres sin conciencia, sin caridad ni patriotismo.[*]

Sermones de capuchinos, descalzos y jesuitas, estas son las escuelas del *ilustrado gobierno* del general Veintemilla; *ilustrado*, según afirman los que no saben lo que es ese capuchino. En cuanto a planteles de educación, los superiores, como la Universidad de Quito, han corrido en manos de ese bárbaro la suerte que todos saben. Los de enseñanza primaria, casi todos son privados, costeados por los padres de familia que están viendo con horror el olvido hasta de la lectura y la escritura, si este régimen pasa adelante. La providencia más urgente de Ignacio sin Cartilla, tan luego como hubo triunfado, fue un decreto por el cual rebajaba a la mitad los sueldos de los institutores de uno y otro sexo; sueldos tan exiguos ya, que es vergüenza. Me hallaba yo en Guayaquil: eché un rayo, y el Mudo, aterrado, se volvió atrás, porque su poder no tenía aún cimientos. Pero la restitución fue de pura política oficial; pues si hay empleados que no reciben el precio de su labor, son los de la instrucción pública. Y publica por la imprenta el capuchino que su gobierno invierte en la instrucción popular más que los Estados Unidos.

En la Confederación Helvética no hay habitante mayor de siete años que no sepa leer y escribir perfectamente, contar, y aún hacer cálculos de aritmética superior. La plebe de Suiza es la más ilustrada de Europa: los suizos saben la geografía física, por lo menos del antiguo continente; la política, de las grandes naciones que los rodean: saben la historia nacional, y tienen nociones de la universal. Suizo a quien se pueda tachar de crasa ignorancia como a un indio o un chagra de los nuestros, no hay. Y echad de ver que la libertad y la instrucción popular se dan la mano: el pueblo suizo es a un tiempo el más libre y el más ilustrado de Europa. Libertad sensata, la suya: libertad con ley imperante, legislador sabio, juez recto: libertad con buenas costumbres y virtudes: libertad con obediencia de la una parte, rectitud y moderación de la otra. ¿Cuándo tendremos nosotros ciudadanos austeros y útiles? Cuando tengamos escuelas donde la religión y la moral, escamondadas de pillerías, entren con las primeras letras en el corazón de los niños: cuando los hombres de buenas intenciones y de saber no sean el hito de la persecución: cuando el clero no se sirva de Dios ni de Jesucristo para sostener y perpetuar a los tiranos, y arruinar en la opinión de la mayoría inculta a los amigos de la libertad y el adelanto. Mientras un jesuitilla malicioso, chiquito, redondo y pícaro a las derechas suba al púlpito a excomulgar escritos que van enderezados al derribo de la tiranía, y tenga clarísimos oyentes que le oigan y le crean, no hay esperanza de remedio. Mientras un animal cubierto de cerda, tan burdo de alma como de cuerpo, sea poderoso a dirigir a la muchedumbre con su bestial palabra y sus embustes de trufaldín, el capuchino Ignacio Veintemilla será señor de vidas y haciendas, y el *conde Patricio* tendrá en su mano el frustrar cuantas revoluciones intenten los patriotas por el norte.

Ilustrado, cosa rara; a ese le falta hasta la curiosidad maquinal de los salvajes. Chactas, siendo joven, pudo ilustrarse en Francia a fuerza de curiosidad, viéndolo todo, preguntándolo todo: Ignacio Veintemilla, en seis años que ha bebido y dormido en Europa, no conoce un museo, una biblioteca, un monumento público. Obligado por dos ecuatorianos a ir al palacio de Louvre una ocasión, llevó su condescendencia hasta el vestíbulo: allí se plantó y dijo: «Vayan ustedes; aquí los espero». Se volvió a la puerta, prendió un cigarro, repulgó la boca, y con un enorme hocico se estuvo allí va y viene, cual gendarme encargado de la custodia de ese barrio. La Virgen del niño, de Murillo, que está en una de las primeras salas; los cuadros del Poussín; los de Rubens, de que abunda ese depósito maravilloso de obras maestras, no existían para él. Las tres gracias, desnudas, le están saludando al extranjero con sonrisas de amor y vergüenza: si hubiera sabido ese garañón que allí a cuatro pasos, subiendo una escalera de mármol, estaban tres cuerpos de mujer, todo visible, de seguro que hubiera ido a comérselos con el furor de su concupiscencia. Todas tres están cabizbajas, como quienes ocultan con la vista los pechos sobresalientes; las caderas ostentan derrames suavísimos, por donde ruedan invisibles amores y placeres; las piernas, en diferentes posturas, forman con la gorda pantorrilla una como cariátide donde está entronizada la voluptuosidad. Ese grupo divino, henchido de provocadora inocencia, es embeleso de la imaginación y el espíritu. Pues ni eso fue a ver el *ilustrado* Ignacio Veintemilla. «De más buena gana oyera yo relinchar a mi caballo», decía un rey bárbaro, después de haber oído a Ismenías, célebre músico, los sones encantados de cuya flauta hacían llorar a las piedras y mataban de amor a las serpientes. Ignacio Veintemilla no fue jamás a la Ópera italiana, el Teatro Lírico, el Concierto de Mozart; a ninguna parte donde sonara el arte de los dioses. Me acuerdo haberle topado una vez en la calle de Rivoli: anduvimos juntos unos como cincuenta pasos, cuando se volvió y dijo: «Hasta luego, yo no voy por allá». Se me figuró que había columbrado hacia el jardín de las Tullerías algún rancio acreedor, como el zapatero Ségoire, y le dejé ir sin averiguación ninguna. Pues no era el zapatero, sino las bandas de la guardia de París que rompían ese instante en sublime estallido debajo de los viejos castaños del parque. La *Sinfonía militar* de Hayden fue una culebra para ese *sebondoy* estrafalario. ¡Y cómo apretaba el paso para ganar la calle Real y doblar a la Magdalena! La música le cogía, esa armoniosa tempestad le pisaba los talones. Averiguando yo después el motivo de prisa tan ridícula, respondió que, muerto su hermano Pepe, música, pintura, escultura, todo era muerto para él. «¿No me ve usted siempre de negro?» Pero el café, pero el garito, pero el lupanar, vivos que vivos. ¡Pluguiera al cielo que el homenaje que rendía a la memoria de su hermano con huir de la música, lo hubiera rendido con un santo respeto a la virtud de la huérfana!

En Madrid no conoció siquiera la célebre Armería Real, ese cúmulo de armas famosas, que es un tesoro para el soldado. La espada de Bernardo del Carpió, la del Cid Campeador, la de San Fernando, conquistador de Sevilla, ¿qué son para uno que no sabe quiénes han sido esos, ni cuándo han vivido, ni lo que han hecho? *Ilustrado*, un irracional sin noticia de ciencias, artes, instituciones, filosofía, moral, derecho público ni civil, político, ¡nada! La destrucción del Conservatorio de Quito, principiada por el animero don Antonio, la ha concluido el capuchino Veintemilla, repartiendo los valiosos enseres de esa fundación entre sus torpes admiradores. Puede verse en las *Memorias* de don Antonio la prueba de su proclividad y su ignorancia, concurriendo allí con su amor y sus amores. «La dicha Teresita se casaba —dice—: yo tenía vela en ese entierro, como legítimo pretendiente de su hermana». En justos y creyentes, vuestro servidor no sabía bailar entonces; y quien no acierta a hacer un paso atrás en unas bodas, a las primeras de cambio, está diciendo que aún no ha soltado el pelo de la dehesa. «Cada vez que *mi recordo* se me ponen los pelos de punta: ¡ah mi buen Jesús, qué es ver un joven que no sabe de danza! La chica más aficionada al casorio se le pone de uñas, y el más pintado galán va a parar allá donde Cristo dio las tres voces. Pero yo, cuya sagacidad no tiene comparación, me guiño un ojo a mí mismo, voy, me encierro en mi cuarto, y en quince días de ejercicio solitario de esa gimnástica celestial, me tuve por tan enterado en ella, que Vestris, ni el famoso Marcelo pudieran mirarme sino a la hebilla del zapato. "Que me tosan, que me tosan", estaba yo diciendo entre mí la noche del matrimonio. La Juanita Corpiño, la Rosa Mansisidor, la Gertrudis Bañuelo, estaban allí con todos sus alfileres. ¡Qué perejiles, padre San José, los de la vieja Cuarta Trebeliánica! Dándolas de muchacha la ojo de bitoque, me estaba echando sus vistazos torcidos que querían decir: "Aquí me tienes, amor". Que la tengan perros a la vieja: el alimento de mi alma está allí en esa morena divina, cuyos grandes, negros ojos valen para mí más que dos cajetas de manjar blanco. "Que baile Antonio, que baile Antonio", dijeron madre y abuela de la ya casada y de la... por casar. Voy, me tiro de hinojos ante la sin par Cristobalina, me honra ella con su albedrío, salgo, bailo, me estoy desmayando de satisfacción, persuadido de que no había otra cosa que ver mi gracia consumada en el arte de Berecintia; cuando en canónigo Cuesta, mi tío, se me acerca y me dice callando: "Baila de veras, camueso, no es esta ocasión de burlas"».

«¡Cuál sería mi bailado —exclama don Antonio—, cuando a mi mismo tío le pareció cosa de chanza!» Al otro día tomó maestro de baile, y dentro de seis meses cortos llegó a tal, según afirma, que sus gambetas y cabriolas obtuvieron medalla de oro en la Exposición de Viena. Desde entonces todo ha sido aprovecharse de su elocuencia pedestre, sin que la gravedad anexa a un *presidente constitucional*, como él se llama hasta en la puerta de la iglesia, hubiera sido óbice al ejercicio de sus zancajos. Y tiene de raro don Antonio que no sabe bailar sin música: exige por lo menos un castrapuercos; esto le sobra muchas veces para levantarlo en alas de poesía e ilusiones. A falta de castrapuercos, bueno estima un piano: en este concepto, una noche que andaba de chunga, mandó un piquete de ministriles al Conservatorio: con la orden escrita del presidente constitucional de la república, el director tuvo

....

* Habiéndosele hecho este cargo por la imprenta al indocto Borrero, los borreguistas fueron por la desmentida: el director del Conservatorio respondió que todo era cierto, y que nada habían dicho los escritores.

que rascarse pelo arriba, y dando al diablo la extravagante corrupción de aquel viejo prostituto, entregó al rey de sus pianos. El Conservatorio quedó herido: el *ilustrado* Ignacio *de* Veintemilla le ha dado el trampazo o último golpe, y muerto es el paraíso del espíritu.*

Durante el *ilustrado gobierno* de Veintemilla y Urbina no ha habido escuela ni colegio que no sirvan de cuartel. Pasando por la ciudad de Latacunga el viejo Zapote, preguntó hacia dónde quedaba el de niñas, y allá mandó la tropa: el inconcluso edificio retrocedió un año; los deterioros de la canalla de bayoneta son mortales. El colegio de San Gabriel en Quito, obra en la cual García Moreno había echado el resto de su furor de construir, fue presa de los milites de uno y otro sexo: mapas soberbios, esferas, utensilios de educación de todo linaje estaban rodando a los pies de esa muchedumbre destructora. Y yo vi en San Juan de Dios de Ambato llegar un batallón, echar a los niños de la casa-escuela sita en la Merced, y aposentarse en ella con caballos y todo. Cuando hubo salido esa legión de traviesos orangutanes, todo era ruinas: las hojas de las puertas estaban yendo y viniendo sobre una sola alcayata; las barandillas de las ventanas, torcidas; los pilares, quemados por las velas a que habían servido de candeleros; los pasamanos, leña de las voluntarias, quienes tenían sus fogones en los lugares más decentes y respetables; enormes estacas clavadas a viva fuerza en las paredes, las habían desconchado y resentido en todas direcciones; el cielo raso, cosido a bayonetazos y lanzazos; las piedras canteras de los terraplenes, caídas rodando por el patio. ¿Los hunos serían tan brutales destructores como los *regeneradores* de Ignacio sin Cartilla y José María pilla-pilla? Primero que los niños pudiesen volver a su escuela, se pasaron tres meses, en tanto que el subdirector con mil trabajos hubiese podido remendar y rehacer el local vilipendiado. Esos son

....

* Habiéndosele hecho este cargo por la imprenta al indocto Borrero, los borreguistas fueron por la desmentida: el director del Conservatorio respondió que todo era cierto, y que nada habían dicho los escritores.

el *hombre atento*, el *gobierno ilustrado* de los jurisconsultos de manga ancha que defienden a Dios y a la ventura. Si esto hacen en seco, ¿qué no harán en mojado los reyes de copas del Ecuador? Si las primeras letras, quiero decir, corren esta suerte, ¿cuál no será la de la instrucción superior, las artes liberales, las buenas artes? Había en Quito una escuela de escultura, regida por un profesor español de los estudiados en Roma. Por treinta pesos mensuales el pobre extranjero, a fuerza de necesidad y generosidad, enseñaba su noble arte. El diseño de la estatua de Sucre está ahí declarando en abono de González. Tan prolijo, tan puntual este europeo, que parecía no tener ocupación, si no era el adelantamiento de sus alumnos, cholitos que recién nacidos saben ya entallar sus Virgencitas y sus San Antonios de a cuatro reales. Pudiera muy bien haber sucedido que de allí salieran un Apolo de Belvedere, una Venus de Milo, un Gladiador moribundo de esos que ocupan en eterno silencio las galerías del Vaticano. De repente la escuela es suprimida, sin que tal nuestro español hubiera pensado. «Por deficiencia de rentas públicas», decía la nota cicatera; y al propio tiempo publicaban en el periódico oficial un superávit de setecientos mil pesos. Todo mentira, todo patraña en ese felón lleno de barbarie, esto es, «*el ilustrado general Ignacio de Veintemilla*».

Un día vi entrar a mi aposento a una niña de diez a doce años: «Señor don Juan —dijo—, estoy nombrada para el certamen: vengo a pedirle un favor». «El que tú quieras, mi vida». «Deme un discurso, como suyo». «Serás servida, chica: desde mañana te vienes a ensayarlo». En tres días lo tenía, no en la memoria solamente, sino también en los ojos, la boca, las manos, el cuerpo: ¡tan declaradas eran su inteligencia y sus dotes oratorias! Guayaquileña de dos mil demonios, la sal no le podía faltar: «Señor don Juan, señor don Juan —me dijo en vísperas del certamen—, ¿no le digo al Mudo cara de caballo, siquiera al fin de mi discurso?» «¡Loca! cómo le has de decir eso en un acto público a ese grande hombre. Cuando le veas pasar por debajo de tus balcones, dile cara de puerco, si te gusta». Fue el certamen, y la niña aplaudida que se venía abajo la casa, no por la letra, sino por el aire suyo y por sus negros, limpios ojos. El parrafito vedlo aquí:

«Señores: En este tiempo en que las mujeres están empeñadas por la adquisición de todos los derechos sociales y políticos, no será mucho si nosotras reclamamos siquiera el apoyo del Gobierno para la mediana educación que acostumbran a darnos en las repúblicas hispanoamericanas. El menosprecio o el descuido tocante a la cultura del sexo femenino, por la fuerza refluye sobre los hombres, atrasándolos y volviéndolos toscos e ignorantes. Donde las mujeres son instruidas, los varones son sabios; donde ellas son honestas, ellos son pundonorosos; donde ellas son diligentes, ellos son activos y trabajadores: imposible es pulir y cultivar al uno, sin que la otra aproveche de las ventajas de la civilización: así es que ahora no nos estamos quejando de privilegios ni desigualdades en que nosotros lleváramos la peor parte; lamentándonos si de esa bárbara indiferencia de todos por la educación de todos y de este paso tardo y ruin con que nos estamos quedando atrás de las naciones hermanas. Ni fomento, ni estímulo entre nosotros: un colegio es, por lo común, establecimiento que no alcanza la menor consideración, porque ahí está siempre para recibir soldados de tránsito haciendo de cuartel, si es tan dichoso que no lo conviertan en depósito de caballos. Una escuela, por la mayor parte, no está expuesta a servir de cuartel, porque felizmente es tan reducida, que gracias al cielo si pasa de tienda o de triste cuarto en un traspatio. Los Estados Unidos tienen presupuestos de instrucción primaria que juntos suman muchos millones de pesos fuertes: las escuelas de niños son grandes edificios, las de niñas son palacios, y todo es correspondiente a esta ilustre ostentación de riqueza y lujo materiales. Así es que los Estados Unidos, con ser que apenas nos llevan cuarenta años de ventaja, son una de las naciones más instruidas y felices de la tierra; son felices porque cumplen con sus deberes sociales y disfrutan de sus derechos en medio de la libertad y de las luces. A esta posición no llegan sino los pueblos que estudian y aprenden; la felicidad es imposible sin las virtudes, y la práctica de las virtudes es incompatible con la crasa ignorancia. Gobierno a cuyos ojos la escuela sea más que el cuartel, habrá dado en el punto de la dificultad: y si procura que sus obras sean conformes con su dictamen, las bendiciones de los pueblos le comunican alegría en lo presente y le prometen buena fama en lo futuro. No vamos tan adelante en nuestras exigencias, señores, que nos pongamos ahora a reclamar el pleno ejercicio de los derechos políticos, como en mala hora están haciendo en Francia, Alemania y otras naciones ciertas mujeres de poco juicio; queremos solamente que la incuria de las municipalidades o la ojeriza de los gobiernos incultos no nos priven de los medios de instruirnos cual conviene a la vida modesta de que llevamos en nuestros pueblos. Nosotras, en verdad, no queremos ser legisladoras, ni presidentas, ni ministros como esa loca André Leo que en París da conferencias de socialismo-hembra, y pide un sillón en el Cuerpo Legislativo. No aspiramos siquiera a esas profesiones que, sin ser incompatibles con nuestras facultades intelectuales, no parecen con todo, cuadrar a nuestro sexo: una buena esposa vale más que un buen abogado, y una buena madre de familia más que un buen médico. Hay actualmente en la Unión Americana señoras recibidas de médicos, juristas, agrimensores: en la Universidad de Ohio, una señorita da con lucimiento lecciones de humanidades y crítica literaria: digo más, mujer hay que ha recibido las órdenes sacerdotales, y dice su buena misa o hace los oficios de su secta en un templo presbiteriano: testigo Olimpia Brown. Verdad es que el sacerdocio, en tiempos antiguos, estuvo en manos de las mujeres lo mismo que en las de los hombres: esas intérpretes entusiastas de la voluntad de los dioses, esas transmisoras inspiradas de sus órdenes en los templos de Delfos y Dodona daban la ley al mundo, eran sacerdotisas de Júpiter y Apolo. La sibila que presentó al rey de Roma los libros de la sabiduría eterna, sacerdotisa fue. Las vestales, esas puras vírgenes que guardaban el fuego sagrado, sacerdotisas. Pero como los dioses se fueron, se fueron igualmente las costumbres paganas: hoy la mujer es sacerdotisa del hogar: para el altar, el hombre. Dicen que una buena señora llamada Juana ha ocupado la silla de San

241

Pedro: los que combaten la jerarquía eclesiástica, y esa, digamos, santa genealogía o hilo celeste del papado, le designan con el nombre de la papisa Juana. Los canonistas combaten como invención sin fundamento ese alto sacerdocio femenino, y los católicos de buena ley no lo admiten como histórico. Nosotras no pensamos que algo pierdan las mujeres con que esa doña Juana no hubiese realmente ceñido sus sienes con la tiara pontificia: el honesto embozo de la anciana que lleva sus pasos a la iglesia, alumbrado el corazón con el fulgor de las virtudes, es más respetable que lo fuera una mujer en el trono de Hildebrando, ensoberbecida quizá con la grandeza de la Sede romana.

»No queremos, repito, ser electoras ni elegibles; diputados, ministros de la Corte Suprema ni otra cosa; mas enseñadnos por Dios a leer y escribir, contar y hacer cálculos: dadnos luces respecto de esta gran máquina del universo, qué cosa son los astros, de dónde nace la luz y lo que es el mundo mismo en que habitamos. La historia, señores, la historia es la enseñanza del porvenir: ignorar los tiempos pasados es no ser aptos para los venideros: hacednos saber algo respecto del género humano, las razas, las naciones; cómo han vivido, lo que han pensado y lo que han hecho. Si nada sabemos, ¿en dónde hemos de tomar ejemplares de virtud? Hubo en los tiempos santos una mujer llamada Rebeca: si todas la conociéramos, todas la amáramos, y en amándola, ¿cuándo para ser malas? Hubo otra llamada Ester: Ester, la inocencia, la pureza misma; su tío Mardoqueo la instruye; habla ella, y tiembla. Amán; habla y salva a su nación, porque Asuero ve la verdad en ella. Si Ester fuera nuestro paradigma, ¿hubiera una que no fuese santa? ¿hubiera una que no salvase a su nación con las virtudes?

»Un poco de historia; nociones de geografía física y política, conocimiento, siquiera en globo, de esa parte de las humanidades que hoy llaman literatura; tal cual arte femenina, como el dibujo, la música; una lengua extranjera, por lo menos; grande apego al hogar, y mucho amor a la sabiduría doméstica, imprimido o reforzado por la enseñanza, esta es la

242

educación que deseamos y pedimos».

Pasando por la ciudad de San Juan de Dios de Ambato el *ilustrado* presidente de la república, declaró depuesto al director de estudios, por haber consentido en que semejante discurso se pronunciara en un acto solemne, y dijo: «Ya el infame no comerá de mi bolsillo». ¿Qué decís, señores, qué decís? ¿es ilustrado, culto el hombre que usa estas maneras, y lleva a mal que tales cosas sean dichas en tales razones? Horacio Mann hubiera sido mártir en ese triste pueblo. Indiferencia por la instrucción popular, no fuera mucho: se la persigue y con furor. Cuando el viejo Pestalozzi bajaba del Jura apoyado en su bordón, los niños de Ginebra corrían a abrazarle las rodillas: ¡quién bajará del Pichincha diciendo!: «¡Venid a mí los párvulos», que no vaya a comerse su hambre y beberse su sed en un rincón oscuro!»

OCTAVA

Tanto monta cortar como desatar.

Los pueblos enunciados en el opúsculo anterior componen, según el mapa de Manier, la primera categoría, esto es, pueblos muy adelantados. Los cantones de Zúrich y Lucerna son los más instruidos de la Confederación Helvética, sin que los de Berna y Vanz les vayan en zaga. En estos, de cien conscriptos no hay sino tres que leen y escriben con imperfección; los noventa y siete son verdaderos pendolistas en lo tocante a la pluma; y por lo que hace a la vocalización y el acento, el poeta Zorrilla no les echa el pie adelante en la lengua de Santa Teresa de Jesús. Ventura de la Vega y Zorrilla tienen gran nombre de lectores en España. Como hay treinta personas reunidas, en el ducado de Wurtemberg y otros países de Alemania, están ya obligados a tener escuela. En Dresde, capital de Sajonia, por donde uno va «siente inhalaciones de cultura», dice un ameno viajero hispanoamericano. «Por cualquier parte de la aldea que se fuese, todo sabía a contento y placer», dice Cervantes. El contento y placer que se derramaban por todos los ángulos de esa aldea, fruto eran de la inocencia, quietud del corazón, buenas costumbres y abundancia para las necesidades de la vida. Las inhalaciones de cultura desotra ciudad son efecto de la virtud de la inteligencia, que en roce con el estudio, da de sí un vapor invisible que baña el alma y la acrisola por medio de pacíficos y nobles transportes. La cultura es feliz estado del hombre que le tiene predispuesto a la felicidad del espíritu, con esas fruiciones íntimas que suelen mantenerle siempre despierto a las cosas grandes y profundas, para las cuales está durmiendo la ignorancia. En el ducado de Baden la instrucción primaria es uno como poder independiente de la Iglesia y el Estado, siendo, como es, derecho y deber de los padres de familia. Comisiones nombradas por estos dirigen las escuelas y con muy buen éxito. En Baden, Baden-Baden, Wiesbaden no hay niño que las frecuente, ni hombre mayor que no parezca haber sido discípulo de aquel buen viejo Horacio, que saliendo de entre los párvulos con quienes ha vivido doce años, maestro de escuela humilde, se muestra de repente en el Congreso de los Estados Unidos, y con frente erguida le hace temblar a Webster, el poderoso, el inexorable campeón de la esclavitud. En todos esos pueblos donde no hay varón ni mujer que no sepa leer y escribir, la enseñanza es obligatoria: ley benéfica, no sabemos por qué tan combatida por los clericales, quienes se precian de filántropos y propagadores. Propagadores ¿de qué? ¿de las luces? No sino de la fe. La enseñanza obligatoria quebranta la libertad, dicen. Las leyes todas quebrantan la libertad de los individuos; ¿en su provecho? ¿o en su daño? pregunto yo. Obligar a los padres a mandar sus hijos a la escuela es, ciertamente, esclavizarlos. Y ellos, los católicos, enemigos de la enseñanza obligatoria, ¿no supeditan a nadie cuando le excomulgan a uno y le mandan al infierno porque no paga diezmos y primicias? Los pueblos del Norte son conceptuados más serios y morales que los del Mediodía; si porque en ellos las pasiones son más dóciles al freno de la razón, o porque la instrucción los va guiando como lámpara bienhechora por las tortuosidades de la vida, no sé; pero es verdad de a folio que las luces generales sufragan por la moral, y que mientras más culta una república, menos tendremos que lamentar esos traspasos de las leyes divinas y humanas que llamamos pecados mortales y delitos.

Francia, quién lo creyera, no es de las naciones más adelantadas; en esta, como en la Gran Bretaña, los conocimientos humanos se hallan tan sesgadamente distribuidos, que forman una alta aristocracia de sabiduría y una miserable plebe de ignorancia, ni más ni menos que las riquezas tienen dividida la asociación general en terratenientes poderosos y en hijos del terruño desvalidos. Nada ha prestado en Francia que Pascal, Nicole y otros varones de este fuste se hubiesen dedicado a la enseñanza de niños y jóvenes: los hombres de genio han absorbido los rayos del sol, y donde ha resplandecido un sabio, mil ignorantes le han estado afligiendo con su oscuridad alrededor. Ningún pueblo más rico en hombres eminentes: los ramos del saber, cuantos son ellos, han tenido sacerdotes profundos en sus misterios: ciencias, humanidades, filosofía, artes, oficios, Francia es la que los cultiva y lleva a mayor altura. Los sabios de Puerto-Real, a despecho de los jesuitas, salen con las primeras insignias en la larga procesión de filósofos que está cruzando por los tiempos modernos; la majestad de Luis XIV recibe luz de los grandes plebeyos que ennoblecen su reinado; Corneille, bueno para príncipe, según Napoleón; Racine, Molière, rodeado de las Musas invisibles; La Bruyère, La Rochefoucauld, moralistas insignes; San Simón, Sevigné, aunque aristócratas, escritores de primera línea. Después de aquel gran monarca vienen los del siglo XVIII; y, digan lo que quieran los papistas, esos varones perilustres le dan un gran empuje al género humano; aun cuando no sea sino con la Revolución francesa, provocada por ellos.

No soy amigo de Voltaire; antes me disgusta ese *rictus* espantoso que le aterraba a de Maistre. «Falsa deidad del siglo XVIII, que nada sabe, nada dice y nada puede», llama al dios de Ferney el citado de Maistre en las veladas de San Petersburgo. Si nada sabe, nada dice y nada puede, es camasquince que no merece sino el desdén de los que saben, dicen y pueden mucho; ¿por qué entonces ese alzamiento universal contra ese viejo de *frente hundida* que está agazapado por ahí en un rincón entre dos naciones? Las cruzadas no fueron ni más numerosas, ni más coléricas que las alargadas de los católicos contra el escarabajo de Maistre, que nada sabe, nada dice y nada puede. El viejo mágico sale de su caverna, y moviendo cien brazos, como el gigante Briareo, los muele a todos. Pero ahí está su busto en la Ermita para que vayan a vengarse los aporreados, leyendo la tontera en esa *frente hundida*, y, la condenación eterna en esos ojos sin luz.

Víctor Hugo ha tenido autos últimamente con obispos

de rumbo sobre Francisco María Arouet. ¿Sabéis quién es ese Francisco María? Es un pillastre que estudió en el colegio de Louis le Grand bajo la dirección de los jesuitas. ¡Pues digamos que no prometía el niño! Las menciones honrosas que alcanzó, y las medallas que obtuvo, y las alegrías que causó a sus maestros, no son para numeradas; y ese bribonzuelo que estaba criándose para ser un Hildebrando, sale de repente, y asorda el mundo con esta voz: «¡Yo soy Voltaire!» Este no tardó tanto como el susodicho poeta en abrir los ojos a la luz; los abrió tempranito, y alzado sobre la punta de los pies; usurpó la estatura del varón cabal desde muchacho, y pareció un monstruo, cuando apenas acababa de ser el chico Francisco María. Víctor Hugo no: a los cuarenta años de edad, aún no abría los ojos; ¿y sabéis por qué? Porque, habiendo sido educado por un clérigo, no podía abrirlos sino tarde y con esfuerzos. ¡Teneos, oh, teneos! yo no digo esto; él lo dice. Si el caso fuera menos grave, yo no le dijera a la legión de católicos que ya se viene encima, sino: Envaine osté, seor Carranza. Pues lejos de salir por el chiquillo de Louis le Grand y el viejo de Ferney, soy el primero en notar esa frente hundida, donde no puede aposentarse la inteligencia; ese pecho ahuecado, que no ofrece lugar para la verdad del corazón; esos ojos de resplandor siniestro, que todo están metiendo fuego al mundo; esa sonrisa del demonio, que todo lo hiela y envenena; esa mano descarnada, que parece garra del infierno. El conde José de Maistre está contento de mí: en otras veladas que pase en San Petersburgo, tendré la gloria de sentarme entre él y el senador, y juntos le daremos en qué merecer al palaciego del rey de Prusia.

Iba yo a decir que el ilustrísimo obispo de Orleáns, a quien le sea la tierra ligera, le dirigió no ha mucho una epístola al poeta Víctor Hugo; ¡*Sanctus Deus! ¡sanctus Deus!* ¡qué no le dijo el padre al pobre viejo Víctor! Pues le dijo las verdades del barquero, y le puso como sotana de cura de aldea, sacándole a relucir los arandeles y argamandeles de su vida. Hasta murciélago recién salido del ratón le dijo el ilustrísimo señor al bardo octogenario, cuya culpa fue haber ido a pronunciar una oración fúnebre en la fiesta del centenario de Voltaire. Es el caso que el poeta ha sido enemigo de este filósofo sus cuarenta primeros años, y no se ha estado sin decir chus ni mus respecto del muy pícaro: ¿qué? si Voltaire, según don Víctor joven, ha sido el corruptor del género humano, el alma del diablo, que por permisión del Altísimo había tomado forma de mortal para tentar y perder a los hombres. Su ilustrísima, que tenía buena memoria, no echó en olvido tan excelente cooperación; cuando el poeta hubo llamado a Voltaire una cosa como bienhechor del género humano, he allí a nuestro obispo que le sale al paso, y le mete la contradicción por los ojos. El poeta, con mucha cólera, responde: «Caballero, habéis cometido una imprudencia: ¿se os olvida por ventura que me educó un eclesiástico, y que por lo mismo he debido tardar mucho en abrir los ojos a la luz?» Tapaboca más católico no se ha dado desde que Dios es Cristo. ¿De dónde había de imaginar el digno prelado que el señor Hugo había de salir por ese registro? Esto se llama cachifollar a uno y mandarle punto en boca adonde no le entren las moscas. Si el viejo ladino tira por otra parte, de seguro que el revolcón que le quería dar el santo obispo hubiera sido de capa de coro; pero él, conociendo su defecto de armadura, se echó allí un parche de franqueza y verdad amasada con un tanto de grosería, y el proyectil, rechazado por esa dura materia, fue a herir de rebote en el pecho del Febo de la Iglesia.

¿Qué comezón será esta que todos tenemos de llamarle viejo al que tiene desgracia de haber nacido un año antes que nosotros? No hay cosa más amarga que oírse llamar viejo; pero no hay cosa más dulce que llamarle viejo a otro. Cuando mis enemigos me dan lugar a ponerles peluca, soy el hombre dichoso de la tierra. ¡Qué fruición interior esta de llamarle calvo a un tonto y echarle pasadores respecto de sus navidades y su pantalón antiguo, y sus dientes postizos, y su peluca! Pues el ilustrísimo obispo de Orleáns, que adolecía de esta flaqueza tanto como cualquier hijo de vecino, le llamó viejo a Víctor Hugo; y no así como quiera, sino viejo, reviejo, viejísimo; y como no se contentó con una vez, ni con dos, sino que le estuvo recordando su edad desde la Cruz hasta la fecha, el señor don Víctor, por su parte, no pudo resistir a la provocación y respondió que su larga vida había sido bien vivida, con honra y en servicio de la patria; y no como *otros jóvenes menores que él con cuatro años*, que mientras morían en las calles de París diez mil franceses por orden del hombre del 2 de Diciembre, ellos estaban comiendo carne y bebiendo vino imperial en un palacio. Cuando poeta se enoja, cosa mala es: Dios me guarde de hacerle tus tus a un Víctor Hugo, ni aun cuando este sea hombre de ochenta años.

En una de las comedias de Moratín, *La mojigata*, me parece, hay un don Jerónimo, que es el Esgaranello de Molière; y un don Manuel, que es el Aristo. Aristo, el cuerdo, bueno, hábil en las cosas de la vida: Esgaranello, el refunfuñón, egoísta, cauteloso. Don Jerónimo y don Manuel son hermanos, casados por la gracia de Dios, con dos hermanas. Al prudente, el hábil, no se le llueve la casa: condescendencia razonable, libertad medida, estimación y cariño realzados por la dignidad, vuelven de su esposa una de esas que todo hombre amigo de su propio bien apetece y busca desaladamente. El cauteloso, el desconfiado encierra a su mujer como un turco, la cela como un moro, brama e importuna de día y de noche. No contento con oprimir a su mujer, oprime también a su hermano; don Manuel es mayor que él con dos años; viejo por aquí, viejo por allí; viejo tonto, viejo bruto; a su edad, paseos, convites, bailes, la loca de su mujer adelante. Teatros jueves y domingo; tertulias, visitas; ¿en qué ha de parar? Naturalmente la buena pécora de la Leonorcica se ha de ir con el primer tuno que parezca; y todo por causa de su propio cónyuge. El viejo desvanecido, a su edad, está cogiendo la flor de la vida, sin aprender de su hermano el modo de vivir, el arte del casado. Ah, viejo, viejo majadero; ya verá lo que le sucede. Tan viejo soy, Jerónimo, que te llevo con dos años: quiera el cielo que tu juventud y tu sabiduría no sean fuentes donde bebas amarguras... Dicho y hecho: el día menos pensado se fue la cautiva con un fraile, o sería militar, que esto no se me acuerda. El joven se quedó pelando las barbas; y el viejo, el prudente viejo, no riéndose de su pobre hermano, sino compadeciendo su suerte, y dando gracias a Dios de la suya propia, que era buena, pues la Leonorcica, llena de estimación por su esposo, se llenó ella misma de virtud y buenas intenciones. El ilustrísimo Dupanloup fue el don Jerónimo desotra comedia; Víctor Hugo el don Manuel, aunque irritado: al joven se le subió el santo al cielo, al viejo le es fiel su gran esposa, la fama universal. Entre Esgaranello y Aristo, amigos míos, quedaos al más cuerdo, aun cuando tenga dos años más que vosotros, y sea viejo desvanecido.

Voltaire... No le hemos de aflojar al anciano de Ferney sin sacar algún provecho para nosotros. Los que censuran *Las catilinarias* a tanto por línea, dicen que esos *retratos personales* son indebidos e inusitados en las buenas letras: los autores que saben poner las cosas en su punto no andan buscando a moco de candil cogotes que *parecen cerviguillo de toro padre* ni *ojos de besugo*, ni *orejas que sirven de taragallo*. En cuanto a los pies, puede uno tenerlos como de banco, sin que este privilegio de la naturaleza sea contra la honra ni la felicidad del individuo. Marco Tulio Cicerón no sabía poner las cosas en su punto, cuando desde el *rostrum* o púlpito gentil le llamaba «cotudo» a Craso; y no tampoco así como quiera, sino pesando de abajo para arriba en ambas manos los lamparones con que la suerte adversa le favoreciera a ese famoso rico de su tiempo. El coto, nos parece, salvo error, no es defecto del alma, ni tacha sobre la conducta política a nadie. Pues el más grande orador de Roma le dijo «cotudo» en la tribuna al imprudente que le estaba molestando con tomarle en fantásticas contradicciones. Si esta autoridad no es válida, por antigua y precatólica, el señor conde don José acude en mi favor y me pone en cobro de la mala crítica. «Id —dice—, contemplad esa cabeza en el palacio de la Ermita; en esa cara está escrito el anatema de Dios; la frente abyecta nunca enrojecida por el pudor; los ojos apagados, que todavía parecen chispear de odio y lujuria. La boca... digo mal, ese *rictus* espantoso que corre de oreja a oreja; esos labios comprimidos por la malicia, siempre prontos a desatarse en sarcasmos y blasfemias; oh, no me habléis de este hombre».

¡Pobre Pachito! y lo peor es que se burlan de él negando en sus barbas la verdad fundamental de que cada palo debe aguantar su vela. Tras que le llama bocón el conde don José, sostiene que no lo ha dicho él. «Oh —dice—, no me habléis de este hombre». ¿Pues quién le ha cogido sobre ojo y le está bebiendo la sangre con la lengua? Ya veis que los *ojos apagados* de ese sátiro están chispeando de lujuria. Esta lujuria debe ser la tumba, yerta y repulsiva, simbolizada por los gusanos. Ojos apagados donde está chispeando la lujuria... *Aliquando bonus dormitat Homerus*. Atrevidillo es el semibárbaro, dirá por ventura cualquier europeo que por casualidad deje caer la vista en estas paginillas. ¡Venirle a poner el dedo en las mataduras a todo un conde José de Maistre! No señor, no soy yo quien tal ha hecho. ¿Pues quién, seo levoso? ¡Yo qué diablos sé! No sé sino que el dicho conde le había medido la boca a Voltaire, y tras prolijas operaciones trigonométricas vino en conocimiento de que ella era tan ancha como la entrada de la cueva de Montesinos.

Craso fue cotudo para Cicerón, Francisco María Arouet bocón para de Maistre: si mi autoridad literaria pudiera compararse con la de estos varones ínclitos, Ignacio Veintimilla sería patón para mí. Las sublimes bajezas de la elocuencia son como las *bajezas sublimes* del cristianismo: preciso es ser un Cicerón o un San Pablo para descender a ellas elevándose más y más a los ojos del mundo. Todo está en saberlas tañer; el que las sabe las tañe, dice por ahí una sentencia popular: cuando yo sepa tañerlas, veré si acometo a llamarle cara de caballo a mi amigo el general Ignacio de los Palotes; hasta cuando esto sucede, delineen a este grave romano los que entienden más de sombras y coloridos.

«General —le dice un día un granadino de campanillas, topándole en la calle—, ¡qué gordura es esta! ¿será cosa de enfermedad?»

«Sí, sí: acaba otro de decírmelo».

«En serio, general: usted debe hacer mucho ejercicio: estas carnes no son naturales».

«Estoy en ello; me han hecho ya esta advertencia».

«Vamos señor don Ignacio, repare usted en su persona:

esa cara...»

«Es de lo mucho que como: ya me lo han dicho».

«Esa sangre...»

«Es de lo mucho que bebo».

«Parece que tiene usted dificultad en dar los pasos».

«¿Y cómo no? si estoy hinchado. ¿No ve usted, doctor, que bebo ocho botellas de vino por día?»

«Hablo formalmente, general: es preciso curarse».

«Otro lo ha dicho ya, doctor».

«El vientre me parece que amenaza con...»

«Con una reventazón, sí, señor: acaban por ahí de decírmelo».

«El cuello...»

«Sí, sí: el cuello se me está acortando, se me está metiendo en los hombros. Si no me lo cortan con tiempo, acabaré por apoplejía».

«No digo eso, general; pero, en fin, su salud es preciosa».

«Estoy hidrópico; sí: otro lo ha dicho antes que usted».

«Los ojos...»

«Los ojos de besugo están hundidos, sí».

«La nariz...»

«Sí, sí, la nariz, sí: ya sé lo que usted quiere darme a entender».

«La boca, general...»

«La boca... inflamada, ¿no es verdad? Los labios, morados; los dientes, amarillos, mi doctor; sí, sí».

«Echo de ver que las manos...»

«Sí, las manos; parece cada cual pulpa de res fresca: gorda, trémula, torpe. Ya lo han dicho. Y de los pies ¿no me pide usted noticia, mi doctor? Pues sepa que son cuadrados de la hipotenusa».

Y con esto pasa adelante el presidente de la república dejándole absorto al médico granadino. Va este, cuenta por ahí la aventura a un compatriota suyo, maravillándose de la ironía de su excelencia: «Qué ha hecho usted, don Cayetano —se oye responder—; si le ha ido usted a echar el agraz en el ojo, o digamos *Las catilinarias* en la cara». Oír *Catilinarias* el doctor, correr en busca de ellas, leerlas de un tirón, y quedar abismado de la coincidencia, todo fue cosa de una noche. Ignacio *de* Veintemilla no dirá, por lo menos, que no le proporciono algún descuento de sus amarguras: entrar en un opúsculo de los míos junto con Craso el cotudo y Voltaire el bocón, no es moco de pavo. Él mismo, él, me brinda con un venero de imágenes y decires, que si fueran de Cervantes fueran la sal del mundo. Ha dado fiestas de toros en estos días a los penitentes de Quito: vestido de rey el pobre hombre, a semejanza de los indios que dan comedias en la fiesta de los magos, de pie sobre su excelso palco, se ha hecho oír de esta manera: «¡Soldados! mis enemigos son tan chiquitos, tan chiquitos, que todos ellos amasados no alcanzan a componer uno de mis pies».

Ya lo creo: para que sus enemigos pudiesen componer uno de sus pies, sería preciso los amasasen con polvos de rosas y aceite de ungir reyes encantados. Virgilio es, dicen, el autor más casto, pulcro y decoroso de la antigüedad: conceptos maliciosos, nunca en sus hexámetros; palabras vulgares, nunca en sus labios; todo puro, todo culto; aunque a mí se me trasluce que la pobre Elisa es arrastrada por ahí a una gruta, mientras sus vasallos andan en la batida, y víctima o poco menos, del atrevido hijo de Anquises. Delicada será la expresión que no descubre esa maldad del cariño: el concepto adolece de malicia, tanto como una estrofa de Anacreonte. En buena hora se me acuerda en esta página esa virtud de Virgilio, y el encarecimiento que de su limpieza hacen los autores; que de no, pudiera yo haber flaqueado, y en vez de polvos, de rosas y aceite de ungir reyes encantados, haber dicho ungüento de Holloway y asafétida.

«¡Soldados! —con razón decía el romano Jeremías Bentham—, llegaos a los soldados, y tendrás todo».

Que comer, que beber, que jugar, todo: espuelas y estriberas de oro macizo, con el siete por mil sobre los predios rústicos, en vez del uno que hasta hoy habían pagado los mogoles del Ecuador. Y lo dice Jeremías Bentham:

«¡Soldados! yo confío en tus bayonetas; tíes confiaos en mi espada».

Tíes, plural de ti. Gracias a Dios que la gramática va a ser reformada. ¿Para qué necesitamos el *vosotros* en adelante? Si en Santa Fe de Bogotá, ciudad cultísima, hay poetas que dicen *eréis* en vez de sois, nadie tendrá por encarecimiento y modo de capear a un gran señor esto de poner en sus labios *tíes* por vosotros: en Quito, en las cumbres de donde parte el rayo, se pueden oír y se oyen, cosas mejores.

«¡Soldados! mi espada hei dicho, esta espada que se hundirá en el abismo, antes que volverse contra mis comilitones».

En esto andábamos también fuera de camino. Había sido *comilitones* y no conmilitones.

«¡Soldados! los cuatro insignificantes que se llaman enemigos míos, vendrían a besarme los pies, si yo les ofreciéramos empleos».

Los pies, no, por Dios, señor don Ignacio: en ese caso la boca. ¿Por qué quiere usted matarnos por las narices?

«¡Soldados! ¿hais oído que a los valientes les llaman hombres de pelo en pecho? Sabeos que yo tengo no pelo solamente, sino cerdas, y muy largas».

Convenido; sino que lo de atrás pasa adelante su excelencia.

«¡Soldados! mis enemigos piensan que soy algún orejón como ellos: los he fregar».

¿Cuál, es más, esta arenga cívica o el sermón del padre capuchino? Y con su pelo y con su lana, ¿quién lo creyera sino los que le han oído? «A cada rato salía a dar un paseo en la galería de su tablado —nos cuenta un colombiano que tuvo la fortuna de verle—; así han de haber sido Manco Cápac y Moctezuma». Pangiel Urcon, embajador de Birmania, cuando se paseaba con su séquito en la Exposición Universal de París, no era menos interesante que el general Ignacio *de* Veintemilla en su tablado de toros en medio de su numerosa bebitiva: ¿hasta cuándo ha de ser comitiva?

«La reputación literaria de Montalvo está muy expuesta», ha dicho un viejo troglodita, habiendo leído el retrato del chagra en la primera catilinaria. ¿Qué será de mí, ay de mí, con el retrato del presidente? Ese bosquejo ha sido reproducido en periódicos y revistas de tomo y lomo, *La Patria* de Bogotá, verbigracia; y sobre ese bosquejo, en especial, he recibido cartas en las cuales anda el *chagra* hombro a hombro, con los personajes de La Bruyère.[*] Mi reputación está muy expuesta con los siete pecados capitales de la segunda catilinaria... Muy expuestos a irse a los infiernos están los bribones que no llevan a mal que uno los cometa cada día sino que otro los fiscalice y haga por refrenar a los malvados. ¿El inocentón que iba a proponer a la Academia Española (no sé si ha sido propuesto) adopte para su lengua las interjecciones del quichua, posee realmente el caudal de buen juicio y buen gusto necesarios para amenazar con el descrédito al autor de *Las catilinarias*? *La Estrella* de Panamá, *El Pueblo Chileno* y otros periódicos las han reproducido íntegras, como *modelos de literatura*, dicen en la introducción; y he allí que un pelele, alto, sobre sus zuecos, le amenaza al dueño de ellas con el descrédito literario. Autor de hacha y capellina, Cantú de segunda mesa, no tiene asiento en el banquete de los escritores, ni voz ni voto en hecho de composiciones que están fuera de sus alcances intelectuales. Si yo tratara de proponer a la Academia Española el *achachay* de los indios para su diccionario, pudiera correr peligro de que me tosiese don Juan Valera y me riese don Manuel de la Revilla; pero si Dios me ayuda, y mis retratos son copiados por artistas hábiles y muchos, ¿cómo he de estar expuesto a perder mi reputación? *Achachay*... ciertamente, los españoles no tienen manera de expresar sus sensaciones físicas, ni saben cómo han de decir que tienen frío: si no dicen *achachay*, se han de morir entumidos sin siquiera el desahogo de la queja. Por vía de calentarse, y a modo de com-

----

[*] El retrato de Veintemilla está trazado de *main de maitre* y vale un Potosí; dudo al propio tiempo, de que en sus famosos retratos La Bruyère haya escrito nada mejor que las dos escasas páginas que usted dedica al chagra.

José Carlos Mano

prar frazada deben aprender a decir *achachay*, que así lo desea un filólogo de tres al cuarto. Los indios cuando les duele la barriga dicen *ananay*: el protector del quichua está admirado de la bobería de los chapetones que no dicen también *ananay* cuando les aqueja el achaque de los indios. Fray Luis de León fue un porro, cuando no dijo *ananay* en sus ondas ni una sola vez; y Rodrigo Caro no supo de la misa la media, cuando puso:

> Estos, Fabio, ¡*ay dolor!* que ves ahora
> campos de soledad, mustio collado,
> fueron un tiempo Itálica famosa.

Debió haber dicho:

> Estos, Fabio, *ananay*, que ves ahora
> campos de soledad, mustio collado,
> fueron un tiempo Itálica famosa;

y el zahorí de las buenas letras estuviera contento; aunque no del todo; pues mientras no le digan *atatay* los que tienen asco de una porquería, como las que abrigan en el pecho los malsines envidiosos, no ha de tener por fija la lengua castellana. Bien pues: ya hemos hecho la preciosa adquisición del *achachay* para el frío, al *ananay* para el dolor, el *atatay* para el asco; ¿qué nos da el académico de la Argamasilla para el ardor? Este Quisquis de la literatura no se detiene en barras: si se quemó usted la mano con lacre o agua hirviendo, ¿qué más hubo sino decir *arrarray*? Diga usted *arrarray*, y écheles la puerta afuera a Quevedo y Tirso de Molina, quienes acostumbraban a decir cuando se quemaban. ¡Oxte! ¡oxte puto! Tan amigo es el historiador indiano de las cosas que principian por ox, que él mismo está en poco de decidirse por el oxte; por el oxte puto, con más gana; y en Dios y en conciencia devuelve a sus legítimos y únicos poseedores el *arrarray*, o la *arrarray*, interjección, tan entera como la madre que le parió. Si algo hubiera en este lugar de perteneciente al *Syllabus* o al *Índice*, allá con Miguel de Cervantes.

Sin recta derivación no hay neologismo razonable: los orígenes de la lengua de Castilla son las sabias, esos difuntos majestuosos que yacen largo a largo en las ruinas de Atenas y Roma, dando desde el sepulcro la ley de la cultura a las naciones. Del hebreo mismo tomaron muy poco los fundadores de nuestro idioma; el árabe, algo más; pero aún esta es lengua sabia y reconocida como una de las fuentes de la española. Ir a buscar términos cerriles de lenguas bárbaras para exornación de una de las más pulidas y sonoras de los tiempos modernos, es delirio de insensatos o majadería de tontos. Y estos son los que se proclaman ellos mismos jueces de las buenas letras, y precisores de infortunios literarios.

«Ya molestan tantos insultos». ¿Y quién le obliga a *maese Pedro* a leellos, poniéndole entre la espada y la pared? Tras el que parece insulto, el lector contemplativo y de buena fe no descubre sino el crimen acosado, el vicio escarnecido, la moral triunfante, las leyes divinas y humanas puestas en cobro y adoradas por su belleza y santidad. La ironía delicada es para culpables delicados: Alcides se va tras Caco, y alcanzándole, no le da a entender con finos circunloquios que es ladrón; levanta su clava y le fracasa el cráneo. Para un malhechor ordinario, más que ordinario, bestial; masa enorme de carne de la cual el demonio ha exprimido a toda fuerza la inteligencia y la virtud conjuntas con el género humano; sería fuera de tiempo y lugar la sal ática con que el dulce Andocides pudiera zaherir al brillante Alcibíades. Yo también si las hubiera con Napoleón el Grande, procurara gastar la pimienta de Horacio: para irme sobre jayanes y ladrones, el lenguaje de Teseo. Tácito y Suetonio deben *molestarlos* a los lectores remirados con *tantos insultos*, cuando tratan de Tiberio, de Nerón; ¿más no saben los historiadores de escalera abajo que los príncipes de la historia no le han perdonado ni los *scelleri* o posturas infames al hijo de Livia, ni su matrimonio con Sporo al hijo de Agripina? El rostro lleno de excrecencias, el cuerpo seco, largo y echado para delante de ese horrible tirano, son insultos que suenan mal a los oídos de los varones superfinos de nuestro tiempo. Tácito no lo pensaba así, y le seguía al monstruo hasta dentro de la cama para verle los tubérculos secretos y las llagas ocultas con que el enemigo de sus semejantes vivía padeciendo debajo del poder de las deidades propicias a los hombres. La murmuración individual no es sino el contingente que cada ruin pone en la derrama general de infames para perseguir al azote de crímenes y vicios, y traer a menos, si es posible, a los que ellos temen por rectos e inexorables.

Caco huía de Hércules: yo soy menos temible que este héroe; Ignacio Veintemilla no huye de mí; antes me sale al paso, me espera a la vuelta de la calle, y me descamina a cada rato. Por ahora don Antonio está andando más advertido; tiene cuenta con no llegárseme, y si pasa, es de puntillas, todo encogido para que yo no le oiga ni le vea. ¡Pobre don Antonio!, qué gana tengo de hacerle la mamola en esa cara de témporas y vigilias, viacrucis por donde malicia y tontera se han dado catorce revolcones. Íbamos tratando de la instrucción popular en Francia. Voltaire y sus enciclopedistas en contraposición con el pueblo cuya tercera parte no sabe leer ni escribir, vinieron citados para mí como pruebas del repartimiento desigual e injusto de las luces. Unos que saben todo y otros que todo ignoran, componen una de las naciones más ilustres de la tierra. En la patria de Bossuet, Fenelón, Boileau, hay personas, y en gran número, que no aciertan a poner sus nombres. Los últimos años, de cien parejas que se llegaron al corregimiento a casarse ante el juez civil, no pudieron firmar su contrato de matrimonio sino treinta y cuatro. La desproporción es horrible. En la Confederación Helvética, según que lo hemos visto, habría tres que lo firmasen de modo imperfecto; que no lo firmen de ninguna manera, ni uno solo. Entre los soldados, 16 por ciento no saben leer ni escribir: la orden del día del coronel alemán a su batallón no cabe en la ilustrada Francia; pues el buen jefe se expondría a escarnecer y volver despreciable todo su cuerpo de tropas. La ignorancia entre las mujeres es mucho mayor que entre los varones en Francia; y tan infeliz la suerte de ellas, que, en ciertas provincias, como las mencionadas por Aimé Martín, la mujer, uncida con el burro, está arando de cinco a cinco. Michelet, en su libro titulado *La femme*, corrobora la triste noticia del de la *Educación de las madres*. Michelet dice lo propio, que en Francia, en pleno siglo XIX, la mujer campesina, uncida con el asno, rinde su tarea en ocho o diez horas. Las lamentaciones de este ilustre autor parten el corazón, como dicen. ¿Los que nos llaman bárbaros a los sudamericanos hallarían en nuestras haciendas una *chagra*, una india que corriese tan triste suerte? La marquesa de Sevigné, la condesa de Grignan, sabias como son y maestras en la pluma, admirarían la ignorancia de sus compatriotas; mujeres piadosas como la señora de Chantal, se caerían muertas de dolor al ver una criatura de su sexo puesta allí en lugar de buey. ¿Y el hombre que empuña la esteva y va arreando la yunta, tiene el valor de usar de la aijada contra su mujer? ¿La punza, la hiere cuando roncea la infeliz porque no puede más? Los turcos tienen suntuosos hospitales para los perros; los hombres mueren en extramuros de las ciudades, sin que nadie se detenga a mirarlos: lord Byron vio un cadáver humano en una calle atrasada de Constantinopla, y cuenta con horrenda precisión cómo el pelo del muerto se enredaba en los dientes de los canes que le estaban royendo el cráneo. En Francia se han fundado sociedades cuyo fin es proteger a los animales contra la brutalidad de los arrieros, y allí está la mujer del campo sin que nadie se acuerde de ella. Digo mal, nadie: Aimé Martín, Michelet y otros impíos excomulgados por los clérigos católicos, llevan sus pasos por esos lugares de dolor, desentrañan esos secretos, y con santa cólera refrenada por las lágrimas, sacuden esos trapos asquerosos de la sociedad moderna a los ojos del mundo espantado de su propia barbarie.

Yo vi, siendo muchacho, en una hacienda de Imbabura adonde había ido por recreo, un espectáculo que hubiera hecho de mí un Horacio Man, un Carlos Sumner, si la esclavitud no hubiera sido abolida antes que yo fuera hombre. Era un trapiche: entrando adonde molían la caña, quedé aterrado: los negros, medio desnudos, estaban todos con mordaza. Debí de haberme puesto pálido: pregunté allí qué significaba eso, y vine a oír que era para que no chupasen una caña; una caña de los mares de esa planta que ellos regaban con el sudor de su frente, la sembraban, desherbaban y cosechaban, todo de balde. El estómago vacío y sediento; el pecho encendido con el fuego del clima, la garganta árida, el cuerpo entero, la naturaleza estaba exigiendo vivamente un bocado de aquel zumo bienhechor; y refrigerio tan abundante, tan fácil, imposible para esos desdichados. ¡Gran Dios! ¿son hombres, son fieras los ricos? Negros esclavos, hombres cosas, eran tratados de ese modo en una república hispanoamericana; ya no lo son: la blanca libre, uncida al yugo, ara la tierra en Francia. El género humano tiene mil defectos de armadura: el filósofo, el moralista pueden herirle por mil partes con sus flechas. La desigualdad de las clases sociales, a despecho de la Revolución francesa, es todavía clamorosa en todo el mundo: las costumbres conservan impíamente lo que las leyes han abolido. En Francia cuya capital, dicen, es el paraíso de las mujeres, hay departamentos que sirven a las mujeres de lugares de expiación; y no porque esta nación perínclita no haga nada tocante a la igualdad de las cosas que deben ser comunes a todos, sino porque los males sociales suelen ser pertinaces, bien como ciertos achaques físicos que se burlan de la sabiduría misma. Hay actualmente en la república 74.340 escuelas de enseñanza primaria, fuera de las casas de asilo, que contienen más de cinco millones de niños; y con todo, más de doscientos mil hijos del pueblo están privados absolutamente de instrucción: no saben leer, escribir ni contar; no saben la doctrina cristiana, ni la señal de la cruz: no tienen, por tanto, idea ninguna de religión ni moral, de derechos ni deberes. Esta parte desventurada de la asociación civil, creciendo en el desamparo, luchando con el hambre, sin familia, sin hogar, ni arbitrios para la vida, rompe por todo, declara guerra a muerte a los que así los abandonan, y, teñidos en sangre, van a arrastrar las cadenas en los depósitos de criminales, o bogan el remo de las galeras, condenados a trabajos perpetuos. Sería cosa de pedirle a Dios que en las naciones cultas hubiera menos sabios, menos filósofos, menos escritores, menos poetas, menos diplomáticos, menos guerreros, menos varones ínclitos y menos ignorantes. Esto de que todo lo sepan unos y nada otros, es fuente de tantos males como eso de que todo lo poseen unos y nada otros: el hambre del espíritu, la desnudez del cuerpo. Que todos sepan leer, escribir y alabar a Dios, es tan necesario como el que todos tengan un plato de comida y un trapo con que cubrirse. Esta, esta igualdad es la que deseamos, y la que hará la felicidad de los hombres, algún día.

Más de doscientos mil niños no saben leer ni escribir en Francia; pero entre estos no se cuenta el presidente de la república: dicen que monsieur Thiers sabía leer; no es cosa bien averiguada; escribir sí, parece que sabía el vejezuelo; a menos que nos haya hecho una pega a todos vendiéndonos por suya la *Historia del consulado y el imperio* cuando no hizo sino rotarles a unos huérfanos de Marsella, cuyo padre, viejo notario de anteojos y peluca, la dejó entre sus pingos y los procesos que él mismo había hurtado de la escribanía. *La historia de la Revolución francesa*, otro que tal, vino a su poder comprada en cinco reales en el cajón de un mercachifle del Puente de las Artes o del muelle Voltaire. Allí estaba el manuscrito entre un catalejo del tiempo de Galileo, un sombrero apócrifo de Robespierre y un búho embalsamado, cuando el tío Adolfo, pasando una tarde, reparó en ese tesoro, y echándoselo al bolsillo al mercachifle, se fue con la obra maestra, por cinco reales, como queda dicho. Al general Ignacio *de* Veintemilla le pueden convenir estos apuntes, para que alegue en su favor que el primer presidente de la República Francesa no sabía leer tampoco. Mal de muchos, consuelo de bobos. Por vulgar que sea el refrán, aquí viene como de perilla. Mac-Mahon no es un Bismarck, pero sí un hombre ilustrado y caballero de punto, no menos que soldado valeroso: y Grévy, el actual presidente, lo ha sido antes del Cuerpo Legislativo; vale decir que es varón provecto, si en política, si en letras humanas. Aunque para ilustrado, ninguno como nuestro Ignacio *de* Veintemilla: «Venga usted acá —le dijo un día al rojito Marcos Alfaro en Guayaquil—; usté me escribe y firma hoy mismo un papel en el cual dice llanamente que es católico, apostólico, romano, y que se propone defender los intereses de la Iglesia como un verdadero obispo. Su *Popular* me va a costar medio millón de pesos». Los iba a poner él de su peculio en la campaña que el dicho periódico le obligaba a abrir contra los clérigos. Que la ignorancia es atrevida, todos lo saben; que la estupidez fuera graciosa, no lo habíamos sabido todavía. Otro día volvió a llamar al liberal de rompe y rasga y le dijo: «¿Ha escrito usté el papel?» «No, señor». «¿Y por qué?» «Porque no me parece urgente esa profesión de fe. En cuanto a proponerme defender como un obispo los intereses católicos, no puede ser, porque no soy ni diácono». «Pues, sepa usté —replicó el jefe supremo—, que yo sí soy diáfano con los que van por donde yo los dirijo; pero soy impertérrito, y hasta sutil, con los que me resisten en mala hora.

Hubo tiempo en España donde los católicos daban la comunión a moros y judíos, «boquiabriéndolos con una artimaña de madera», dice Mor de Fuentes, traductor de Gibbon; bien amarrados o puestos en el cepo. Las maldiciones, los reniegos con que esos escogidos tomaban la hostia en la lengua eran moderaditos en gracia de Dios. ¿Quién creyera que escenas semejantes se habían de reproducir en el año de gracia de 1876 en la clara y libre América? ¿Conque Ignacio *de* Veintemilla, nuevo Felipe II, los va a comulgar a los rojos del Ecuador, boquiabriéndolos con artimañas de madera? Y cuidado, que él es muy diáfano, si abren la boca, buenamente: si se empeñan en apretar las mandíbulas, es impertérrito, hasta sutil. ¡Cielos! ¿Estos son los hombres que llegan a mandar entre los ecuatorianos? Pues que los comulguen amarrados, y los boquicierren con artimañas de cuero a esos católicos, apostólicos, romanos. Ignacio *de* Veintemolla prisa por ser católico; Antonio *de* Borrero y Cortázar aprieta con la herejía: ¡qué par de caras de caballo! Estos dos bodoques, arriero el uno, escudero el otro, han hecho de la religión la albarda de la venta: el uno tira que tira, el otro teñe que teñe. Cada cual de ellos es más católico que el Sacro Colegio, y por nada quiere que el otro lo sea. Al fin y a la postre, ¿cuál ha sido el verdadero defensor de la religión? Está claro: don Antonio, como perdido, corrido, sucumbido; burlado, desterrado y *fregado* es el hereje. El mudo, comiendo pavo en medio de jesuitas, descalzos y capuchinos, es el católico.

La *Ilustración española y americana* dijo no ha mucho que se veía en la necesidad de hablar una cosa como francés, como castellano, para ser entendida por los españoles; pues si hablamos lengua pura, ¿quién nos entendería? Estos chapetones sí que no se andan en chiquitas, y dicen unas de a puño, de las de a pocas en libra. Nosotros, semibárbaros del Nuevo Mundo, pensamos por el contrario que, lejos de dar pábulo a la ignorancia y fomentar el abuso, los que llevan la voz o tienen la *batuta*, deben dar la ley de la cultura, oponiéndose a pecho descubierto a la prostitución y ruina de lengua tan primorosa como la castellana. Fuera de este punto, en el cual vamos con *La Ilustración* de Madrid por riberas opuestas; fuera de esta ligera disparidad de opiniones, digo, en todo lo demás estoy en un corazón con esa bien traída cachupina; tanto más cuanto ahora mismo voy a beneficiar su ejemplo en mi favor, ora tocante a la doctrina, ora al atrevimiento, como uno que no se anda en tiquismiquis, dice de sopetón *fregado*. Si no digo *fregado*, ¿quién me ha de entender en Sudamérica? El general Veintemolla dijo también no ha mucho en la plaza de toros que los había *fregar* a sus enemigos. Con estotra autoridad, que es más que una Academia, queda dicho fregado y quieran los manes de fray Luis de Granada, fray Luis de León, el padre Nieremberg, el maestro Ávila, Malón de Chaide, Cervantes y Jovellanos, recibir en los brazos ese neófito y echarle el agua de la lengua castellana.

Cuentan por ahí que el rey Luis XIV dijo una vez por equivocación en masculino un nombre del género femenino: habiendo caído en la cuenta de su error el augusto monarca, se encendió en vergüenza, de suerte que las orejas parecían ascuas vivas. ¿Qué hicieron sus cortesanos? salieron algunos de los camastrones, y a la vuelta de seis horas andaban circulando por la ciudad de París magníficos artículos con firmas ilustres, en los cuales aquel vocablo hembra se había convertido en macho, no siquiera de la noche a la mañana, sino así, del mediodía a la noche. Desde entonces quedó variado el género de ese sustantivo, y ahora sería cosa de bozales ir a proferirlo o a estamparlo con sus antiguas enaguas. Si mal no se me acuerda, ese vocablo es *carrosse*; femenino antes del rey don Luis, y masculino de entonces para acá. Debo advertir solamente que el autor de esta noticia no dice tantos disparates en la materia; y aún se me trasluce que eso de los cortesanos es puro sueño y patraña de mi geniecillo invencionero; sueño y patraña, eso sí, que envuelven un perfil característico de los palaciegos. Cuanto al *fregar* de Veintemilla, es la verdad entre dos platos. Si Luis XIV pudo variar el género de un nombre, ¿por qué estotro rey no ha de ser poderoso a introducir en el buen hablar un término bahúno? Por algo ha de ser tan ilustrado, y algo tendrá el vino cuando lo empinan sobre el codo.

El ministro de la Guerra se presentó una vez al presidente de la república disputando acaloradísimo con el de Relaciones Exteriores: los dos Bismares deseaban que el rey decidiera, si cuando se disputaba fuertemente con una mujer, en lo más recio de la indignación se le podía decir: «¡no señor!» El juez literario, después de echadas bien sus cuentas, resolvió que, si la mujer era del sexo masculino, se le podía decir: «¡no, señor!» Salomón no hubiera dado sentencia más cumplida. «Mi general, de miedo de que me mate vuecelencia», respondió un pobrecito cadete que había hecho algunos marros, y estaba allí temblando, reconvenido por el presidente. «¿Y cuándo te he matado, pícaro?» gritó con furia el noble militar. «Tiene buen corazón —he oído algunas veces, aludiendo al más perverso de los nacidos—: ladrón es, pero tiene buen corazón». Tiene buen corazón, a nadie mata dos veces. A Vicente Piedrahita no le ha matado sino una vez; y por esta bagatela no se cansan de clamorear los hipócritas defensores de la vida humana, de hombres útiles e inocentes. Al negro José Julián no le mató ni una vez: no le dio sino un lanzazo a traición, cuando el moreno estaba abrazado con un compadre suyo; pero el negro, negro al fin, no quiso morir de redondo. Y le llaman perverso los demagogos al angelote que no hace sino derramarle las tripas a un negro que se halla en brazos ajenos; a Ignacio Veintemilla que tuvo la inverecundia necesaria para mangonear de verdugo, y poner en el patíbulo a Manuel Tomás Maldonado. Ah, ya no hay reír ni sonreír: ese malvado modifica mi humor, cuando sus alevosías y traiciones, sus delitos y crímenes acuden en tropel a mi memoria. Esa masa enorme de carne medio podrida ya, con dos pedazos de vidrio clavados en una pulpa de buey que habrá sido cara en otro tiempo, alimenta en las entrañas esos animales aciagos que se llaman traición, asesinato, incesto, bichos cubiertos de lana que ortiga a los que los tocan, y causan enfermedades incurables.

La belleza interior de Sócrates trasciende al exterior de su persona, y el más feo de los mortales viene a ser el más hermoso de los hombres, según la expresión de su discípulo Alcibíades. Inteligencia empapada en emanaciones suavísimas de otro mundo; castidad ennoblecida por la intención, como que no falta por el ímpetu de la sangre; abstinencia que admiran los espíritus; bondad con el género humano, tolerancia, sufrimiento; modesta alegría; esa con la cual está de continuo sonriendo a las sobreviencias y atropellos de la irreducible Xantipa; todas estas virtudes y muchas más repujadas afuera, componen esos toques y perfiles llenos de divinidad que infunden amor y veneración en los filósofos. Un hombre bien apersonado, bello, si queréis, será el más feo de los nacidos, cuando crímenes y vicios le desfiguran adentro, y su rostro, espejo de su alma, está reflejando las apostemas podridas, las excrecencias pútridas, los azotes enconados, las úlceras infectas, la sarna asquerosa que envilecen y desgracian ese corazón perverso, esa alma entregada al demonio aún antes de que rompa su cárcel por orden de Dios, y vaya a sepultarse de cabeza en los infiernos.

El pecado es feo en todas sus edades; el pecado viejo, pertinaz, cerdoso, es monstruo que no imaginarían ni los inventores de la mitología. Bello, jamás el hombre sin ventura que ha perdido el respeto por sus semejantes, la vergüenza que es el prurito de las almas inocentes; el temor de Dios, y el miedo de ese abismo que se nos está abriendo al otro lado de la sepultura con nombre de inmortalidad. Lázaro, cubierto de lepra, bañado de pus, caídos los dedos de falange en falange, es el feliz; Ignacio Veintemilla, sentado sobre un millón de duros, rodeados de sumisos palaciegos, asqueando vinos y manjares deliciosos, es el desgraciado: Lázaro tiene la elefancia en el cuerpo. Ignacio Veintemilla la tiene en el alma. Y aun por de fuera ha perdido el miserable las proporciones sin las cuales no puede haber hermosura ni simpatía: el Gran Mogol se pesaba cada año en una balanza de oro; siendo esta ceremonia la mayor y más solemne del imperio; cuando sucedía que el peso se aumentara una o dos libras, los mogoles, los habitantes más dichosos de la tierra; y tan próspero suceso era festejado con juegos nacionales y regocijos públicos. Ignacio Veintemilla acaba también de pesarse por el año de 1881: él no se pesa en balanza de oro, como el Gran Mogol; se ha pesado en la romana pública del rastro; y como el serenísimo señor resulta este año con media arroba más de carne y grasa que el anterior, ha decretado corridas de toros y grandes alegrías nacionales. Los quiteños, mogoles de Sudamérica, son dichosos: el Gran Mudo ha pesado más que el año último; pues a beber, a bailar, a manifestar alborozo de mil y mil maneras. Catorce muertos y veinte heridos en aras del Gran Mudo: no es cosa; en las de los ídolos mejicanos caían hasta veinte mil por año, dicen ponderativamente. ¿Tienen derecho de queja esos mogoles? Ayer no más andaban todos ellos santiguándose por las calles, porque el Gran Mogol había hecho castrar un médico de los suyos; hoy se tiran a solemnizar su gordura, a darle el gusto de verle y oírle en la plaza improvisada de toros. Ciro corrompió e infamó a los lidios para afirmar su tiranía: les habituó a los festines, les dio vino a manta de Dios, les proporcionó bailes, escaramuzas y mascaradas, y no paró hasta cuando los hubo vestido de mujeres. Si el Gran Mogol de Quito quiere vestirlos de peliforras a los ecuatorianos, ya ellos están a punto; no habrá uno solo que rechace las enaguas, tanto menos cuanto el señor ministro de lo Interior y Relaciones Exteriores es una pelandusca que se pone tiempo ha bajos o centros de bayeta amarilla, zarcillos de perlas falsas y sortijas de hueso de coco. Bajos o centros son los que ellos, en su gran idioma quichua-hispano, llaman *ucunchi* o *incunchina*, para eterna risa de don Francisco de Quevedo, quien llama bajos la ropa blanca o las enaguas de la Capilla Real. Ellos, los pelanduscas machos, son los *ucunchis*, en su vil sometimiento e infame condescendencia; lo que las hermosas españolas se ponen debajo de la saya, no tanto por abrigo, cuanto por dar realce a los miembros tentadores, no son *ucunchis* ni *ucunchinas*, como los de los valientes ecuatorianos, sino bajos o centros, que son los términos castizos. Pueblo donde se azotan mujeres y se castran hombres debe tener el *alma triste hasta la muerte*, y no es así. «*Il y a eu pendaison par ici*», escribía madame de Sevigné a su hija de la Baja Bretaña a París; y lo decía en *post scriptum*, como el asunto más baladí de la carta. «*Il y a eu pendaison...*» ¡Gran Dios! ¿dónde está el corazón de la mujer? ¿dónde la nobleza de sentimiento en ese ánimo siempre elevado? «*Il y a eu pendaison par ici*», esto es, ha habido ahorcaderas por aquí. El rey había mandado ahorcar a veinte o treinta bretones, y la ilustre señora no halló otro modo de dar la noticia, sin comentario ninguno, que este: «*Il y a eu pendaison*»; ¡ha habido ahorcaderas! No, yo no diré: ha habido *capaderas* en Quito, y los quiteños se han tirado a un espectáculo de alegría en turbiones inmensos. Yo diré: se ha mutilado a un hombre, se ha escarnecido al género humano, se ha ofendido a la asociación universal, se ha hecho un insulto a la religión, y los hijos de una ciudad cristiana y presumida de culta, han volado a festejar al capador, al verdugo de la majestad de la especie humana. «La bajeza es la que por de contado, produce la tiranía; y por justa reacción la tiranía prolonga la bajeza». Este modo de decir de Chateaubriand sale horriblemente verdadero en la práctica: no hay tiranuelo que no lo sea, gracias a los viles que le impulsan; ni viles que no vean fomentada su vileza con el premio que por ella le dan los tiranuelos. Este Ignacio Veintemilla, que ya es un monstruo, obra es de los guayaquileños: sin su condescendencia, pudo haber mandado, pero con freno y respeto. Cuanto a los quiteños, con decir que Veintemilla los castra, y les consuela con corridas de toros, dicho se está que son la flor y nata de los hispanoamericanos.

Veisse, prosélito de Hegel, piensa que muy bien puede ser que unos hombres sean inmortales y otros no; suposición espantosa que tiene sus sombras y lejos de verdad: si uno como Ignacio Veintemilla tiene alma, ¿de qué modo se manifiesta en él esta parte celestial de la humana criatura? Alma es inteligencia; donde no hay inteligencia, no hay alma. Alma, es virtud; donde no hay virtud, no hay alma. A lo menos sucederá que ciertos individuos, puesto que tengan alma, no tendrán espíritu. El alma es el asiento, la morada del espíritu: es la pupila del ojo, como dice un Santo Padre; puede ser que todos tengan alma, y muchos carezcan de espíritu, bien así como sucede que muchos tienen ojos, y carecen de vista. Ella será, en este caso, asiento sin persona, nicho vacío, que por exceso de ruindad en el dueño de esa alma, no ha descendido a llenarla el ángel que en los filósofos, los sabios, los poetas excelsos, los varones ínclitos se llama espíritu o partícula desprendida en silencio del todo vasto y luminoso que ocupa cielos y tierra con nombre de Dios. El materialista Broussais decía: «Treinta años ha vivimos ocupados en disecciones, y nunca la punta de nuestro escalpelo ha topado con un alma». ¡Qué gentil pieza! ¿quién le ha dicho al amigo Broussais que el cadáver tiene alma? Búsquela en cuerpo vivo, y puede que la halle, aunque no sea sino de cántaro. Si la busca en el de Ignacio Veintemilla, seguro es que topa con un cerdo. La sonámbula de Teófilo Gautier no es más delicada, aérea, que este hijo invisible de las Musas, ni tiene relaciones más secretas con seres de otros mundos. Pone el oído a la música de la tumba, y se está temblando de placer, heridos por la chispa eléctrica de la inmortalidad: cierra los ojos, y ve allá, allí, un abismo lejano, bañado por luz desconocida para nosotros; ve, digo, cosas tan bellas, que le hacen sonreír con alegría inefable. Alarga el brazo, como quien busca el apoyo de la eternidad, y mueve el pie hacia un infinito lleno de sombras embelesantes. Somnámbulo maravilloso, ente divino huye de la tierra, y entre resplandores y música de serafines, húndete en la nada temible, donde por ventura hallarás el secreto de las cosas y la resolución de los enigmas eternos.

Inglaterra, patria de Newton, no es de los pueblos más adelantados. Si en Francia hay doscientos mil niños que no reciben educación ninguna, los privados de luces comunes en Inglaterra, hasta ahora poco, eran dos millones. La mitad de los miembros de esta gran monarquía, poco más o menos, no saben leer ni escribir, llevándose la mayor parte de tan negra herencia Irlanda la católica. El pan del espíritu anda allí tan escaso como el del cuerpo: el hambre de uno y otro es mortal. ¡Hambre, digo! No a más de veinte años, de cien ingleses detenidos en Preston, cuarenta no habían oído jamás el nombre de Jesucristo; no sabían que María diera a luz en el retablo el Salvador del mundo; ignoraban el argumento del poema sublime que conocemos con el nombre de Sagrada Escritura, y no les era dable responder quién hizo la luz ni el universo. No hay francés, aun de los que no saben leer ni escribir, que no haya oído el nombre de sus reyes; de esos mismos cautivos de Preston, sesenta individuos no sabían el de doña Victoria, reina de la Gran Bretaña, emperatriz de la India. Los esfuerzos del Gobierno han sido insuficientes para sacar de las tinieblas al pueblo cerril de las montañas de Irlanda y del país de Gales; necesario ha sido que los filántropos o amigos del género humano le presten su cooperación: las sociedades de instrucción pública han hecho progresos increíbles: en ocho años el número de niños asistentes a las escuelas ha subido un millón. A este paso no habrá dentro de cincuenta años ingleses que ignoren el nombre de su Dios y el de su reina. En Bélgica, otro que tal, la ignorancia anda con vara alta: el cuarenta y nueve por ciento de sus hijos carecen de toda instrucción: de cuarenta y nueve a cincuenta ¿qué va? ¡Santo cielo! la mitad del pueblo belga no sabe leer ni escribir, ni contar, ni alabar a Dios, ni firmar su contrato de matrimonio; y con todo, Bélgica no se halla entre los pueblos atrasados en el mapa de Manier. Si estos son los adelantados, ¿cuáles serán los atrasados? ¿y cuáles los muy atrasados? Las sombras avanzan y se espesan hacia el mediodía de Europa: Italia entra ya entre la categoría de las naciones atrasadas; y con razón, pues no ha más de diez años, el 71 por ciento de los italianos ignoraban por completo las primeras letras. Los Estados Pontificios y el reino de las dos Sicilias eran, y son todavía, los más ignorantes: el Gran Ducado de Toscana y el Piamonte han hecho esfuerzos continuos por no quedarse atrás de las demás naciones. Milán, ciudad cultísima, a despecho de la opresión de los austríacos, era el París de Italia: Beccaria, Manzoni y Silvio Pellico echaban afuera ráfagas encendidas de su espíritu, y comunicaban luz y animación a su patria. Los Bombas de Caserta, los lazzaroni de Nápoles, los bandoleros de Calabria eran la sombra, sombra inmensa, de la península itálica. La unidad de provincias, el nuevo Gobierno, el impulso de los patriotas eminentes, están haciendo progresos en la instrucción pública, fundamento sin el cual no ha de levantarse una nación a la cumbre de donde la contemple maravillada la posteridad.

Pueblos atrasados son hoy, naturalmente, los que fueron muy adelantados. Cuando Pericles levantaba el Partenón por mano de Fidias, cuando Aspasia reunía en su casa la flor de Atenas y daba lecciones de buen decir y ejemplos de donaire; cuando Pausanias y Arístides rechazaban en Platea herida de muerte a la barbarie; cuando las señoras de Corinto, las niñas hermosas, ceñida la túnica de púrpura con torsales de oro, asistían a las escuelas; entonces Grecia era de los pueblos muy adelantados: hoy cuando los siglos y los turcos han batido en ruina la Acrópolis, el templo de Minerva; hoy cuando la Elida no ve congregarse los Anfictiones en su recinto sagrado; hoy cuando la cuna de Alejandro no es Macedonia sino Albania, guarida de ladrones, Grecia es de los pueblos muy atrasados.

¿Y España? ¿España? ¡Pobre España! España es también de los pueblos muy atrasados. Cuando Manier hubo exhibido su gran mapa, de la instrucción popular, algunos españoles de esos que dan ciento en la herradura y una en el clavo, pusieron el grito en el cielo, apellidando envidia, calumnia de los franceses el lugar que su patria ocupaba en el terrible mapa. Pero otros, que no todos llevan el rabo tuerto, hicieron oír voces de dolor, dejando la cólera para cuando el caso lo pidiese. El autor del mapa no ha hecho sino servirse de las estadísticas oficiales, ¿cómo nos calumnia? Si hay error, él estará en los encargados de componer el censo; si calumnia, en el Gobierno que lo ha dado a la luz pública. ¡Cómo refresca el alma encontrar con hombres verídicos y sinceros! A los nobles chapetones que así hablaron, de bonísima gana los llamamos hermanos y los tenemos por tales. «Lo que importa es —dijeron estos—, no ocultar la verdad y andar a la greña, sino poner el hombro a la empresa de pasar adelante y dejar de ser *pueblo muy atrasado*». Ahora veinte años cabales, en 1861, el 75 por ciento de los españoles no sabían leer ni escribir, ¡qué deshonra! De las mujeres, pobres mujeres, el 86 por ciento. Apenas si están olvidando los viejos de América el sombrío principio que de sus mayores habían heredado: esto es, que las mujeres no sabían leer ni escribir; ¿y por qué, si gustáis, hombres anticuados, viejos feroces? Ah, sí, porque no se hallen las pobrecitas en aptitud de ponerse en correspondencia epistolar con sus pretendientes. La causal es de tomo: cuando un pelucón de chaleco verde escupe por el colmillo estas máximas de Agesilao, firma el rey. Pero los españoles *pelan la pava*, y no han menester cartas ni billetes, bien pergeñados. ¿Sabéis, amigos del Nuevo Mundo, lo que es *pelar la pava* en Madrid, Sevilla, Zaragoza? *Pelar la pava* es comparecer allí un enamorado, con el embozo hasta las narices, a boca de noche, se entiende; sombrero de ancha ala, puñal al pecho: llegarse callandito al pie de un balcón, y oír la gloria en el ¡pist! que baja de allá envuelto en aromas del paraíso. La bella que a las veces es bellaca, sale de entre cortinas y celosías, *pian, pianino*, para que ni la sientan ni la vean, se cuelga en el antepecho del balcón y tira de aquí, tira de allí, al cabo de un cuarto de hora se han dicho las de Calisto y Melibea, y se han prometido las de Diego Marcilla y doña Isabel de Segura. Esto es *pelar la pava*. Nuestros augustos padres, que tantas cosas buenas nos dejaron, anduvieron cucañeros en el presente más lindo: ¿por qué se llevaron, cuando los pusimos en la calle, el *pelar la pava*, sin dejarnos ni las plumas? Preciso es que los sudamericanos sepan lo que es *pelar la pava*, para que la pelen en regla, y no se anden por ahí dándose de hocicos con abuelas celosas, tíos entrometidos y dueñas impertinentes, que en la

272

mejor ocasión, por falta de saber nosotros *pelar la pava* como es debido, nos cogen entre dos puertas y nos trasquilan a cruces, si no hacemos la del humo.

Y no vaya nadie a pensar que en España el descuido de la instrucción popular es absoluto: los pasos que esa antigua nación europea ha dado hacia el siglo XIX son largos, y muy largos. Caída en tierra después de los grandes reinados de Carlos V y Felipe II, ha vuelto a ser respetable, y aun temible, gracias al carácter de sus hijos que se empeñan, ahora más que nunca, en tomar sus *recuerdos por sus esperanzas*. De Rienzi, Porcaro y otros repúblicos de Roma, ha dicho madama de Stael esta linda expresión: en ellos los recuerdos no fueron sino flores de la tumba: Roma, muerta, y bien muerta, no quiso resucitar entonces, y no resucitará si Apolonio Thyaneo viene a tocarla con su varilla mágica. Su cadáver, como el del gigante Ticio, ocupa nueve yugadas de tierra en el infierno: si volviese al mundo, crecida dos mil años, no tendría por donde extender y desperezar los miembros. España ha resucitado, pero no del todo: apenas si le vemos la cabeza fuera del sepulcro, levantándose con afán y dolor sobre los codos. La España de Felipe II cuya Invencible Armada hizo temblar a la hoy reina de los mares, llegó a tal extremo de decadencia y miseria, que en tiempo de sus malos reyes posteriores no se veían por toda flota y poder marítimo sino dos o tres pontones abandonados en una triste bahía.* Cuanto a la patria del Albucense, que supo todo cuanto hay que saber según su epitafio: la de Hurtado de Mendoza, Fuenmayor, Mariana y otros escritores de más de la marca, esa nación esclarecida llegó a no tener más que traductores zarramplines que no sabían ni su lengua ni la ajena. Hoy que está en tela de juicio si Castelar es o no el más grande orador del mundo, España, aun cuando pierda el pleito, puede blasonar de haber producido últimamente algunos de los varones más conspicuos de nuestra edad, en lo tocante a las letras humanas, puesto que, al volver la cabeza, topemos con Calomarde.

....
* Buckle.- Spain.

Si algún laborioso hispanoamericano acometiera la empresa de componer un mapa de la instrucción popular en nuestras repúblicas, atajado se vería de razones, y muy alcanzado de datos y materiales. Las estadísticas son lo más difícil de la administración civil en pueblos como estos, donde los ciudadanos, cautelándose de día y de noche de las providencias del Gobierno, temerosos de nuevos males, se niegan a contribuir para el descubrimiento y la fijación de la verdad. ¡Oh verdad lamentable! queda, queda escondida debajo de tus sombras, primero que vengas a afligirnos con tu tristeza y descorazonarnos con tus horribles números. En Portugal, por 70 niños uno va a la escuela; en ciertas repúblicas de las nuestras el cómputo sería aún más lastimoso; podemos afirmar que el 80 por ciento de los habitantes no sabe leer ni escribir. Los indios componen la tercera parte de la población en algunas provincias de Bolivia, el Perú, el Ecuador, por ejemplo; y en algunas la mitad. De entre la clase social que llamamos *cholos, chagras, rotos, huasos, huaches, léperos, gauchos*, esto es, mestizos, en las ciudades y los campos, la cuarta parte quizá van a la escuela cuando niños. Los negros, en las poblaciones marítimas, no saben leer ni escribir. Los zambos, los mulatos, optan por el machete y el cuchillo; como sean hombres de tirarse al agua y darle de puñaladas por la barriga a un cocodrilo, luchando cuerpo a cuerpo, no han menester papel ni pluma. El estado llano, por la mayor parte, es inclinado a la ilustración: de él salen jurisconsultos, médicos, sacerdotes; si bien, lo digo con dolor, entre estos científicos de capa y gorra cinco por ciento escriben con propiedad, porque han visto la gramática y han tomado libros para leer en ellos.

Siendo yo minorista fui de puro intruso a un acto literario en la Universidad de Quito: el examinado era un doctor en jurisprudencia que iba a cumplir con la última disposición de la ley para quedar abogado perfecto. «¿Cuáles son las figuras de dicción?», preguntó uno de los catedráticos. «Metempsicosis, parálisis, metamorfosis, parásitos, fósiles, temístocles, hiperbotones», respondió con admirable desparpajo el señor doctor. Y como las definiciones de estas figuras, y los ejemplos que adujo fuesen correspondientes en un todo a sus nombres, fue aprobado por unanimidad. En poco estuvo que la honorable corporación no le proclamase Doctor Sutil o Doctor Iluminado. Este albucense acaba de ser presidente de la Corte Suprema, y lo es el día de hoy, si, como León Gambetta, ha sido reelecto para el año de 1881, época de honra y sabiduría para el Guayas y el Rucu-Pichincha. «Yo ei cido su padre, testiga su madre», decía en un soberbio escrito para la imprenta un senador perpetuo de los congresos del Ecuador hablando del hijo de su mujer; y ese, polvo, y ceniza ya, Dios le haya perdonado, goza de gran reputación de hombre de talento, instruido y orador de competir con monsieur Rouher o con míster Gladstone; al paso que don Juan, el pobrecito don Juan, cuando no es loco es tonto de capirote en su tierra. No me quejo: la justicia de los pueblos está medida por su ilustración; así juzgan como saben. Pueblo donde el presidente de la república manda se le quite el punto a la *i*, porque está por demás; y el presidente de la Corte Suprema da examen de retórica de fósiles y temístocles; no digo a un pobre embarrador de papel como yo, a Chateaubriand le hubiera tenido por jumento. Yo vi, Dios me perdone a mí también; yo vi con estos ojos que se han de volver tierra una carta de un clérigo, cura de parroquia principal a una hermana suya:

«Estoy tan enjuermo —decía—, que ya no puedo desirmisa niacaballo: las elecciones las ganan los rojos: lorina nomedeja... seacavó el vino: la yeHuita chuga semurió: manDame un rial de millocos. tuermano.

N. G.»

Si tomamos otro ministro cualquiera de la Corte Suprema, un médico de los renombrados, o un canónigo notario de la Silla Apostólica, no escribirá a su hermana cartas mejores que la de ese venerable párroco. El jurisconsulto piensa que con meterse en la cholla a macha martillo el código civil, ha llenado todos los números de la sabiduría; el médico mira como cosa ajena de su profesión los conocimientos que de ella se aparten, y pone la monta en ignorarlo todo; el clérigo, peor el fraile, se propasa en la ignorancia hasta el extremo de no saber ni lo relativo al sacrificio de la misa. Yo he visto idiotas ordenados de mayores, y oradores sagrados que hacían morir de risa al auditorio. «¿Qué me estará viendo ese cara de perro que está arrimado al pilar? —dijo en el púlpito un afamado misionero, una tarde que había sermón—: ya ha de haber venido a alegrarse de la muerte de Jesucristo: liberal ha de ser: si no le sacan a ese entremetido, no sigo predicando». Aquí, como en la carta del cura, he puesto los dos puntos de mi propio caudal: lo que ellos escriben y predican está más conforme con las leyes de la Real Academia de la Lengua. Al cinco por ciento, como queda dicho, no le alcanza esta negra recriminación: suplico a todos ciento se tenga cada cual por uno de los cinco, y no me eche un pasquín de los suyos el jurisconsulto, un sermón personal el clérigo o el fraile, ni me dé receta con veneno el señor doctor en medicina. «Desde que se avrieron las haulas asta que se serraron», decía en un certificado un catedrático que fue luego rector de la Univer- sidad, sin haber mejorado de escritura. «En Colombia todo es bambolla», dijo un viajero alemán, cuando hubo regresa- do a Europa. Del Ecuador ¿qué dirían alemanes o franceses? Imposible parecen esas cosas; mas nadie pensará que uno sea harto audaz y falto de patriotismo, que vaya a imaginarlas, sin más que por prurito de fantasear y hacer mala obra a sus conterráneos. Amigo Pedro, amigo Juan; pero más amiga la verdad. Si lo digo en español, no es por falta de latín, sino por ser comprendido de todos; que para no más de decir: *Amicus Plato, sed magis amica veritas*, me sobran provisiones debajo de la peluca. Demócrito se quitó la vida, según que lo recordé en otra catilinaria, cuando echó de ver que su inteligencia estaba viniendo en disminución: el día que yo necesite de peluca, me volaré la tapa de los sesos, lo oyen los cielos donde más largamente se contienen. Cartas ha recibido varias veces de lueñes tierras, en las cuales me tratan como a hombre de se- senta años: aquí ha sido cuando he querido hacer un *indigna- tion meeting* conmigo mismo, y protestar en mil formas y ma- neras; pero no ha habido ocasión; y sin oportunidad, no hay acierto. Como no la hay ahora más que otras veces, o paso

276

adelante a referir la curiosidad siguiente: «¿Quién es Pothier? ¿quién es D'Aguesseau?» preguntaba en un escrito en son de burla el abogado de *la testiga*, rector de la Universidad de Quito y senador *ad vitam*, y esto decía contestando a un varón provecto, de esos pocos antiguos en quienes sabiduría y virtud eran hermanas. Don Ramón Borja, jurisconsulto a lo grande, había citado en su apoyo a Pothier, a D'Aguesseau: «¿Quién es Potier? ¿quién es Dagaso?» contestaba riéndose el defensor de la parte contraria; y le matraqueaba, repitiendo en varias formas esos nombres que a él le parecían bárbaros y ridículos. Nuestros abogados no son unos Beryer ni unos Lachaud; pero ¿quién les amenaza con la horca si no escriben *testiga* en vez de testigo? En orden a los doctores en medicina, ¡qué es, mi Dios, leer a un Trousseau, un Debay, médicos que no les van en zaga ni por el estilo, ni por el lenguaje, a un Guizot, un Lamartine! Trousseau es uno de los escritores más cultos y amenos: Debay, en su *Higiene del matrimonio*, cumple con la regla general de la elocuencia, la cual es instruir deleitando, y deleitar instruyendo. Quien ha leído una vez la *Fisiología de las pasiones* de Alibert, seguro está que dé por vista y sabida esa bella obra; volverá al regosto cada año, si es posible. La *Historia natural del género humano* de Virey es obra maestra en todos conceptos; ni puede haber gran científico que no sea gran escritor: si hay hombres de conocimientos que no saben ponerlos a beneficio y sacar de ellos fama y gloria, ni con la palabra, ni con la pluma, esos son tontos sabios, como aquel a quien admiró Bolívar en la ciudad de Quito. «Vaya un tonto sabio», exclamó cuando hubo penetrado la calidad de ese Tritemio desheredado de inteligencia.

Entre las repúblicas sudamericanas, la Argentina y la de Chile, me parece son las más adelantadas en la instrucción popular; esto es, tienen mayor número de escuelas y de alumnos. En cuanto a lo que se llama educación superior o ilustración, dudo que en otro país de Sudamérica haya más hombres notables que en Nueva Colombia o Nueva Granada. Sabios como Triana, poliglotos como Uricoechea, se han abierto en nuestros días lugar en Europa; y Torres Caicedo, a fuerza de laboriosidad y talento, se ha elevado al alto puesto que ocupa en el mundo de las letras humanas en la diplomacia. Para maestros de la lengua ahí está en Bogotá ese grupo respetable de filólogos, harto conocido ya en España. Escritores, muchos y buenos; hombres distinguidos, en gran número. Venezuela ha sido fecunda en varones eminentes así de espada como de pluma: de donde salió un Bolívar, pudo muy bien salir un Bello. Hoy mismo abundan en Caracas y otras ciudades los hombres de saber, los jóvenes de talento. El Ecuador ¡ay de mí! es el Portugal del Nuevo Mundo: el Portugal en cuanto al veinte por ciento que saben leer, no en cuanto a la facultad y la potencia de producir un Camoens en lo antiguo, un Herculano Carvallo en lo moderno. Y no por falta de aptitudes, ¡gran Dios! sino por sobra de desgracia: la tiranía prolongada destruye hasta la inteligencia de los pueblos; donde todas las libertades están muertas, la ignorancia anda de bando mayor: libertad de asociación, libertad de palabra, libertad de imprenta. Bien así como los miembros sin ejercicio se entorpecen, bien así como las coyunturas sin movimiento acaban en la anquilosis, y dentro de poco; así el talento sin acción pierde su elasticidad y poderío: cortadas las guías, el águila ha perdido el imperio de las nubes. El rey de los montes y el rey de los poetas hispanoamericanos tienen una misma cuna: ese país de enanos suele producir gigantes.

NOVENA

TANTO MONTA CORTAR COMO DESATAR.

La suerte de las naciones puede ser medida por la calidad de sus gobernantes, bien así en lo que dice a las luces generales como en lo que frisa con la moral pública. En países de escasa o ninguna civilización, la ignorancia anda de bando mayor; y en pueblos viles y corrompidos será mucho si no son facinerosos los que tienen en su poder los destinos de los asociados. Ocurre que en la monarquía el príncipe no siempre es un pozo de ciencia: en esta forma de gobierno el mérito personal suele ser gran cosa, pero de ninguna manera indispensable en el heredero del trono. El gobierno, a despecho de la medianía del rey o el emperador, si está en manos de hombres en quienes el saber concurre junto con las buenas intenciones, puede ser gran gobierno. El verdugo es el primer ministro de un gran príncipe, dicen los secuaces de Hobbes y Puffendorf: los primeros ministros de una gran nación deben ser las virtudes, imperando la cuales el verdugo vendría a ser personaje inoficioso. Guillermo Hohenzollern, sin ser monarca vulgar, no es quien ha imprimido en Alemania el semblante de grandeza con que el día de hoy está resplandeciendo esta potencia a los ojos del mundo: la fuerza intelectual y moral de su ministro es la que mueve esa máquina portentosa de guerra y de política. El mérito de ese ilustre anciano consiste en la modestia con que defiere al concepto de los que alcanzan más que él, bien así en ideas como en la práctica de la razón de estado; que si fuera viejo cabezudo, leyes sus caprichos, y no su imperio el que tuviera la sartén por el mango. Con hombres como Bismarck, si su inteligencia no halla contrarresto en la mediocridad de los que gozan del poder absoluto, las pequeñas naciones serían luego naciones de primer orden, y de menguado se convertiría en insigne el pueblo que tuviese la fortuna de producir varones de profundo corazón y alto consejo.

El reino de Cerdeña ha venido a convertirse en reino de Italia; ¿a quién la gloria de esta transmutación gloriosa? No su rey, su ministro es el operario de esta refundición de pueblos y coronas, Víctor Manuel, maravillado del grande hombre de su tiempo, le dejó poner por obra sus planes concernientes a la patria, y he allí la unidad italiana, para asombro del mismo que había ofrecido sangre y tesoros, sin caer en la cuenta de los designios del estadista industrioso a quien estaba protegiendo antes por vanidad que por filantropía. Cavour, modelo de patriotas y hombres públicos, ha demostrado lo mucho que puede uno de talento y fuerza de alma, cuando no las ha con la envidia opuesta a sus intentos.

Sabido es que el monarca reina y no gobierna en la Gran Bretaña: no tenga cuidado la señora doña Victoria de que las cosas anden mal, si ella no tiene cargo del gobierno: póngalas en manos de lord Palmerston, y échese a dormir, o gaste las horas santamente en sus devociones. Cuando le falte el noble lord, ahí está el gran Derby; y cuando este sea derribado por el parlamento, no faltará un judío de triste origen a quien nombrar canciller, al tiempo que se alza de la calle con el título de conde de Beaconsfield. Si aun este cae y rueda por el suelo a los golpes de esos cíclopes conocidos con los nombres de Bright, Beales, ¿no está ahí un noble plebeyo que por ventura se llama Gladstone?

La moderación del actual presidente de la República Francesa parte límites con la insignificancia: los periódicos de la oposición le delinean como hombre bueno, buen hombre, buen padre de familia, buen dueño de casa, buen amigo, buen marido y cien buenos más de esos que forman un malísimo hombre de estado. Pero digan lo que quieran los republicanos enemigos de la república, los demócratas difamadores de la democracia, el Gobierno de la francesa es bueno, y no al estilo de su presidente, sino bueno por elevado y amigo del bien general. Un gran periódico español,* de esos que si fueran americanos fueran *godos*, hace notar que una de las obras más humildes de la república es la disminución de más de doscientos millones de francos de contribuciones. En orden a la instrucción popular, es asombroso el vuelo que ha tomado en estos últimos años, multiplicándose el número de escuelas en términos que si el actual régimen permanece, vendrá a competir con las naciones del Norte que más adelante han llevado la enseñanza de todas las clases sociales.

La república y su gobierno acaban de cometer un horrible pecado para con el partido conservador; este es el secreto, y este el motivo de los libelos que contra ella andan circulando por el mundo, muy especialmente por las repúblicas más democráticas y adelantadas. Ha puesto en ejecución una ley que había quedado sin efecto; ha despertado un dormido de algunos años; ha disuelto, en una palabra, las congregaciones religiosas no autorizadas; pues la república es una Cafarnaúm, su gobierno una gazapina, Grévy un bruto, Gambetta un pícaro. Los legisladores que dictaron esa ley habrán puesto en limpio la materia: no es mío entrar en prolija averiguación de lo pasado en autoridad de cosa juzgada; digo solamente que esta providencia de la república no es crimen por el cual se la condene a muerte, negándole sus buenas obras y virtudes. Que los aláteres de Chambord, súbditos de Enrique V, campeones de la bandera blanca, entren en combate con la flor de lis en la mano, podemos llevar en paciencia; que los bonapartistas hagan la guerra a su modo, puede también pasar; pero que republicanos de convicción y demócratas de nacimiento anden pidiendo al cielo la caída de la república en nación como la francesa que tanto puede con nosotros, esto es lo que no le cabe a uno en el juicio. Los días de Nerón, los de Diocleciano han vuelto a Francia, después de recorrer su órbita oscura en más de doce siglos. Un hijo de Pablo Feval llama a la puer-

....

* *La Ilustración Española y Americana*. Según el *Courrier des Etats Unis*, hasta el mes de julio del presente año se habían suprimido 269 millones de francos de impuestos.

ta de un convento. «¿Qué quieres, chico?» «Vengo para que me disuelvan junto con los padres». «¡Joven sublime! entra a recibir la corona del martirio». Llegan los policiales: «¡Tan, tan!» «¿Quién va?» «¡Agentes del Gobierno!» «¿Qué quieren?» «Traemos una orden». «No hay órdenes contra Dios».

¡Santo Dios! ¿qué dioses esos competidores del alto y poderoso que reina en cielos y tierra? Gimen las hachas, caen las puertas: «Reverendísimos padres, sed servidos de disolveros: *si vobis videtur, discedite*». «¿Disolvernos? ¿qué es disolverse, bellaco?», responde el superior atrás de un montón de barbas, que Dios sabe si son postizas. «¿Disolvernos decís? ¿a qué llamáis disolverse, pícaro de más de marca? ¿se disuelve Jesucristo? ¿se disuelve San Pedro? ¿se disuelven los ángeles, alma de búho?» «¡*Par Dieu*!» —replica el comisario—, yo no vengo a dilucidar con vuestros reverendos puntos contenciosos; vengo a cumplir una orden, y nada más». «¿Orden y nada más, pedazo de estuco? ¿qué es orden y nada más, cernícalo lagartijero?» Al comisario se le erizan los bigotes, le crujen los dientes en las mandíbulas, y echando de la una oreja a la otra el sombrero de dos picos: «¡*Sacapapié*! ministriles, cumplid vuestro deber». Los gendarmes se llegan al mártir que se ha echado de largo a largo en el suelo: «Padre, no nos obligue vuestra reverencia a servirnos de la fuerza: dígnese ponerse de pies». «Mátenme», responde el fraile. «No venimos a matar a nadie, padre, sino a poner a vuestras reverencias en la calle, para que cada cual se vaya a su casa». «Mátenme», repite el fraile, y se aferra contra los ladrillos. Los gendarmes, lo más delicadamente posible, vertiendo lágrimas, dicen los católicos llorones; torrentes de lágrimas; lágrimas de gendarme, toman al provincial entre cuatro de ellos, uno de cada brazo, otro de cada pierna. El fraile, como cadáver, *tanquam ac cadaver*, se deja sacar sin forcejar, justo es decirlo; mas no sin protestar ruidosamente y sin mandar a los quintos infiernos a la república, la democracia, el Gobierno, el presidente, los ministros, Gambetta, Ferry, Constans y más herejes que así les privan de su comodidad.

Como el tirarse a tierra, el agarrarse a las patas de las

tarimas, el hacer barricadas con los muebles había sido santo compromiso de todas las comunidades, así lo hicieron desde Tolosa hasta Bolonia. Los dientes le han sudado al gobierno de la república, para mondar el haza en los más de doscientos monasterios que habían caído bajo la jurisdicción de la ley. *Legem, res surdam, inexorabilem esse*; y han echado la gota gruesa los pobres corchetes sacando en brazos las barrigas desaforadas de los benedictinos, los pescuezos descomunales de los capuchinos. Los jesuitas, gente más advertida, no estuvieron por dejarse arrastrar: con sus propios pies, los pobrecitos, ganaban la calle, llevando en sus propias manos cositas de oro que ellos se tenían allá para sí en bien de la religión. ¿Y el hijo de Pablo Feval? ¿dónde está el niño mártir? «Muchacho —le dice el comisario—, ¿y tú qué haces aquí?» «He venido para que ustedes me expulsen del convento junto con los padres». El comisario le toma por una oreja y le pone en el corredor. El hijo de Pablo Feval, la corona del martirio en las sienes sube al cielo. ¡Dichosos católicos! No serán tortas y pan pintado lo que me den estos señores, Dios de misericordia: para llamarle impío a un buen cristiano, bribón a un hombre de bien, comunista a un campeón de la libertad, *petrolero* a uno que no usa ni aceite de almendras, ellos son: mansedumbre, bondad de Jesucristo, en ellos: caridad, perdón, ellos. Salsa de perro, cara de caballo, alma de bayeta negra, ¿qué no es el que no profesa sus opiniones de buena o de mala fe? Y aún no tan malo si no es más que esto: almas le califican de ladrón, asesino y blasfemo; pero sin dar la cara, porque a nadie le gusta que le manteen como a Sancho, ni que le suelten por esas calles bañado en alcohol y prendido en fuego.

Pregúntenme si yo hubiera hecho lo que Gambetta; yo responderé que no; adolece de envidia esto de quitarle a un capuchino el capón de la boca: y tengo por ojeriza represible no dejarle al buen padre benedictino beber del vino que le gusta. En España los franceses son carísimos; pues tendrán que hartarse de valdepeñas, y ahí se las den todas a Gambetta. Don Tomás Cipriano tampoco se anduvo en chiquitas: padres y madres se fueron a buscar la vida en otra parte, habiéndoles roto las ollas de Egipto el viejo reformador. No le habrá sido bien contado a don Tomás en ese tiempo: el infierno está listo para cualquier picardihuela; ni puede nadie alzarle los ojos a un Plutón de estos, metido con cabeza y todo en el pesado abismo que llaman hábito. Hoy no hay quien se acuerde de la famosa alcaldada de Mosquera, ni en Colombia; y no hay quien no se desgañite, aun en Colombia, contra ese don Tomás Cipriano sin espada que está dando la ley a orillas del Sena. La razón es que los del uno son hechos consumados, y los del otro tienen que pasar rompiendo las filas enemigas para consumarse. El bautismo de hiel y tinta de los periódicos es sacramento que imprime carácter: el que pasa por él, ya tiene nombre, y es persona. Quemada la frente, herido el corazón, triunfa por fuerza de la naturaleza, y es hecho consumado: este es la lima de la zorra; los que le muerden, muerden en vano, y gritan y padecen, y al fin se quedan en silencio.

Mi ánimo era insinuar que, gracias a unos pocos hombres bien intencionados, la República Francesa estaba medrando a ojos vistas de las monarquías de Europa. Un solo, como esté en su mano comunicar movimiento a la política, puede formar un buen gobierno: donde la voluntad de un perverso es ley, y las extravagancias de un tonto no sufren contrarresto, la nación está perdida. Tal sucede en el Ecuador, la más desgraciada, sin duda, de las repúblicas hispanoamericanas. Los extranjeros que llaman *ilustrado* al meloso que le tiene en los dientes, ¿saben lo que dicen? Tan fecunda es la materia, que después de dos catilinarias, hay pruebas tan esenciales de la ilustración de aquel Maximino, que no sufre la verdad las omitamos. Presidentes ilustrados, gracias a Dios, los hemos visto desde el Plata hasta el Punza, desde el Orinoco hasta el Apurímac. En Buenos Aires, tomando el agua no de muy arriba, don Domingo Sarmiento, Avellaneda, hombres civiles de facultades eminentes. Entre los militares mismos, sabido es que el general Mitre así menea la espada como gobierna la pluma. Roca, el actual presidente, no le va en zaga, y procura emular a los mejores gobernantes.

Desde don Manuel Mont, Chile ha visto al frente de

la república sus hijos más beneméritos: Errázuriz, escritor de los primeros, reformador astuto, patriota sin mancilla. Pinto no es letrado ni literato; pero sí hombre de juicio recto, y no extraño a los secretos de la política. En cuanto al Perú, don Manuel Pardo es tenido en opinión de haber sido uno de los peruanos más ilustrados y hábiles. Colombia no es ganga de los ineptos: don Tomás Cipriano de Mosquera debió a su talento no menos que a su fuerte brazo la preponderancia con que sirvió de guion a un gran partido. Ospina es antiguo de profundos conocimientos, diestro escritor y terrible polemista; es uno como Luis Veuillot que ha ceñido la banda presidencial. Murillo salió por sí mismo de la oscuridad, y brilló bajo el solio por sus méritos. Santiago Pérez es uno de los más aventajados escritores de Sudamérica, habiendo cultivado varios ramos de la literatura. Por lo que respecta al presidente actual, don Rafael Núñez, todos saben que es gran pluma, sin que escaseen los conocimientos en ninguna materia que toma a pechos. En Colombia no es inútil la inteligencia, y menos perjudicial, como en su infortunado vecino: donde la ineptitud es infanta heredera, la inteligencia muere, si no huye; donde reinan crímenes, y vicios son monarcas, las virtudes hacen sombra que conviene disipar. Ignacio Veintemilla no sabe leer ni escribir: el círculo de sus ideas es tan estrecho, que no sale de un restringido epicureísmo; conocimientos en historia, economía política, derecho de gentes, mal ha de tener uno que no puede averiguarse con el libro. Y con todo, personas hay en el Perú, en Colombia, que le llaman *ilustrado* y encarecen la bondad de su gobierno. Sobre el Perú no gravita el horrible cargo que con este fundamento pudiéramos hacer: los apologistas del opresor son gente de allende el mar, de esos que entran por todo, sin que obre en ellos deseos del bien ni les mueva patriotismo. Pruebas llevamos aducidas de la ilustración y la rectitud de aquel singular presidente de una república; ¿gustaríades de otra no menos trascendental? Miradla aquí:

Por decreto ejecutivo, Ignacio Veintemilla da súbitamente abajo con los profesores de la Universidad de Quito, quienes se hallaban posesionados de sus cátedras habidas por oposición. Los estudiantes, ofendidos, dirigen al Gobierno una solicitud en forma de protesta: Ignacio Veintemilla, imaginando que ese es el caso de mostrarse valiente y hombre que sabe, responde con orden de persecución a muerte. El panóptico, o casa de penitenciaría, recibe a los jóvenes más notables de la capital y las provincias: sometidos al régimen del palo, ven lastimados en ellos los fueros de la sabiduría y la esperanza. Azotar a los jóvenes en el patio de una casa infame, los jóvenes de la Universidad, es azotar el porvenir. Estas penas de hecho sin ley que las autorice, sin juez que haya desentrañado el delito, sin sentencia que las vuelva inevitables, son la obra de la barbarie que más irrita a la equidad, que más aflige a la justicia. Sin equidad ni justicia, sin ley ni juicio, ¿qué ilustración? ¿qué civilización? He allí, pues, un bárbaro tan torpe como feroz, proclamado «hombre ilustrado, cuerdo gobernante», por la codicia, prostituta medio loca que se anda echando mentiras por el mundo. Venid acá, patrones de la barbarie: o es falso este último escándalo, o Ignacio Veintemilla hizo bien de cometerlo: no lo primero, puesto que es verdad notoria hasta para las naciones vecinas; no lo segundo, porque lo absurdo no prevalece dentro de los límites de la razón. El que obra sin ley ni derecho, rompiendo por las cosas más respetables, al modo que los bandoleros penetran en el tabernáculo y roban los vasos sagrados, ese no solamente es bárbaro; es también malhechor, insigne malhechor, a quien deben perseguir los hombres de bien de todo el mundo. La Universidad es el templo de la sabiduría; en él enseñan unos, aprenden otros los secretos de la felicidad de las naciones; y en esos jóvenes ciudadanos está viendo la patria desde lejos sus legisladores, sus jueces, sus jurisconsultos, sus médicos, sus poetas, sus generales, sus sacerdotes, sus hombres de gobierno: el que azota ese golpe de muchachos condecorados por el porvenir, azota y escarnece la ciencia y las virtudes. Matar las esperanzas de los pueblos con los filtros de ignorancia, envileciendo y apocando a los que se crían para hijos y padres de la patria, delito es de esos para los cuales, por inverosímiles, las leyes no han señalado pena. Tú, niño de pundonor, ¿qué pensabas cuando debajo del poder de un negro recibías en el cuerpo la vara que lastima el corazón más que la piel? ¿era ilustrado, sabio gobernante para ti, la bestia sin freno que había puesto el azote en manos del verdugo? Sí, esa bestia sin freno, sin luz moral ni intelectual, es «hombre ilustrado» para los que se empuercan con el asco de la paga. Dinero es el héroe de los vicios: ¿qué no alcanza este rufián poderoso?

Las protestas de los católicos franceses contra el gobierno han sido mero pretexto de bravíos desahogos: el Gobierno, sordo a la injuria, no ha puesto la monta sino en la ejecución de su obra emanada de la ley. Si Grévy fuera tan ilustrado y cuerdo gobernante como Veintemilla, el palo hubiera andado en Francia de modo de venirse abajo la república: ni tuerto han dejado de decirle a Gambetta los benévolos papistas: ese jayán tiene pelos en el corazón, y tal correa, que si le tiran a la cabeza el cántaro de Xantipa no sale de sus casillas. ¿Qué palos, qué látigos en Francia a causa de las protestas? Los húngaros protestaron contra la idea de federación que suponían en el emperador de Austria; protestaron como audaces y atrevidos: Francisco José no mandó a Spielberg a los autores de la protesta, condenados a *carcere duro*. La majestad de Ignacio Veintemilla, más delicada, más excelsa, no ha podido sufrir una solicitud, y ha puesto su desagravio en manos del verdugo, ese que cuando no mata el cuerpo, mata el alma con la infamia. La firmeza de los estudiantes los ha salvado de ella: con valor para resistir el trato de negros que les daban los sayones, se han burlado del malhechor; ni el palo ni el hambre han podido una mínima con esos muchachos a cuyos ojos han estado presente la honra. Contraprotesta a látigos; ¿hay bruto extravagante? ¿y de qué le hubiera servido esa contraprotesta cuando todo el mundo estaba viendo de los medios que se servía para arrancarla? Su fin era humillar, su timbre es humillar. Obra de grandes, obra de buenos elevar, acrisolar, comunicar nobleza a los con quienes tratan como superiores. El flujo por envilecer acredita corazón depravado, alma baja. Si los hombres tuviéramos roce con los seres divinos, su contacto nos sirviera de purificación: inteligencia, virtud, crece y más crece en nosotros a medida que vamos cultivando las relaciones celestiales. Nadie se tenga en algo sino en cuanto se juzga capaz de enseñar y mejorar a los que tienen que hacer con él: si pervierte es inferior a ese a quien corrompe: el desmejoramiento de los que nos oyen y escuchan, los que reciben el peso de nuestras acciones, es pérdida para nosotros, si pícaros y corrompidos tienen algo que perder. ¿Qué galardón es este de apocar, deprimir a nuestros semejantes? Si nos seduce la fama de ser tenidos por más fuertes, labremos esa pura y brillante que nace de las buenas, grandes obras: para fama, negra fama, también la tienen los ladrones: estos son superiores a los a quienes roban y matan. La fama de los tiranos, esta es: la de los tiranuelos, todavía más ruin. Filósofos, poetas, grandes hombres nos subyugan, nos pueden; ¿a látigos, pregunto yo? Nos hacen confesar nuestra inferioridad, nos obligan a jurarles admiración con ese torniquete encantado que tan profundas y delicadas sensaciones causa en nosotros, esto es, la inteligencia revestida de sabiduría o empapada en poesía.

Un palaciego del tiranuelo Ignacio Veintemilla ha desaparecido de su casa y la ciudad: madre, esposa del infeliz echan a andar por esas calles en demanda del hijo y el marido. Nadie sabe dónde para, nadie da razón del hombre que tantas lágrimas les cuesta ya. Busca buscando, llora llorando, saben al fin que se halla preso; preso, mas no en dónde ni por qué. La prisión es rigurosa: ni comida, ni vestido: ¿y cómo protegerle, cuando su calabozo mismo es un misterio? Si la muerte, si el destierro, nadie lo alcanza; unos decían que había sido ya asesinado y enterrado secretamente; otros, que estaba andando camino de las selvas de Napo y Amazonas. El máscara de hierro no fue personaje más oculto y escondido. Una noche un hombre pálido se presenta de súbito en casa de una anciana: mudo, tétrico, allí está sin atreverse a abrir los labios. La anciana se le tira al cuello: «¡Hijo, hijo de mi alma! ¿no estás muerto?» Sale una mujer joven de la

288

recámara, y se abraza con el espectro: «¡Fidel! ¡Fidel!», grita entre sollozos. Era el máscara de hierro; había salido de la prisión. Salió, para huir, para buscar un agujero en donde las miradas de los hombres no escudriñen la noche de su alma, rompiéndole con los ojos el secreto que le abruma, la vergüenza que le mata.

Abelardo es la fábula de las gentes; Fulbert el odio de la naturaleza herida y descabalada.

No hay en estos países sino un ejemplo de este crimen, me ha dicho una persona antigua de Colombia: Sarria, con tener su venganza reflejos de legitimidad, llenó de espanto estas provincias. Veintemilla es un monstruo: a él no le abonan siquiera los celos legales...

El caso fue que un hombre llamado Sarria tenía un compadre; tan estrecha la amistad entre ellos, que no conocían mío y tuyo; amistad santificada, en cierto modo, por los vínculos de ese parentesco sagrado que contraemos en la pila bautismal. La mujer de Sarria era como hija o hermana de su compadre; ciega la confianza entre ellos. Hermosa, en la hora menguada, y pérfida esa mujer, y desleal. Sarria, jayán de entrañas duras, no era suave sino con su padre. Un día su esposa echó de ver que estando en silencio, fija la mirada en tierra, encapotó la frente y frunció el entrecejo; la mujer tembló; el crimen es animal inquietísimo. No hubo nada esa tarde. Al otro día, Sarria, de muy buen humor, pide el almuerzo antes de lo acostumbrado. «¿Y por qué?» pregunta ella. «Hija, si tengo que ir a la hacienda: más de veinte novillos quedaron sin herrar la otra semana». Almuerza el huaso: vengan los zamarros de cuero de chivo, las espuelas de rodajas como la rueda mayor de la máquina de Corliss. Abraza a su mujer, le pasa la mano por el cerro a su buena mula; monta, se va, despidiéndose hasta el sábado. Allí vuelve; algo se había de olvidar: «Rosa, a mi compadre, que no se me descuide de la chúcara». Y se va otra vez, ahora de veras y del todo.[*]

....

[*] La mujer era Rosa Crochés, el marido Pío Quinto Toro.

Son las dos de la mañana: golpes a la puerta del dormitorio: «¡Abre, o echo abajo la puerta!»

Azarque dio una gran voz
diciendo: ¡Abrí esas ventanas!
Los que me lloráis, oídme.
Abrieron, y así les habla.

A Sarria no le abrieron: él la echó abajo; pero cuando se botaba furioso adentro, dos personas se tiraban por el balcón al solar vecino. La mujer vuela, gana la ciudad, salva la vida en un monasterio; el compadre, como si le hubiera tragado la tierra. Sarria, oculto a su vez, se dejó estar en acecho algunos días. Ha descubierto al fin el paradero del seductor en las afueras de Popayán: lanza en mano, invade la casa que le sirve de refugio; se tira el delincuente otra vez por la ventana, huye, corre por esos trigos; su compadre, atrás, le pisa los talones, le coge, ¡ya le coge! Rendido el prófugo, cae debajo de un guayabo: Sarria le ata el tronco, le ata muy de propósito: El sacrificio fue consumado, Sarria quedó satisfecho, tos tribunales le absolvieron.

No nos engolfaremos en discurrir ahora acerca de la crueldad del reo y la sentencia de los jueces; bástenos recordar que la mujer de Sarria fue su esposa ante Dios y ante los hombres; que su compadre era para él como hermano, y que los había tomado *in flagranti* delito de adulterio. Si algo pudiera disculpar acción tan atroz, sería este conjunto de graves circunstancias. Ignacio Veintemilla no reivindicaba sino los derechos del incesto, *volviendo por la honra* de su difunto hermano, cuando hacía castrar a su médico en un sótano a la luz de una lámpara criminal. Personas respetables, con fianza de sus nombres, han hecho denuncia de este nuevo atentado a la América civilizada: la ilustración, la civilización de ese facineroso tienen notorios fundamentos.

¿Cómo no ha de ser hombre ilustrado, juicioso gobernante, cuando suprime el sueldo, esto es, impone multa a la Corte Suprema, por no haber sus vocales asistido a *las barri-*

cadas? Las barricadas de Quito son una comedia donde una soez ramera hace de primera dama, con los *Comentarios* de César bajo el brazo. Venían de hacia el norte un torbellino de chagras con palos y garrochas como para bueyes: las tropas del Gobierno, veteranas, eran dos mil valientes cholos con sendos *remingtons* de los mejores. El general se encierra en la plaza mayor, construye barricadas, irrogando con ellas una ofensa gratuita a sus batallones que no podían sino dar sobre el enemigo. El general gasta un millón de cápsulas en matar los campanarios, las torres, las paredes de la ciudad. Por un tiro de escopeta que hacía allá un fraile desde la ventana de su celda, la valerosa dama cuatro o seis descargas generales, sin que nadie supiera contra quién. La artillería, más que en Waterloo, hizo destrozos ese día memorable, en las puertas de las casas vacías, los tejados, las bóvedas de los templos: para algo le habían de servir los *Comentarios* de César a esa que, habiendo pasado la edad de la prostitución personal, entendía en la de los otros: especie de madre Celestina con casaca, va y viene, y difunde la cobardía, y vende al miedo la honra, y entrega la vergüenza al que se la pide a media noche. Los chagras se han ido a sus casas, la revolución se ha concluido: ahora es cuando más le sirven los *Comentarios* de César a la señora de gorra: ¡fuego a las torres! ¡descargas cerradas a las iglesias! ¡cañonazos a los balcones! ¡Oh día de valor y hazañas memorables! Gente muerta en gran número: viejos, niños, mujeres: la señora ha venido al fin a persuadirse de que es hombre de batalla. La madre Celestina es famosa en España; Quevedo ha inmortalizado a la madre Labrusca; la madre Planosa es celebérrima en Burgos; la madre Guía en Madrid; la tía Cornelia, con haber ascendido a ministro de Relaciones Exteriores, ha vuelto insigne a la ciudad de Quito.

Los chagras se fueron, como queda sentado; su excelencia el general Ignacio *de* Veintemilla cae como un rayo en el campo del honor y el heroísmo: ahora, ahora es cuando debe venir el valiente, puesto que ya no hay guerra. Vino, vio y venció... a los vocales de la Corte Suprema; y les impuso multa, por no haber asistido los buenos de los viejos a las barricadas. Las personas que componen ese augusto tribunal suelen ser hombres maduros, si no del todo ancianos: la ley misma los excluye, por su edad, del servicio de las armas; ¿ahora su dignidad? Varones que tienen la balanza de Temis en la mano, de suyo son respetables, ya por su grandioso ministerio, ya porque sus facultades físicas no les abonan para la guerra. ¿Quién les había requerido, por otra parte, para que concurriesen a ese espectáculo miserable? La misa, dígala el cura: así como los militares no tienen obligación de ir a apoyar con sus consejos a los ministros de la Corte Suprema cuando va de un escabroso litigio, así estos no la tienen de encerrarse en *las barricadas* junto con la prostituta consabida.

En yendo de la patria, la libertad u otra causa grande, viejos y niños, en buena hora, hagan suya la defensa común: mujeres han dado muchas veces ejemplo de valor y denuedo, desde la romana Clelia que se arroja al Tíber, hasta la española Agustina en las murallas de Zaragoza. Mas por un garañón que se está titulando ahí jefe supremo, mediante una felonía, ¿qué deber les corría a viejos, mujeres y niños de tirarse a las barricadas, no a morir, pues no había quien los matara, sino a cubrirse de ridiculez y prostitución rozando con la mujer de mala vida que allí estaba vestida de hombre con título de jefe de la plaza? En las grandes ocasiones la bandera del profeta es izada en el palacio del Gran Turco, y esta la señal para que todos los hombres, desde los siete hasta los setenta años, se presenten a tomar las armas. Ignacio Veintemilla se estima en tanto como el Gran Turco: delito es de lesa majestad no botarse a defenderte, sea uno viejo, sea joven; sea varón, sea mujer. Un anciano que ha pasado la vida en destinos subalternos; maduro de caerse; sin fuerzas ya ni para portero de la oficina que lo tolera de lástima; este anciano, apoyado en su bordón, temblándole todo el cuerpo, se presenta en casa del excelentísimo señor jefe supremo. «Taitico, ¿qué quieres?», le pregunta el grande hombre. «Señor, vengo por ver si vuecelencia manda devolverme el sueldo que me han suprimido». «¿Estuviste en las barricadas?» «No sea, pues, tan tonto, señor: ¿cómo he de estar en barricadas ni reductores, cuando a la sepultura no puedo ya llegar sino en brazos ajenos?» A Dios lo que es de Dios, y al César lo que es del César; el jefe supremo no mandó fusilar ese anciano, ni se dejó arrebatar de la ira; antes se encendió en vergüenza cuando el viejo le hubo hecho ver la demasía de su estupidez. Dicen que la nariz se le hinchó que parecía hígado de toro; las orejas se le pusieron como palas salidas de la fragua; los ojos, revueltos en materiales inmundos, se le clavaron en el suelo; hizo conocer el Mudo, en una palabra, que el viejo le había dado en las mataduras. Cuando salió el chocho, el jefe supremo alzó la cabeza y dijo: «¿Han visto ustedes la necedad de este Matusalén? quería irse a la sepultura con sus propios pies».

Camilo Furio no les impuso multa a los senadores porque no se habían encerrado en el Capitolio junto con los restos del ejército roto y destruido a orillas del Allia: esos varones ilustres, clarísimos y expectables, metido cada cual en su trabea o vestido rozagante, empuñado el cetro de marfil que era su insignia, se estuvieron gravemente en el Senado hasta cuando los galos llegaban a cortarles la cabeza. Espada para el soldado: en manos del senador, el cetro de marfil. Por causas grandes, como queda dicho, el viejo es joven: por causas ruines, ojalá no hubiera un solo hombre de bien y pundonor que expusiese vida ni sosiego. Los ladrones, defiéndanse ellos; pero no: son los que menos se molestan, puestos en cobro cuando los demás están peleando. Ignacio Veintemilla, que impone multa a los vocales de la Corte por no haber estado en las barricadas, en lo que menos piensa es en acudir al peligro por su parte, come, come y más come; bebe, bebe y más bebe en Guayaquil, la puerta de la república. Triunfan los soldados, suya es la victoria; mueren los soldados, él se embarca repleto de dinero y se va a Europa a comer, beber, dormir, jugar y llevar adelante su vida de padre de los vicios.

¿Cómo sucede que este caballero del milagro haya venido a ser dueño absoluto de un pueblo que se titula civilizado y libre? preguntarán quizá las repúblicas vecinas. Helo ya dicho, y con fuerza; pero como el verdadero autor de esta situación lamentable lo echa todo a doce, sin tener cuenta con verdad ni buena fe, lo habré de repetir en pocas expresiones, a fin de que los sucesos, a fuerza de dar golpes en el entendimiento y la memoria de ciertos pícaros grandemente culpables, queden, si puede ser, grabados en ellos. Un indio echado del Perú por ser espía de los chilenos, ha publicado en Panamá cinco piezas de increíbles falsedades, ocultando su patria y su nombre, como prueba de las mentiras que daba al viento sin género de fianza. Ramón Borrero no es Ramón Borrero; ni es de los morlacos de quienes don Francisco José de Caldas habla con tanto encarecimiento en el *Semanario*; es Juan Francisco Rodríguez de la ciudad de Loja. Quien así se oculta para ver de hacer cargos tan graves, deponiendo está contra sí mismo: la verdad infunde valor en el ánimo más flaco; para decirla, el que se siente fuerte con ella no principia por negarse a sí mismo, renegando de su prosapia, y hasta del lugar de su cuna. ¿Por qué Ramón Borrero, esto es Antonio Borrero, ex presidente de la República del Ecuador, no dijo con su firma lo que ha dicho con otra fingida y apócrifa? Porque él sabía muy bien que lo que estaba estampando en el papel respecto de los pocos liberales de rectitud, todo era falso. Se ha excedido ese cautivo en términos de poner en mis labios palabras que, si no son de él, son de canalla que solo en él puede hallar semejante; y esto sin tener advertencia a cronología, verosimilitud, lógica, nada. El primer paso de la revolución de Ignacio Veintemilla fue mi destierro, a causa de una obra que él estimaba perjudicial para él de todo punto. Entre Antonio Borrero y esa revolución, yo no habría vacilado entonces, ya porque este zanguajo, de liberal acababa de volverse terrorista, ya porque nadie podía imaginarse que ese caballo bendito de Ignacio Veintemilla había de prevalecer por los crímenes y los vicios sobre todos los tiranuelos de Sudamérica. ¿Y no traté de ponerlo a un lado sin pérdida de tiempo, quizá por una visión profética de lo que había de ser este malvado? La revolución, podía quedar; mi empeño de hombre de bien fue destruir al propio tiempo la causa de las negras cosas que estamos viendo y padeciendo. Si ahora fuera de mi competencia poner al frente de la república uno de esos raros personajes, yo diría que uno y otro son peores. Don Antonio Borrero, único en su especie, tuvo para sí que le habíamos sacado de la noche de su vida, no más que por dar espacio a su índole afectuosa: todo lo reducía al amor ese Diego Marcilla.

Del amor sus desventuras
salen y en él van a dar.

Vuelto de mi destierro, tomo el hilo de mis escritos y encrudezco mi oposición al infame Veintemilla: ¿cuándo, a qué hora he dicho las indignidades que ha puesto en mi boca el miserable Borrero? Tan luego como hube desembarcado en Guayaquil, principié mi campaña sin cautela; de tal modo que Urbina recibió orden de sacarme otra vez inmediatamente del Ecuador. El viejo porquerón tuvo miedo: los jóvenes liberales estaban rugiendo todavía, y no le hubiera sido bien contado al zorro, si ejecuta la orden de su señor. Después de eso *El Regenerador*, *El Consejo de guerra*, *Vicente Piedrahita*, *Eloy Alfaro*, muestras de acendrado patriotismo e increíble audacia una tras otra, el veneno al frente y el puñal a la espalda; ¡y he allí que un trotaconventos llamado Antonio Borrero se mete en el albañal, y sin ser visto de nadie, grita que Ignacio Veintemilla es obra de Juan Montalvo! Ignacio Veintemilla, por el contrario, negaba haber hecho revolución: «No he hecho sino salvar a la república de Montalvo y los radicales», dijo repetidas veces. Luego la revolución de Veintemilla no fue la mía. Lo dije ya; pero a sordos ¿qué palabra?; pero a necios ¿qué razón?; pero a inicuos ¿qué verdad?

Una noche fui a una casuca del barrio de la Recoleta en la ciudad de Quito. Había guardia en el zaguán, centinelas en la puerta de calle, desdiciendo este aparato de la desnudez de esa pobre morada. Entro a un aposento; una vela apagadiza está allí muriéndose de tristeza; el moco de la torcida, largo de una pulgada, ruega en vano por las despabiladeras. Donde habitan almas oscuras, la luz no tiene protección. Un hombre está acurrucado en una esquina de la sala: me llego, le hablo;

es un morisco trasquilimocho de catadura poco excelentísima ni presidencial. Juntas y a nivel las piernas, tiene las manos metidas entre los muslos, bien como si estuvieran en el cepo a causa de un prodigio de esos que llaman hurtos. Caída la cabeza, tiene la quijada clavada en el pecho. Levanta sesgadamente los ojos, quiere ponerse de pies, y se queda a medio camino torpe y sin maña. Como no ha sacado las manos de entre las piernas, al enderezarse a medias ellas han quedado en la bragadura. Así me está mirando por sobre el párpado el hombre tenebroso. Yo hago los honores de su casa: «Siéntese, señor don Antonio». Se sienta. «Cúbrase». La zoquete alarga el brazo, toma por ahí un objeto y se lo cala. Era la gorra del coronel Polanco, visita recién venida. ¡Y digo si estaba ridícula esa cara de notario de la curia con cachucha militar! «Señor don Antonio, vengo para ver si evitamos una calamidad pública: los liberales del Guayas me han autorizado para entrar con usted en arreglos. Sin esto, la revolución es un hecho». «¿*Rebulución*?» contestó, abriendo unos ojos que parecían anteojos. «Sí, re-*bu*-lución», dije, cargando el acento en el *bu*. Don Antonio se quedó callado. «¿Qué es lo que piden los masones?» dijo al fin. «Una prenda de la lealtad de usted: por ahora se contentan con que nombre usted ministro al señor Carbo».

«¡Qué dirán los señores obispos!»

«Los señores obispos dirán que los liberales no hemos elegido presidente a don Antonio Borrero a pesar de ellos, para que ellos manden sin contrarresto y den la ley de la sacristía. Los señores obispos no son la república; ni la política es negocio de su voluntad exclusiva. Vamos, don Antonio, pecho al agua».

«¡Qué dirán los señores obispos!»

«¿Y qué dirán los señores liberales, si usted los pone así debajo del poder de esos Poncio Pilatos que los han tenido entregados a los judíos durante quince horribles años? ¿le hemos sacado a usted de su hogar doméstico para que nos venda de este modo y se burle de nosotros? No queremos perseguir a terroristas, clérigos ni clericales; pero no queremos tampoco ser otra vez víctimas de ellos. *Nihil timendum*, señor don Antonio».

«¡Qué dirán los señores obispos!»

«Los señores obispos dirán que el hombre que le debe todo a un partido, si es justo, leal y prudente, no se vuelve contra el puñal en mano, agavillado con sus enemigos perpetuos; dirán que la buena política consiste en no ofender e irritar a dómines que pueden mucho, ya por la inteligencia, ya por la audacia; dirán que el mejor gobierno es el que se compone del mayor número de hombres notables por las luces y las virtudes; dirán que ya es crecida generosidad en los liberales proponerle a usted convenio, después de esta como traición que nos ha hecho».

«¡Qué dirán los señores obispos!»

Vamos; con este bruto no he de hacer cosa. «¡Qué dirán los señores obispos!» y para decirme esto, siempre esto, nada más que esto, se había puesto gorra de soldado.

«Oigasé —me dijo cuando me estaba yendo lleno de cólera—: nombraré ministro al señor Carbo; pero no ha de haber *rebulución*».

«¿Qué dirán los señores obispos, señor don Antonio?» pregunté volviéndome. Bajó los ojos, y repuso: «Vaya, proponga por la imprenta la combinación; pero no antes de haber escrito a mi hermano Ramón: si él aprueba nuestro convenio, delo por cosa hecha». Escribí a su hermano Ramón: le escribí al indio pícaro. «Sabia combinación —contestó a correo vuelto—: ella le salva a Antonio, ella salva a la república». Cuando a mí me contestaba esto, a Antonio le decía: «¿Y qué dirán los señores obispos?» Propuse el convenio por la imprenta: el grandísimo bellaco de don Antonio nombró ministro ese mismo día a un enemigo mortal de los liberales. ¡Qué dirán los señores obispos! ¿Y qué dirá el señor obispo Ignacio *de* Veintemolla cuando se acuerda que el señor morisco Antonio Borrero le puso la *rebulución* en las manos? También nosotros la íbamos a hacer; pero el ilustrísimo señor obispo Ignacio *de* Veintemilla salvó a la república de Montalvo y los liberales. Así es como es presidente este egregio Capador.

Uno de los dictados que más aprecia el Gran Turco es el matador: Ignacio de la Cuchilla a trueque de ningún título diera el de Capador. Hablando yo una vez con ciertos godos ecuatorianos respecto de la desventura de la patria y su tiranuelo, fueron de parecer que para el malvado el talión era la pena. Querían castrarlo esos buenos católicos, a modo de caridad y santa justicia. Napoleón el Grande le prohibió al papa castrar muchachos para el canto del *Miserere*: Si no hay Napoleón que le salve y ampare, los católicos del Ecuador le castran al castrador el día que le puedan haber a las manos. Como yo no tengo parte ni arte en esa brutal administración de justicia, ni apruebo esa negra sentencia, no me amargará verle apacible al Mudo, y suelto sin perjuicio de nadie. Por lo menos le habrán librado de las estacas de los yangüeses; pues entonces no habrá tomar mal siniestro; y esto es un poco servirle. Los católicos tiran a dos hitos, o hacen una vía y dos mandados; le ahorran las estacas al señor de Veintemilla y les ponen en salvo sus yeguas a los dichos yangüeses. Esos sí que lo pueden todo sin hacer mala, sino buena obra; ¡Sarrias benditos, manos a ella!

Un hombre tan injusto como necio, tan cruel como canalla, me anda moliendo de día y de noche con esta admiración: ¡Un hombre solo! ¡un hombre solo azota, mata hace temblar el mundo: qué liberales los del Ecuador, qué pueblo! Faltaba el menguado a toda clase de miramientos, así como faltaba a la razón. Era yo su huésped involuntario, me hallaba a la sombra de un pabellón respetable, amenazado de muerte por el famoso García Moreno, y me insultaba de este modo a cada instante: «¡Qué país este, qué gente! ¡qué liberales!» Y todo en mi presencia. Si yo era víctima inerme de aquel huaso, no hay para qué se diga; pero inútiles las sofrenadas violentas con que yo hacía por contenerle. La enorme borla de su gorra de mil colores se le caía a cada paso a la nariz: «¡qué país, qué gente!» El país, la gente del Ecuador tenían la culpa de la borla.

Un hombre solo... El tirano es uno; sus admiradores, sus esclavos, sus esbirros no tienen cuento. Él manda, siempre es uno; los que obedecen y ejecutan, siempre muchos. Si el tirano fuera solo contra todos, es claro que no existiría. ¿Quería ese *matachín* abominable que García Moreno fuera él mismo ciento, doscientos, mil tiranos? Un hombre solo... Y no ha habido opresor más acompañado y apoyado: clérigos y frailes, todos suyos; esto es, mayoría inmensa en país donde el que no quiere trabajar se rapa el cogote y se adhiere al dictador que nunca falta, para honra de la democracia y gloria de la república. Un hombre solo... ¿Y los soldados? a fuerza de látigos y dinero, todos suyos. Sabido es que en el Ecuador los liberales son veinticinco: no es poco lo que han hecho estos jayanes con mandar a los infiernos al hijo de las tinieblas, y dar patas arriba con ese capuchino llamado Antonio Borrero. Jorge Isaacs ha dicho que no hay más que un liberal en el Ecuador: en poco está que yo no concurra en un parecer con ese valiente chico. Y tan desemejable le juzga a ese único liberal, que le llama Mizifuf: guay de los ratones diplomáticos.

Así ya empiezan a decir de Veintemilla: «Un hombre solo», y no es solo: es la suya gavilla numerosísima de pícaros. En pueblos corrompidos e ignorantes, la broza de la sociedad humana son las tres cuartas partes de la población; el de los perversos afortunados es siempre el partido más numeroso. Toda esa estopa antigua, esos cascos apolillados del tiempo de Maricastaña, que se llaman generales, todos son aparceros y corchetes de Ignacio Veintemilla: tiene cada cual su agujero conocido en las arcas nacionales, y por nada consentirán en que se lo atarugue. Jesuitas, descalzos y capuchinos, son predicadores del católico Veintemilla, proveedor del *Miserere*... Sus enemigos mismos le favorecen, le ayudan, le sirven de espías de los campeones de la libertad. Acaba un sacapotras infame de decir en un libelo que «entre Montalvo y Veintemilla no había que vacilar». Veintemilla es mal menor para la patria; pero yo no le he azotado a ese *mitayo*, ni le he inhabilitado... Había sido el *conde Patricio* echado del Ecuador por causas privadas e infamantes; ¿podía yo sufrir que se hombrease conmigo? Aquí de aquel diplomático: ¡qué país! ¡qué pueblo!

Otras veces, para estimularlos a los ecuatorianos, para animarlos, he dicho que si el pueblo quisiera, diera abajo con ese puñado de ladrones. ¿De qué medios no se vale el que ansía la libertad de la patria, la era de la civilización? Tomadme en contradicciones, escritores del hampa; el hecho es que he cumplido con mi deber haciendo cuanto cabe por levantar el ánimo de los pueblos a deseo de grandes cosas. Causa maravilla, ciertamente, que hombre como el actual dueño del Ecuador sea capaz de mantenerse bajo el solio: talento se necesita para lo bueno y para lo malo; y ese no lo tiene: ¡qué ha de tener! Bobo es, ¡oh, sí es bobo! sus tragaderas, increíbles. Una noche estaban contando chascarrillos en su casa, como suele entre gente de pocas obligaciones: un guayaquileño por ahí refirió que el viejo español padre de García Moreno había tenido por costumbre tomarles el toque a sus hijos conforme iban naciendo; y la prueba era estrellarlos de barriga contra la pared. El Trabuco, el canónigo cayeron al suelo como sapos; el viejo movió la cabeza en señal de ninguna esperanza: «Hum —dijo—, esto no vale nada». Vino don Gabriel al mundo; el viejo de su padre a tomarle el toque; alza el avechucho implume, le sopesó, le columpió en las manos muy despacio, y volviéndole la barriga a la pared, le da contra ella. El chiquito, lejos de caer como sus hermanos, prende las uñas; y no solamente se queda allí prendido, sino que se sube y se pasea en cuatro pies por el cielo raso, que era de morir de gusto. El viejo español, estregando las manos una con otra, inundado en júbilo, exclama: «¡Este es el bueno!»

Veintemilla había estado oyendo con esa cara... esa cara... esa cara suya, y no digo más: concluida la verdadera historia, se vuelve a Zuled, su hermano de leche, que estaba a su lado, y, rostro a rostro con este tan parecido a él, de la mayor buena fe del mundo le pregunta: «¿Cierto será?» Pensaba el infelizote que pudiera ser verdad pajarotada como esa. Digan los terroristas lo que quieran, nunca me harán creer que García Moreno, recién nacido, se hubiese subido de uñas por la pared. Después las uñas le sirvieron para mucho, no lo niego.

Como esa noche la mentira tuviese viento en popa, un general llamado Cuero de Vaca contó que en Paita había visto una cuna que se mecía sin necesidad de persona que tuviera cargo del parvulito. «Cuna de cedro —decía el tragaldabas—: examinando el secreto de esa complicación, no le hallé ninguno; cosa era de perder el juicio. He oído que en Europa hay aparatos cuyo agente es una hormiga; busco la hormiga, por si está metida en el asiento de la cuna, o en rendija artificiosa por ahí; nada: ni hormiga, ni pulga, ni perro que ande la noria. Con ser soldado, yo siempre he creído en duendes y ánimas benditas; si la difunta abuela de ese abejorro de la cuna no andaba en el enredo, el diablo era la máquina. Su precio doscientos duros: servía, eso sí, para toda la familia, aun cuando de cada parto nacieran siete cachorritos, como ya sucedió en Posorja con una negra que yo conozco».

«Natural es que la hayas conocido, puesto que tuya es la mitad del secreto de los siete monos», respondió José María Urbina, el general de la lágrima colorada. «¡Tunante! —replicó su viejo compinche—; ¿soy yo negrero como tú?» «Para negros, amigo Pancho, con los de tu corazón pudieras formar una mitad de caballería», volvió a decir el de la lágrima colorada. «Los cuales, todos juntos —respondió Cuero de Vaca—, no bebieran lo que tú». «En eso de beber, Panchito Vaca, Dios sabe si hemos mudado de bisiesto: aquí está Ignacio que no me dejará mentir». «Seis meses ha —dijo el testigo—, que yo y José María no bebemos sino por puro patriotismo, allá a la vuelta de media hora. Sin contradicción podemos sostener que estamos reformados».

«Reformados... como otros que yo conozco —dijo Sánchez Rubio—. Si vuecelencia no lo lleva a mal, haré relación de ese cambio milagroso de costumbres». «Echa tu jácara», respondió el jefe supremo; y Sánchez Rubio tomó la mano a desenvolver su historia.

Los dos reformados

Poco después de la guerra de la independencia vivían dos veteranos en la ciudad de Chuquisaca, los cuales, mientras Bolívar y Sucre peleaban contra el rey de España en Junín y Ayacucho, ellos habían permanecido cruzados los pescuezos, rascándose mutuamente como buenos amigos y compañeros. Se llamaba el más viejo don Crispín Zapote; el otro tenía por nombre Agamenón Chinchilla, uno y otro generales, por sus hazañas y servicios. Es fama que los dos ilustres raigones de esa noble guerra bebían chicha raras veces, algunas vino, muchas coñac, y aguardiente por costumbre. «Agamenón —le dijo un día el general Crispín a su camarada—, preciso es mudar de vida; tú bebes más de lo que cumple para tu calidad: modérate; si es posible, refórmate». «Bien dices, Crispín —respondió el general Chinchilla—: yo he pensado lo mismo; de hoy en adelante juro por la cruz de mi espada no tomar ni caldo de gallina. El aguardiente irrita, lo pone a uno de mal humor, le da pesadillas de noche: no bebo».

«Olvidas el peor de sus defectos, Agamenón; y es que le hace ridículo al que lo bebe: mira esa cara hinchada, esos ojos llenos de torpeza. El borracho es el demonio en cuerpo y alma. Hace dos semanas que por mi parte no consumo sino dos botellas por día, fuera del vino; y te sé decir que no me está yendo mal. ¿Y tú, Agamenón?» «Yo —respondió el general Chinchilla—, hace un mes que no tomo sino un trago cada quince minutos, para humedecer la canal maestra y entonar el estómago. Será la pólvora esto de tener un soldado echando polvo el gaznate. Mira, hombre, ¿qué te parece este coñac que me ha llegado últimamente?» El general Zapote se echa al coleto un vaso de a media botella, y responde saboreando: «Esto debe de venir de la fábrica; pero aún no me hago cargo: echa acá una narigadita de tu coñaquillo... ¿him? ¡hum! regular, regular: así, así. Conque el amigo Chinchilla toma coñac de a cinco pesos, fuera del casco... Como te iba diciendo, la intemperancia mina la inteligencia: no bebas, Agamenón. Mi pobre zamba... ahorita se me viene a la memoria: acompáñame a tomar una copa por ella». «De mil amores, Crispín, puesto que tú me acompañes después a tomar otra por... quien tú ya sabes». «Badulaque», repuso el general Zapote; y alzando el codo ambos capitanes insignes: «¡Salud!» «¡Salud!»

«Siempre he pensado —dijo Agamenón—, que un caballero debe tomar una copita antes de almorzar y otra antes de comer; pero el menudeo en que has caído, Crispín amigo, es ya cosa de borrachos: deja esta costumbre, que en verdad te perjudica. Me estás debiendo la que bebí por la de... Paita». «Cuenta y razón conserva amistad; Agamenón querido». «¡Salud!» «¡Salud!»

«Esto de beber —dijo Crispín Zapote—, es el vicio que más deprava y envilece a la humana criatura: la embriaguez consume riquezas, corroe entrañas, pervierte corazones, oscurece entendimientos, empaña honras: el ebrio de profesión es miembro podrido en el cuerpo social: se le debe cortar, cortar, cortar».

«Tú sabes —respondió Chinchilla—, que para estas operaciones usan hoy los cirujanos el cloroformo: puesto que te quieres cortar, preciso es que yo te cloroformice». «¡Tunante!» replicó Zapote, riéndose con los ojos; y tomando el vaso que le ofrecía su camarada, se cloroformizaron uno y otro.

«Puede uno echar un trago allá por muerte de un judío, querido Agamenón; como ahora que ha muerto Víctor Manuel; esto de beber de día y de noche, te ha de quitar la vida —dijo sirviendo dos porrazos de aguardiente amarillo—: toma, por la pena que te habrá dado la defunción de tu compadre de Saboya». «Verdaderamente —respondió Chinchilla—, yo me llevaba muy bien con Víctor. Buen muchacho: ¿no sabes que en Roma me dio un convite en el Quirinal?» «Quiri... Quiri... —dijo el viejo Zapote, mascando su aguardiente con vidrio y todo— ...nal. Ah, sí, yo sé lo que hay en esto: Quirinal... ¿no es consonante de liberal? Ahora pues, si hemos bebido a la salud de Víctor Manuel, sería poco cristiano en nosotros no beber a la de Pío IX, quien también acaba de morir». «¿Será a la salud eterna de esos dos amigos?», preguntó Chinchilla. «Eso se entiende», respondió Zapote;

y echaron los dos su copa a la salvación del papa y el rey de Italia.

«Recorramos la historia, Agamenón, y dime si desde los asirios hasta los caldeos hay un solo grande hombre que no hubiese tomado su trago. Mas no me pierdas de vista que uno es tomar una copa en vía de regeneración, y otro beber por inclinación y costumbre, como sucede contigo: no bebas, Agamenón». Y le alargó la copa rebosante de coñac superior. «Te he dicho —respondió Chinchilla—, que mi propósito es inquebrantable: no beberé; te ofrezco no beber. Este es de otro, ¿eh? me parece de más consistencia», agregó estimándolo despacio en los labios. «¡Pues!» volvió a decir Crispín Zapote; y apecharon la tercera botella.

«Esto de beber por vicio, Chinchilla hermano, es el colmo de la miseria; bebe con buena ocasión: el frío, verbigracia, requiere una copa; mira si te sienta bien cuando la empinas de propósito. El calor excita el paladar: sin esta fuerza de la vida que llamamos aguardiente, ¿qué fuera de nosotros en los climas cálidos?» «En el arte militar de Federico el Grande, mi querido Zapote, he visto que eran cinco las causas de beber:

> Cinco, si bien me aseguro,
> son las causas del beber:
> si llega un huésped tener,
> sed presente o de futuro;
> ser el vino bueno y puro,
> y otro motivo cualquier».

Se rio el viejo Zapote, y dijo: «Esa máxima no es de Federico el Grande, con quien yo privo mucho; es de San Crispín, patrono de los bebedores. Invócale, y verás cuan blandamente pasas este bocado». El general Chinchilla tomó el que se le ofrecía y, ebrio más de las dos terceras partes, se puso a cantar en tono de rogativa: «Santa Cataliiina, *ora pro nobis*». «¿Qué Catalina dices, pájaro culebrero?», gritó Zapote; «Crispín he dicho. *Sancti Crispinis*», volvió a cantar Chinchilla, ahora en latín, en buen latín; a lo cual respondió su viejo Mentor: «¡*Ora pro nobis*!» Y cada santo lo asentaban con una buena porción de coñac negro.

«Habrá de ser Nochebuena —dijo Zapote después de doce santos—, para que yo vuelva a tomar una copa; y sabe que mi palabra es oro»; y *tin, tin, tin*, hizo sonar la orilla del vaso en los dientes.

«He oído, Zapote amigo, que los licores fuertes son la cosa más perjudicial del mundo para el amor y sus beneficios: los borrachos, dicen, son por la mayor parte indiferentes a los incentivos de la hermosura, sin que den golpe en su corazón sino los halagos de la diosa Viña». «¡Peste! —respondió su viejo interlocutor—; si esto es así, juro en Dios y en mi ánima no ver, oír, oler, gustar ni palpar una copa; y puesto que no he de beber en adelante, quiero tomar una, valga esta para todo el resto de mi vida. Si aprecias a las hermosas, acompáñame Chinchilla; que por ellas tomamos». «¿Por ellas? no digo una sino cuatro: va por las hijas de la Eva, Crispín heroico». Y *gor, gor, gor*, no fue copa sino botella la que empinó cada uno.

«Conque licor y amor implica: ¿de dónde sabes esto, Agamenón? ¿lo has visto en los autores? ¿Lecturita tenemos, eh, filosofín?» «¡Viejo, no te caigas!», exclamó Chinchilla, echándole mano al coleto: «¿Parece que hemos bebido, chico?» Y agarrados uno de otro se estuvieron allí tambaleando, hasta que acertaron a sentarse de nuevo.

«Has de saber que yo tenía un asiento —dijo Zapote: cuando quería beber el muy bellaco... ¿bellaco, bellaco dije? ¿no es verdad que dije bellaco?— Agamenón, mira, me parece que me está andando un *cientopies* por el pescuezo». Se rio como caballo el general Chinchilla, y asentándole en el hombro una descomunal puñada: «¡Con mil diablos! ¿por qué me han llenado de luces el cuarto? ¿no saben que tengo mal de ojos? ¡Edecanes! Ah, canalla...»

«Tenía yo un guacamayo
que decía quis, quis, quis».

«¿Qué? —preguntó el viejo Zapote alzando la cabeza moribunda—; ¿guacamayo que decía quis, quis, quis? Por esta y por otras razones te decía que no debías beber». «El beber y el amar se hacen la guerra: yo no bebo, luego amo. Yo no amo, luego bebo —dijo Chinchilla, y se echó al coleto un vaso desmedido; después del cual discurrió de esta manera—: amar con correspondencia es ser feliz; beber sin oposición es ser feliz: luego beber y amar son una misma cosa; luego beber es amar. Yo bebo, luego amo: yo amo, luego bebo. Viejo, ¿eh? ¿echamos un traguete?» «Mejor será que no me lo des —respondió Zapote—; pero dámelo. Esto de beber, Chinchilla hermano, por lo menos es flaqueza, puesto que no sea corrupción. Me he propuesto no beber, y no bebo: no bebo, Agamenón». «Dime, Crispín, morigerado Crispín, Crispín de agua, Crispín juicioso, Crispín de buenas costumbres, ¿ese propósito corre desde hoy día?» «¡Y qué sandio te parió tu madre! —respondió ofendido el general Zapote—; propósitos semejantes nunca corren desde hoy día, sino desde mañana. Echa acá una copa». La tomó junto con su camarada, y se puso a cantar balbuciente:

«Esta triste vida
se te ha de acabar».

«Agamenón, todavía no es mañana...» «Toma, viejo», respondió Chinchilla, y sirvió un buen porqué de aguardiente. Habían echado tranca a la puerta los dos hombres sobrios, para que nadie los interrumpiera. Después de medianoche, creyéndoles muertos, sus edecanes la forzaron, y tuvieron que llevarlos arrastrados a sus camas a sus generales y excelencias.

«Yo no sé si es un recuerdo, o si acaba de ocurrírseme esta idea», decía madama de Sevigné tocando a una cuyo origen le parecía dudoso. Crisipo ni Corneille nunca han influido en mí con esa su máxima de tomar lo suyo donde lo encontraban; y suyo llamaban esos filósofos todo lo bueno, de cualquiera que fuese. Antes, por el contrario, le tengo horror al plagio; con decir que ni las imitaciones son de mi gusto, dicho se está que si en alguno me toman será porque no habré sabido, como madama de Sevigné, si tal pensamiento acaba de nacer en mi cerebro, o si es cosa que la tengo leída veinte años ha. La comedia de *Los dos reformados* tiene su modelo: seguro está que lectores ecuatorianos, de tan escaso condumio literario, me tomaran en la imitación; mas como han dado en leer, y hasta en reproducir *Las catilinarias* escritores de otras repúblicas, no me he de exponer a que en Colombia, en Chile, y principalmente en Venezuela, donde Aristarco ha dejado una gentil descendencia, salga por ahí un crítico sin entrañas y me grite: «¡Hola, amigo! ¿en dónde hizo usted pie para levantar el edificio de los dos borrachos? me parece que en la *Vida de Molière*, por Glimarest, hay una cosa parecida». Efectivamente, Despreaux y Chapelle, dos íntimos amigos del gran autor, se proponen dejar de beber y reformarse. O más bien, Despreaux, condolido de la suerte de su camarada Chapelle, toma por suyo el contenerte en la desventurada carrera de la embriaguez. «Mira —le dice un día—, el abismo adonde te acercas sin conocimiento: detente, vuélvete atrás, abre los ojos, infeliz amigo». Chapelle se pone a llorar muy de veras. «Despreaux, amigo, tú me salvas; ¿beber yo? ¿beber? ¡Jamás!» Y toma una copa con su amigo. El uno aconsejando, el otro agradeciendo y llorando, se emborracharon de manera que fue preciso llevarles en angarillas a sus casas.

Como esta escena se ha repetido con Ignacio Veintemilla y José María Urbina, yo siempre la hubiera puesto por escrito, aun cuando Despreaux y Chapelle estuvieran inocentes de ella. Una tarde se encerraron esos dos insignes capitanes de América a tratar de cosas muchas, muy buenas y muy grandes. Como sonasen las tres de la mañana, sus oficiales echaron la puerta al suelo, y los hallaron boca abajo al uno, boca arriba al otro, soplando como dos tiburones. Aquí no hay imitación; el suceso es el repetido: pudo Glimarest no habérnoslo contado; yo siempre le hubiera dado cabida en esta catilinaria. Y si es imitación, no es mía; el viejo Sánchez Rubio es quien refiere la verdadera historia de los famosos generales Agamenón Chinchilla y Crispín Zapote. Además, Glimarest pone en cuatro palabras cabales el chasco de los dos amigos de Molière; y la de Sánchez Rubio es comedia en un acto redonda y bien torneada. Urbina y Veintemilla se le quedaron viendo de soslayo al viejo atrevido que así les había echado un venablo en forma de apólogo; y sin querer ahondar el asunto, dijo Veintemilla: «¿Y de la cuna qué fue, amigo Pancho Cuero?» «Allá la encontré —respondió Cuero—, y allí la dejé; que no quiero perro con cencerro».

«No ponemos la monta en la tersura del lenguaje —dijo a su vez el general Zapote—: cuero, perro y cencerro, tres asonantes acumulados en una línea: esta disonancia se evita con decir: "amigo Pancho Vaca", y ande la paz en el corro. ¡Conque no quieres perro con cencerro, Pancho Cuero de Vaca? Tampoco lo quería Panza. Tú que has andado por el antiguo mundo, Ignacio, oh Ignacio, mi querido Ignacio, ¿no has visto algo así como esa máquina prodigiosa, en la cual el movimiento perpetuo está visible?» Chinchilla respondió: «Yo he visto en París, en casa del palacio del duque Ruchafucolda (La Rochefoucauld) una cuna que no solamente se mueve de por sí y arrulla al duquecito, sino también le da de mamar de su propio peculio».

Asombrados quedaron todos y en silencio, hasta cuando Crispín Zapote dijo: «Esa es alusión oratoria: según se me trasluce. Ignacio habla figuradamente. La cuna es la república, él es el duquecito».

Se rio el Mudo como caballo, y respondió: «Tú también eres duquecito...»

«Duquecitos, duquecitos», repitió desternillándose de risa toda esa chusma de coroneles y generales güeros; y haciéndose lenguas del ingenio del presidente, se fue cada uno a seguir mamando en sus cunas de movimiento perpetuo.

Don Antonio Borrero, presidente constitucional de la república, en Ayavaca, se había estado con una tercia de oreja, mientras Ignacio Chinchilla, presidente constitucional de la república, echaba en Quito la pajarota de la cuna. Cuando este hubo concluido, se volvió don Antonio a su hermano, el indio Ramón, que estaba a su lado, y en esa carota hollinienta, cerdosa, preguntó: «¿Cierto será?»

Pensaba don Antonio que podía ser cierta la pamplina de la cuna que da de mamar de su propio peculio. De estos son los presidentes del Ecuador, esos Estados Unidos que no se cansan de producir Franklins, Washingtons, Lincolns, Sewars.

DÉCIMA

Tanto monta cortar como desatar.

La desgracia tiene sus méritos: desgraciado cuya virtud no alcanza a respetarlos, devora sus amarguras, sin disfrutar de esos dulces recobros que a fuerza de ennoblecerla vienen a hacer de ella uno como bien o felicidad. Los méritos de la desgracia son sufrimiento, resistencia a sus continuas embestidas, silencio decoroso, o palabra llena de señorío, armas con que nos levantamos contra los que nos persiguen, y nos volvemos objeto imposible para el desprecio y la risa de nuestros semejantes. Hombres que en el remate de la sociedad humana brillan por la moderación y el buen juicio, se suelen volver grandes en la caída y resplandecer en las sombras del infortunio. Bolívar conoció los méritos del infortunio; sobre la corona del valor, se echó la de espinas, que es la de los desengaños crueles y los dolores profundos. Miradle allí, a orillas de la mar, despedido y abandonado: ¿despedido y abandonado solamente? Proscrito, digo, sin consuelo para sus aflicciones, sin camisa para sus carnes. Y no es encarecimiento, ni modo de decir: su médico, el francés Reverend, con lágrimas que caían a lo largo de su rostro, tuvo que echar mano por una de las suyas para ver de enterrarle, cuando el Libertador hubo fallecido. Y este no se quejaba, ni hacía reclamos, ni maldecía a sus enemigos, ni lanzaban mentiras al viento en forma de pasquines: si sus labios se abrieron en sus últimos días, fue para máximas de sana moral, o para profecías que se han cumplido en mal nuestro y por nuestra culpa. Grandeza de alma requiere más la adversa que la buena fortuna; si bien es raro el que, siendo uno varón de virtudes en la prosperidad, no lo sea igualmente

311

en la adversidad. Napoleón se hubiera tenido por perdido, si hubiera ensuciado sus cadenas con una injuria a sus vencedores: mentir contra ellos, ocultar su nombre para difamarlos, ¿cuándo hombre como él? Sin verdad no hay virtud, sin virtud no hay gloria. ¡Oh!, vosotros, juguetes de la fortuna, que ya sois sus resplandecientes validos, ya sus negras víctimas, grandes sed en sus brazos, sedlo no menos a sus pies. Satanás, hollado por el Arcángel, no es todavía ruin: sus alaridos hacen temblar cielos y tierra, y la santa ira de su rival triunfante le comunica una como gloria en el abismo adonde vuelve a ser precipitado. Soberbia, orgullo, venganza en forma de águila pueden hacer de nosotros personajes terribles; bajeza, vileza, cobardía infaman la desgracia, y de un grande caído hacen un canalla ajeno de amor ni consideración. A fuerza de ser desgraciados nos hacemos ridículos, dice Javier de Maistre. Puesto que no nos revistamos de la majestad de la desgracia, señor conde: el decoro nos salva de la ridiculez; y decoro en ella es paciencia, fortaleza, templanza en afectos y palabras, verdad en todo caso, sin la cual no granjeamos ni la estima de los hombres de bien, ni la compasión de los bien formados corazones. Julio César, cosido a puñaladas, no piensa sino en morir decorosamente: estira la esquina de su manto, se cubre como rey, y va a caer en postura decente a los pies de la estatua de Pompeyo. ¡Así procuraran cubrirse todos los que ruedan por el suelo a los embates de la suerte, y no mostraran, como adrede, las reservas del cuerpo, para que su derrumbamiento cause risa!

Un presidente de los nuestros no es un emperador romano; mas no por esto se ha de poner a dar zapatetas en el aire de medio abajo desnudo y de medio arriba vestido, como ya hizo don Quijote de la Mancha, y como lo está haciendo don Antonio Borrero. Este pobre hombre, sorprendido de ese reventón de la fortuna que va y le toma en su agujero para colocarle bajo el solio por arte de birlibirloque, siente que se le va la cabeza, y en alocado vaivén no sabe lo que se diga ni lo que se haga. No hay un suceso brillante en sus días prósperos, ni un rasgo trágico en los adversos: todo en él es ridículo; en términos que, si le hubieran matado, por equivocación hubiera sido, y nadie exclamara: «¡Pobre don Antonio!» sino con la sonrisa en los labios. Hizo acto posesivo de su empleo con más de diez revolcones por el camino, en tanto que llegaba a la capital de la república. «Hombre enfermo», decían las viejas de Quito, para disculpar sus porradas y desmaños. Si alguna vez había montado a caballo, nunca había salido de los términos de su parroquia, cuando iba con la caja de óleos a la humilde morada de un moribundo en las afueras de su pueblo. Montaba, y eso a yegua; la primera vez que le fue preciso apretar entre las piernas un alazán brioso, se vino al suelo de narices. Leemos en sus *Memorias*, la verdad sea, que allá por los tiempos de Godoy, príncipe de la Paz, siendo él barragán de veinte años, era gran montador en toros, y nadie le echaba el pie adelante en lo de capearlo e irse tras el bravo animal vestido de pesetas. Pero esas bodas traen estas tortas: de tan peliagudos ejercicios ecuestres le provino la más impertinente y morosa de las enfermedades. Mandó hacer entonces una rosca descomunal, que bien le hubiera servido de corona o guirnalda al gigante Polifemo, si no fuera así, de materiales tan ruines, como son camisas viejas y piernas de pantalón caídas de las de su negro hermano. Sobre esta rosca o nido de buitre se pone a caballo don Antonio, y es de ver ese aire y ese aquel con que se gallardea, cual Rugero en su Frontino o cual Reinaldos de Montalbán en su Bayarte.

No era así cuando montaba en toro, muchacho elástico y expedito por extremo: ¡ay si se engarabataba en el espinazo de la feroz alimaña más y mejor que el mono de maese Pedro al pescuezo de su fiel y sufrido mastín! Cuentan sus *Memorias* que un día apostó con el obispo del Azuay que le echaría pierna a un barroso formidable al cual no se atrevían ni los capeadores de profesión. Acometió el obispo a contradecirle, don Antonio a permanecer en lo dicho: su ilustrísima a herir en la honra, el muchacho a volver por ella: don Antonio, que entonces no era sino Antonio, se puso como un gerifalte sobre la fiera, la cual salió dando corcovos desmedidos y bebiéndose el palenque con esos grandes saltos que infunden admiración y terror en cuantos son los espectadores. Ofrecido sea el diablo el esquilmo que sacó de este hecho de armas el adalid toruno, si a trueque de un rosario de pan bendito que le ganó a su ilustrísima, le nacieron y le quedaron para todo el resto de sus días esas que no son buenas para nombradas. Juró don Antonio desde entonces sobre un libro misal, a usanza de antiguo caballero, *non a caballo montare, nin con los toros jugare, aun cuando viviese más años que Sarra*. Cumplido había su palabra hasta cuando unos infelizotes llamados liberales tuvieron la idea pizmienta de elegirle presidente de la república, y una por una le eligieron. Allí fue el conflicto del jurado: entrar en yegua a la capital, no era posible; en toro, menos; hubo de romper lo jurado y montar a caballo, e irse cayendo como a posta en todas las cabezas de provincias, de donde salían hacia él los grandes señores y los ilustres concejos municipales.

Nadie imagine que tiro a vulnerar la importancia del señor presidente, ni a herir su delicadeza, cuando hago mención de esos sus fuertes hechos de montar en toro bravo y dar saltos descomunales en la playa, aferrado sobre la cerviz movediza. La tauromaquia ha sido arte de caballeros, y aun de reyes: mirad allí al muy ilustre Carlos V, rey de España y emperador de Alemania, en la plaza de Valladolid, cómo se tira a ese negro toro, y provocándole con el manto real, cuando carga la fiera, le mete la espada por entre las espaldillas hasta la empuñadura, y la deja muerta de un solo golpe. Pues el gran señor don Diego Ramírez ¿qué hacía en la de Madrid? ¿y qué don Pedro Ponce de León en la de Sevilla? Paseándose está embozado de su capa al pie de la galería de su señora esposa doña Catalina de Ribera, como quien no dice nada. Llega el toro, derriba él de súbito la capa, se pone en suerte, le mata de una espadada, vuelve a su embozo y sigue paseándose muy despacio, cual si no hubiera ocurrido cosa ninguna. Este gallardo español, arrebozado con su manto, hasta los ojos su sombrero de ancha ala, que tira del florete y deja a sus pies un animal furioso, no dirá don Antonio que es triste figura. Si bien no deja de ir algo de un don Pedro Ponce de León que obsequia a su mujer con una proeza inaudita, a un Antonio

314

de por ahí que por apuesta con el obispo se expone a la risa universal montando en toro bravo. El oficio de espía era glorioso en tiempos antiguos: Gedeón va de espía al campo de Madián; Ulises y Diómedes al de los troyanos; Sertorio, con ser quien es, se ofrece para ir al de los teutones y los cimbrios. Hoy un espía es tan infame como un alcahuete: a otros siglos otras costumbres. Don Antonio Cortázar tiene en su apoyo el ejemplo de don Diego Ramírez, don Pedro Ponce de León, y, lo que mejor suena, el de Carlos V, para esto de haberlas mano a mano en la plaza con el toro. Mas hoy por hoy el torero es menos que el rufián; así, don Antonio, montando en toro por la triste ganga de un rosario de pan bendito, he caído en caso de menos valer; su mérito allá se va con el de Montes, Cúchares y Redondo; y a bien librar, podrá disputarle la precedencia a Pepe Vera.

Teníamosle cerca de la capital empavesada *ad hoc* al nuevo y novel presidente. He allí que vienen a su encuentro los grandes dignatarios de la república, el ilustre Concejo Municipal en corporación, a cuestas la casaca de rabo de colibrí, el sublime tocado de dos picos en la cabeza: corbata y chaleco blanco, pantalón negro de trabilla, espuela de plata, y vardasca en la mano abrigada con el rico guante de previl. Bien es verdad que algunos de los más cultos y remirados concejales lo tienen de hilo verde de lana, tejido en las fábricas de Latacunga por los ingleses operarios de ese terrateniente y barón poderoso llamado sir Manuel Torres de la Goma, lord Mógicon y duque de la Quiebra. Las comunidades religiosas, en largas filas, adelantan a paso de procesión, metidos los frailes en sus hábitos, cuales blancos, cuales negros; estos azules, esos de pelo de camello, todos a horcajadas en mulas de uno y otro sexo, a cual más católico y garboso. No hay cosa como un fraile a caballo, con ese contrabando de telas derramadas profusamente alrededor, sirviendo sus hopalandas de paramentos que cubren hasta la cola de la caballería. Fraile no se pone bota ni zamarra cuando sale de rúa a paseo; y como no tiene derecho al calcetín, el cuero velloso y amarillo de la pierna se le está asomando un jeme sobre el carcañal, mientras el pie oculta sus gollerías en el zapato agujereado a posta para los callos. Sobre este airoso cuerpo echadle el sombrero de teja, y ved si no le sobra razón a don Quijote de arremeter con ellos cuando los encuentra por los andurriales de sus aventuras, y aun en carreteras y mesones. Los jesuitas, cabizbajos, llevan metidos los ojos en la barriga, y allí ocultan sus virtudes que consisten en esconder la vista y el alma, a fin de que nadie vea la gloria con que fulgura en ellos la malicia. Los capuchinos, todo barbas, son jinetes descubiertos: aherrojados de por vida en el cepo o tormento que llaman hábito burdo, tienen ganado el reino de los cielos mediante la cerda de esa horrible estofa que los está pinchando e hiriendo de continuo en carnes sin camisa ni calzones. Bien así como en las selvas cálidas pululan culebras, alacranes y toda clase de sabandijas venenosas, así en los hábitos del capuchino viven y procrean esos serafinillos resplandecientes que se llaman pecados capitales.

Los señores prebendados y canónigos, con sus respectivos vientres asentados sobre la cabezada de la silla, van allí en modo pontificial, desabotonada la sotana hasta más arriba del ombligo, a efecto de volver factible la postura a caballo, la cual, como todos saben, es la de horcajadas u horcajadillas. Por tras la carrera de botones de azabache está pareciendo el pecho de la camisa alechugada, en cuyos pliegues y escondrijos soberbias pulgas tienen sus palacios. Si alguien tuviere por sobrado familiar este personaje para obra como esta tropológica o doctrinal, yo responderé que Juan Goethe, el Homero moderno, me anima a la audacia y me autoriza con el ejemplo.

> Advint que chez un prince
> une puce logeait.

Sucedió que una pulga viviese en casa de un príncipe. Y esto en poema como *El doctor Juan Fausto*. Si pues una pulga vivía en casa de un príncipe, ¿por qué otras no han de vivir en la camisa de un canónigo aventajado de sangre? En cuidado se tiene de matarlas ni echarlas su señoría; antes las cuida y atiende con nimia solicitud, por cuanto ellas le sirven de sanguijuelas y le descargan del superávit dañino o la plétora, que pudiera causarle un patatús el día menos pensado. El príncipe del doctor Juan Fausto no solo le da alojamiento generoso en su real mansión a la pulga afortunada, pero también la protege y viste a la moda.

> Par son tailleur Cassandre
> du gentil damoiseau
> la mesure il fit prendre
> pour culotte et manteau.

Cómo echan de ver aquí los que saben de lengua francesa, el rey le hizo cortar calzón y capa con su sastre Casandra. Mis canónigos no son para tanto: sus pulgas se están en su lecho sin calzoncillos ni gorro de dormir, trebejos que no han menester, pues el calor natural del palacio en que habitan les sirve de ropa de por casa, siendo como es todo buen canónigo, más que medianamente gordo y sanguíneo. Los hay que son flacos, y estos son los temibles: en el sumario del envenenamiento del ilustrísimo señor arzobispo de Quito, constan las declaraciones de dos santas mujeres contra persona inocente: estrechadas estas y tomadas en contradicción fugó la una, la otra confesó en privado que su director las había constreñido a esa calumnia, con decir que era para el triunfo de la religión. Ese canónigo era flaco; probable es que Dios le haya remitido esta y otras fechorías de conciencia; para eso es infinita su misericordia: si no, ya estará gordo el santo sacerdote con el guiso de culebras y la torta de sapos con que mantienen gratis los alojeros del infierno a sus respetables huéspedes. A los canónigos ni los frailes gordos no les temo: como les dejen dormir hasta las nueve del día y les den de comer a su sabor, no piensan en tramoyas de perturbar al Gobierno ni la Iglesia. Clérigo flaco, fraile flaco, abrenuncio. Canónigo, por la mayor parte, es gordo: ¿es mala por ventura la vida que se da el hijo de la catedral? Su primera refacción es un buen porqué de caldo de gallina, en cuya superficie están yendo y viniendo esos ojos dorados que acreditan la pinguosidad del ave doméstica: tal cual desportillón de pechuga nada de una parte a otra, a manera de restos de un naufragio, y choca por ahí con la molleja que le sale al paso como torpedo alevoso. Esto no le aterra a su señoría; antes con buen talento y ánimo varonil alza el recipiente de su café de gallina, y con soberbio desdén por la cuchara, da buena cuenta de su contenido. La circunferencia de la taza no es la del cráter del Vesubio; mas sí será como el disco de la luna llena; y no tan profunda que no puedan bucear en ella dos o tres dedos del santo hombre, si a dicha sucede que se va a pique la pata de pollo, que le gusta más que la capucha del pescuezo. Su segunda refacción dos horas después de este leve desayuno, se compone de cuatro o cinco huevos estrellados, con su comitiva de pan frito, largas lenguas mudas de plátano de Otaití, y unos retacitos barrigones de longaniza que al reventar entre las mandíbulas llenan las concavidades del paladar de manteca vaporosa. Viene en seguida el lomo de vaca, tan bien tostado a la parrilla, que la superficie está abierta en grietas y delicadas astillas que simpatizan por extremo con los dientes, adonde concurren junto con los doblones de papas, vidriosas de puro bien dispuestas. No es hombre su señoría de quedarse en chiquitas: un morcillón en forma de corona, atados los extremos con torzal de seda, comparece sobre fuente redonda: así va derramándose el intrincado condumio por obra del cuchillo, como sonriendo voluptuosamente su paternidad: hay *afinidad electiva* entre un canónigo, un prior muy gordos y la morcilla: bien hacen de quererse; sus entrañas son unas mismas. No dirán que el señor prebendado concluye su almuerzo sin chocolate; en España el chocolate es bebida matinal; en Francia, el que lo toma, no tiene derecho a otra cosa; a los sudamericanos que van a París, y piden chocolate después de la carne y los huevos, y el pescado, el muchacho le hace la mamola allá entre sí, y con una atroz sonrisa le está diciendo: No sea usted tan... inocente. En América no hay almuerzo para los antiguos, si no bautizan la gallina, y la ternera, y el tocino que tienen adentro con una aventajada escudilla de chocolate. Costumbre buena o costumbre mala, el antiguo quiere que vala.

Todas estas corporaciones y otras muchas salieron al encuentro de don Antonio, junto con mangas de gente popular amontonada en chirriones arrastrados por bueyes, y brujas en palos de escoba, y enanos en unicornios, y negras en chivos, y mágicas en lobos sin cabeza. La entrada de Voltaire a París, cuando volvió de Alemania, no fue más suntuosa y concurrida. Todo ese golpe de gente se iba por esos caminos, cuando he ahí un hombre cubierto el rostro con papahígo verde, enjaezado el caballo con alforjas, sobre un matalón que no puede haber otro. «Amigo, ¿en dónde queda su excelencia el presidente de la república?» «Yo soooy», responde el caminante en voz larga, apagada y cavernosa. «¿Será cosa de ponernos a darnos brega a cuantos somos los que aquí venimos? —le apostrofa airado el gobernador de la provincia de Pichincha—: eh, buen hombre o buen diablo, ¿en dónde queda el presidente de la república?» «Yo soooy», vuelve a responder don Antonio en las profundidades de su papahígo. Su señoría el vicario capitular, hombre irascible y pronto de manos, se le va encima, altas las riendas, a castigarle su atrevimiento y superchería, cuando uno como escudero que viene tras el máscara, pica su rucio, y con sinceras y fuertes razones hace ver que ese que parece diablo es realmente su excelencia el señor don Antonio Borrero y Cortázar, presidente constitucional de la república.

Reconocido este excelente magistrado por los grandes dignatarios de ella, el ilustre Concejo Municipal, las órdenes religiosas, el cabildo eclesiástico y el pueblo que había salido a su encuentro, como el de Roma al de Cicerón, le hicieron tomar descanso en una casa de recreo llamada la «Arcadia», dos leguas de Quito. «Sería bien que vuecelencia se descubriese un tanto, ya para que le conozcamos los que aspiramos a esa dicha, ya para irse refrescando y poder entrar a la capital a cara descubierta». «Padezco de corrimiento, señor gobernador —respondió el presidente, allá tras la barricada de su mascarilla—: a lo menos el resfrío es un hecho». «Hecho y derecho —dijo el vicario capitular—: el hecho genuino es que vuecelencia no puede pasar por los arcos que le esperan en Quito así con estos aperos de viaje; no solamente la mascarilla, pero también los zamarros se ha de quitar vuestra excelencia». Y diciendo y haciendo, con el desenfado de uno que goza de fuero, le echó el clérigo mano a esa funda de cara que tan feo le ponía al ilustre caminante. Resistió este, desde luego, mas hubo de rendirse a las más de cuatro manos que arremetieron a su papahígo, y dejó ver el rostro más singular y curioso del mundo: trasquilado a cercén, el pelo corto formaba una media luna en la orilla de la frente. A pesar de los anteojos de hojalata, el polvo había formado ojeras desmesuradas: secos los labios, parecían tierra abertal caída en menosprecio. La nariz en el buen señor no debe de ser grande ni pequeña, ni chata ni acamellada, pues no hablan de ella las crónicas; por donde yo mismo vengo a verme a oscuras en tan grave materia, y con harta pesadumbre paso por alto las narices de don Antonio, por no ser de historiadores de conciencia esto de hablar de lo que no saben ni entienden. Pésame de vos, señor, que no hayan sido las vuestras unas como las de Tomé Cecial; mas ya que no le es dable a don Antonio prevalecer por las narices, vengamos a su zamarra, y veamos si nos otorga la gracia de quitársela. Era esta prenda de cuero de jaguar, adquirida a toda costa por el presidente electo, habiéndole parecido que entrar a la capital de la república sin pantalón de cuero de jaguar, no era decoroso ni posible. Mandó, pues, matar una bestia de esas en los montes de Zamora, y que la curtan y tunden; la piel, se entiende. ¡Y miren si no le arma al presidente ese vestido de pelo con largas tiras negras en campo amarillo! ¿Agora quién se lo quita? El vicario capitular y las comunidades religiosas hubieron de acudir a la religión para ver de obligarle a poner a un lado esos pingos ridículos: «¿Cómo quiere vuecelencia entrar con cuero de tigre a la casa de Dios, cuero de animal tan enemigo del catolicismo?» No hubo más resistir: se sacó la zamarra en buen hora don Antonio; y hora menguada fue para él esa en

320

que se la sacara; pues compareció allí un gentil conjunto de miembros para dechado o patrón de lechuguinos de París o lindos don Diegos de Londres. El pantalón, de duradera azul, tan ajustado y adherido a las piernas, que bien se puede tomar esa estofa por segundo pellejo. Las choquezuelas o rótulas, en forma de tapa de cajeta, prevalecen imprimidas a lo exterior. El dicho pantalón no es abierto según lo usamos en el día, sino de puerta de una hoja que se levanta y cae, como puente levadizo. Bien que por lo estrecho de él no ha menester agujetas ni tirantes, los trae el viajero; tirantes de grana, anchos como la mano, con flores de seda negra, que se le cruzan en la espalda. Dicho se está que el señor vicario y los provinciales de los conventos le habían ya despojado del chaquetón de pana, para echarle levita de paño; por donde la encrucijada de los tirantes vino a ser visible para los cronistas o *reporters*, quienes me han confiado sus mamotretos y transmitido sus apuntes, a fin de que yo haga de ellos el uso que me convenga. Corbata no tiene el magistrado, sino gorguera o collar de lienzo reducido a alforzas preñadas de aire, como lo habrán visto los curiosos de libros clásicos en los retratos de Cervantes y don Alonso de Ercilla.

Desvestido don Antonio, y nuevamente vestido, se puso a caballo; y el diablo, que en todo se mete, hizo que la duradera se fuese desde la horcajadura hasta la rodilla con ruido como de hojas secas, o como raso que el mercader rompe con todo ímpetu. No era cosa de tomo este suceso en ocasión tan solemne, y así no hubo quien mirase en él, sino en llevar adelante la gran batida político-religiosa. Estaba ya a caballo el presidente, y esto lo que importaba. Ahora el caballo, me dirán, ¿cómo era? En esto sí que no he de quitar ni poner: los buenos de los terroristas, que ya llevaban en su ánima apoderarse del presidente de los liberales, le habían hecho platear los cascos al palafrén que le destinaban; largas cintas de colores vahos, entreveradas con las cerdas de la cola, descienden hasta los corvejones; la crin, revuelta con espumilla de oro, es campo donde los Genios del Gobierno juguetean, visibles para don Antonio solamente. Una gualdrapa negra paramen-

tada con franjas blancas cubre los cuartos traseros del aristócrata animal, mientras las borlas se columpian y se encuentran por debajo de los ijares. En la frente, plantado entre las
orejas, lleva el Bucéfalo un penacho o airón de plumas rojas
y amarillas, las cuales hacen graciosa figura, levantadas sobre
las hebillas y chapetas de plata que taracean el jaquimón. El
señor presidente, sin miramiento ninguno por su regia alfana,
ni por el pueblo que le circuía, bien asido al pico del galápago,
iba diciendo: «*¡Sanctus Deus! ¡Sanctus Deus!*» pálido como un
difunto.

Así entró a la capital, así fue al *Te Deum*, así le vieron
al pobre don Antonio diez mil ojos ese día memorable. Algunos de mis lectores piensan a dicha que la imaginación entra
por mucho en mis cuadros y descripciones; y que el personaje
de la manifatura que queda delineado, es hijo de ella antes que
de la realidad. Parece que un don Quijote así es realmente
producto de la fantasía; mas yo invoco el testimonio de los
mismos que de este modo envilecieron a ese hombre infeliz,
mandando platearle los cascos al caballo, y entretejiendo crin
y cola con cintas de mil colores. Para tal pueblo tal monarca.
Gente ruda, gente ruin, no se escarnece de este modo a un
presidente. Si yo hubiera sido que don Antonio, le hubiera
hecho dar quinientos palos al pícaro que tuvo la idea infame de adornarle el caballo como para rey de naipes o para
príncipe de feria. Nada hizo don Antonio, y santiguándose
tres veces, echó pierna a semejante corcel: ¿qué mucho que
a las veinticuatro horas haya salido por la tangente? El que
entra por el sur caballero en un bridón de cascos plateados,
bien merecida se tiene la suerte de irse por el norte en haca
de bulero. No puedo menos que aplaudir la resolución que
ha tomado don Antonio de hacerse pastor: pastorcillo tú que
vas, pastorcillo tú que vienes. Y no se crea que no tiene a
quien imitar en ello: *La Arcadia*, drama pastoral de Jacobo
Zanázaro, está hirviendo en pastores; *El pastor de Fílida*, de
Luis Gálvez de Montalvo, es bello paradigma. Oh qué polidas
cucharas tiene don Antonio de hacer cuando pastor se vea. Y
para no quedarse atrás ni de los pastores de las Églogas, ni de

los de la *Aminta*, ya tienen compuesta una que mal año para Virgilio Marón y Torcuato Tasso. ¿Cuál será la pastora de don Antonio? ¿será Dafnis? ¿será Clori? ¿o será más bien Teresona, como la de Sancho Panza? Por ninfa no ha de faltar: el indio Ramón podrá prestar su inicial, para que se llame Remolacha; o la podrá formar del suyo propio el enamorado pastor, y llamarla Autucresta o Anticrista. No por eso dejará de ser un Alfesibeo, esto es, mago o hechicero que anda echando las habas a cada triquete: brava cosa.

No faltará quizá quien diga que tanta es la fuerza que empleo en reprobar a los que escarnecen a ese hombre sin ventura, como la que gasto en escarnecerle yo mismo; mas os ruego, señores, consideréis que ni la persona que hace, ni las circunstancias son de la propia naturaleza. Se trata en el un caso de ciudadanos cuyas virtudes, divulgadas por bocas fementidas, se presentaban a los ojos de todos cual verdad amable y consoladora: hombre sin tacha visible, para con quien respeto y consideraciones eran obligatorios, ya por la buena fama de que había gozado, ya por haber tenido la dicha de subir al solio por el voto de considerable mayoría. Pudo Borrero haber sido dechado de presidentes, sin esfuerzos de inteligencia y valor: todo para él era propicio; así es que por un instante fue esperanza para muchos. A este personaje feliz, rodeado del aura popular, ennoblecido por un engaño de la república, es a quien apocan y vuelven risible los palaciegos con tempranadas de adulación, tales como platearle los cascos al caballo, y echarle a él mismo sobre los hombros el mantón de escarlata con que suelen condecorar en los castillos a los andantes caballeros. Si alguien citare en mis escritos en término encaminado a deprimir y afligir a un sujeto de virtud, yo le doy por vencedor, y que me quebrante la cabeza. He perseguido desde niño la tiranía en el tirano, el crimen en el criminal, el vicio en el corrompido, yéndome tras la libertad y el bien de mis semejantes con tal ímpetu, que muchas veces estuve para quedarme en la estacada. Tengo un odio en la antigüedad, este es Aristófanes: proponerse traer a menos al mortal dichoso a quien el oráculo había declarado el más cuerdo y virtuoso de los hombres, agravio es al género humano, que los de bien no debemos olvidar ni después de treinta siglos. La comedia de *Las nubes* es el perjurio con el cual ese griego perverso niega la dignidad en el majestuoso, la pureza en el inocente, la virtud en el justo, Sócrates hubiera sido bueno para héroe de los cantos de Débora; sacarle a las tablas para hacer reír de él al populacho de Atenas, empresa es de poeta que se da la mano con el juez que condena a cruz al mismo a quien tiene por hijo de Dios. Dicen que la zumba de Aristófanes influyó no poco en el ánimo de los vocales que condenaron al filósofo a beber la cicuta; mas al otro día de esta muerte infausta los acusadores fueron lapidados por el pueblo a quien el ignominioso comediante había corrompido. La virtud acendrada no se presta a la ridiculez: la hipocresía inhábil deja caer la máscara cuando menos acuerda, y es objeto muchas veces de burla y pasatiempo.

En don Antonio Borrero no he perseguido yo ni al magistrado decoroso, ni al ciudadano ilustre, ni siquiera al hombre de bien: he perseguido al tránsfuga inicuo, el traidor sin punto de honra, el ingrato sin memoria, el ambicioso sin patriotismo, el libelista sin verdad, el necio sin prudencia, el prófugo canalla: al hombre aciago a quien la patria debe ruina e infamia. A este, deber mío es imponerle el castigo que requieren, su malicia por una parte, su torpeza por otra, aun dado que me desentienda de agravios personales, que me los ha irrogado de tomo y lomo, en detrimento, no del individuo solamente, pero también de la asociación general y los intereses comunes.

Iba yo una tarde en medio de dos amigos hacia el Ejido del norte en la ciudad de Quito: por ahí se nos viene de vuelta encontrada un batallón que ha pasado el día en el campo comiendo vaca y bebiendo aguardiente. Entre el Observatorio y Santa Frisca, ellos por un lado, yo por otro: he allí un oficial que se desprende de su compañía, y, espada en mano, se me tira a fondo por la espalda, cubriéndome de improperios. Si vuelo la cara, si huyo, me mata; mirarle como a perro fue mi salvación. Otro oficial sigue la corriente del primero, sale con ímpetu de formación, blande la hoja homicida: «¡Muera este tal!» me hiere, ya me hiere, todo por atrás; yo no vuelvo la cabeza, ni aprieto el paso: viviendo estoy para castigo de traidores, asesinos y canallas.

He leído que Augusto se hallaba un día contemplando un abismo en las sierras de Cantabria, de pie a la ceja de un espantoso derrumbadero. Un ibero descomunal, pagado para asesinarle, había seguido los pasos del romano; se llega de puntillas, alarga los brazos, va a empujarle: Augusto se vuelve y le está mirando con la serenidad de un dios; el asesino, aterrado, huye y se esconde por las breñas. Confesó después que el semblante de la víctima sin miedo ni alteración, le salvó la vida. El terror de uno es muchas veces cómplice del furor del otro: el miedo del agredido anima poderosamente al agresor.

Andando un día por las afueras de Málaga, orillas del Guadalaviar, me tentó el semblante de una quinta cuya casería estaba brillando a la distancia entre árboles oscuros. El callejón para ir a ella era larguísimo. Yo soy gran caminador a pie: *Musa pedestris*. Cosa de doscientos pasos me hallaría de la casa de recreo cuando, estirados como saetas, se vienen hacia mí una jauría de dogos y mastines, y una mujer tras ellos advirtiéndome a gritos que me ponga en cobro. ¿A dónde huir? ¡por qué medios salvarme? Horribles los trances de la vida, e inesperados los más graves peligros. Si me encomiendo a los pies, allí me matan las fieras. Sabía yo la virtud oculatoria sobre ciertos brutos: detengo el paso, clavo el bastón en tierra, y en postura arrogante espero a los dogos feroces que ya llegan. Inmóvil como una estatua, mirando a una perra negra de barriga amarilla, que es la que viene a vanguardia, me estoy allí, no sin mandar el corazón al cielo. Llega la fiera, y al llegar, afloja la rabia: ese hombre sin movimiento ni muestras de terror no era su presa. Su ladrar es de perro que amaina: en el lomo, erizado todavía, se le va echando el pelo; la cola se menea, no ya en señal de muerte; ladra como de remota amenaza, y me está dando media vuelta, sin que yo aparte un punto mis ojos de los suyos. Los demás, al ver a su capitana caída en mansedumbre, amainan todos. «¡Señorito! —dice llegando la mujer—, usted trae la Virgen de las Mercedes al seno: ya le vi a usted despedazado: tigres son». «Mulata, ah mulata, tú eres siempre la de estas correrías». Y le echa mano al collar. La perra, de la mansedumbre pasa al amor; agachadas las orejas, altos los ojos, la cola en suave vaivén, solo hablar le falta para decirle: «No sabes cuánto te amo». «No se mueva, señorito —dijo la mujer—, hasta cuando yo haya cerrado la puerta sobre mí: serían capaces de volverse estas alhajas, si viesen que usted echaba a andar: ¿Tarik? ¡anda, Oppas, Sisebuto, vamos!» «¿Y por qué, buena mujer, dejan sueltos estos perros, si son tan bravos?» «¿Sueltos, señor? si ha sido el jaragán del Santiago quien los ha dejado salir de puro *descuidoso*: siempre están a buen recaudo».

A los perros de Málaga había sido bueno darles la cara: a los oficiales de don Antonio, la espalda.

Puesta la queja por mis compañeros de paseo al presidente de la república, este respondió que castigo ejemplar sería hecho en esos infractores de la disciplina militar y las garantías sociales. Como ninguna providencia encaminada a la represión de ese género de abusos llegase a nuestro conocimiento, volvieron al presidente mis amigos: «¡Qué tengo yo que ver en eso! —gritó indignado el recto, el probo—: los militares tienen sus estatutos y su administración; ellos sabrán lo que hacen». No sabía el bueno de don Antonio que con estas cuatro palabras fatídicas echaba por tierra, no las buenas costumbres y el orden solamente, mas aún la condición indispensable para la existencia del Gobierno. Los cuerpos colectivos o potestades que gozan de independencia absoluta sin sujeción a una regla general ni a un inspector superior, son un Estado en otro Estado, y esta incrustación destruye, con la anarquía, la forma de gobierno, al paso que vuelve imposible el orden, sin el cual no hay sociedad humana. Si el jurisconsulto condecorado con la banda presidencial hubiera tenido noticia del *Espíritu de las leyes*, no hubiera echado así por el atajo, poniendo de manifiesto de repente la sangre de su alma dormida en el miedo, no menos que su ignorancia de las leyes que mantienen y salvan las naciones. ¿No era eso autorizar para todo a los malvados y fomentar el asesinato? ¡Qué mucho, si el que había puesto el puñal en manos de esos jóvenes de pundonor, soldados de valor, era su primer ministro! El comandante general mandó levantar, después de no pocos reclamos, auto cabeza de proceso: el consejo militar, él solo, sin citación de partes, sin notificación, sin que yo supiese de nada, dictó veredicto absolutorio. «El señor Juan Montalvo había provocado al batallón, yéndosele a fondo: los oficiales estuvieron en su derecho». ¿Qué tal, compatriotas civilizados de Sudamérica? ¿estamos bien por allá a los pies del Rucu-Pichincha? Bien quisiera yo ser Morgante Maggiore, para matar con un badajazo diez mil, no que trescientos de esa canalla que, con un pedazo de cuero en la cabeza, se llaman soldados; o el caballero de la Ardiente Espada que arremete con dos mil follones y hace riza en ellos. Hombre del día, y no de los aventajados de músculos, suplo con el buen ánimo lo que me falta de fuerzas; pero siendo los enemigos más de dos, ya no los acometo si bien me apercibo a la defensa, aun cuando sean cuatro. Mata uno los que puede, y cae en olor de valentía: esto siempre es algo para esa cuya parte en la distribución de los bienes de la naturaleza no son barbas de chivo ni nervios de toro. Sin el punto de honra ¿qué hubiera sido de mí cien veces en las calles de Quito? Cuando solo, cuando con cuatro amigos, he puesto en calzas prietas a las turbas que me han salido al paso. Borrero, Borrerillo... Si este notario forrado de beata ha dejado de ser ridículo por un instante, eso ha sido para ser perverso.

Tenga, don Juan, la mano: ¿cólera con don Antonio? No en sus días: antes díganos lo que hizo el don Antonio cuando hubo salido de la catedral, adonde le llevaron sus pecados; sus pecados, pues según tenemos barruntos, allá debió entrar metido en esos veleros de duradera que vuesa merced nos ha imprimido en la memoria con el *puente levadizo*. Tenemos también especie de que la dicha duradera se le rasgó con ruido de hojas secas desde la horcajadura hasta la rodilla. Así entró al *Te Deum*, así salió el señor presidente, así se fue a su casa, así se levantó al otro día, así procedió a componer su ministerio. Para de lo Interior y Relaciones Exteriores no le había de faltar un vellón de lana denominado Manuel Gómez de la Torre, conde de Puño en rostro, como abofeteado por García Moreno; y marqués de la Saliva, como escupido en la cara por ese mismo jayán. Don Manuel, viejo de ruines antecedentes, había resplandecido por el agio en otros gobiernos, y volvía a la sazón de París, en donde aínas le meten en Bicetre, por sobra de cordura. Bicetre en París, Bedlam en Londres, son hospicios de locos: *atádvoslo en las manos como cintas*, para que no se os olvide lo que puede servirnos andando el tiempo y *Las catilinarias*. ¿Pensáis que don Antonio y don Manuel tiran como buenos por el camino del adelanto y la felicidad pública sin punto de reposo? Nada menos que eso: el uno suelta el trapo a mil sandeces que llenan de aflicción a los que le están viendo el poder en la mano; el otro echa la capa al toro y se entrega en cuerpo y alma a sus aventuras de amor. Yo fui de propósito a conocer la ventana por donde don Antonio se descolgaba a las once de la noche, para irse por esas calles cual un don Félix de Montemar. Él era dueño de su casa, la puerta estaba allí, ¿por qué no salía por ella? Su gusto era derrumbarse por la ventana; de otro modo no le hubiera parecido aventura. Y no así como quiera, sino cautelándose nimiamente, de puntillas y a tienta paredes, no sea que el presidente constitucional de la república le tome en la fuga amatoria. Por una curiosa ficción de la fantasía, don Antonio se suele descomponer en dos personas, allá cuando canta el gallo: el presidente se queda muy en orden en su casa; don Antonio, como queda dicho, se tira por la ventana. En volviendo al rayar la aurora, sube, entra chiquitito, quedo, quedo por ese cuarto, gana la cama, y he allí a don Antonio de presidente de la república. Estos enamorados nocturnos tienen cosas, que en verdad, no suceden con los galanes del día; ¿a quién le ocurre sino a un don Gaiferos descomponerse por arte secreta en dos personas, y tener suma aprensión la una de la otra?

Era la ventana sin reja, una vara sobre la calle, bien

como de casa a pie llano, de tal suerte que el estudiante de Salamanca no tenía sino que dar un salto de niño, y tener por suyo el campo de las aventuras. Mas esto no le satisfacía tampoco: había él de pensar y creer que iba a descolgarse de una muralla altísima, para que la calaverada fuera buena. Así es que, contemplando él abismo, ora intentaba descender de costado, ora de espalda; ya embestía de barriga, ya de cabeza; y dos horas después, allá por la una de la mañana, don Félix de Montemar, metido en las sombras, se iba a hablar con el diablo y a disputarles sus mujeres a los difuntos.

Los que conozcan las torres de San Francisco de la ciudad de Quito se llenarán de asombro, y sentirán ponérselas de punta los pelos cuando sepan que un fraile tenía por costumbre bajar por ellas las noches, para no hacer marras a las bebezonas y los tripudios de San Roque; y no por soga ni cable, mas aun haciendo pie en las labores de las piedras sillares. Don Antonio se ríe de esta proeza y le da papilla al religioso: la suya por la ventana, a una vara sobre el suelo, esa es la buena.

Léase en las historias que en Roma llegó a darse el espectáculo increíble de elefantes somnámbulos que de altas torres bajaban por una maroma, un hombre sentado en cada uno de ellos. No es otro el caso de Manuel Méndez y el negro Capulí, quienes se propusieron un día, no bajar, sino subir por una cuerda de la plaza de Santo Domingo al campanario de la iglesia, cruzando todo ese vasto cuadrilátero. Era Méndez acróbata habilísimo, capaz de subirse por un alambre a los cuernos de la luna; y cosa de morir de alegría los muchachos verle sobre la cuerda vestido de ángel, chaqueta de terciopelo carmesí, pollera de lo mismo con briscados de plata, y ancho cinturón tan bordado como la coraza. Este famoso volatín había salido de Venezuela, cruzó la Nueva Granada, y en Quito estaba dando funciones a las cuales asistía hasta el cuerpo diplomático, por los años adonde se dirige este recuerdo. No había disparidad entre la proeza de los elefantes en Roma y la de Méndez en Quito, sino que esos bajaban por una sola cuerda, y este mandó templar dos cables paralelos, por donde pudieran subir asidos de la mano él y el negro Capulí. Méndez no daba indicios de temor: esta ocasión se había vestido de ángel verde, todo terciopelo de seda y fina argentería. Llevaba en las sienes el polizonte una guirnalda de rosas, y era harto bien parecido que las bolsiconas más desolladas exclamaran: «¡Ay qué hombre tan lindo!»

De un salto se pusieron sobre las maromas los dos héroes: rota la música en son de marcha triunfal, principió el ascenso pausado y majestuoso. Capulí no las tenía todas consigo; al primer paso el negro se volvió amarillo. A los veinte metros de altura, el pueblo empezó a gritar: «¡Basta! ¡basta! ¡que bajen!» Méndez, envalentonado con esa manifestación de benevolencia, afirmó el cuerpo, y más y más seguro fue conquistando la cuerda que empezaba a ponerse de pie delante de ellos. Estarían treinta metros arriba, cuando el pueblo asordó a voces: «¡Viva Méndez! ¡viva Capulí! ¡abajo! ¡abajo!» Méndez sigue subiendo sobre la maroma ya casi perpendicular. Capulí, blanco, tenía los ojos fijos en ella «¡Abajo! ¡abajo! ¡estamos satisfechos! ¡que se vuelvan!» Habían andado más de medio camino los bárbaros: ya los veían los espectadores caer sobre ellos y volverse añicos. A los reclamos enérgicos de la muchedumbre, se detuvieron los acróbatas, y fueron pie atrás, pie atrás, hasta cuando, a seis u ocho varas de altura, se soltaron las manos, y, cada cual por su lado, ganaron tierra con un elegante brinco.

Méndez y Capulí son los precursores de don Antonio. Estotro admirable volatín no ha sido tan feliz en sus ensayos; ni presume de competir con José Flores. Los hermanos Montgolfier no habían descubierto aún el globo aerostático, y había ya un aventurero que por doscientos pesos daba funciones de elevarse a las nubes en una frágil bomba. El agente impulsor era el simple humo de pajas: el asiento del aeronauta, dos palos en cruz a la boca del globo, donde se engarabataba, sueltas las piernas. Se ingeniaba de modo el grandísimo bellaco, que siempre iba a caer en el patio de un monasterio. ¡Y digo si eran de las comunes las alharacas de las monjas! Nuncio del cielo, las más bodoques caían de hinojos ante él: otras, menos bobaliconas, pensaban que era don Francisco de Asís de Borbón, o el general O'Donnell, esos que tenían por costumbre ponerse en cobro de los salteadores nocturnos en un convento de religiosas de Madrid. José Flores salía del monasterio colmado de presentes y reliquias: estampas del Niño Jesús, rosarios de cuentas de pan ácimo, relicarios con astillitas de huesos benditos, mil y mil chilindrinas de suma importancia espiritual. Bien comido, bien bebido, a las veinticuatro horas se estaba asomando por la portería, y no antes que la curia eclesiástica hubiera tenido que echar mano por el brazo secular, mediante un artículo de la Ley de Patronato. Probable es que este suicida inmortal haya muerto en la demanda; pero, dicen los antiguos, cien veces alcanzó la corona del triunfo. No así, don Antonio Borrero; la primera vez que se elevó, cayó, y no en patio de monasterio (eso se hubiera querido), sino en un charco verde de agua pútrida, en donde, hasta el cuello, está cantando junto con las ranas y pidiendo rey al padre de los dioses.

Mucho se ha de engañar el que piense que las aventuras de don Antonio tienen de lo fabuloso. Puede ser que yo, con detrimento de la exactitud histórica, las desfigure, así, un tantico, una nadita, cuando no tomo las cosas en la mano para mirarlas con ojos de historiador ni de filósofo. Tampoco es cierto a la letra lo que Cervantes nos cuenta de don Quijote; y nadie deja de estar viendo y tocando a este sublime personaje. Cuando me formalizo, la austeridad es la norma de mi palabra, y la verdad me favorece con todos sus números. Como fabulista podemos pedir sobre tarja a la imaginación: la historia no sufre chanzas ni infidelidades a la virtud. Ya que va de aventuras y desventuras de amor, adelantémonos cuatro pasos a los hechos, y pongámosle recluido... ¡Y este era el presidente de la república que iba a engrandecer el calabozo, con las buenas costumbres y las virtudes caídas en desgracia! Si la prisión no queda oliendo a mirra e incienso cuando el preso muere o se va, él es quien lleva imprimida en el alma la oscuridad de esas paredes, la fetidez de ese recinto innoble. Viejo que en lo más triste de la suerte está pensando en el triunfo de la carne, más que corrompido, es vil. No se profana así con mujeres de mala vida la mansión de la desgracia, ni se echa en tierra por mano del vicio la fábrica sublime de los dolores decorosos. Las lágrimas, como no sean de cobardía, estarán allí mejor que los júbilos de la malicia. Varones delicados que rinden homenaje a su propio infortunio, tienen santos recelos, hasta para las satisfacciones legítimas: la esposa de un gran preso sale virgen de su visita. Y si no ¿cuáles son nuestros títulos al respecto de nuestros amigos, a la lástima de los indiferentes, a la veneración de las almas virtuosas? Oh tú, hijo de la fortuna, caído al suelo de sus brazos, si amontonas podredumbre en la cárcel donde te ponen tus vencedores, ¿qué derecho tienes a quejarte del mal olor de cuanto te rodea? Donde hay cieno, permanece como el cisne sin moverte a un lado ni a otro; y no te ensucias, y vuelvas como alma pura cuando Dios te abre las puertas, y dejas aclarada tu prisión con la luz de la virtud, y santificas con ella a los que te suceden en este triste puesto.

Hombre sin buenas costumbres no puede gobernar; ley de Solón. Tras la ineptitud, los vicios en ese desventurado: Solón le excluye del gobierno. Y no se diga que la del calabozo, el cuartel, es vida privada: los ojos de la república están fijos en la prisión de un presidente. Si tan escaso es el respeto de este miserable para con los que le están viendo, justo es que el Censor castigue los desmanes de un prisionero infame, y corrija, si es posible, a los pecadores atrevidos que no dejarán de comparecer, a ejemplo de Antonio Borrero e Ignacio Veintemilla.

Yendo agua arriba por la historia, a cuatro pasos hallamos a nuestro presidente que está nombrando sus señores ministros. El de lo Interior y Relaciones Exteriores, como lo hemos advertido en otro lugar, es un vellón de lana llamado Manuel Torres desde luego, y después don Manuel Gómez de la Torre, a guisa del clásico Juan Pérez, quien, andando el tiempo y la fortuna, vino a ser señor don Juan Pérez de Montalván.

> El señor tú te lo pones,
> el Montalván no lo tienes:
> ahora quitándote el don
> vienes a quedar Juan Pérez.

Con justicia los hombres de Estado suelen poner en la frontera a los poetas, y no siempre coronados de flores: ¡infeliz del que cae en manos de uno de esos que no se andan en chiquitas y saben poner las cosas en su punto!

> El Gómez no ha sido tuyo;
> el *de la* tú te lo pones:
> ahora quitándote el don
> te quedas de Manuel Torres.

Gómez no es sino diminutivo de Gumesindo, nombre propio que puede tener cualquier trascantón o palanquín, así como hasta los asesinos se llaman Ignacio y los ladrones José María: testigos Ignacio Denier, de Ofmann, y José María, de Fernán Caballero. Subir de un salto a la cumbre de la aristocracia, sin más que robarle a la nada un apellido insignificante, es rara fortuna, como la de esos muertos de hambre que hallan un tesoro y se vuelven ricos de la noche a la mañana; o como esos pordioseros que se sientan bajo el solio por arte del diablo, y ven convertidos sus arrapiezos en manto real, y sus dos cuartos de limosna en dos o tres millones de pesos: testigo Ignacio Veintemilla; Rodríguez, hijo de Rodrigo; Sánchez, hijo de Sancho; Gómez, hijo de Gumesindo, ved adónde van a dar vuestros títulos de nobleza, grandes de España de Cuchicaranqui. Siendo como es notoria la ignorancia de Manuel Torres, el presidente constitucional de la república no tuvo más fundamento para asociarle a su gobierno sino decir que *pertenecía a la aristocracia*. El judío Disraeli que acaba de morir conde de Beaconsfield, par de Inglaterra, fue no ha mucho primer ministro de la Gran Bretaña, habiendo salido, como salió, de la hez del pueblo. El *cholo* Gladstone le está dando cada día en la cara a la reina Victoria con las ejecutorias y los dictados de grandeza que ella no se cansa de ofrecerle; y es, no por aristócrata, sino por hombre de talento, canciller de esa gran monarquía. Don Antonio Borrero en una república democrática, está buscando a moco de candil barones y marqueses para que empuñen las riendas del gobierno, aun cuando tengan la cabeza a las once, y no hayan sabido leer ni escribir ni cuando fueron locos todavía. ¡Qué maravilla! Él mismo es la quinta esencia de la nobleza, como hermano de padre y madre del indio Ramón Borrado. Al rey de Francia nunca le ocurrió pedirle sus papeles a Richelieu, el clérigo famoso que con fuerte brazo hizo temblar el mundo, y trajo al suelo la nobleza. Mazzarino, su sucesor, tan grande hombre como él. Jiménez de Cisneros rigió la nación española con pulso, no de Quijote, sino de hombre que sabía dónde le apretaba el zapato. Si nuestros clérigos fueran para algo, serían admiradores de estos tres célebres hijos del pueblo, cardenales y dueños de naciones. Nada de esto: lo que quieren es ser aristócratas ellos también, y, por consiguiente, no servir para maldita la cosa, sino de estorbo en la república.

Don Manuel Torres de la Goma, una vez hecho ministro a causa de su nobleza, tiró con ímpetu por la senda de las mejoras y los progresos materiales; su reino. Dios sabe si es el de la enseñanza popular; sin teoría no hay práctica; las maravillas visibles son efecto de los prodigios que se hallan escondidos en el seno de la inteligencia, y se echan afuera en forma de telégrafos, ferrocarriles, perforaciones de los montes, cosas admirables. Las fábricas sublimes del Asia antigua obra fueron de pueblos civilizados y ricos, y no de pobretes ignorantes como nosotros: si nada sabemos, nada podemos; es insensatez poner la mira a grandezas como las que ilustran a las naciones cultas y poderosas. Ni escuelas, ni colegios, ni talleres: y don Manuel arriba, a levantar torres de Babel en Quito; a convertir en puerto esta ciudad andina; a hacer túneles como los del Támesis; a perforar la cordillera y poner en contacto los dos océanos; ¡ay viejo simple! Hablando yo una vez acerca del programa del ministro con el señor Carbo, mostré dudar de la realidad de esas proposiciones, a pesar de que mi opinión respecto de ese prohombre no es para hacerle rey. «Cuanto a la torre de Babel —respondió don Pedro—, yo no le he oído, pero el túnel del Támesis, a mí me lo ha dicho». Este túnel del Támesis, o pasaje de la Ópera, como lo llamaba don Manuel, promiscuando cosas tan diversas, era un socavón que, roto al pie de la Chilena, iba a salir en Luluncoto, por debajo de toda la ciudad y del Machángara. «La obra es grande —respondió don Pedro—; mas, ¿de qué nos servirá botar en ella diez a doce millones de pesos?» «¿De qué? —replicó don Manuel—, allí pondremos a las indias de la Magdalena con sus legumbres, sus granos y su tráfico ridículo; y así no andarán a molestarnos por las casas con los gritos de: "¡*Cuajadata randi, siñorááá!*" "¡*muti peladota randi, siñorááá!*"»

Don Pedro Carbo es hombre sumamente grave; mas suele echar carcajadas de matar de cólera a los muertos. Don Manuel tomó tal berrinche que estuvo en poco de reventar en injurias. Tuvo la mano con todo, y con benignidad ficticia: «¿Se ríe usted de obra semejante, señor don Pedro? ¿dónde está su patriotismo? ¿dónde su ilustración? Usted ha viajado en Europa, y está manifestando que no ha salido de los términos de su lugar. ¿No ha visto usted el túnel del Támesis? ¿no le he encontrado yo mismo varias ocasiones en el pasaje de la Ópera? ¿no sabe que los franceses junto con los italianos han perforado los Alpes por el Mont Cenis, y lo están perforando por el San Gotardo? ¿Pues qué mucho que yo rompa la ciudad de Quito por adentro, y me pasee por una galería como la del Palacio Real de París? Los susodichos franceses en unión de los ingleses van a unir la gran isla con el continente por debajo del canal de la Mancha; y le parece a usted obra de romanos el puchero de enfermo de abrir un socavón de la Chilena a Luluncoto, o viceversa. Usted está viendo esos montones de naranjas y peras podridas; esos toldos debajo de los cuales tienen las indias su fogón y su cazuela chirriadora; esos canastos llenos de las mil porquerías que no debo nombrar; pues todo eso irá al túnel; y será un gusto andar de canto a canto en medio de la luz eléctrica de que pienso dotar ese establecimiento». ¿Y no nos dará usted telégrafo dentro del túnel?», preguntó don Pedro. «Telégrafo —respondió el ministro—, y ferrocarril, y globo aerostático; ¡están pensando que he vivido para nada ocho años en Europa!» Don Pedro convino en todo, menos en el globo aerostático subterráneo; ¿pues cómo, decía entre sí, se elevará este globo? Mas no tuvo a bien poner dificultades, por cuanto el señor ministro se estaba entripando de cada vez más, y no hubiera sido prudente raspar en el sandio hasta que compareciera el loco furioso.

Un *natural* llamado Miguel Egas me ha contado que, siendo él, tesorero en el siglo de oro de don Manuel y don Antonio, recibió en su oficina el presupuesto de la obra pública del túnel, y la orden del ministerio de consignar la suma requerida por los gastos preparatorios. Sorprendido el tesorero, quien, si es bellaco por extremo, no es del todo bruto, encarpetó la orden y fue a pedir explicaciones al presidente de la república. «Ah don Manuel —respondió su excelencia—; cosas de don Manuel. No le haga caso, señor tesorero». Luego la especie del túnel no es invención mía ni de nadie: ¡qué ha de ser, cuando tampoco es invención ajena lo de la torre de Babel! Era esta una obra de cal y canto, que levantándose en medio de las dos crestas, sobrepujase con mucho a los últimos picos de la cordillera, y sirviese de faro a las costas del Pacífico y el Atlántico. Don Manuel quiere ser, ante todo, benefactor del género humano: condolido de los naufragios de ambos mares, discurrió el medio por donde toda catástrofe oceánica viniese a ser imposible; si bien es cierto que una segunda intención personal sirve de fundamento al beneficio público. Levantada esa famosa torre, ella le servirá de solar, y tendrá donde mecerse su dorada cuna.

Este don Manuel, este pobre hombre don Manuel, saca mil perjuicios de su propia sabiduría. Una vez hizo un mar interior en su hacienda de Tilipulo en Latacunga. Mandó cerrar con un dique la garganta por donde las aguas de una gran dehesa fluían a las demás planicies. Hecha una como cuenca o taza anchurosa, trajo a ella un regular torrente de los cerros vecinos. En treinta días el mar estaba formado: don Manuel se regodeaba: ¡ahí es que no es nada eso de ser almirante en su propia casa! El almirante había ocurrido ya por flota a Europa; la Gran Bretaña le cedía el *Great Eastem* o *Leviathan*, el rey de Italia le vendía a buen precio el *Duilio* y el *Dandolo*; los Estados Unidos reconstruían para él los monitores que se perdieron en la última guerra. Cuanto a Chile, como ya no necesita de escuadra, le daba no muy caros el *Cochrane* y el *Blanco Encalada*. Estos juguetitos habían ya llegado al Arenal del Chimborazo; pero en mala hora don Manuel no tuvo cuenta con desviar el torrente: sin desagüe por una parte, con ese tributo continuo por otra, rebosó la cuenca, se fue el dique, corrieron impetuosos los raudales, fue ese un diluvio para la provincia, se lo llevó el demonio todo cuanto era ese aparato hidráulico. Así las aguas que ocupaban la mesa de Bogotá rompieron por el Boquerón, allá hacia los tiempos de Bóchica, y fueron a echarse de cabeza en el Tequendama.

Dos mil pesos que le había costado el dique, y setecientas reses que se le ahogaron, ved si ganó poco el ingeniero en su octava maravilla. Pero la ciencia sacó provecho inaudito: en el limo que había dejado el mar en su lecho vio don Manuel, lleno de asombro, la producción espontánea de los seres vivientes. Infatuado del *darwinismo*, tuvo por cierto, y no hay quien le apee de su burra, que el sistema de Darwin es verdad de a folio. Antes no había golondrinas en Tilipulo: ahora las hay; yo no las he llevado ni sacado cría de este pájaro; luego la producción espontánea es un hecho. De este modo arguyó un día con un clérigo, quien, ya por razonable, ya por católico, no quería deferir a su concepto. Don Tomás Cipriano de Mosquera admite cuatro razas de hombres, o le da cuatro orígenes al género humano; esto es, cuatro Adanes y cuatro Evas; don Manuel Torres de la Goma nos va a probar que los hombres son fruto directo e inmediato de la tierra; por donde le viene a dar un golpe mortal a una de las más sacrosantas instituciones, cual es el matrimonio. Si este es innecesario, no hay tampoco necesidad de que las leyes divinas lo consagren y las humanas lo legalicen. Sobrada razón ha tenido siempre el pueblo de juzgarle impío a don Manuel: ahora es darwinista; y no hay cosa peor.

El proyecto de convertir en puerto de mar la ciudad de Quito, una de las más elevadas del globo, no le va en zaga al de la torre de Babel. Ha visto a dicha el Nemrod del Nuevo Mundo las represas del Sena que forman el canal San Martín, y, por ley analógica, se propone levantar el Machángara, de suerte que las bellas quiteñas no tengan sino alargar el pie desde los umbrales de sus palacios de mármol, para embarcarse en sus góndolas e irse cantando por Guápulo y Cumbayá, bien como suelen irse por el Lido, orillas del Adriático, las no menos hermosas hijas de San Marcos. Una vez navegable ese riachuelo, don Manuel sale por él al Pita en el *Blanco Encalada*; de allí entra al Guayllabamba, se incorpora en el Mira, y cata allí al océano Pacífico. ¿No es la isla del Gallo esa que está brillando en lontananza con una lucecita que semeja la estrella del norte? El Almirante endereza a ella el rumbo; de allí pasa a la Gorgona, y reconoce la célebre isla donde Francisco Pizarro y sus compañeros esperaron siete meses mortales la vuelta de sus carabelas. Tira hacia el istmo don Manuel, y las antiguas fortalezas de Panamá, aunque ya no existen, le saludan con veintiún cañonazos.

Un crítico inglés, encareciendo el ingenio de Cervantes, dice que con un loco y un tonto ha llenado el mundo de su fama. No deben de ser lo mismo un tonto y un loco, pues con estos no llenaré yo con mi nombre ni los términos de mi parroquia; si el presidente más tonto, si el ministro más loco, no me es dable decir: afirmo solo que uno y otro son graciosos, el uno con sus amores, el otro con sus proyectos. El ministro, para ser respetable, ha de ser un Sully, el hombre de las virtudes; para ser temible, un Richelieu, ese clérigo cortapescuezos que no se andaba en chiquitas. Don Manuel Torres de la Goma, cuando le hube echado de un puntapié patas arriba, ensayó tímidamente algunas tentativas de asesinato, desbautizado como estaba con haberse visto caer de la torre de Babel cuando más gloria se prometía para su nombre, y para su caja de fierro, que es lo que importa. Un día vi venir para mí de vuelta encontrada un pelotón de gente, no del peor aspecto, como hombres de capa y levita: en medio de ellos un mozo cuadrado como frasco de ginebra, con un sombrerito redondo que le servía de tapa. Y no que él sea gordo; antes es pata de gallo; pero se había echado a cuestas cuantos eran sus pingos de vestir, a efecto de que los balazos que esperaba le hiciesen menos perjuicio. Traía este la mano en la alforja de uno como hábito de capuchino con que se aparejara sobre todo; y era que venía asido de su pistola montada en can o puesta en el disparador. A cuatro pasos de mí, tira por ella y hace fuego. Lívido, temblándole los labios, allí se está el desmañado similirante. «¡Vuelve a tirar, belitre! y le pongo el punto con un *Smith* soberbio». «Se me fue el tiro por casualidad», responde. Por casualidad había salido también el arma traidora de ese almacén de trapos. Matar un perro que se rehusaba a defenderse, no era para mí. Tan mal salió don Manuel con los oficiales del batallón ebrio, como con el Rinconete de su hijo. ¡Qué Gobierno ese, compuesto de dos asesinos de intención, incapaces de la práctica por falta de valor! Si alguna vez dejó de ser ridículo el padre Torres, como el amigo don Antonio, fue para ser bribón.

Pero no me he de formalizar; personajes hay que no se prestan para lo serio, aun cuando nos esperen puñal en mano a la vuelta de una esquina. De la fatuidad a la locura no hay ni un paso; si bien es cierto que no le valieron poco al señor conde de Puño en rostro las farándulas con que aturdía desde la capital de Francia. Había comprado una fotografía del palacio de Luxemburgo, residencia de María de Médecis y otros reyes antiguos: «Esta es mi casa», escribió a su familia. *El palacio de Manuel*, en París, dio la vuelta de la ciudad de Quito. «¡Qué hombre! —exclamaban los Torrecitos de la Loma—, ¡vivir en esta casa!» Allí daban convites a los ministros de Napoleón III y los embajadores de las grandes potencias; allí tenía *petits lundis*, como la emperatriz Eugenia, adonde concurría la flor y nata de los literatos y poetas; allí bailaban con él contradanza de *Los Lanceros* la trágica Ristori, la lírica Adelina Patti, la cantatriz Alboni. «¡Este es mucho hombre! —decían sus hermanos al leer tales grandezas en cartas confidenciales—: ¡y qué gusto ha de ser oírle a Manuel hablar lengua francesa con toda esa gente!» Oh sí, era mucho gusto para mí oírle hablar en lengua francesa tal y tan buena, que podía pasar por las picas de Flandes. Ocurrió que falleciese en una aldea fuera de París un mediquito ecuatoriano; fuimos sus compatriotas a echar sobre él la tierra del olvido. De vuelta del cementerio, entramos a casa del cura a pagar los derechos: en todas partes cuecen habas, y en la mía a calderadas. Don Manuel, prepósito de la comitiva fúnebre por sus barbas, llevó la palabra, y con pasmosa volubilidad, sin tropezar un punto, le dirigió al cura una elocuente exhortación; de la cual se me ha quedado en la memoria este pasaje: «Es un lloven sen fortuna que vino per estudié: nu lui vinimos enterrande. Unos dicen que del fígado, otros que del pulmón: el fecho es que se murí. Conténtese señor cura con unes trescientes fran: ques tuce que puvon doner a vu nu». El buen párroco, hombre excelente, gordo y grasiento, se vuelve a mí y me pregunta: «¿Qué lengua habla este señor?» «La francesa, señor cura». Hasta ahora estoy oyendo la carcajada del imprudente clérigo. Don Manuel, barruntando por ventura que se trataba de él, se formalizó muy mucho, y en buen castellano dijo: «¿De qué se ríe este monigote?»

El bueno de don Antonio, rebosando de admiración por ecuatoriano que tanto podía en Europa, le nombra ministro de lo Interior y Relaciones Exteriores, y uno tras otro se van de narices a esas Lagunas Pontinas donde están pataleando sin que haya quien los valga. «Este Manuel Gómez me convida a comer para matarme de hambre —me dijo una vez Ignacio Veintemilla en París—: no tiene vergüenza el canalla de meterme a fondas de a dos francos por cabeza». A los embajadores de las grandes potencias les llevaba, sin duda, al *bouillon Duval*, ese grande establecimiento donde los aristócratas por el estilo del marqués de la Saliva comen sin mantel ni servilleta el pan negro del pauperismo avaro. Con trufaldines como estos, y sin el apoyo militar, ¿qué gobierno podía permanecer?

Aquí le dejo a don Manuel, para tomarle cuando Dios quiera, y vuelvo a don Antonio, y le hallo de hocicos por esos suelos, derrotado, prófugo y perdido. El pobre hombre, lejos de darse como desgraciado majestuoso, se encomienda a los pies, cuando llega la escolta que ha ido por él a la hacienda donde estaba tapado con un cuero de vaca. ¡Y miren si don Antonio había tenido buenas piernas! Manuel Cornejo tuvo que levantar el caballo, y aun escaparlo por esos trigos, para ver de hacerle preso. «¡Pare allí, so tal! o le paso de parte a parte con esta lanza». Para don Antonio, y cae de rodillas; le toman los soldados, le ponen a horcajadas sobre un macho, le amarran contra la albarda, y pique usted, a Quito la católica. Ahora no hay que saludar «ta te», como en sus tiempos imperiales, mas antes humildad y abatimiento indignos de hombres fuertes, esos que se sienten crecer en la desgracia, y ven para abajo a los enemigos vencedores. Cuentan las historias que el presidente de la república, recién llegado a la capital, empezó a saludar hasta a las viejas del gordillo y a los indios con esta fórmula tan ridícula como vulgar: «Buenos días: ¿cómo ha amanecido?» Los que tenían cuenta con el decoro de ese magistrado, le hicieron ver que convenía alguna elevación y elegancia, ora en el porte, ora en los términos del trato social. En cuidado se lo tuvo el presidente: se estiró desde entonces, sacó el pecho afuera, como el Tajo, y tiesierguido empezó a contestar a los que le saludaban en la calle: «Ta te». Esto quiere decir «¿cómo está usted?» Síncopa, apócope, laconismo, de todo hay en este gentil modo de decir. Negándome yo a dar crédito a semejante sandez cuando me la contaban, me propuse encomendarme a mis propios ojos y oídos; tanto más cuanto que aún no tenía la gloria de conocer a mi excelente don Antonio: salgo, voy, me hago encontradizo: «Señor presidente, a los pies de vuestra magnificencia». «Ta te», me oigo responder con energía y desembozo de testa coronada. Este «ta te» de don Antonio se me ha sembrado tan profundamente en la memoria, que no está en mi mano olvidarlo, ni dejarme de reír cuando de él me acuerdo.

Ya está preso don Antonio; ya sale de la prisión, empeñada su palabra de irse fuera de la república por la frontera del norte, en el término perentorio de quince días. Sale el rey caído, gana la legación de Colombia, e invoca la ley del asilo en su favor; ¿y su palabra? A la fe, señores, bellaco de esta alcuña no mereció salir de los interiores de la patria y levantarse resplandeciendo por el voto de treinta mil zopencos que no sabían lo que hacían. Palabra y punto de honra son una misma cosa: en pueblos cultos a ella se atienen los hombres para quienes la estima es condición de la vida social. La fuga de Bazaine es ignominia sobre ignominia; y eso que el mariscal degradado no había prometido guardar su prisión. Presidente que da su palabra, y falta a ella, es ruin que bien merece la figura con que está campeando en *Las catilinarias*, y el concepto en que le tienen los sudamericanos. Sin respeto a su palabra, dos meses después, sale por el norte, y eso, obligado por las diligencias de la diplomacia. Pasa el Carchi: ni la manta le había de faltar al infeliz para ser perfecto gobernador. Pensativo además iba don Antonio entre los *huangudos* y los *sebondoyes* que le llevaban la soga al cuello por los derrumbaderos de Guaitarilla; como hiciese alto la escolta para tomar su desayuno, se sentó don Antonio sobre un tronco, a modo del dios Príapo, en tanto que Vertumnio presidía las danzas de los céfiros: «No hay duda —dijo en voz lenta y convencida—, sino que ese ladrón del maestro Elisabat estaba amancebado con la reina Madásima». Un indio furibundo que hacía de guion de la escolta se levanta, y sin decir oste ni moste le aturde a cintarazos al pobre gobernador. Era el caso que la mujer de ese bárbaro tenía el nombre de Damacia; y al oírle al prisionero esa memoria de la reina Madásima, tuvo para sí que la calumnia se dirigía a su esposa. Grillos por equivocación, cantaletas, cuchilladas de a catorce puntos, sambenitos, untos de miera en la casa, ¡qué no sufrió el noble magistrado en el tránsito por la tierra de sus mayores, que en hora menguada se hallaba en revolución! Pasando por las picas, esto es, mil trabajos y desventuras, se deja rodar Andes abajo, y va a parar en Barbacoas, una oreja menos, todo abollado y lastimado: allí los negros chiquitos le siguen por la calle en pelotones de a veinte: «Oh, no juegue», decían al verle, y morían de risa. Un bondadoso señor, ribereño del Telembí, le iba confortando y consolando al lado: «No se aflija, señor don Antonio; eso es a mí, eso es a mí». Llega a Tumaco el viajero: ya no hay «ta te»; allí todo es humildad y bajeza: «Tenga la bondad de cambiarme estas oncitas, caballero», le dice a un negro de esos pícaros de más de marca que suelen estar como gavilanes en los desembarcaderos. «Con mucho gusto», responde cortésmente el ladrón. Don Antonio hasta ahora está esperando la plata blanca.

Se va, toma tierra en el Perú: «Por fin estoy en tierra de cristianos», escribe. Los granadinos le habían parecido moros. En Ayabaca abre tienda, vende aguardiente, gana la vida: no pasa, eso sí, ni una gota de la medida, que es un cubilete pequeño de hojalata, amarillo del uso. Rompe la guerra entre Chile y el Perú: «Llegada es mi vez —dice don Antonio—: ahora veremos si no se le vuelve la albarda a la barriga al mudo Veintemilla»; y hele allí en Lima, guante blanco, anteojos verdes, y «ta te» por salutación. Prado le hace la mamola, y en voz llena de lástima: «No me sea tan así, señor don Antonio: ¿qué auxilio le vamos a dar a usted ahora que nosotros mismos estamos en guerra?» Pero en Lima se halla como en su casa don Antonio: gente buena, gente devota; el presidente constitucional está holgándose; come patas de res, bebe chicha, reza estaciones. El día menos pensado don Antonio desaparece: ¿le mataron asesinos? ¿le comieron perros? Nadie lo sabe. Los estudiantes de la universidad le saludan con una cencerrada en casa vacía, le dan palos en cuerpo ausente. Don Antonio, pasajero de tercera clase, está navegando hacia las tierras conquistadas por Valdivia. Si no se va pronto, los cristianos del Perú hubieran sido moros, tan moros como los de la Nueva Granada. ¿Qué ha sucedido? El pobre hombre, sin saber lo que hace, va y escribe que en Lima todos los clérigos viven amancebados con todas las monjas: ni el obispo se escapa de ese contubernio general. Niega por la imprenta, niega todo, y se oculta de ese camino, y se embarca esa misma noche. Llegando a Valparaíso, lo primero que hace es reconocer su juicio crítico y fincar en él su gloria. «Como viajero —dice—, pude muy bien aparear monjas con frailes». No los

343

aparee en Chile, porque también los chilenos le han de parecer moros. ¿Qué prestigio tiene esto del amancebamiento en la imaginación de don Antonio? En todas partes anda amancebando a la gente: en Colombia fue el maestro Elisabat con la reina Madásima; en el Perú, los frailes con las monjas: ¿a quién amancebará en Chile? «Por falta de hombres buenos a mi padre hicieron alcalde», ha de decir; y le ha de amancebar al indio Ramón, con una araucana probablemente. Bien estuvo en el Perú, pero está mejor en Chile: ¿cuántas veces no ha escrito el papamoscas a sus papanatas que viene ya con tres mil remingtons y dos navíos que le da esa república vencedora? Chile es pueblo de juicio: por crecidas que sean las cuentas que tiene que tomarle a Ignacio Pilla-Pilla, no ha de ir a poner armas en manos de ese trotaconventos, bueno a lo sumo para seguirles los pasos nocturnos a los clérigos y dar razón de flaquezas de monjas. El capitán Cook, Sir John Franklin, Laperousse, ¿cuál de esos marinos quiere ser? ¿o prefiere venir de Nelson, y cogerle en Trafalgar a su gran amigo Ignacio *de* Veintemilla?

Ya me vais a preguntar, vosotros los averiguadores importunos de vidas ajenas, ¿cómo fue presidente caballero por el estilo? A esto vos respondemos que la respuesta es imposible, si no es con un apólogo, providencia aconsejada por Cicerón y Quintiliano. Sucedió que en un pueblo de la Nueva Granada se presentasen un día en mi casa tres muchachitas de mayor a menor, cuyos argamandeles estaban acreditando el rigor de la fortuna para con ellas. «¿Quiénes son ustedes?» «Somos hijas del señor cura, señor», respondió la de más edad, la cual no pasaría de quince años. «¿Qué se les ofrece?» «Venimos a pedirle alguna cosita, señor: mañana domingo no tenemos con qué comprar para la semana». «¿Alguna cosita? —repliqué—: ¿hijas del señor cura, y alguna cosita?» «Qué, señor si nunca nos da nada». «¿Y por qué no van ustedes allá?» «Nos sueltan los perros cuando vamos, señor». «¿Cómo te llamas?» «Rosa; esta es Beatricita, y estica Sixta. La *huahua* de pechos se llama Inés». «¿Hijas todas de un mismo padre?», volvía preguntar. «Sí, señor: todas cuatro somos hijas del señor cura». «¡Nunca les da nada; les suelta los perros cuando van a su casa, y hay niña de pechos! ¿Cómo es esto, Rosa? ¿quién es tu madre?» Bajó los ojos la mestiza, y agachada, respondió: «Ahí verá, señor».

Cuando a mí me pregunten cómo sucede que tenemos esa niña de pechos llamada don Antonio, ¿qué he de responder sino: «Ahí verá, señor»? El «ahí verá, señor», de la hija del cura significa: Tal es la flaqueza de la mujer, tal la condición del género humano. Ese «ahí verá, señor», es el *mullierem fortem ¿quis inveniet?* de la Escritura. La fuerza de las pasiones, los caprichos del corazón, los errores de los sentidos, la insistencia del vicio, la pertinacia del pecado, todo esto y mucho más está denunciado por el simbólico «ahí verá, señor», que es la elocuencia vencedora en boca de la ignorancia. El «ahí verá, señor», que salga de mis labios ha de equivaler a: Los hombres somos tan ciegos, que casi nunca vemos la luz; tan malos, que adrede huimos del bien. Los hombres somos tan ruines, que buscamos lo más bajo para someternos a ello; tan menguados, que nunca acertamos a poner las cosas en su punto. Los hombres somos tan corrompidos, que como la corrupción de los demás produzca algo para nosotros, la llamamos virtud; tan ignorantes, que apenas somos capaces de conocer la ignorancia de los otros. Mi «ahí verá, señor», ha de significar: Si la inteligencia tuviera derecho al mando. Platón hubiera sido rey; si la virtud gozara de algún poder, los hombres buenos, los sabios, los santos no murieran en el martirio. Mi «ahí verá, señor», ha de significar: La fuerza prevalece sobre el saber, el vicio sobre las buenas costumbres, el crimen sobre la justicia en pueblos mal inclinados de suyo, de escasa civilización, corrompidos además por los apóstoles de la iniquidad. Mi «ahí verá, señor», ha de significar: Si los hombres no caemos de propósito en errores, incurrimos en ellos por falta de luces y cordura; y es tal nuestro desatino, que si a dicha podemos labrar nuestra suerte libremente, el voto de la mayoría es por lo peor. Con menos experiencia dije en una obrita de las mías, que el pueblo si le dejaban elegir, siempre elegía lo mejor. Un filósofo muy atinado dice que el pueblo tiene aversión invencible a los hombres superiores, los varones eminentes; y que su voto, cuando es libre, siempre se dirige a la medianía. El que más vive sabe más: me atengo al sentir de ese filósofo, teniendo a la medianía por más ruin que lo peor. Cuando me acuerdo que Catón de Útica fue rechazado por dos veces del consulado, ¿qué caso no de hacer del voto de los electores? Nerón, amor del pueblo; Caracalla, idolatría de los soldados. Entre Cavaignac, Lamartine y Luis Bonaparte, los franceses honraron con inmensa mayoría al único de los tres que era incapaz de labrar su dicha. Si la gente de mi país tuviera hoy en día el poder de elegir según su gusto, viendo estoy levantarse de entre las turbas ciegas el más bajo de los principales, incapaz de la felicidad pública, ya por falta de virtudes, ya por sobra de ineptitud y malicia. La hija del cura me ha dado un curso de moral con ese «ahí verá, señor», que es el compendio de las obras de Teofrasto y La Bruyère. «Ahí verá, señor», en esto hay para llorar cuarenta días la suerte del género humano.

UNDÉCIMA

Tanto monta cortar como desatar.

La nobleza se ha ennoblecido últimamente: los sabios, los inventores de las cosas, los escritores, los filósofos, los artistas, los mártires de las ideas obtienen los mayores títulos, las condecoraciones más brillantes. Virtud, valor, inteligencia son hoy fuentes de la sangre; y si no, preguntádselo al astrónomo Herschel, al músico Liszt; al carbonero, al sastre que han dado hijos para la cámara de los lores, y han fundado orgullosas baronías. Roberto Stephenson, par de Inglaterra, fue hijo de Jorge Stephenson, porquerizo desde luego, y después zapatero de viejo. El zapatero *era millonario sin saberlo*; tenía la locomotora en la cabeza; su hijo fue lord, gracias a su padre y a sus propios méritos. Habéis visto que la cuna de este grande de la Gran Bretaña rodó en las oscuridades hambrientas de la plebe. Disraeli, judío de humilde origen, es también lord, y conde, y ha sido primer ministro, si gustáis, por obra de su saber y su talento. Alfonso XII acaba de dar una prueba de respeto a la democracia, confiriendo el título de marqués a un escritor: don Ignacio José Escobar, decano de los periodistas de Madrid, es hoy marqués de Valdeiglesias. Este siglo rey, siglo luminoso, aclara hasta el pecho de los reyes: ahora las hazañas de los escritores no son menos que las de los militares: si el general Martínez Campos ha sido elevado a la aristocracia a causa de su espada, el periodista Escobar lo ha sido a causa de su pluma. La sangre de la inteligencia vale tanto como la del heroísmo. Y echad de ver una cosa, es a saber, que ninguno de esos nobles se ha puesto el *de* francés antes de su apelativo: ni el marqués de Cartagena es *de* Martínez, ni el de Valdeiglesias es *de* Escobar: Martínez y Escobar se han quedado, a guisa de Juan Prim, Pedro Girón y otros miembros de la nobleza de España: el conde de Reus y el duque de Osuna no han menester ese pegote con que se hacen ridículos en el día los que a falta de ejecutorias, se van de noche furtivamente tras el *de*, y lo sacan de debajo de una piedra.

Sucedió que un hombre notable llegase a Guayaquil volviendo de Europa: Ignacio Veintemilla tuvo para sí que algún día pudiera necesitar de ese personaje, e hizo por dejarlo satisfecho: le mandó a bordo una tarjeta bordada, pintada y perifraseada, a modo de pelandusca vanidosa y señora de entresuelo; le mandó, digo, esa tarjeta con este sobrescrito: «Señor general don Mariano Ignacio *del* Prado». Hasta encajito tenía alrededor la tarjeta de la señora condesa de Veintemilla. El presidente del Perú, hombre de juicio, contestó *Mariano Prado*, a secas.

Ignacio Veintemilla vive pirrándose por ser noble: este beocio diera el alma al diablo porque un lacayo de casaca verde con franjas amarillas le anunciase en las salas de París: «*¡Su alteza monseñor el gran duque de Geroslstein!*» o «*¡El señor barón de Subeyran!*» Y no ha perdido la esperanza de ser monseñor, pues ya tiene el *de* que es lo principal: no está lejos el día en que criados de librea le anuncien de este modo: «¡Su excelencia el señor conde de Veintemilla!» Pero cuando sepan que tras ese opulento señor está el prófugo de Madrid, Fernando Mondego ha de poner pies en polvorosa, o ha de ir *al palacio* de Mazas. Acá para entre nosotros solemos decir que los europeos son más corrompidos que los americanos: bien puede ser; pero nuestra culpable tolerancia con infames o malvados es inusitada en la tierra del punto de honra; tan luego como llega a transpirar una acción ignominiosa en el hombre de mejor aspecto, no le será bien contado si se asoma por las puertas de una casa decente: la señora, sin contestarle la salutación, llama un criado y le dice: *Reconduisez monsieur*; esto es, sacad a este señor. El que cae en caso de menos valer ha perdido la esperanza de llevar de brazo al comedor a la señora condesa ni a la señorita su hija.

Por su origen, puede ser noble Ignacio Veintemilla el gran Taborlán, el emperador Justino, porquerizos, lo fueron antes que él. El pobre Ignacio Jarrín, oriundo del pueblo de Cayambe, nieto de mayordomos rurales, es hoy Ignacio de Veintemilla: no tardará en ser feldmariscal von Veintemilla, a modo de feldmariscal von Moltke. «No es necesario que el presidente sepa nada —me dijo una vez que yo le argüía con su ignorancia—; basta con que los ministros sepan algo». Este señor de capa y espada erró su siglo: la Edad Media era su asunto. Gran amigo de condecoraciones y cruces nobiliarias el feldmariscal von Jarrín: en París salía de repente con una patena de hojalata en el ombligo; otras veces salía con una rodaja de espuela al pecho; los mozos del café le conocían con el nombre de *el señor de la fosca estrella*. Al fin fue creciendo en nobleza, y andaba por las calles adornado el ojal con la cinta de la Legión de Honor. Napoleón III dio un rescripto por el cual declaraba falsificadores a los que se pusiesen insignias y veneras que en realidad no tenían. «No haga eso, don Ignacio —le dijo un ecuatoriano—: se expone usted a cosas graves: las penas de este abuso son terribles». Lo que sabe esa alimaña es hincharse de ira a una observación razonable, un consejo saludable. Siguió de caballero de la Legión de Honor, hasta cuando el perito y sagaz Antonio Borrero le proclamó jefe supremo y capitán general de la república.

Los turcos se rigen por la oreja para juzgar del extranjero que se asoma por los dominios del Gran Señor: la oreja es la medida de la sangre. Lord Byron dice que a la suya chiquita y bien formada debió consideraciones de que disfrutó en el palacio de Alí Tebelen, bajá de Janina. Veintemilla no correría el peligro de que el Gran Turco le diese con las puertas en la cara, por plebeyo; pues con orejas como las suyas, que le sirven de taragallo, no pasará jamás por la Sublime Puerta. El pobre capitán general sería gente de escalera abajo en Constantinopla.

Los europeos juzgan de la sangre por las manos y los pies: *Il a les extrémités petites*, dicen en Francia; *c'est signe de bonne race*. Tiene chiquitas las extremidades: eso indica buena raza. El general O'Leary encarece la exigüedad, la perfección de las manos y los pies del general Simón Bolívar: «Una mujer los habría envidiado», dice; y no una sino muchas se los besaron y comieron apasionadas del héroe y galán irresistible. ¿Dónde están las quiteñas y limeñas que le han besado los suyos a ese cómitre desemejable, esa giganta Andandona que se llama Ignacio Veintemilla? Su majestad no está bien por esta parte: le puede suceder lo que al fondista a quien le pusieron los criados en la calle, sin más que haberle visto los pies en el palacio de Londres. «Don Manuel —le dije una vez a un zapatero de gran fama que hay en el Ecuador; zapatero, por más señas, que tiene diplomas de las congregaciones del oficio de París y Berlín—; don Manuel, ¿qué ataúdes son estos? ¿se le han muerto dos de sus oficiales y va usted a clavarlos esta noche?» «No, señor don Juan, son las hormas del general Veintemilla». ¡Cristo crucificado! ¿cómo es posible que así se deshonre a la especie humana? Vaciadas esas hormas, holgadamente cabrían en ellas dos indios muertos. Mi amigo el general Veintemilla no puede ser noble con semejantes pies; pies monos, lo que los franceses llaman *mignons*: pies de quiteña, pies de limeña; pies para museo, pies para exhibición universal: ¡ah pies, santos pies, pies beneméritos! En la mesa de una poetisa estarían muy bien en forma de tintero. Safo, no lo dudamos, halló su inspiración y su amor en el bello Ignacio, y sacó sus apasionados cantares de sus pies. Decimos *bello Narciso*, del muchacho que se murió de amor propio y vanidad; ¿por qué no hemos de decir *bello Ignacio*, de este que vive enamorado de sus pies?

«Lo primero que vemos las mujeres en los hombres que se nos presentan desde luego, son los pies», nos dijo una ocasión una hermosa rubia. Desventurado presidente, infelice Veintemilla, cuando te ocurre visitar a las hijas del Pichincha, a las del Guayas déjate los pies en el cuartel junto con los cañones.

La oreja de Lord Byron y el pie de don Pedro Girón ha menester el que quiere ser noble y echar raya en la aristocracia europea. Aquí no, aquí somos nobles de confianza con orejas de burro y pies de *chagra*, como el señor general don Ignacio Jarrín de Borbón. Puede estar seguro ese personaje de que no tardará en honrar con su bella persona el museo de figuras de cera de madama Tussaud en Londres.

> No soy yo de los Capoches
> de Oviedo, ¿hay más que decir?

Los Capoches y los Tochos de Sudamérica no son menos presumidos de nobles que la vieja linajuda de Oviedo, como se pongan el *de* y sean Ignacio de Capoche y José María de Tocho, ya no hay más que decir. Otros, y esto es más recio, cambian de todo el nombre de sus padres. Un enviado extraordinario y ministro plenipotenciario de José María Tocho nos conversaba que en Lima encontró a un pobre hombre de Quito llamado Falcón, mucho más medrado de lo que andaba por su tierra. «¡Amigo Falcón!» «Dispense usted, señor ministro, aquí soy Falconí». Estaba de italiano el caballero. Siguiendo a Chile el Talleyrancito del Ecuador, encuentra en Santiago a su paisano: «¡Señor Falconí!» «Ya no soy Falconí, señor ministro; ahora soy Falconet». Estaba en francés el bellaco. De allí pasó a Buenos Aires, en donde probablemente se fue a llamar Falcóney, a la inglesa. Sin el menor respeto por sus abuelos hacen de su nombre un trapo los menguados que, a falta de méritos personales, se engalanan con los sueños de la vanidad. En esta subversión vergonzosa de las tradiciones de la familia hay uno como delito. Que un aventurero sin trascendencia haga de su capa un sayo, puede pasar sin perjuicio de la sociedad humana; pero que familias conocidas, que están allí a la vista de todos, se acuesten Torres y se levanten Gómez de la Torre, esto es lo que debe reprimir la ley. Y lo reprime en pueblos más advertidos que los nuestros. «En muchas naciones la legislación que rige el estado civil impide cambiar arbitrariamente el apellido, y obliga a mantener intacto el que cada cual ha recibido de sus ascendientes», dice don José Godoy Alcántara en su *Ensayo sobre los apellidos castellanos*. No están contentos de su cuna, ni tienen para sí que el nombre de sus padres les comunica honra los que reniegan de ellos negando su apellido y echando manadas de vergüenza sobre su tumba. Roberto, el hijo del zapatero de quien os hablamos poco ha, no juzgó necesario desfigurar el nombre de su humilde padre para pasar a la nobleza de la Gran Bretaña: Stephenson había sido el zapatero remendón. Stephenson fue el par de Inglaterra. Lo que conviene es dar lustre al nombre de nuestros mayores con nuestras hazañas o nuestras virtudes, y no vivir empeñados en prevalecer sobre ellos por la vanidad y la soberbia. Si todo lo hemos perdido cuando hemos echado sobre ellos la tierra de la muerte, guardemos siquiera esta prenda visible con la cual estamos reconociendo la patria potestad allá en las jurisdicciones del olvido. ¿Cuál apellido más suave, armonioso y brillante para el joven de corazón bien formado y juicio recto que el de su padre, puesto que este haya sido hombre de bien y buen hijo de la patria? Los que lo modifican o lo sustituyen con otro, están declarando contra sus progenitores ante ese tribunal curioso e investigador que se llama opinión pública. Tan estrechos son los vínculos de la naturaleza, que en algunos pueblos de la antigüedad las leyes prohibían a los jóvenes seguir otra profesión que la de sus padres; ahora no somos tan escrupulosos: la profesión de cada cual nace de su inclinación y sus aptitudes; pero cuando la genealogía es cosa fija, ¿qué razón sufre que todos anden enredando las cosas y poniendo patas arriba el árbol genealógico? Los romanos sacaban sus nombres generalmente de un hecho heroico, o cosa así recomendable a la memoria de las gentes: en este concepto Marcio, el soberbio patricio, vino a llamarse Coriolano, por haber tomado a Corioles; y Escipión fue Africano, cuando hubo sometido ese continente al poder de Roma con la destrucción de Cartago. Otras veces las personas componían sus apellidos de algún defecto corporal, o cosa notable en el rostro: no hay quien ignore la etimología del nombre de Cicerón. ¿El hijo de este romano insigne habrá tenido a menos llamarse como su padre?

Si profesamos la democracia y somos demócratas por la razón o la fuerza, faltamos al buen sentido y destruimos el fundamento de las cosas cuando andamos prevaleciendo por la nobleza de la sangre. Las familias antiguas, de tradiciones solariegas, que no han recibido carta desaforada, ni por el crimen, ni por la infamia, hacen bien quizá en blasonar de su cuna, si al lado del recién nacido están palpitando esos angelitos hermosos que se llaman virtudes, mas la gentualla sin historia, sin luz en lo pasado, ni acciones honorables en lo presente, lejos de hacerse ridícula con la fatuidad, debe ilustrar con la modestia su insignificancia. Con el *de* o el *del* que roban los tontos a la aristocracia francesa, ¿cobran talento, valor, gallardía? A Juan Prim, conde de Reus, marqués de los Castillejos, nunca le ocurrió llamarse Juan *de* Prim; y el duque de Rivas siempre ha sido Ángel Saavedra. Algunas ediciones de *El Moro Expósito* están firmadas por Ángel *de* Saavedra; pero la Academia Española, entre sus miembros difuntos, le trae sin el *de* chinchoso; y entre los vivos hallamos a don Mariano Roca, marqués de Molins, y a don Joaquín Ignacio Meneos y Manso, conde de Guendulain. Don Mariano Roca no necesita ser *de* Roca para ser presidente de la Real Academia, ni para ir de embajador de España a la República Francesa. El marqués de Molins, simple Mariano Roca, se hombrea en la corte de Francia con los condes von Arnim y los duques de Decazes. Los cholos y los indios nos van a salvar en Sudamérica de la peste negra del *de*, que está cebándose hasta en las familias de buena razón; ya hemos visto, gracias a Dios, al curtidor Chinchilla firmar Pedro *de* Chinchilla; y un indio carnicero de Cuenca ha dado en la flor de llamarse Ramón *de* Caspicara. Ignacio *de* Veintemilla y Pedro *de* Chinchilla son la nata de la nobleza hispanoamericana, son los Grandes de España de Cayambe. Alfaro me ha traído en estos días un cuadernito firmado por Ignacio Veintemilla, sin *de*: es el mismo que este hijo de la panza hizo escribir en favor de su hermano Pepe, cuando García Moreno le dio de baja, por largo de uñas. Ignacio Chinchilla no era noble todavía; aún no había fugado del *Hotel de las Cuatro Naciones* con el exiguo tesoro del pobre italiano Borella.

El *de* y el *tú* son inseparables en *su alteza monseñor el gran duque de Jarrín*: desde que dio en llamarse *de* Veintemilla, no le llama usted a nadie; tú el joven, tú el viejo; tú el varón, tú la mujer. Imagina que el tutear es prerrogativa de presidentes, y al Padre Santo no le perdona el tú: si don Pedro de Braganza se asomara a su puerta, le dijera: «Pedro, ¿cómo estás?» Llegando a la villa de San Juan de Dios de Ambato, lo primero que hizo fue tutear a su huéspeda, la viuda del general Gabriel Urbina. Señora anciana, respetable por sus años cuando menos, y por su condición de viuda, se vio saludar de don Ignacio de Chinchilla: «Isabel, ¿cómo te va?» y era la primera vez que la saludaba en su vida. No digo que no haya tontos en el mundo. ¡Jesús, sí los hay! Anda, anda, inocente, y buena manderecha.

Los ingleses no usan este pronombre ni con sus hijos, ni con sus criados: el tú indica lo sumo del respeto, o lo sumo del desprecio: hablando con Dios echan mano por ese tú lleno de amor y veneración que sale del corazón piadoso. A la íntima plebe la tutean también los insolentes; los comedidos, jamás. El *vous* francés envuelve ese mundo de urbanidad y delicadeza con que esa nación caballerosa prepondera sobre las demás: el emperador, el rey no tutean a nadie. Los hijos tutean a sus padres, por amor; uso moderno que nunca aprobarán los que piensan que el cariño filial debe estar callado debajo de un mundo de respeto: me parece mejor el padre de Chateaubriand, el padre antiguo, ese delante del cual esposa e hijos permanecen en silencio, mientras el calvo anciano va y viene a lo largo de la sala, que el padre de moda para quien los hijos son hermanos malcriados y atrevidos. En cuanto a los españoles, su gravedad característica no les permite el tú entre padres e hijos: a Dios le dirigimos algunas veces el tú de la misericordia y el perdón: «¡Tú, Señor! —decimos—: vuelve, Señor, los ojos a este desventurado». Los americanos tenemos el derecho innato de tutear a los indios y los negros: estas razas desgraciadas reconocen su vasallaje, llevando en paciencia el agravio diario del *tú*, sin volvernos jamás la ofensa. Cuando los negros empiecen a tutearnos, perdidos somos.

Los ecuatorianos son indios y negros para el señor conde Ignacio de Chinchilla; a todos los tutea, y no hay uno que no se le suba a las barbas. No siempre los tutea, pues lo más común es el *ti* en sus dientes. «Usted debe ilustrar su nombre con irse a la guerra de Cuba», le dijo un día un mal aconsejado consejero. «¿Y ti por qué no te vas?» respondió encendido en cólera. Ordenando la campaña contra el ejército de don Antonio (don Antonio también tiene ejército): «Ti —le dijo a Urbina—, tomas por la derecha; ti, a Sánchez Rubio, por la zurda. Ti vas adelante, ti te vienes por detrás». En Austerlitz no se había desenvuelto plan de batalla más brillante. El señor capitán general no sabe siquiera los términos militares de vanguardia, retaguardia. Cuando se acuerda de vanguardia, dice manguardia; y si se le ofrece dar una orden, sus oficiales le han oído mil veces: «Pongasén a la retanguardia».

Un día recibí una carta firmada por Enrique Pérez de Peralta, en la cual me pedía un artículo de encomio para unas botas que pensaba mandar a la exposición universal de Filadelfia. ¿Quién era ese Enrique Pérez de Peralta? Imposible me fue dar con el busilis; averiguando el caso con cuantos querían oírme, vine en conocimiento de que Enrique Pérez de Peralta era un zapatero que yo había conocido en un pueblo del Ecuador, llamado Pedro Rico. El Pedro le hizo Pérez, el Rico Enrique, y para mayor lustre de su sangre, a su cuenta y riesgo se puso *de Peralta*. En cuanto a las botas, artículo era que podía entrar en docena con la máquina monstruo de Corliss, el cañón Krupp que Prusia mandó a la dicha exposición de Filadelfia, y los pies del señor general Chinchilla. Más razonable anduvo Jerónimo Buzón de los Herreros cuando pidió a un congreso que por decreto legislativo le suprimiese el *Herreros* y el *de los*. Como republicano de nacimiento y demócrata de buena fe, decía el peticionario, quería llamarse Jerónimo Buzón mondo y lirondo. Ignacio *de* Veintemilla por nada fuera Ignacio Buzón: ¡uno que ha tenido cartas con reyes y emperadores! Desde que don Antonio le hizo jefe supremo, cuatro o cinco veces se ha dirigido ya a todas las potencias de la tierra para darles cuenta de su grandeza. El hijo del Celeste Imperio, ciertamente, ha de fijar consideración en el grave suceso de haberse elevado a una como presidencia, uno como caballo, en una como república. «Grande y buen amigo» al rey de España; «grande y buen amigo» al emperador de Alemania; «grande y buen amigo» al zar de Rusia. ¿Creerán los sudamericanos que el destripaterrones ha mandado parte al sultán de Turquía? El Gran Turco es su grande y buen amigo. Cuando manda parte al emperador de la China, ese es capaz de mandarle tarjeta bordada y pintada al Padre Eterno, llamándole «grande y buen amigo». León XIII no se ha escapado de la tarjeta rodeada de encaje del señor general don Ignacio Cochinilla; como el ministro de este grande es de su propia calaña, al Sumo Pontífice le ha ido a llamar también «grande y buen amigo», como si el papa no fuera *padre santísimo*, aun cuando sea nuestro amigo. La reina de la Gran Bretaña es asimismo *grande y buena amiga* de nuestro grande y buen caballo, por cuyo grande y buen tragadero están pasando en forma de cebada tesoros nacionales y honra patria. De bonísima gana modificáramos nosotros el derecho consuetudinario en esto del grande y buen amigo; causa tirria ver a un majagranzas como Ignacio Jarrín, ignorante de las primeras letras, hombrearse con el zar de Rusia y llamarle *amigo*. La dignidad de la nación, desde luego, amayora a la pequeña, y la sube hasta la grande; mas, ¿los humildes no deben renunciar a algunas de esas ridículas ventajas en favor de la modestia? Nada perdemos, ni perderían el regidor de San Marino, el juez de Andorra, con tratar de señor y majestad al emperador de Alemania; de beatitud al pontífice romano. Ellos a su vez nos titularían *excelencias*; y si nos llaman «grande y buen amigo», tanto mejor. El presidente de los Estados Unidos, el de la República Francesa, esos como testas coronadas que echan el montante entre las naciones, son quizá menos soberbios que nosotros; menos tontos, no hay para qué decirlo. Washington, Madison, el sombrero en la mano ante el menor de sus iguales; ante los reyes de Europa, no humildes, pero sí modestos, con su casaca negra, símbolo de la grandeza republicana. Nadie supiera que Grévy es presidente de una gran nación, si no fuera por su nombre: el señor de Veintemilla, no contento con haberse hecho bordar de oro las orejas, como ya lo hicimos saber, se ha pasado una argolla en el tabique nasal: así los arrieros de los Andes les pasan un cabestro a sus bueyes cargadores, para guiarlos por las escabrosidades de los caminos. Ignacio Veintemilla no se ha pasado la argolla para esto, sino para dar a conocer que es aristócrata y jefe de la tribu.

El noble a quien no le sea dado sujetar su nombre al análisis etimológico, diga que su nobleza es subrepticia, y sus ejecutorias no han sido concedidas por los que tienen derecho de hacer merced de hábito y de armar caballeros con la pescozada y el espaldarazo. Carlos V volvió ilustres de este modo a varios señores castellanos, y el rey de Portugal consagró la nobleza de Vasco de Lobeira en el procinto de la batalla de Aljubarrota. Los valientes han estado siempre en potencia propincua de llegar a deudos de los reyes, así como los hombres de alto ingenio han conseguido el *don* respetable por las hazañas de la inteligencia. Los Reyes Católicos ennoblecieron al hijo del cardador de Génova, después del descubrimiento del Nuevo Mundo, y le concedieron la facultad de que se pudiese *intitular dende en adelante don Cristóbal Colón*. La nobleza antigua trae envueltas en sus nombres las virtudes o altas prendas que acreditan en su dueño gran corazón y ánimo excelso. El rey de los godos que hasta hoy es timbre de su raza, descompone el suyo en términos como estos: *adel*, nobleza, y *ric*, héroe, guerrero. *Alarico* significa, pues, noble guerrero, o gran señor de espada que entra ciudades y naciones, y echa los fundamentos del imperio que luego será extendido por cuantas son las partes de la tierra.

Darío no pensaba que Alejandro venía a *socorrerle* a sus dominios; ni con haber sido grande la virtud de su enemigo en respetar la de su mujer y sus hijas, tuvo por cierto que el macedón había tomado por suya la felicidad de los persas; y ni por eso el hijo de Filipo dejó de llamarse *auxiliador* o *socorredor de los hombres*; que no otra cosa quiere decir Alejandro, vocablo numeroso que pasa de siglo a siglo asordando el universo. *Alexo*, verbo griego, yo socorro: *andros*, a los hombres. Los socorrió, efectivamente, en Arbela, cuando con el rayo en la mano fue consumiendo las falanges de Memnón, y ahogó a los príncipes asiáticos en mares de su propia sangre. Los socorrió en la India, tomando prisionero y cargando de cadenas al invicto Poro. Los socorrió en Tiro, los socorrió en el Granico. En el Granico él iba siendo el socorrido con un golpe gentil en la cabeza; y lo hubiera sido, a no ser por Clito, el amigo de su corazón. Clito, pobre Clito, tú salvaste a tu amigo, y he allí, que se te viene encima la espada desenvainada. Borracho está: huye, Clito, ponte en cobro. Tu rey es, puede matarte: le has ofendido, desdichado; y le provocas todavía, y le esperas... ¡Rompido el pecho, un torrente de sangre afuera, allí yace el pobre Clito, amigo de Alejandro! ¿Qué presta la desesperación, qué valen los gemidos del matador, cuando, vuelto en sí, ve lo que ha hecho? Alejandro era *socorredor de los hombres*, y los andaba socorriendo en dondequiera: ¡pobrecito! llegó a Babilonia, y le socorrieron a él con un vaso de veneno. Vaso digo; no fue vaso: fue uña de caballo, único recipiente que podría resistir la fuerza destructora del agua de la laguna Estigia. ¿Quién mandó el tosigo? ¿fue Aristóteles su maestro? ¿fueron sus capitanes ambiciosos? Sea de esto lo que fuere, el hecho es que el más noble de los príncipes daba a entender con su nombre grandes cosas, y fundaba su nobleza en las virtudes.

Catorce siglos antes de Jesucristo nació un muchacho en Tebas, la de las siete puertas. Los griegos tuvieron buen cuidado de no poner la cuna de Minerva en la Beocia, ni imaginaron que el dios de la luz hubiese venido al mundo en ella; y con estas precauciones pudieron llamar *beocio* al que brillase por la tontera y prevaleciese por los arranques brutales de los sentidos. Píndaro les está dando hasta hoy la desmentida con esa voz alta y sublime con que hace resonar la cumbre del Parnaso; mas no por eso dejará de llamarse beocio el menguado que ni sirve de provecho alguno a sus semejantes, ni rompe el firmamento con el alma y requiere con los ojos del espíritu los secretos de la eternidad. Hércules sí, pudo haber nacido en Tebas: el bien musculado, el huesudo, el velludo, es dios de la fuerza, terror de los ladrones y leones. La piel con que vuelve cubierto de una de sus aventuras, esa piel amarilla tirante a rojo, de la cual no ha cercenado ni las garras, es la del león de Nemea: no le mató con las flechas de Apolo, sino con su propia maza; esto es, no se valió de los ardides del ingenio, mas sí de la fuerza bruta.

El padre de los dioses ha desaparecido una noche del Olimpo: Juno, su esposa, está allí saliéndose de madre, fiera como es esa deidad en hecho de amores y de celos. Dos veces desleal, el padre de los dioses ha dejado a su mujer para buscar la ajena. Anfitrión no pensó que Hércules fuese hijo suyo; pero no llamó a singular batalla a Júpiter para desagraviarse. Nació el hijo de la fuerza o Alcides; y este es el semidiós que simboliza las obras difíciles y las proezas inauditas. *Hércules* se compone de *hera* y *kleos*, y quiere decir *gloria de Juno*. ¡El testigo de su daño era su gloria! Esa divinidad adusta no lo pensaba así: las víctimas de su venganza están acreditando que los hijos de su marido en sus rivales no eran dicha ni timbre para ella. En todo caso, los Heráclides fincan su nobleza en la gloria, y los grandes hechos son los títulos de su orgullo.

Temístocles significa *gloria de la justicia*. Ese hijo del pueblo que salva la patria del furor de los bárbaros, transponiéndose con él y sus penates a la sagrada Salamina, ese labra su fama y funda su imperio en el amor a la ley, la razón, la justicia, que todo esto quiere decir *Temístocles*.

Oh vosotros, nobles de nuestro tiempo, caballeros de la democracia sudamericana, veamos si vuestros apelativos descompuestos nos confieren virtudes en lo pasado ni prometen gloria en lo porvenir: *Ignacio Jarrín*, ¿qué significa? ¿grandes hechos de armas, donde el fuerte brazo estuviera obedeciendo a la inteligencia? ¿virtudes cívicas de esas con las cuales Marco Tulio Cicerón engrandece a Roma? ¿obras de magnanimidad y sacrificio, como las de Guzmán el Bueno? «¡Machuca, Diego, machuca!» gritaba el rey de Castilla, al ver cómo Diego Vargas hacía riza en los moros en un combate con un brazo de árbol que había desgajado por ahí, cuando se le hubo roto la espada. La familia de Diego Vargas es nobilísima, a causa de ese demonio que hace montones de muertos en el campo, y pone en fuga espantados a los enemigos de España y de Jesús. El que se llame Machuca, ya no podrá presumir de solar esclarecido, puesto que sea descendiente de aquel soldado valeroso. Los abuelos de Ignacio Jarrín ¿qué han machucado? ¿moros en la batalla? No han machucado; han molido, jora en la piedra, y por eso son Jorines o Jarrines.

Jorín no es *gloria de la justicia*, como Temístocles; ni socorredor de los hombres, como Alejandro. Castrador de gente, eso sí; castrador de médicos, sus amigos confidenciales. *Ignacio Jorín* quiere decir, no socorredor, sino castrador de hombres. ¿Dónde está Hércules para este malhechor? ¡Hércules! Hércules para el león de Nemea: para el perro-lobo, el palo de un ganadero basta. Y este es aristócrata, noble; nobleza proveniente de hazañas o de las virtudes; nobleza de Alarico, nobleza de Faramundo. El árbol genealógico de Ignacio Jorín, en la segunda rama da con la gente del gordillo, y lo que suena peor, con... uno de los más negros pecados. Lo abultado de sus miembros, lo grosero de sus modales, lo ruin de sus obras están deponiendo en contra de *su nobleza*. Esa cara de idiota ebrio, esos ojos en los cuales están resplandeciendo los vicios de la ignorancia; esas piernas brutales, columnas sin pulimento; esos pies anchos, juanetudos, como los de Monipodio, todo indica sangre ordinaria en ese facineroso, cuna vil, rodeada de crímenes y miserias, hambre y andrajos.

Siempre había estado diciendo que su familia era española, y que se iba a España, por cuanto sus parientes le llamaban; sus parientes, los Ladrones de Guevara y los condes de Alcaudete. Andando un día por las calles de París, la nariz arremangada, origen de los dos Nilos que están fluyendo eternamente hacia el mar muerto de su boca; andando así, como un bausán dotado de pesada locomoción: echó de ver un letrero en una esquina, y preguntó: «¿Qué dice ahí?» «*Rue de Veintimille*», respondió su adlátere. «¿No te lo había dicho? yo soy francés; mi familia pertenece a la nobleza de Francia:

allí tienes mi nombre». Desde entonces no es español sino francés; y no Jarrín sino *de Veintemilla*. Francés... francés... Si a los pies del Cayambe nacieran portugueses, este fuera portugués. ¿Dónde el ingenio, dónde la chispa, dónde la cortesía, dónde la gracia, dónde la elevación moral de los franceses, los más cultos y amables europeos? Fuera del color, todo es indio en esa fea, desmañada criatura. No vaya a pensar que estoy hablando de él con uno como cariño cuando le llamo criatura: un burro es criatura, un oso es criatura; todo ser criado es criatura; él, como esos otros, es también criatura; criatura gorda, pesada, grasienta; criatura perversa, criminal, patibularia; criatura indigna del Criador, como Caín; indigna de la patria, como don Julián y Galalón; indigna de sus maestros y amigos, como Judas. Criatura es: el perro por una parte, el verdugo por otra, son criaturas. Criatura noble, criatura blanca. Blanca es, eso sí, blanca. ¿Pero eso qué quiere decir sino que nevó el Cayambe la noche de su triste nacimiento, y que la ventisca nocturna le trajo al rostro un puñado de plumas de nieve que se le pegaron en la enjundia de que estaba cubierto? Por un descarrío lamentable de la naturaleza los negros suelen padrear hijos blanquísimos: estos son los más desgraciados de los hombres, porque adolecen de mil achaques físicos y morales. Los albinos tienen conexiones estrechas con los caquerlaques u hombres nocturnos que andan cometiendo acciones reprobadas en lo secreto y callado de las sombras. Conque si de negros nacen blancos, de *chagras* pueden nacer blanquísimos, y ser esta descendencia la que se come el cadáver de la república y es la infamia de la tierra. La flor de lis no está brillando debajo de esa blancura, ni el Toison de oro condecora el pecho del caquerlaque. En cuanto a la pinta de su cabello, ese ocre moribundo que los cholos de Quito llaman *chahuarejo*, sepa el señor Jorín que es la de Judas Iscariote, el aristócrata de la Judea que entregó a Jesús a los esbirros del rey Herodes.

Jesús... ya la nombramos a esa dulce persona. *Jesús* tiene también su etimología, dimana de *Jehovah*, el ser por excelencia. Y de Jesús se deriva Juan, Joan, *Joannes*. El hebreo *Jehohanan* es fuente y origen de todos esos suaves términos, los cuales, como su raíz, quieren decir ser bueno, compasivo, misericordioso.* Jesús es bueno, compasivo, misericordioso. Juan Bautista fue un tanto acedo; el precursor del Mesías no puso la monta en la dulcedumbre del genio ni la untuosidad de las maneras: viva en nuestro tiempo, y le hubiéramos llamado misántropo los respetuosos; que los atrevidos le hubieran calificado de montaraz y selvático. Juan, el primer hermano de Jesús, ese sí fue como su maestro y amigo, bueno, humilde, avenidero con todo. De bonísima gana hace los mandados de la Virgen, ayuda a llorar a las mujeres, y se está ahí al pie de la cruz mirando hacia arriba con amor y piedad infinita. ¡Así fuera ley del individuo la etimología de su nombre! Don Juan Fausto no hiciera pacto con el diablo, don Juan Tenorio no anduviera arrasando mujeres, don Juan Montalvo no le llamara cara de caballo a Ignacio Cochinilla, porque todos fueran buenos, compasivos y misericordiosos con sus semejantes. Con mis semejantes, lo soy, gracias a Dios; ¿más por qué ha de ser mi semejante esa alimaña vergonzosa, enemigo de la inteligencia, aborrecedor de las virtudes? El que ama a Dios sobre todas las cosas; el que no jura su santo nombre en vano; el que le santifica y glorifica en su corazón; el que honra padre y madre; el que no mata con lengua ni con puñal; el que no hurta; el que no miente ni levanta falso testimonio; el que no codicia los bienes ajenos, ese es mi semejante, y con ese soy bueno y compasivo. Jesús lo era con todos, aun con los perversos, en cuanto eran capaces de arrepentimiento; mas esto le correspondía a él por su parte divina; que lo de amar a nuestros enemigos es lo más incomprensible, duro y escabroso de la doctrina cristiana. Los que la rezan todos los días, muchos son; los que la cumplen al pie de la letra ¿dónde están? No puede ser bueno, cuando no es malo con los malos, decía un filósofo antiguo, hablando de un alma de

....

* Para que no se diga que las estoy dando de helenista ni de hebraizante, me cumple citar aquí a don Pedro Felipe Monlau, en cuyo *Diccionario etimológico* he bebido, a flor de sabiduría, estos conocimientos de lenguas orientales. La carne, mía es; solamente el esqueleto, el hueso desnudo es de don Pedro

cántaro que acariciaba a los bribones, como San Francisco de Sales se iba a la caballeriza a darles besos a los brutos, por amor y fraternidad. Aflige la consideración de que, por la razón o la fuerza, y por justo que sea nuestro sentir respecto de los malvados, unos somos con ellos en la especie, y con ellos respiramos, y con ellos vivimos en la tierra. Cuando salimos al otro lado por esa puerta excusada que se llama sepultura, ya el deslinde es completo. Ignacio Veintemilla, el mutilador de sus semejantes, el infamador de los difuntos, el violador de las hijas de sus hermanos, el traidor a la patria, el asesino nocturno, el codicioso de los bienes ajenos, el impío por ignorancia, el hijo del crimen y padre de los vicios, no estará allí en la misma gradería de los que amamos a Dios, tememos su juicio, y, aunque pecadores, abrigamos la convicción de ser de los escogidos.

Todos los hombres, dice Séneca, tienen un mismo origen: uno no es más noble que otro sino en cuanto ha recibido de la naturaleza mejores disposiciones morales. Si las buenas disposiciones morales son la fuente de la nobleza, ¿cómo han de ser nobles los que las tienen bajas o altamente infames? Veamos si Ignacio *de* Veintemilla puede sentarse a la Tabla Redonda y ser de los doce pares: Roldan, Reinaldos de Montalbán, Ricarte de Normandía, Gui de Borgoña, ¿al lado de cuál de estos paladines está su sillón dorado?

> Caballeros son de estima,
> de grande estado y linaje.
> de los doce que a la mesa
> redonda comían pane.

El romance del marqués de Mantua no hace mención de Ignacio de la Morcilla, el cual no debe comer pane a la mesa de Carlomagno, sino carnaza medio cruda en el banco del truhan y del pinche.

> No hayáis miedo, mis sobrinos,
> Rui Velásquez respondía:

363

Todos son moros astrosos.
moros de poca valía.

Moros astrosos y de poca valía son esos aristócratas de la hampa, cuya mano brutal no es para la empuñadura del bracamarte de Toledo, sino para la escoba, arma con la cual la canalla doméstica lleva a felice cima sus aventuras de traspatio. El chagra Ignacio Jarrín, no; él quiere tener sumiller de la cava, sumiller de la cortina; potagier, salcier, frutier; contralor o veedor; pajes y donceles, monteros y maestresalas; guardamangier, guardamujer; dueñas y damas de honor, azafatas y meninas: es un rey esta giganta Andandona del sexo masculino.

Sir Roderick Murchison, célebre geólogo, recibió de su majestad la reina de la Gran Bretaña carta de nobleza, en premio de sus estudios y sus descubrimientos. El zar de Rusia le había condecorado también al señor barón Roderick con la cruz de Santa Ana, después de un viaje científico por la cordillera del Ural. Veamos las cruces nobiliarias de don Antonio Borrero, estotro aristócrata de la quebrada: ¿cuál es el Ural por donde él ha ido sopesando la naturaleza en su mano cargada de sabiduría? Muéstrenos los fósiles arrancados por él a la profundidad de la madre tierra, con los cuales, nuevo Cuvier, ha recompuesto el mastodonte de la época terciaria. ¿Dónde están los zares o emperadores que le han clavado al pecho las veneras de la ciencia y las virtudes? Fingiendo el buen hombre no dar con uno adecuado para ministro de lo Interior y Relaciones Exteriores, un ciudadano bien intencionado indicó a un hombre de bien. «Apto —dijo don Antonio—; instruido, inteligente, sin tacha ni reproche». Por desgracia es de familia oscura. De otro a quien sus palaciegos le delineaban como la suma de los vicios, inepto además y no nada a propósito para el empleo de que estaban tratando otra ocasión: «Que se le pase el nombramiento —dijo—; es de la aristocracia». ¡Rara justicia, y más rara perspicacia de magistrado, que en una república democrática anda poniendo a un lado inteligencia, instrucción y buenas costumbres, para colocar al vicio, ignorancia, negadez y embriaguez! Pobre diablo sin antecedentes, leguleyo de parroquia, ¡hele allí picando en gran señor, y poniendo pies con la cabeza las cosas de la república y la democracia triunfante en el Nuevo Mundo!

Bien como los turcos juzgan por la oreja de los quilates de la sangre, así nosotros vamos a regirnos, en el asunto de la nobleza de don Antonio, por el género de sus bebidas predilectas. Napoleón III gustaba sobremanera el vino de Champaña, ese roederer espumoso que chisporrotea en larga copa. Dicen que el viejo Guillermo Hohenzollern, emperador de Alemania, paladea con indecible placer el Chateau-Yquem, vino de Burdeos que hoy se vende hasta a cuatro mil duros el barril. El precio ordinario, según la edad de esta delicada poción, suele ser de ochocientos a dos mil pesos: ahora que el *filloxera* está dando buena cuenta de las viñas de Europa, el Chateau Lafitte, Chateau-Margaux, Chateau-Yquem tienen precios fabulosos. Las testas coronadas y los lores de Inglaterra son los únicos que saborean el néctar de los dioses que con esos nombres, ríspidos para labios españoles, salen de Francia.

Los romanos antiguos no apuraban cosa mejor que el Falerno: Lúculo se iba de todas cuando su maestresala, por ecónomo y hacendoso, dejaba alguna vez de ponerlo a la mesa. «¡Belitre! —le dijo una ocasión—, ¿qué quiere decir esto?» «Señor, como hoy no hay convidados, me pareció que no era necesario tanto dispendio». «¿Y no sabías que Lúculo comía en casa de Lúculo?» Hoy la Italia no prevalece por los vinos: Francia y España se la llevan de calles, y aún Alemania con su Tokay, su Marcó Brúnner y sus mil cordiales que en botellas elegantes están aherrojados a modo de diablos traviesos y revolvedores. El *lacrimacristi* es vinito que apetece el viajero, andando a lo largo del Mediterráneo por Sorrento y Castelamare; mas de él al jerez seco de veinte años, va todo un mundo. Nosotros teníamos en Venecia rara predilección por el vino de Chipre: entre pecho y espalda dos o tres copitas por comida, no era de salir tirando piedras. No es cosa de borrachos esa; de Gracias es, y de Musas en el monte Parnaso. Es de morir de risa ver a los hijos de los Andes, encaramados sobre sus montañas, beber a destajo Chateau-Margaux, Chateau-Yquem, moscatel, vinos franceses, jerez seco, albillo de España; vino de madera, *oporto*, *chablis*, *roederer*, a seis reales la botella. Los de a dos mil pesos el barril ellos lo toman por ocho reales; y no se contentan con decir que es bueno, sino que mascan la uva. Las porquerías que mascan los infelizotes Dios lo sabe, y nosotros no lo queremos decir: allá cuando echen los bofes con el vomitivo que les ha de dar el diablo, verán lo que han mascado en su vida de bebezonas y zipizapes. Nosotros hemos visto en un tenducho de lugar botellas de manto dorado con este rótulo sublime: *Tocay de primera clase.* A doce reales la pieza, voló el Tokay; cuando en las bodegas del Rin, una cosa como botella le cuesta veinte duros al que lo quiere por curiosidad. Los que *mascan la uva* en el Tokay a dos mil quinientas leguas de la mata, ya pueden no comer sino huevos de ave Fénix.

Pues nuestro don Antonio no los come sino de pato, y sus vinos son la chicha, tarde y mañana; tarde, mañana y noche. El *roederer* de Napoleón III no le gusta; el *chateau-yquem* del emperador Guillermo, le hace daño; la disolución de oro que sale a torrentes de los carrales de Jerez, no está buena; el vino de Borgoña, porquería; el *soterna* francés, ese añejo de treinta años, que nadie gusta por menos de cinco duros, caldo de pollo; el *mosto* de Chile, patarata; el *cabello rodado* de Moquegua, suero sin purificación; *champagne*, *elías*, *moscatel*, aguadija: don Antonio masca la uva en la chicha; y no sabe el majadero que no está mascando sino jora.

Un don Manuel *Gómez de la Torre*, Grande de España de primera clase, marqués de Coimbra de Portugal, príncipe Nóvgorod en Rusia; aristocratón endemoniado, noble de siete suelas, le dio al señor don Antonio el banquete con que tiene por costumbre recomendarse a la memoria de todos los que entran a mandar, tan luego como ese digno magistrado hubo llegado a la capital de la república. «Este es vino, señor don Antonio —le dijo—; pruébelo». Lo probó el Washington del Azuay, y respondió: «Este debe ser del mismo Burdeos: aquí se masca la uva». Sonrió al anfitrión como quien quisiera decir:

«Proviene de las Tullerías, regalo de mi prima Eugenia».

Después de una pierna de Borrego: «Cate vuecencia estotra agüita de canela». Se lo echa al coleto don Antonio, y contesta: *Chato margo*. «Qué chato margo —dice don Manuel—; si es valdepeñas».

«Comparece el *ají de cu...lebras*». (No lo acabo de decir, por no ir por el varón de Humboldt). «En Europa, señor don Antonio, después de este manjar, los grandes señores acostumbran un traguete de champaña; mire vuecelencia si se anima».

Don Antonio nunca deja de animarse: alzó el codo, y exclamó: «¡Chato margo!» «Se le ha dicho que es champaña, amigo don Antonio».

Después del *locro*, dijo don Manuel: «El emperador de Austria suele gustar una copita de vino blanco: ¿lo bebe, señor don Antonio?» «Lo bebo y lo rebebo —contestó don Antonio—; ni dirá don Francisco José que en Cuenca somos para menos. ¿Este vino blanco debe de ser el tinto, ese tan renombrado de que hablan los periódicos?» Sorprendido el Grande de España, no quiso dar la contradicción; antes respondió que sí: pero volviéndose al viejo Teodoro: «¿Has visto el error del presidente? quiere que el vino blanco sea negro».

Llegaron los postres de don Manuel: mazapán de Toledo, chocolate de Astorga, torta real de Motril. Las monjas de San Pelayo y de Rondela echaron el resto de su habilidad en los dulces de ese convite memorable. Allí estuvieron los turrones sublimes de Alicante y de Gijón, allí el alfajor morisco. Roscas de Utrera, yemas de San Leandro de Sevilla, buñuelos de Trapisonda, ¿qué no había en ese banquete de los dioses? El bollo maimón de Zamora cerraba la marcha, junto con las coronitas de almendra de Pancaya. Todo esto hubo en la mesa del príncipe de la Torre de Babel; o más bien, hubiera habido, si hubieran llegado a tiempo; pero el diablo fue que la flota que traía esas gollerías vino por el cabo de Hornos, y hasta hoy día de la fecha no puede vencer los vientos contrarios. Las suplió don Manuel Nóvgorod con los indefectibles mojicones de Ibarra, los alfeñiques de Carpuela y la famosa miel de abejas de Tilipulo, bocadillos que le gustaron por extremo al presidente de la república. De los mojicones comió seis, y tan buenos le parecieron, que preguntó si no eran huevos de pavo real. Eso se quería don Manuel, que le tomasen por manjares regios sus drogas, y le alabasen de vinos archisuperiores su agua de Campeche y su suero embotellado. «Sobre los huevos de pavo real —dijo sonriendo—, el *chato margo*, señor don Antonio, cae como miel sobre hojuelas». Y le presentó una cosa amarilla, agria, a la vista, abominable al espíritu. «¡Chicha!» grita triunfante don Antonio, pulsándola minuciosamente con los labios, y cual si fuera el elixir de la vida, apura el licor de los inmortales con indecible satisfacción.

Alzados los manteles, don Manuel no hubiera dado gracias a Dios: él es, dice, volteriano, y está montado a la francesa; pero don Antonio, católico rancio, con cuatro dedos de enjundia de monasterio sobre el alma, hizo rezar su buen *pater noster*, les echó la bendición a los más de cincuenta convidados, y salió con los suyos quejándose amargamente de la grosería de su ministro que así le había dicho: «Este es vino»; como si él no estuviera hecho a los de las bodegas de Spira.

Cualquier judío tomará café, té, agua del Paraguay al dejar la cama: si es español, venga la jícara. Don Antonio Borrero, antes de lavarse, peinarse, atacarse bien el pantalón, un jarro de chicha; no vaso sino jarro; jarro grande, soberbio; jarro antiguo: de esos entre morado y rojo por dentro, y azul por fuera; morado y rojo que son el rosicler de los mineros. Sobre esta presea tuvo don Antonio autos con una rama segundona de su casa, y ganó el pleito en primera, segunda y tercera instancia, con costas, habiendo probado *luce meridiana clariores*, que con haber pertenecido la joya a los condes de Puño en rostro, a él, descendiente en línea recta de varón del último de los mayorazgos, le tocaba el jarro tradicional de la familia. Lo conserva don Antonio, más como blasón de su escudo que por su valor intrínseco; sin deterioro, si no es habérselo roto el asa en sus aventuras de Nueva Colombia, cuando los pastusos le ponían grillos por equivocación, y le emporcaban las botas mientras el gran señor estaba en su augusto lecho. Y es de ver la prosopopeya con que el presidente constitucional de la república se echa al coleto su buen jarro, y la gana con que dice «¡aaah!» cuando lo han trasegado a la barriga. Chicha en ayunas; este es el *sistema* de la borrachera, yo diré *cisma* que pondrá la Iglesia de los bebedores entre un Juan XXXIII y otro antipapa desmedido. Pobre champaña, infortunado burdeos; dónde son idos vuestros días de gloria y ventura, como hubiera dicho Fígaro.

Las legiones romanas cargaban vasos de bronce, y no de materias transparentes, a fin de que el soldado no viese el agua que le deparaba la fortuna en los desiertos o las breñas por donde ella los llevase. No de otra manera don Antonio, como el continente sea noble y puro, carga poco el juicio en el contenido. Su jarro es lo que importa: la cerámica ha de ser enriquecida con alhaja tan provecta, merced a la filantropía del presidente del Ecuador, cuando este generoso príncipe le regale al museo de Cluny, después de haberla puesto a la vista del mundo en la primera exposición universal con que una de las grandes potencias vuelva a obsequiar a las naciones. Ante el jarro de don Antonio serán cachivaches los objetos que engrandecieron la de 1878. El vaso de Neptuno, de tres metros de altura, cuyo fondo verde y azulado se le llevaba los ojos a Bernardo de Palissy a trescientos años de profundidad en el abismo de la tumba. El vaso de Fulvy, gigante que pudiera brindar a los dioses con el Pactolo prisionero entre sus paredes. El Brongiart, combinación admirable de bronce y porcelana que está reposando sobre una garra de águila. El vaso de Clodion, el de Nimes, ese de Milo tan famoso, ¿cuál se afronta con el jarro de don Antonio? Los vasos de Rodas, maravilla de ese certamen del ingenio y la habilidad humana, son cáscaras de nuez al lado de la gran pieza en que bebe ese ilustre americano. Pues las copas del Renacimiento, la celebérrima del Delfín, esa labor intrincada de oro en madejas de cristal espeso y claro; las de Enrique II, las de Rivoli, ¿qué son para con el jarro de don Antonio? Los vasos que en el Trocadero figuraban el triunfo de Venus Afrodita, el embarque para Citera, tierra prometida de los placeres; el carnaval de Guido, las danzas de los Corybantes presididas por el dios Pan, son chilindrinas y baratijas; el jarro de don Antonio, esto es lo que hay que ver: allí están representados los Silfos de Lutecia que huyen de los gnomos de la Selva Negra; las Náyades del Po en el acto de recibir en sus brazos a Faetonte herido; las ondinas del mar Egeo que ven llenas de gozo venir a ellas la décima Musa, cuando esta apasionada griega se tira del promontorio de Leucadia. Bien así como Fidias entalló al disimulo en el Partenón la imagen de Pericles y la suya propia, así don Antonio se ha hecho grabar en su jarro entre Psiquis sorprendida y Amor enojado. Un sátiro de ancha cara, negro como el fierro bruto, está allí mirando boquiabierto hacia las sílfides que con don Antonio juguetean: ese es su hermano Ramón, a quien no ha puesto en olvido el amado de las Gracias. Píramo y Tisbe, Romeo y Julieta, don Antonio y Altisidora ostentan allí en rasgos superfinos. El artista dio en la mueca: le toma a don Antonio cuando este Alcibíades está entrando a la capital de la república con su papahígo de percalina verde, su sombrero con funda de cuero blanco o sus alforjas azules de Loja, compañeras inseparables de su grandeza. Fidias pagó con la vida su vana temeridad; pues habéis de saber que la ley castigaba de muerte al artista que reprodujera en los monumentos públicos su propia imagen ni la de cualquier otro mortal: a don Antonio, juzgándole según las leyes de Atenas, le condenaremos al último suplicio, por haberse hecho retratar en su jarro.

Los hispanoamericanos, sin haberla heredado de sus antecesores, tienen la costumbre de cerrar el almuerzo con una infusión negruzca que llaman chocolate: nuestros susodichos antecesores lo tomaban en Madrid, Sevilla, Zaragoza y otras partes, y lo toman nuestros hermanos de hoy, en exigua cantidad, espeso y dulce como la miel de Hibla; y no en el almuerzo, sino por primera refacción, así como los neogranadinos toman su hidromel, y los chilenos su mate. Don Antonio no está por nada de esto: venga su jarro, su querida loza morada. Ya bebió, ya se hartó el pobre hombre. Chicha después de los huevos estrellados, esto sí que es bueno. Don

Antonio está mascando la uva, y tiene que tascar el freno por felón y canalla. Si puede decirnos las verdades, ¿por qué toma el nombre de Juan Francisco Rodríguez, y fecha sus imposturas en la ciudad de Loja, cuando se halla en Chile? Don Antonio va a hacer en Rancagua un *meeting of indignation* con el indio Ramón; no importa: vuelva a tomar su jarro, alce el codo, beba, pille la mona de costumbre. Después del manjar blanco, la miel, los albaricoques ahogados en almíbar, lo que piden a gritos el paladar, la garganta, la naturaleza, es un vaso de agua fresca, cristalina; vaso de verse la cara en él, como lo quería Horacio; vaso apetecible, regenerador; placer no conocido por franceses, ingleses ni alemanes; vaso de agua del Paraíso, donde nuestros primeros padres no apuraron ponzoña de ninguna clase, sino la pura y suave que a borbollones estaba brotando de una peña sobre una fuente rústica. El vaso de agua después de dulce, placer no disfrutado por los europeos.

Ni por don Antonio Borrero: su jarro, su buena vasija desmirlada; con ella se abraza, con ella es feliz. «Señorita, yo la haré feliz», le decía Ignacio Veintemilla a una de las del oficio en el *boulevard* de los Italianos, la misma noche que hubo llegado a la capital de Francia. A don Antonio le hace feliz su jarro; con él se acuesta, con él se levanta; en ayunas, jarro de chicha; en el almuerzo, jarro de chicha; mesa de once, jarro de chicha; comida, jarro de chicha; cena, jarro de chicha. A fuero de católico, don Antonio y el rosario son una misma cosa: va a dormir, va a desollar la zorra: bebe, hijo, bebe tu jarro, ya rezaste, ya te encomendaste a Dios y tu patrono. Ahora duerme, duerme, bendito.

No tendré dificultad en creer y confesar que Luis Napoleón Bonaparte que toma *roederer*, Guillermo Hohenzollern *chateau-yquem*, Humberto de Saboya falerno de estos días, Alfonso XII jerez de cuarenta años, Alejandro Romanoff vino tokay; que todos estos, digo, son nobles señores, y aristócratas de nacimiento; mas don Antonio Borrero no me persuadirá jamás que, bebiéndose un galón de chicha por día, pueda blasonar fundadamente de su abolengo, ni poner la pica en Flandes en hecho de condecoraciones nobiliarias. La jora no es de la heráldica. Los indios, los indios, sí, son señores de ella, y aun reyes y magos, cuando beben hasta perder el juicio.

Cuenta Clemencín en sus comentarios al Ingenioso Hidalgo, que el licenciado Diego Matute, natural de Granada, había escrito el árbol genealógico de Felipe III y el de su valido el duque de Lerma. Los tomó a uno y otro desde Adán, y a lo largo de veinte generaciones les vino a dar por abuelo a Tros, rey de Troya. Don Felipe era descendiente de Ilo, y el de Lerma lo venía a ser de Asáraco, hijos del dicho rey de Troya; más aún sin haber pasado por las entrañas de Sibila Eritrea, nuera del patriarca Noé. ¡Lo que puede un sastre!

Siendo presidente de la república el don Antonio escribió una cosa como libro, donde el papel era más que la razón, como decía Quevedo y como hubiera dicho Voltaire de las obras de su amigo el rey de Prusia; y lo dio a la estampa por medio de su ministro llamándolo *Biografía del excelentísimo señor don Antonio Borrero, presidente, etc., etc., etc.* Las veces que corrigió, refundió, aumentó, suprimió, amplió, rehízo, y volvió a corregir, refundir, aumentar, ampliar, suprimir y rehacer, solo Dios en su sabiduría infinita lo puede tener sabido. Tanto corregía, borraba y aumentaba, que los nueve meses de su preñez no bastaron para obra tan principal y necesaria: vino Ignacio sin Cartilla, y el árbol genealógico del insigne presidente fue hijo póstumo que no vio la luz del día sino para morir en las tinieblas. La biografía de don Antonio es una Odisea: héroe más interesante, lleno de talento, ilustrado, astuto, buen mozo y noble, no hay en poema, epopeya, oda ni composición grande de poeta esclarecido. Desbaratado su trono de la noche a la mañana, don Antonio no quiso que nadie tuviese conocimiento de su grandeza, y mandó echar al fuego su Eneida. ¡Maldición sobre el vándalo de la literatura que así destruye en un Jesús el monumento que hubiera sido gloria de la raza hispanoamericana! Ya los historiadores y filósofos lamentaron la suerte de la biblioteca Alejandrina: ¿cuáles no serán nuestros gemidos, si contemplamos la enormidad de estotra desgracia pública? Hay en Quito un bibliógrafo que se va tras los libros raros, como si estuviera dando pasos para la salvación de su alma: a lince como un *bibliófilo* o *philobiblion*, no se le podía ocultar el libro de la prosapia de don Antonio: medio por astucia de uno, medio por condescendencia de otro, dueño es y legítimo poseedor de un ejemplar de ese nuevo Quijote, y lo lee y lo relee, y lo conversa y lo propaga, y lo ríe y lo baila, y lo vuelve famoso con el mundo entero.[*] Allí don Antonio se toma él mismo desde Adán, pasa por la tribu de Leví, llega a San José y viene a ser pariente inmediato de San Joaquín y nuestra señora Santa Ana. El rey Wamba, Witiza, don Pelayo, sus abuelos; doña Berenguela, Isabel la Católica, Juana la Loca, sus abuelas; Alonso el Sabio, su tío; Carlos V, su primo. Don Antonio hace hincapié en su deudo con la infanta doña Urraca, heredera de Zamora, ignorante, sin duda, de los horribles propósitos de esa princesa desaforada. Su padre don Fernando está rindiendo el aliento en su lecho de muerte, y ella a la cabecera.

> Morir os queredes, padre,
> Sant Miguel os haya el alma.
> ....
> ....

Andando de zocos en colodros, el príncipe real llega al conquistador Quesada, quien se da las astas con Sebastián de Benalcázar sobre la paternidad de don Antonio. Don Antonio es granadino, quiere serlo; llega Fredermán por el Orinoco, y he allí otro abuelo de don Antonio: no hay duda, el bello infante es hijo de conquistadores. Nieto de tres o cuatro virreyes del Nuevo Reino de Granada, se levanta una noche el siroco andino, lleva a la cordillera del Azuay un puñado de simiente de sacristán, y confiándole a una nube de paso, lo hace llover sobre el Machángara de Cuenca. ¡He aquí el Men Rodríguez de Sanabria de Castilla, el Moncada y Requesen de Cataluña, el Villanovar y Rebela de Valencia, el Rocaber-

---

[*] El señor Semblantes posee el dicho ejemplar de esa Enciclopedia de fatuidades, mentiras y adefesios.

tis y Nuza de Aragón, el Alencastre de Lisboa, el Borghese de Roma, el Palavicini de Génova, el Malatesta de Milán, el Este de Ferrara, El Montecúculi de Nápoles, el Mafey de Venecia, el Montmorency de París, el Obérbory de Londres, el von Manteuffel de Berlín, el Tuapanta de Tacunga, el Cholotillo de Ilapo, el Ruminahui de Machachi, el Duchicela de Paute, el Mayancela de Cañar! He aquí el Paralipómenon de las tres estrellas, el Tirante el Blanco de la roca salada, el Astorildo de Calidonia, el Brianjes de Boacia, el Florisel de Niquea, el Tablante de Ricamonte. Este es el caballero de la ardiente espada, este es Pentápolin del arremangado brazo, este Pandafilando de la fosca vista.

Cosas hay en don Antonio que llenan todos los números de la gracia; esto de su nobleza no tiene parecido en el Quijote. ¿Cómo lo ha de tener, cuando ni en la sibila quiere ser menos que Matute? Veamos a cuál de las diez le pone el ojo para hacer su bisabuela. Según Varrón diez han sido esas profetisas misteriosas que, puestas en el trípode sagrado, echaban al mundo sus secretos envueltos en la espuma de la revelación. La hija de Tiresias, desde luego; la más antigua de todas; Eritrea, la que predijo la ruina de Troya; la Cumana, llamada Deifobe; Phito o Erifila, en tiempo de Numa. Díganos don Antonio, sin que lleguemos a las diez, ¿cuál de esas es su abuela? ¿Se inclina por ventura a Deifobe? ¿tiene simpatía por la hija de Tiresias? ¿o le parece mejor la adusta Pitho? Nada de eso: don Antonio es descendiente de Albunea, la sibila Tiburtina; él lo dice en el libro de su prosapia.

Entre el licenciado Diego Matute y el licenciado Antonio Muteta, ¿a cuál os quedáis, católicos? Yo me decido por el primo de la infanta doña Urraca.

Nobleza obliga, dicen los caballeros para quienes buen proceder y punto de honra son cartas ejecutorias. Elevación del ánimo, generosidad, magnanimidad son caracteres de la verdadera nobleza, la cual de ningún modo puede andar lejos de las virtudes. Nobleza obliga a cosas honorables, que son el fundamento de esa aristocracia respetable por su continente, amable por las mil gallardías con que viene cautivando a la sociedad humana en su carrera de pundonor y largueza irrestricta. El noble que sigue los principios de su raza tiene entendido que no es superior a las demás clases sociales sino en cuanto a que él está siempre aparejado a hechos por los cuales los demás no son idóneos. El noble no se desvía un punto de la línea que le prescriben las tradiciones de su clase y su familia: bajeza, cobardía no son vicios en que él puede dar. Si se trata de acometer la aventura del Endriago, él está allí, a él le incumbe ese alto peligro; y armado de todas armas se echará sin miedo a averiguar y descubrir los pavorosos secretos de la Cámara Defendida.

¿Ni cómo un caballero, a quien reinas han ceñido la espada, y princesas han calzado las espuelas, había de sentir recelo de exponer la vida en un trance de pundonor?

> Afuera, afuera Rodrigo,
> el soberbio castellano:
> acordársete debiera
> de aquel tiempo ya pasado
> cuando fuiste caballero
> en el altar de Santiago:
> mi madre te dio el caballo,
> yo te calcé las espuelas,
> porque fueses más honrado.

El Cid Campeador no podía hacer ruin uso de esas armas dadas por un rey, ese caballo ofrecido por una reina, y esas espuelas calzadas por una princesa tan hermosa como la infanta doña Urraca. Yo les quisiera preguntar a nuestros nobles, los nobles de francés, ¿en dónde están los Fernandos que les han ceñido la espada, las Berenguelas que les han dado el caballo y las Urracas que les han calzado las espuelas, para que sean estos grandes señores que no caben de soberbia en su vida de pequeñeces, ruindades y cobardías? El origen de la nobleza es el valor: los que prevalecieron sobre todos al principio de las humanas sociedades, esos fundaron las clases sociales, y se pusieron al frente de ellas con nombre de caballeros y nobles.

Hoy la inteligencia es también fuente de nobleza, y la industria se levanta con Stephenson a los primeros peldaños de la aristocracia. Nobles americanos, mestizos por la razón o la fuerza, si lo ilustre de vuestros nombres no está sino en el de propio o ajeno, teneos por hijos del vulgo y por insignificantes miembros de la plebe.

París, noviembre 5 de 1881

Los errores ortográficos no le afligen mucho al autor ausente; los tipográficos, menos; pero lo que mira a la esencia de la lengua, ya es cosa que no puede pasar uno que tiene sangre en el ojo.

«Las republiquillas hispanoamericanas, donde el despotismo asiático *gallardea...*»

Este verbo, para ser castizo, ha de ser recíproco; así es que me devolverán ustedes el *se* que me ha regalado Cervantes. «Bajo la visera, se afirmó en los estribos, *se gallardeó* en la silla...»

Ya saben ustedes quién se gallardeó en la silla; es nuestro antiguo camarada don Quijote.

El verbo *fugar* carece de la inflexión que distingue a los reflexivos; hablando de un caballero del milagro digo que *fugó* de Madrid. Tantas gracias por el *se* con que me lo han adornado allá: lo devuelvo sin uso ninguno. Ignacio Veintemilla *fugó* del *Hotel de las Cuatro Naciones*: aunque él es uno muy capaz de *fugarse*. Esto en la sexta catilinaria; en el séptimo está dicho que si el cura Félix consigue *fugarse* de las galeras de Marsella, irá al Ecuador a ser padre milagroso, como los capuchinos. Quiera Dios que no consiga *fugar* ese monedero falso, para que no tengan un santo más de estos a quien besarle los pies los bodoques de mis compatriotas.

La planicie desde donde midió el Chimborazo el barón de Humboldt a principios de este siglo, no se llama *Tapia* sino Tapi, la cual se dilata a las puertas de la ciudad de Riobamba. Lugares célebres que traen consigo un gran recuerdo, son sagrados: ni a mí, ni a mi impresor nos es dado quitar ni ponerles letras.

Cuando las pelanduscas de la calle Pigalle le llamaban *mon petit chat*, al señor general Ignacio *de* Pilla, esas pelanduscas no son *palabras* sino *gabachas*, esto es, francesas. «Buena gana tendrán de penetrar el sentimiento de estas palabras los que no entienden de lengua gálica ni de arrumacos de *gabachas* apasionadas». ¿Cómo hubiera yo repetido a la vuelta de una línea el vocablo *palabras*, y menos cuando la segunda vez no tiene sentido? Pónganseme las gabachas en su lugar, y quede el señor general de *petit chat* y *petit chou*; para eso es tan chiquito y tan bonito.

Unos, sin h, no es sino el plural de uno; el famoso pueblo del norte que tras Atila salió de sus selvas a batir en ruina la Europa, es el de los Hunos. El suelo donde ponía los cascos el caballo de Atila, no volvía a producir hierba: pluguiese al cielo que la república sobre la cual asiente su pluma un patriota bien intencionado, viese secarse los tiranos y no volviese a criar esclavos.

Juan Montalvo

DUODÉCIMA

TANTO MONTA CORTAR COMO DESATAR.

Si me preguntan cuál de las edades del hombre es la más hermosa, yo responderé que la juventud; puesto que si me preguntasen cuál es la más feliz, respondería que la puericia. La infancia no; este es período sin conocimiento ni de la persona propia, ni de las cosas del mundo: es la inocencia debajo de las alas del sueño, que está madurando para la sabiduría, pero no sabe nada hasta cuando el alma se asoma a la luz y empieza a abrir los ojos a los sinsabores de la vida. El hombre en su primera época ni goza ni padece, sino en cuanto es capaz de gozar y padecer un organismo delicado que lleva adelante sus funciones sujeto a las leyes de la materia. El espíritu nace con el género humano, pero sigue durmiendo en su lecho, que es alma, hasta cuando las campanadas de las pasiones le despiertan a fuerza de asordar ese recinto oscuro que llamamos corazón, pecho o seno de la naturaleza. El niño es animalito feliz cuyo pensamiento no va a estrellarse contra los secretos de Dios, ni gime herido por las asperezas de la duda: sus afectos no translimitan la órbita del amor maternal, ni sus disgustos pasan de los físicos, y esos que son para él comunes con los irracionales, en quienes la ausencia, verbigracia, del ser protector, causa una como pesadumbre puesta en el cúmulo de las desdichas humanas en forma de gritos y plañidos lastimeros. Aun por esto dice el refrán: «amor de niño, agua en cestillo». La memoria, bien así en la cabeza como en el corazón, es tan frágil en esta criatura incompleta, a quien los años acabarán y pondrán apta para esos regalos del mundo que llamamos placeres y dolores, risa y lágrimas, triunfos y caídas. Algunos filósofos no cuentan en la vida del hombre los días de la infancia; pues el niño, dicen, «¿qué es sino un cabrito que se anda por ahí saltando?»

A fin de que los cazadores de impíos, proveedores feroces del infierno, que no sufren que el demonio carezca de ánimas fresquecitas ni un día; a fin de que estos difamadores de la Providencia, malhechores de sus semejantes, no me avienten a los quintos infiernos también por esto que aquí digo, acogerme he al manto de un gran sacerdote, de donde no me podrán sacar ni entero ni en pedazos los canes de la sacristía. Cuando digo un filósofo, ya están pensando el fraile audaz, el clérigo ignorante, el obispo sanguinario, que aludo a Voltaire o a Juan Jacobo Rousseau: no; un teólogo sabio, sacerdote virtuoso, varón apostólico es ahora mi padrino: fray Luis de Granada es quien dice eso del niño y el cabrito. Si me empujan al abismo mis clérigos y frailes, mis jesuitas y capuchinos, mis descalzos y calzados, ha de ser junto con ese doctor de la Iglesia: me he de asir a sus santos hábitos de manera que, antes que arrancarme de él, me han de arrastrar con él y todo. O más bien, encastillado en tan gran personaje eclesiástico, les he de favorecer con tal puntapié, que he de dar patas arriba en las regiones de Dite con los mochileros de las tinieblas. También es droga estarse uno yendo al infierno a cada triquete de orden de un cabrón de estos que no saben de cosas visibles ni invisibles, presentes ni futuras, ni dan puntada en los secretos de las ciencias inmortales. ¿Al infierno porque digo que en el niño el alma está dormida, eh? Así estuviera dormida en vosotros, oh vosotros condenadores de oficio y beneficio, desde la cuna hasta la sepultura, y el mundo se ahorrará embustes sin cuento, patrañas, comedias, extorsiones, abusos y desgracias, pues, a despecho de las barbas de chivo, seríais cabritos que se anduvieran por ahí saltando, buenos quizá para algo, sin ser perjudiciales, por falta de alma. Les cría el alma a esos, y se les oscurece, y se petrifica en la ambición, y la codicia la marca con su sello, y son horribles con nombre de prelados, curas, confesores.

Molinos, inventor del quietismo, discurre de este modo: Ninguna virtud agrada más a Dios que la humildad; nada humilla más que el pecado; luego nada agrada a Dios más que el pecado. Esta lógica infame fue aprobada desde luego por la Santa Sede; y el quietismo, ley de una gran porción de católicos.* ¡Prelados, curas, confesores, humillaos! ¿Queréis ser salvos? ¡humillaos! y una vez en la postura reverente del varón grave que sufre con paciencia las flaquezas de sus prójimos, los tiros de sus enemigos, yo os levantaré con mano respetuosa diciéndoos: Vosotros los buenos, vosotros los sabios, vosotros los justos, lejos de provocar mi cólera ni excitar mi odio, sois los bienvenidos de mi corazón, y coronados estáis por esta mi mano, pecadora, mas no culpable de acero homicida ni de pluma envenenada. A los perversos, como el alacrán sagrado, los mato; a los útiles, los austeros, los grandes, no los pico. ¿Cuál es el sacerdote de poco tiento que se da por herido de mis saetas? ¿hay alguno? ¿grita por ahí caído en tierra? Ese es el malo, el hipócrita, el impío. Oh tú, varón excelso, enviado de Su Santidad Apostólica, excelentísimo señor delegado a látere: tú que has venido a llamar conspiradores infames a los amigos de la libertad; enemigos del bien a los defensores del pueblo; perversos y malvados a los que se exponen al sacrificio de la cruz, bandera alzada contra crímenes y vicios; tú, mal hombre y peor sacerdote, tú, Mario Mocenni, tú estás herido: esos borbollones de sangre pútrida acreditan en ti corazón negro con el cual te has enamorado del más feo de los nacidos, el ladrón de honras y haciendas, el castrador de gente, el matador a oscuras.

Oh tú, hombre bondadoso que tienes en mucho las humildades del Evangelio y en nada las soberbias del mundo; que lloras en silencio las desgracias de tus semejantes, y estás pidiendo a Dios el perdón de sus culpas; que alargas el brazo para llamar, no para rechazar a los que llevan sobre los hombros la pesada carga de ilustrar y libertar a pueblos escla-

....

* Cuando el pontífice romano hubo caído en la cuenta fue declarada herética la doctrina de Molinos; pero con este impío se guardó miramientos.

vizados e ignorantes; tú que sientes hervir en el pecho la santa ira de la justicia burlada, la religión ofendida, las virtudes echadas a los animales inmundos; tú, hombre bueno, buen sacerdote, y buen ciudadano, tú no me miras con horror ni me entregas al enemigo malo, por cuanto mi obra de perseguir a los destructores de las buenas costumbres, los opresores de los humildes, los criminales y corrompidos, bendiciones requiere, no maldiciones de los apóstoles de la moral y agentes de la felicidad de todos.

Hemos vivido de prisa, según se me trasluce: no ha mucho estuvimos en la infancia, edad de ángeles sin sabiduría, y ya nos hallamos en la de las bajezas y adulaciones, sobornos y granjerías, imposturas y ruindades, que es la de los hombres maduros, siquier viejos inicuos, quienes así se hubieran ido a la oscuridad de la nada, antes que estar brillando con el fuego fatuo de la prostitución y el crimen. Por dicha, Dios nos ha dotado con la preciosa facultad de volvernos atrás, bien con el pensamiento, bien con los pasos corporales, aunque, ¡ay de nosotros!, no nos es dable desandar ni un palmo lo andado en el camino de la vida. Los años no admiten retroacción: con la memoria podemos ser jóvenes en todo tiempo; las canas, las arrugas son corchetes ciegos que nos llevan a buen recaudo, sin dejarnos volver los ojos hacia esa parca de rostro frío, inexorable, que nos está esperando al borde de la sepultura. Reina sin amor, tirano sin piedad. Vejez se llama ese ente flaco y trémulo que echa la garra y no afloja sino en la eternidad. Hasta cuando algún día vengamos a ser viejos incapaces, hagamos de las nuestras: la muerte goza de mero mixto imperio en los términos de la vejez; mas digan lo que quieran sus serviles no nos convencerán de que toca pito en este órgano de Móstoles que llamamos juventud, montada en la salud, afinado por esas artistas diabólicas que se denominan pasiones, y tocado por ese músico impetuoso cuyo agente interior es sangre ardiente y corazón terrible. Chico y puro estaba el hombre ahora cuatro páginas; y ya le tenemos de delegado apostólico a Mario Mocenni, de presidente de la república a Ignacio

Veintemilla. En este siglo eléctrico todo puede ser; cuando ya en el de Lope de Vega no andaba el género humano más despacio.

> Quien sin apuntarle el bozo
> salió en el acto primero,
> saca al último unas barbas
> como Carón el barquero.

Dejando las barbas para después, tomémosle cuando aún no las tiene, en esa flor que en la carrera de la vida conocemos con nombre de puericia, desde que se nos caen los dientes hasta cuando empieza a apuntarnos el bozo a los hombres, y las mujeres principian a pagar su tributo secreto a la diosa de rojas flores. Esta edad no es de las tempestades, su firmamento es límpido, y allá una nube escarmenada y tenue está concibiendo por ventura del destino el monstruo de pesadumbres y amarguras que no muy tarde nos ha de comer el corazón y enturbiar el alma. De los siete años para adelante ella ya tiene ojos para la luz, y echa de ver de una en una las mil cosas de que se componen el mundo moral y el físico. Cuanto a las afecciones, los temperamentos melancólicos, esos en los cuales el sistema nervioso acabalado y perfecto en edad temprana les vuelve aptos para el amor y el dolor, esos suelen ser maduros ya en época donde los pocos favorecidos por la madre naturaleza son torpes aún e incapaces de esos vuelos inexplicables de sensibilidad y enternecimiento con que prevalecen varones y mujeres de contextura interior fina y ardiente. Algunos habrá, poetas de corazón, si no de pluma, que se acuerden de los dolores que padecieron allá en sus diez años, no por infantiles menos acerbos que los que han sufrido a los veinticinco. Otros suelen llegar a los diez y ocho sin un cariño, sin una dulce pena: estos son los tristes y desgraciados. Tanto más valemos a los ojos de la naturaleza cuanto mayor es en nosotros la capacidad de padecer y hacer padecer: la virtud de arrancar lágrimas de dolor apasionado es tributo de fuertes caracteres, esos que por el arte mágico de las pasiones echan las suyas afuera y las estrellan contra el pecho que, por simpatía inexplicable, está anhelando recibirlas en sus todavía inocentes profundidades.

A los catorce años cumplidos principia la juventud; el último de esta época de alegría incorrupta nacemos para las mejores y peores cosas de la vida: dentro de los límites de la juventud están encerrados los amores, los dolores grandes; las aventuras, las empresas atrevidas; las hazañas, las obras del fuerte brazo; las esperanzas de tomo, los negros desengaños; los arranques de la ambición, las caídas de la impotencia; las glorias del triunfo; las vergüenzas del mal éxito; los gritos del placer loco, las lágrimas ruidosas de las profundas aflicciones. Ese grupo de años comprendido entre los catorce y los treinta, arrebolado por una parte, quemado por otra, es el compendio de la vida, si vivir es gozar y padecer, como dicen los filósofos que se desentienden de los fines ocultos con que el hombre nace, vive y muere, siendo la muerte nuevo nacimiento a cosas no columbradas por nosotros. La sensibilidad es suma en el que el género humano cuando el joven está aspirando esa flor lujuriante que se llama *veinte años*; entonces se infatúa justamente con la fuerza de sus miembros y las esperanzas de su pecho. En unos, todo es ilusión: flores que no dan fruto, esas ilusiones caen desbaratadas, y no hay remedio sino la muerte: en otros, la fortuna se cuaja en gruesos pomos de oro, palmas elevadas, coronitas de mirto, y el dichoso mortal su protegido es rey de la sociedad humana con nombre de poeta, héroe, príncipe, triunfador de cualquier linaje que despierta admiración y goza del respeto de sus semejantes.

Hay otra juventud que, arrancando de los treinta años, suele dilatarse en algunos individuos privilegiados hasta los cincuenta: buenas costumbres, hábitos pulcros y decentes son la fada Urganda que prolonga la vida de su amigo, y hace que a los ochenta años perezca apenas de cuarenta el afortunado Amadís. El ejército del pensamiento refresca el alma, la frescura del alma pasa al corazón; y corazón fresco es fuente de emociones que tienen la virtud de prolongar la vida. Hombres hay ancianos a los cincuenta: otros son jóvenes, ya al exterior, ya en lo interior, a esa misma edad. De allí para adelante entramos en la jurisdicción de la vejez, en cuyos términos suelen orillar la consumada prudencia y la sabiduría, en roce invisible con los heraldos de la muerte que se presentan en forma de esas enfermedades que tienen algo de divino respecto de los varones eminentes a quienes con ellas favorece Hipócrates, el sabidor de la antigua Grecia.

Quisiera yo saber ¿en cuál de estas edades quiere permanecer el excelentísimo señor don Ignacio de Veintemilla? Cuando en proclamas, arengas, brindis; en decretos, órdenes, ordenanzas; en periódicos literarios, políticos, oficiales vemos a cada paso esta noble calificación: «Joven y valiente general», deseamos descubrir en cuál de los periodos de la vida se ha clavado este poste del crimen, estaca de los vicios. Su anhelo por ser joven, yo lo comprendo, pues yo mismo he suspirado largos y profundos al ver que me huían los verdes, frescos y amables años de la edad florida. Cosa es tan halagüeña la rosada aurora, que en verdad, si por medio de una impostura pudiéramos quedarnos en ella, muchos frívolos hay, yo entre ellos, que echaran a este propósito una gentil mentira. Si con mentir habéis de ser jóvenes veinte años más, mentid, jóvenes; mentid, viejos; mentid, varones; mentid, mujeres; mentid, aristócratas; mentid, indios. Mentira es virtud en esta circunstancia: terso el cutis, briosa la mirada, negro el cabello, firme el paso, nos bebemos el mundo, y vamos depositando en nuestra historia mil sucesos que, siendo orgullo presente, son gloria para nuestros hijos: ¿cómo no hemos de mentir para ser jóvenes? «Sí, mi don Juanito, ya vamos, ya vamos, aproximándonos a los cuarenta y dos», me dijo hace doce años el excelentísimo señor conde de Puño en rostro, don Manuel Torres de la Goma. Trucha o no comerla: esta mentira es contraproducente: la mentira posible, razonable, tocante a la edad, no puede salir de un estrecho círculo de cuatro o cinco años: mentira larga de diez y ocho, viene a ser absurdo a todas luces. Nunca le he visto más arrugado, canoso, enclenque y chocho a ese noble señor que cuando trató de comulgarme con la rueda de molino de sus cuarenta y dos años. La lujuria cansada, el pecado desmayado estaban corriendo por esos lagrimales que semejaban sepultura de gusanos. Ojos garzos sin lumbre de inteligencia ni fuego de amor, parecían en él difuntos que se mueven por obra del galvanismo. La barba sucia y enmarañada, servía de palacio a mil insectos de esos que cría la cabellera de las paredes arruinadas: yo mismo vi salir de entre ella un *caballo del diablo* que venía arrastrando una araña negra de vientre cenizoso. «Sí, mi don Juanito, ya vamos, ya vamos aproximándonos a los cuarenta y dos». La estupidez de su vista, ciega en el vicio, pudo solamente no descubrir mi risa interior, esa con la cual yo me prometía hacer este recuerdo alguna vez, en pago de los embustes con que ese perverso ha hecho por desfigurarme. Si no hubiera sido cebar los vicios, yo le hubiera dado una peseta siempre que le encontraba: de este modo no hubiera sido yo el *ingrato*, sino él, y no le pagara con disciplina los favores que me ha hecho. Sus favores consisten, y no lo he dicho hasta ahora, en haberme defraudado de una cantidad de dinero enviada por su conducto, y en haber puesto en mis manos, dice, una carta de Víctor Hugo, cuando pudo haberla ocultado. «¿Ese malvado? ¿ese monstruo?», respondió una vez un clérigo a un buen patriota que le hablaba de mí como una esperanza de salvación pública: «basta saber lo que ha hecho con los Gómez de la Torre, para huir de él haciéndole la cruz». Para quedar yo limpio de las imputaciones que envuelve esta calumnia a costal cerrado, basta decir que ese clérigo es canónigo flaco, de esos que mandan a sus confesados hacer falsos testimonios para triunfo de la religión. Aún no se engorda esa vaina de diablo, porque aún vive; pero allá le esperan los manjares que le harán reventar y llenar los antros del infierno de lodo colorado y sabandijas asquerosas. Cuando así me calificaba de monstruo el canónigo flaco, me hacía visitas nocturnas, encaminando la palabra a una revolución redentora. «Malvado, monstruo...» ¡raro agente de la redención! A los Torres de la Goma no les he hecho sino quebrantarles la cabeza y darles chirlos en la cara, cuando han querido que la inteligencia y el honor sirvan a la ineptitud y la infamia. Favores, nunca de ellos; agravios, muchos, de esos que los viles suelen irrogar con la mentira. Haber huido siempre de su casa; haberlos mirado para abajo a despecho de su nobleza, esta es mi culpa para con esa canalla.

Mas no se trata de la maldad sino de la edad de don Manuel: «Sí, mi don Juanito, ya vamos, ya vamos aproximándonos a los cuarenta y dos». En un tris estaba que yo no fuera mayor que él, yo, que siendo niño, no de teta como don Antonio, pero muchacho, le veía en casa de mi hermano todos los días aparejado con su levita de bayeta de color de mono, sombrero de lana, ese que los pinches de Quito llaman *panza e burro*, en los gloriosos tiempos en que ser demócrata era ser ministro de Estado y candidato para la presidencia de la república. ¿No sería de quince abriles don Manuel cuando era ya el risueño coronel de la dulce espada, o de la espada de dulce? Así como en Venezuela son generales los porteros de las oficinas del despacho universal, los regatones, los zapateros de viejo, así en el Ecuador son coroneles los hermanos de las cofradías religiosas, los síndicos de la Virgen, los priostes de San José. Cuando don Antonio Borrero y Cortázar es coronel del Santísimo Sacramento, ¿por qué don Manuel Torres de la Goma no ha de ser coronel con buen derecho? Su hermano Teodoro lo es asimismo: el uno el de la bronca, el otro el de la dulce espada, envejecidos ambos en medio de la pólvora de azúcar, rompidos al fuego del hogar doméstico. Las balas rasas de estos dos militares son los mojicones de Ibarra, esos con que vienen derrocando fortalezas, rindiendo voluntades y conquistando empleos y sueldos desde Bolívar hasta la presente. Cuando el señor don Manuel regía el batallón de estudiantes, invadiendo Flores la república; cuando el dicho coronel mandaba el dicho batallón con su espada de alfeñique, era ya barrigón de cuarenta años; y treinta que van de esa cruz a esta fecha, son setenta lisos y mondos como el pelo de la masa. Don Manuel no tiene obligación de refutar este argumento: *ad impossibile nemo est tenetur*. Mas no se aflija: él ha oído, sin duda, que la chochez y la infancia se dan la mano. Cuando iba a los Campos Elíseos a montar en los caballos de palo que están ahí suspendidos a una rueda para

387

juego de niños, ¿no era viejo, yo presumo? Andando yo un día por ese bello sitio de París con un compatriota al lado: «¡Véale, véale a don Manuel Gómez!» me dijo de repente. El buen viejo, con su costal de barbas cenicientas por delante, bien enhorquetado en su caballo de madera, estaba dando vueltas junto con más de veinte muchachitos, quienes todos juntos no tenían los años que él: ninguno pasaría de seis. No de otro modo el señor don Gabriel García Moreno salía en medio de un mar de viejas por las calles de Quito cantando en alta voz las oraciones de la Virgen. Don Manuel, al fin, puede alegar antecedentes: Agesilao, rey de Esparta, hacía cabalgatas ruidosas en el patio de su casa con sus hijos, tanto él como los chiquitos, caballeros en palos de escoba; Escipión el Africano se iba corriendo con los niños por las orillas del mar en busca de conchitas blancas y coloradas: ¿por qué don Manuel no hubiera montado en París en caballo de madera? Don Quijote montó asimismo; Sancho Panza, *ídem per ídem*. Mas don Gabriel García Moreno es inventor de su sistema de procesiones y cargar la cruz, él, hombre único, en medio de dos o trescientas mujeres.

Volvemos a la pregunta que aún no ha tenido contestación: ¿cuál es la edad en que ha echado raíces el gran señor don Ignacio de Veintemolla? Cuando se llama «joven y valiente general» ¿no quiere darnos a entender, probablemente, que se halla en la infancia, dulce principio de la vida? Por nada consintiera en ser infante ese grande hombre como no fuese infante heredero, el cual puede ser de cuarenta años. El príncipe de Gales está frisando con los cuarenta, y es infante de Inglaterra. Don Carlos, el porfiado don Carlos, es infante de España, e infante fue su padre. Ignacio Veintemolla no quisiera ser infante sino en cuanto heredero de un trono: lo que es niño de teta, como don Antonio, no quisiera; los niños no comen carne ni beben aguardiente: Veintemilla no quiere ser niño. Los niños no comen más carne, ni beben más aguardiente, ni mandan asesinar de noche a quienes temen: Veintemilla no quiere ser niño. Los niños no vuelven a comer carne, ni a beber aguardiente, ni ponen en Europa uno o dos millones de pesos, pilla de aquí, pilla de allí: Veintemilla no quiere ser niño. Para él no hay más tiempo que el presente; el pasado no existe; el futuro nada le importa. Estos materialistas por ignorancia son los peores enemigos del género humano, cuando la suerte quiere que tengan predominio sobre una vasta porción de hombres; los materialistas filósofos, pensadores son peste del mundo moral; los materialistas sin filosofía ni pensamiento son simples verdugos que sacrifican en su pecho, que es patíbulo, los santos personajes que se llaman virtudes. Honestidad, probidad, a la horca; pudor, pundonor, a la horca; templanza, continencia, a la horca. Todo muere en ese pecho, y de la sangre de sus víctimas nacen y se levantan crímenes, y vicios: ¡impudicia, latrocinio, arriba! ¡infamia, desvergüenza, arriba! ¡mala fe, calumnia, arriba! ¡Oh subversión inicua del orden de las cosas! ¡oh negro triunfo del pecado en sus peores formas! ¡oh suerte miserable de pueblo nacido para las lágrimas y la ignominia!

Veintemilla no quiere ser niño: ¿gustará de hallarse en la puericia, la fresca edad donde los afectos íntimos rompen las capas del corazón y muestran afuera el sonrosado crisma, bien como plantas olorosas que poseen mágicas virtudes? ¿esa edad donde las pasiones empiezan a tomar fuego, y arden silenciosas en mundo tibio aún, no animadas sino por tal o cual ráfaga que pasa sobre el hombre de esos años despertándole el corazón a sustos inmotivados, júbilos insensatos, y por ventura dolores indecisos? No, Ignacio Veintemilla no quiere hallarse en la puericia, porque no se le caigan los dientes: sin dientes ¿qué fuera de él? Su vida está en los dientes: para la carne, para la difamación, dientes necesita; morder es vivir para él; apenas abre los labios que no sean mentiras y vanidades la materia de su razonamiento. Dientes largos, puntiagudos, de esos que rompen la inocencia, se clavan en la ausencia y causan groseras heridas. Caballo carnívoro, el bueno, el pundonoroso son su presa: si las virtudes se asoman por allí, abre las mandíbulas, y festín para sus dientes. Los caballos de Diómedes se comieron a su dueño; las yeguas de Potno, enloquecidas de amor por ese bello muchacho, se lo tragaron en pedazos. Ignacio

Veintemilla, enloquecido, no de amor sino de odio, se traga también a pedazos talento, valor, buena fama, y los rumia a la larga, no como caballo, sino como buey, porque su placer es mascar: mascar viandas, mascar honras. Bestia rara por lo feo, por lo torpe, no podemos explicar su vida sino por la *paciencia de Dios*, esa voluntad inmóvil que, sufriendo los agravios de los perversos, con designios favorables quizá para los buenos, consiente en que esos lleven adelante su carrera de crímenes, que son desmentidas a la virtud. La paciencia de Dios estuvo salvando a las ciudades malditas mucho tiempo; la paciencia de Dios le salvó a Nerón catorce años; la paciencia de Dios se prendió en ira, y llovió fuego sobre Sodoma; la paciencia de Dios se volvió justicia, y Nerón se cortó el pescuezo con su mano. Si ese malvado que se llama Ignacio Veintemilla vive y reina todavía, no lo atribuya a la protección, sino a la paciencia de Dios que sufre y espera el día de sus decretos. La paciencia de Dios se inflamará y el mísero caerá cortado el pescuezo, y los perros arrancarán girones de su carne, y los puercos hozarán sus entrañas, y estarán sus miembros como inmundicias por las calles, y su alma habrá volado hacia abajo negra y pestilente. ¿Es para menos el negar a Dios negando la verdad; el asesinarle asesinando a los buenos, los útiles; el ofenderle con todo género de obras ilícitas; el irritarle con invocaciones diarias, como si a su apoyo debiera él las maldades con que hace gemir a sus semejantes? La paciencia de Dios es silencio de muerte; cuando él dice en la Escritura: «Acallaré mi furor», los perversos se ponen a dar diente con diente. Dios acalla su furor contra los peores; su paciencia es sentencia de muerte y condenación.

Ni los crímenes me irritan más que los vicios en ese tiranuelo infame; su aborrecimiento por la verdad no tiene límites; su amor desenfrenado a la mentira está acreditando el demonio que dentro de su pecho preside sus palabras y sus actos. No ha mucho estaba en Quito un enviado extraordinario y ministro plenipotenciario del Perú: Ignacio Veintemilla y José María Urbina, teniendo por cierto el triunfo de esta nación, fueron peruanos, en términos de no ahorrar brutalidades ni desmaños respecto de Chile. Don Juan Luna, por tanto, privaba con el presidente del Ecuador: respetos, consideraciones y adulaciones de todo linaje, para Luna, el ministro de la república vencedora. Cae Lima, se pierde el Perú; su enviado se va de Quito a tomar su parte en las amarguras y lágrimas de su patria; su amigo Veintemilla alarga los dientes, le muerde por atrás, procura ensuciarle con su baba. Y el señor ministro del Perú no lo sabe; y yo tengo a bien hacerle saber ahora la felonía de su camarada de Quito, a fin de que se vuelva con la furia del hombre de bien herido en la honra, y le castigue con un bofetón de cuello vuelto al pícaro que beneficia la ausencia del amigo con imposturas, vergonzosas en galopines y marmitones.

Se llegó un día el enviado extraordinario y ministro plenipotenciario de Chile a Ignacio Veintemilla, y le dijo: «Señor presidente, ¿sería posible que cesase la persecución al señor don Francisco Montalvo? Parece que el encono de vuecelencia contra este hombre de paz no tiene fundamento». «No me hable usted de esto —respondió el hijo del robo y la mentira—; Luna le ha denunciado al doctor Montalvo; pues me ha dicho que le ha pedido a él armas y dinero para la revolución con que intentan derribarme». «Yo sé —replicó el ministro de Chile—, que el señor Montalvo no conoce al señor Luna, ni se ha dirigido a él por medio de cartas». «Si es así —volvió a decir el hijo del robo y la mentira—. Luna ha mentido. Pero yo tengo a bien atenerme a lo que él me dijo: la persecución de don Francisco no cesará mientras yo tenga el poder en la mano».

Se llegó otro día a don Ignacio Veintemilla el delegado de Su Santidad apostólica y le dijo: «Señor presidente, ¿qué hay respecto del señor Francisco Montalvo? ¿por qué se le persigue?» «Ese es un pícaro —respondió el hijo del robo y la mentira—; a Luna, ministro del Perú, le importunó mil veces con solicitar auxilios de armas y dinero contra mí; y Luna me lo ha dicho». El clérigo italiano agachó la cabeza, otorgando con ella la impostura de su proveedor; el chileno había tenido el ánimo necesario para darle un mentís al condecorado farandulero. Efectivamente, mi hermano Francisco no conoce al señor Luna: ¿y no hubiera sido, más que estupidez, insensatez, ir a solicitar auxilios contra Veintemilla del partidario, del confidente de Veintemilla? Si el ministro de Chile hubiera sido el ausente, a él le hubiera achacado la *denuncia* el hijo del robo y la mentira. Mintió, pues, por la gorja Ignacio Veintemilla cuando dijo que el ministro del Perú había denunciado a mi hermano Francisco: miente cada vez que lo repite, y mentirá como bellaco y mal nacido cuantas veces insistiere en esa nefanda imputación. El señor Luna no tiene necesidad de desmentirle: ni yo ni nadie hemos dado ascenso a tamaña bellaquería; mas si fuera de justicia, le diera una mangonada al vil que ha tratado de deshonrarle ante dos personas tales como dos enviados extraordinarios y ministros plenipotenciarios. *Las catilinarias*, he ahí las *armas* que han solicitado contra él mis parientes y amigos. Justos por pecadores, ley de hombres sin conciencia que sacrifican hijos por padres, hermanos por hermanos. Si yo le hubiera consultado al mío respecto de estos opúsculos, viendo estoy su fuerte oposición; no hay de común entre nosotros sino la hombría de bien y el patriotismo: temperamento, genio, política van por vías diferentes; y por esto me he visto obligado a privarme de sus consejos en cuanto he hecho y escrito en mi vida. Moderación irrestricta, calma, sufrimiento son virtudes de mi hermano: yo me le voy a fondo al tirano, al delincuente, al indigno, y no así paulatinamente, sino de primer entrada; y los echo en tierra, y allí los tengo a mis pies quebrantada la cabeza, y que den sus alaridos como Satanás. Ignacio Veintemilla se venga de mí con perseguir a mi hermano; esta venganza no debe ser la dulce con que se saboreaba García Moreno; venganza insípida, sin gusto ni satisfacción; venganza de ruin, venganza de tonto, que ni es venganza.

Con que si Ignacio Veintemilla no tuviera dientes, se viera en ayunas de estas gollerías: no quiere por esto hallarse en los siete años de edad, cuando principia la puericia. Ser «joven y valiente general» es, yo supongo, hallarse en el centro de ese círculo resplandeciente de los veinticinco a los cuarenta años. Hoche, pacificador de la Vandea, era joven y valiente general de la república, esa república que surgió como ángel repentino del seno del infierno. Hoche, a los veinticuatro años fue general: en viviendo algo más hubiera sido, dicen, el brazo derecho de Napoleón. Marceau, más joven aún, mereció las lágrimas del Estado Mayor enemigo, cuando entró la oficialidad austríaca al castillo de Alterkirchen y rodeó en silencio el lecho donde estaba estirado el cadáver de ese niño maravilloso. Marceau, general de división a los veintidós años, jefe de ejércitos vencedores, fue *joven y valiente general*. ¿Cuántos años tiene Ignacio Veintemilla para serlo a su vez? Ahora quince, reinando García Moreno, presentó al Congreso su hoja de servicios: el lanzazo al negro José Julián, cuando este se hallaba abrazado con otro; su obra de verdugo de poner en el patíbulo a Manuel Tomás; los palos llevados a orillas del Carchi en pueblo de Colombia; la cabeza rota, el cuerpo arrastrado, las orejas tiradas por hombres y mujeres: todo esto alegó ante el Congreso, y se puso treinta años de edad. La barra exclamó: ¿Y por qué se ha quitado trece el bruto? «¡Joven y valiente general» con cincuenta y ocho años a cuestas! Bolívar murió de cuarenta y siete teniéndose por viejo; Napoleón apenas había trasmontado los cincuenta, y eso adjuntando a ellos los ocho de Santa Elena, que no fueron sino muerte en vida. A nadie que pasa de cuarenta le ocurre llamarse joven, como no sea un sandio. Don Quijote frisaba con los cincuenta: ¿andaba el generoso hidalgo a llamarse joven a cada vuelta de hoja? «¡Joven y valiente general» un bestión que solo en la cerviz tiene cuarenta años! No le pongamos sino diez en la sublime andorga; ¿cuántos quedan para los pies? Ocho, cuatro para cada uno. Luego tiene cincuenta y ocho, y es viejo, por mucho que Crispín Zapote nos aturda llamándole «joven» en sus brindis empapados en aguardiente. Cincuenta y ocho tiene el joven; y eso dando de barato que cada uno de sus pies no tenga sino cuatro; lo cual pudieran poner en contingencia estimadores y tasadores menos benévolos que yo; pues así, de cuatro años de edad, dirían, no son posibles esos abominables secretos que, si salieron del zapato de siete suelas, serían la caja de Pandora, y vómito prieto para las repúblicas hispanoamericanas.

No es cosa de nuestros días el vicio de ocultar los años: el amor al oriente de la vida nos viene desde nuestros primeros padres, en términos que Matusalén, a los ochocientos noventa y nueve, escondía siquiera uno, y decía ochocientos noventa y ocho, cuando le preguntaban por su edad. Tan ventajoso debe de ser este período del tiempo, que entre los dioses, fuera de Saturno, apenas hay quien no sea mozo de treinta años, si varón; muchacha de veinte, si mujer. Esta es la edad de Venus; que la bella Psiquis, la fresca Hebe no pasan de diez y seis, lo mismo que la pura Vesta, esa deidad amable cuyo ministerio es velar el fuego sagrado. Apolo es garzón de edad florida: ni puede por menos: la poesía es siempre joven, como la aurora. ¿Ignacio Veintemilla será como Apolo, dios de la luz, que con ágil planta, el arco en la mano, el carcaj al hombro, desciende del Olimpo a proteger a Héctor? Dudo que Apolo hubiese cargado sobre sí el pescuezo conventual que le hace prevalecer sobre provinciales y canónigos al joven y valiente general Ignacio Veintemilla. El célebre oculista Desmarres, dándome un día suaves golpecitos entre pecho y espalda, me dijo: *A quarante ans le ventre viendra.* Luego para empezar a tener barriga se necesita haber pasado de los cuarenta: es así que la de Ignacio Veintemolla no le va en zaga a la del más provecto benedictino: luego ese viejo religioso no es joven y valiente general. ¿Y los pies? ¡Santiguaos, viejas! ¡Santiguaos, clérigos! ¡Santiguaos, beatas y beatos! ¿Los católicos no tienen la mala maña de expresar su admiración de una cosa grande, fea y desmedida con santiguarse una y otra vez? Pues ahora es cuando viene como de perilla esa muestra de caridad. ¡Y cuántas veces no se han santiguado mentalmente las señoritas de Quito, cuando han visto delante de ellas ese dios de la luz que no acertaba a esconder esas dos prensas diminutas de imprimir versos de Corina! Cuadrados, juanetudos como los de Monipodio, esos pies divinos tienen los dedos jorobados, a modo de giba de camello, y el empeine cubierto de pelos tan gruesos, que suben a la categoría de cerdas. Los jóvenes lacedemonios tenían obligación de pasar cada semana desnudos delante de los éforos, quienes castigaban a los gordos y pesados con el azote de la patria *ainda mais* una buena multa; el joven Ignacio *de* Veintemilla saldría ileso merced a la graciosa delgadez y la agilidad de sus miembros, de esa prueba gimnástica que era certificado del mérito de cada uno.

Sucedió que navegando hacia Europa en 1869, mi camarote se hallase contiguo al de Ignacio Veintemilla: salgo un día por mi puerta, empujo la suya... ¡Santo Dios, santo fuerte, santo inmortal! Diana, sorprendida desnuda por Alcmaeon en la rústica fuente donde estaba bañándose, llevó tal susto que, si no fuera diosa, allí se hubiera muerto; el joven del camarote se enderezó de súbito, pero ya no me vio, pues volé por la escalinata arrita. Como yo subía, un grito agudo vino a herir mis oídos: era una joven inglesa que caía desmayada frente por frente a la puerta de Diana de bigotes, quien se le había presentado como le parió su madre en medio de su angosto departamento. Puesta la queja al capitán del buque por el marido de la inglesa, la Diana de bigotes se defendió como un Demóstenes; pues dijo que en lo secreto de su morada pudo haber estado del modo que más cumpliese a su voluntad, y al espejo de medio cuerpo donde se había estado mirando en cuatro pies el instante que yo empujé su puerta en mala hora. El inglés no sacó nada: mas sí la inglesa cuatro días de indisposición especial, sobre el recargo de vómito, indispensable en el Atlántico. Acudió el joven lacedemonio a vengarse de mí con fuertes reconvenciones; mas hubo de reportarse cuando le hice ver que era una ganga eso de haber producido tan gentil desmayo en una de las muchachas más guapas de a bordo; y qué más se quería haberse visto en demanda por desnudo. Se rio el joven, y dijo que ciertamente la inglesita nunca había soñado ver cosa tan buena. ¿Y por qué no hubiera estado desnudo? Niso y Euríalo desnudos corren parejas en la Eneida; Niso y Euríalo, muchachos hermosos como el dios del amor. El joven Ignacio *de* Veintemilla, más hermoso, no está por ocultar sus hechizos, cuando puede dar síncopes maliciosos y arrancar gritos de mística lascivia. Autólico, Critóbulo, Dailoco no eran más jóvenes ni más bellos que este Adonis resucitado a las faldas del Cayambe. En la mitología no hay figuras más puras e interesantes que Psiquis sorprendida y Amor enojado: ¿cuál de estos dos luminosos personajes quiere ser el joven Ignacio de Veintemilla? ¿Psiquis sorprendida? ¿Amor enojado? Partes son las suyas que pueden hacer de él una Venus en el acto de estar saliendo de la espuma del mar, bañada por los rayos de la aurora. El emblema de Capaneo, uno de los jefes que fueron contra Tebas, era un hombre desnudo con una antorcha en la mano: Ignacio Veintemilla honrará algún día el escudo de Capaneo, sin otra diferencia sino que, lo que en el un desnudo es antorcha, en el otro son uñas largas y puñal. El Fauno de Praxíteles, el Apolo de Belvedere, desnudos están; desnudo el Gladiador del Vaticano; desnuda la Venus de Milo en el museo de Florencia; desnudo Cupido; desnudas las tres Gracias: ¿por qué no ha de estar desnudo el mudo Ignacio Veintemilla? A don Antonio sí no le quisiéramos ver en cueros: todo eso ha de ser una pura lástima. Pero dejemos su bella persona interior para cuando este famoso adalid nos vuelva a llamar a singular combate cubierto de todas armas, las cuales en él se reducen a la mascarilla para no ser conocido, y a la pluma de ganso, que no hiere como la espada de Roldán el encantado.

En la última guerra de los rusos con los turcos descuellan dos figuras que, por escasa que sea la imaginación de quien las mira, se quedan allí grabadas para siempre. Gurko y Scobeleff son dos generales del zar Alejandro, a quienes solo empresas que acometer y dificultades que vencer les ha faltado, para subir al grado eminente de héroes y sujetos de novela: las que se les pusieron por delante, las acometieron y vencieron. Gurko es soldado de caballería que rige una división de cosacos, esos terribles semibárbaros que en otro tiempo perseguían al sofí de Bactriana por las *níveas llanuras de Astracán*, según que lo vio Milton en el *Paraíso perdido*. Gurko jinetea un corcel blanco, de cola esparcida, que se yergue en penacho sobre el anca. El ojo de ese animal es de fuego; los dientes están asomados afuera, por cuanto los labios, en arruga belicosa, se recogen cerca de las fauces. La crin larga y crespa desafía al viento; la oreja diminuta está erguida en tensión amenazante. Gurko, sable en mano, vuela como un genio de la Escitia, y a saltos desmedidos va difundiendo muerte y terror entre los hijos del Profeta. Sus cosacos le siguen: Gurko al frente de ellos, es esa una legión de espíritus siniestros que amagan la ruina del islam. Terrible en la batalla, Gurko es humano y generoso en la derrota, magnánimo como valiente, la cuchilla de Mourawieff se ha roto en sus manos.

Scobeleff es soldado de infantería: el amor de sus tropas por él raya en delirio. Scobeleff, terrateniente acaudalado, gran señor en la paz, es grande general en la guerra: trasunto de Cimón, a su mesa se sientan todos los oficiales del ejército; los soldados tienen derecho a la mitad del pan y el vino de su jefe. Para valiente, Scobeleff; para atrevido, Scobeleff. Scobeleff es uno como Febo en el ejército, brillando como brilla por la mocedad y la hermosura. La diplomacia se interpuso entre este muchacho y sus esperanzas: a nada menos había tirado sus líneas que a izar la bandera moscovita en el palacio del Gran Turco, entrada Constantinopla a furor de espada. Gurko y Scobeleff, bien como Hoche y Marceau, son jóvenes valientes generales: si estos no llegaran a los treinta, esos no llegaron a los cuarenta. Chanflones de la orden de Ignacio Veintemilla, gordos como abadesas, pesados como indios carniceros, lentos y doloridos como curas gotosos; cobardes además y ajenos al punto de honra, ¿por dónde ni a qué título vienen a ser jóvenes y valientes? «Aquí me llama valiente —decía Ignacio Veintemilla, señalando con el dedo una página cualquiera del Regenerador—; allí dice que soy tonto: contradicción, pura contradicción todo este Juan Montalvo». No solo valiente: cuando ha sido menester llamarle ladrón, he anticipado la advertencia de que es joven. Cuando me ha cumplido calificarle de traidor, no ha sido posible, sino adornándole con la prenda de la belleza; y asesino le he llamado, envolviendo este puro carácter en la alcorza del amor. Los redactores de la formidable «Candela» le prometieron tenerle por un Napoleón, si les dejaba llegar a doce números: diez y ocho embestidas aguantó el fatuo frunciéndose y diciendo: ¡*Arrarray*! ¡*ananay*! interjecciones de la lengua quichua que un famoso filólogo de Molliambato ha puesto para su gran diccionario de la Academia Española. Mas, viendo el Napoleón de yeso que ni a los veinte números le cumplía la palabra, juró en Dios y en su ánima no sufrir en adelante periódico liberal ni periódica conservadora.

Tenía yo una ocasión necesidad de acusarle de un robo que acababa de hacer: «Ladrón —dije—; pero no carece de valor». Otra vez fue preciso recordar sus traiciones, en eso de haber llamado a los colombianos: «Traidor —dije—, mas no se puede negar que es joven». Por último, le eché en cara un asesinato: «Asesino —dije—, pero sabe insinuarse con las damas». Sin guardar este temperamento, ¿cómo piensan ustedes que hubiera yo podido echar a luz tantos y tan terribles escritos en las barbas de ese *chagra* desaforado, tan perverso como ignorante?

> Cosi a l'egro fianciul gli orli del vaso
> Di soave licor per giamo aspersi:

Torcuato Tasso quiere decir que, así como al niño enfermo le damos de beber la droga, engañándole con untarle de almíbar la orilla del vaso, así a los tontos se les unta de vanidad la embocadura de la copa y ellos tragan cuanto brebaje tienen a bien propinarles los sabidores de la imprenta. Pero hablando en Dios y en conciencia, ¿cómo ha de ser valiente canalla que desde joven ha sufrido los bofetones de quien ha querido dárselos, sin llegarse a él enseguida a pedirle cuenta con la espada? Manuel Tomás era jayán de veras bravo: sale un día, encuentra por ahí a Ignacio Veintemilla: «Infame, bien que te necesitaba yo», y cachete con él; cachete y más cachete; cachete con una y otra mano, hasta que al fin le da un porrazo en la oreja y le echa a la plaza desde el portal del palacio del presidente. Precursor de García Moreno, cayó por allí mismo por donde años después su dueño había de buscar la eternidad patas arriba. El *joven* y *valiente* coronel se levantó sano y bueno y, trote trote, mirando hacia atrás, ganó su casa y mandó cerrar la puerta: Manuel Tomás hasta ahora está esperando el billete de desafío: ¿Ha de ser valiente, infame que se deja abofetear en la calle y no vuelve por la honra? Coronel zurrado, coronel abofeteado ahora treinta años, en ley de justicia ha de ser hoy «joven y valiente general». Este joven tan valiente buscó su desagravio en el patíbulo: como hombre, no le halló Maldonado: cuando miró en torno, vio soldados que lloraban en silencio, y un jefe que rebosaba en alegría. Gabriel García Moreno le vengó a Ignacio Veintemilla: el que ha menester un caballero andante para sus desfacimientos o reparaciones, es ruin que no puede vivir sin protección ajena. Valiente: ¿cuándo ha convenido este calificativo al verdugo? Este no es sino infame. Tomar con fuerza armada a un hombre solo; echarle grillos; traerle velando sobre él con ojos de basilisco; ponerle en las gradas del cadalso; irse a su casa salpicando de sangre, ¿esto es ser valiente? Pero ni esta sangre ha podido borrar las huellas de los cinco dedos que Manuel Tomás le puso en la cara. Aristócrata escupido como Manuel Torres; militar abofeteado como Ignacio Veintemilla, son la hez de la sociedad humana: en pueblos sin educación ni virtudes, solamente pueden preponderar estos rufianes que se levantan muy gustosos después del centenar de costumbre.

> A espaldas vueltas me dieron
> el usado centenar,

dice un alcahuete en una obra clásica española. Este alcahuete, con los acostumbrados cien látigos atrás, y los cien bofetones consabidos adelante, se llama hoy presidente de la república. Alcahuete del patíbulo, le lleva la muerte bien pagada. A García Moreno le aborrecí por tirano: a Veintemilla no le puedo aborrecer: la infamia no alcanza el honor del odio: desprecio es el que este confidente del patíbulo me inspira: desprecio acre, amargo. No le perdonara por desprecio, si cayera en mis manos; le condenara a muerte despreciable: la horca es honra para delincuentes así tan bajos y soeces. Bolívar no se desdeñó de ahorcar a Zuazola; la bala generosa; el noble acero no merece la triste suerte de quitar la vida a los que la han manchado con las más viles acciones. Traición, robo, incesto, asesinato, perjurio, no son para la señoril espada ni el soberbio rémington. Bolívar tuvo vergüenza de fusilar a Zuazola: le hizo ahorcar a vista y paciencia de los españoles encerrados en Puerto Cabello.

«¿Qué me estás diciendo ahí, Clearco? ¿quieres que me manifieste indigno de la corona, precisamente cuando estoy empeñado en ser rey?» De este modo respondió el joven Ciro a uno de sus generales que le aconsejaban permanecer a retaguardia durante la pelea; este muchacho merecía la corona, aun cuando hubiera perdido la batalla. Napoleón, emperador ya, en una de las mayores, dijo a sus oficiales: «Entrad; a la menor señal de indecisión de la victoria, me veréis delante de vosotros». Adelante se ponen los valientes, no atrás ni a un lado, como el cobarde Veintemilla. Sabedor este de que el ejército enemigo avanzaba por su izquierda, tomó por la derecha con la flor de los guayaquileños, defraudándole así a esta brava milicia del honor del combate; y mandó contra los que venían a un anciano tan cobarde como él y por ventura más borracho. Suerte, casualidad, fatalidad, de todo hubo en el llano de Galte; menos inteligencia ni valor en el jefe victorioso, aunque sí mucho de esto en alguno de sus tenientes y oficiales. Cuanto él, jefe supremo, se fue con dos mil hombres por donde no había enemigos, si no eran trescientos chagras del Azuay, tan pusilánimes como desarmados. El odio erró poco de hacer una buena obra: a quinientos pasos del *joven y valiente general*, un muchacho le envió una bala con tan desdichada suerte, que en vez de matar la de arriba, mató la mula de abajo. «Tras estas paredes se escondió el mudo de Veintemilla cuando le mataron la mula», me dijo un caminante, como pasábamos por los Molinos de vuelta de Guayaquil. Cayó la mula: el jinete, desconcertado, pálido, corre y busca paredes que le protejan. No es este el joven Ciro que le reprende al general que le aconseja preservar la vida, ni el joven Bonaparte que se arroja sobre la granada reventada a sus pies, y la aplica humeante a las fauces de su caballo. Caballero en bestia mular, vestido de religioso, ¿qué joven ni qué valiente había de ser fraile como ese con pescuezo y barriga de prior? Valiente... Le mataron la mula; esto sobra para su fama. De suerte que si los yangüeses le hubieran acabado de matar a Rocinante cuando este joven tomó mal siniestro con sus yeguas, ¿don Quijote se hubiera tenido por el más valeroso de los caballeros a causa de la muerte de su buen amigo? Don Quijote sí que era bravo donde más largamente se contiene: embestir, arremeter; quedar en el campo como bueno o salir airoso, esta es su vida. Ni le vemos alabarse de que los yangüeses le hubieran malferido su corcel de guerra. Un hombre emboscado a quinientos pasos la mata la mula: Ignacio Veintemilla es el más valiente de los mortales; y su mula muerta le rejuvenece a él; pues no solo es valiente, sino también joven a causa de la mula. ¿De modo que el dueño de un perro que matan los policiales será también joven y valiente? ¿y la vieja que manda matar en pascuas un puerco gordo, es asimismo joven y valiente? A falta de pan buenas son tortas, Chinchilla hermano; y el muerto a la fosa y el vivo a la hogaza.

Cuando oigo a los enemigos inhábiles de este zanguango llamarle soldado en vía de hacerle injuria, hiervo de indignación. Julio César es soldado; Pirro, el de las pavonadas armas, soldado; Bonaparte, soldado; San Martín, soldado; Simón Bolívar, soldado; Antonio José Sucre, soldado; José Antonio Páez, soldado; soldados, esto es, conquistadores, libertadores, fundadores, hombres de pensamiento excelso y fuerte brazo, que reinan en la memoria de sus semejantes por sus hechos buenos o malos, pero grandes, esos que se denominan hazañas y que causan admiración. La carrera de las armas bien comprendida, bien seguida, es la más brillante de cuantas pueden abrazar los hombres que nacen para el bien del género humano, como que en su jurisdicción entra valor, inteligencia, patriotismo, sacrificio, todas las virtudes conjuntas con el resplandor temeroso del acero. ¿Soldado un criminal ajeno a los derechos y los deberes de milicia? ¿Soldado un asesino a media noche, ladrón a medio día? ¿Soldado un tosco nieto de la plebe sin primeras letras ni asomo de educación militar? ¿Soldado uno que no tiene ni sospechas de la sabiduría de la espada? ¿Soldado uno con quien nada tiene que ver el punto? En ciertos países de América, el término «soldado» ha venido a ser sinónimo de bandolero, infame: cuando sus enemigos de poca maña le llaman soldado a Ignacio Veintemilla, lo que quieren decirle es asesino, ladrón, ignorante. Yo vuelvo por los que fueron de esa noble clase y hago mi protesta con el corazón y la pluma contra esa mal avisada e injuriosa trocatinta. Soldado es von Moltke, gran escritor, gran ciudadano; soldado es Garibaldi, libertador de las dos Sicilias, amor de un pueblo ilustre: soldado es Mac-Mahon, caballero sin miedo y sin tacha; soldado fue Juan Prim, español capaz de toda gallardía. Decir «soldado» para insultar a un pícaro, es error que envuelve una calumnia en el globo: si queremos darle su merecido, digamos que no lo es. Los nuestros no lo son: yo les hago justicia con no tenerlos por soldados: ineptitud y crimen revueltos en aguardiente, no son militares. El buen hijo de la patria, el juez recto, el magistrado sabio, el escritor luminoso, el maestro de virtudes son soldados de la república: todos la sirven, la defienden y engrandecen con las armas de la inteligencia y el amor, las cuales no son menos útiles que la espada vencedora.

Milicia y valor, milicia y pundonor son una misma cosa: pundonoroso ya lo hemos visto a Ignacio Veintemilla; valiente, cuando la hazaña de la mula. Los valientes son como el caballero del Cisne: «Se levantó luego a pie, e metió mano a la espada e comenzó a se defender muy fieramente, e dábales tamañas feridas que al que alcanzaba bien no había menester maestro».

«¿Por qué no metió mano a la espada Ignacio *de* Veintemilla e comenzó a se defender muy fieramente e a darles tamañas feridas a los que allende el Carchi, en tierra de Ipiales le doblaron a palos por enamorado y por entremetido?» Imaginó este beocio que en pueblo de poco más o menos le era dable entrarse puertas adentro en dondequiera, enturbiar la vergüenza y arremeter con el pudor: tuvo además a bien ser parte interesante en elecciones; y los buenos hijos de los Andes le dieron todo junto, como al perro los palos. Un día desembocó en la plaza una muchacha a todo correr y se metió a la iglesia: Ignacio Veintemilla la seguía sin sombrero, gritando: «¡Bartolita! ¡Bartolita!»

Si el aguijón de amor pica
excusado es poner tregua:
va el caballo tras la yegua
y el asno tras la borrica
rebuznando.

¡Válame Dios, y qué don Juan esté así, para echarnos socapa de católico este género de acotaciones peliagudas y escabrosas! Pésame de vos, señor cabeza torcida, o santo quemado, como se llama el hipócrita, que así tenéis por malo y no pasadero lo que en tiempos de más honestidad e ingenuidad ha pasado por las picas de Flandes de la Santa Inquisición con venia del arzobispo de Toledo, primado de las Indias; pues no diréis que Cristóbal de Castillejos hubiese concurrido a un auto de fe con las brujas de Zugarramurdi, ni que hubiese entregado el alma al diablo a causa de ese cuarteto de pie quebrado y los otros muy más ardientes que omito por inocencia y pureza en el decir. El bueno de Castillejos no echó a la luz del día, ni la podía echar su oda al amor, sin previa censura eclesiástica; por donde mis clérigos ni clericales no tienen lugar a reclamo, sin incurrir en ese delito que proviene de hurgar en lo pasado en autoridad de cosa juzgada. Si los versos de Don Cristóbal adolecen de rubicundez, la Santa Inquisición tiene la culpa que le dio pasaporte para la posteridad. Pero, mi don Juan, a otros tiempos otras costumbres, y a otras costumbres otro lenguaje: el corazón ha empeorado quizá en nosotros, más los oídos han ganado en limpieza. A esto no nos podemos responder, venerables apóstoles de la moral hablada, aunque no de la sentida ni la practicada, sino en la promesa de no volver a citar al atrevido Castillejos. Lo que importaba saber es cómo le fue a nuestro joven proscrito con su amor al aire libre, y si le fue bien contado cuando embistió con la fugitiva. Pues les mandó yo a los ofendidos que se queden con tamaña injuria: dieron sobre él por de pronto tres o cuatro ciudadanos libres con sendas estacas, y en dos por tres le rompieron la cabeza en doce partes. Acudió el pueblo; por hombre sin ventura se hubiera tenido el que no le hubiera logrado con un soplamocos, donde las viejas arremetían a las orejas del corderino, quien se puso a cantar el kirieleisón o pedir calaguala, como dicen, con unos gritazos de tonto que llenaran los ámbitos del pueblo. Bien molido, bien pateado, bien arrastrado, debió la vida el infelice a la intervención del cura, que no todos son de hacha y machete, sino de paz algunos y de misericordia. Bautizado así por más de mil demonios, pidió su pasaporte a la reina oscuridad y maldita la satisfacción que han tenido Chiles y Cumbal de volverle a ver en tierra de Colombia.

«Habrá sabido usted —me dijo una vez el joven enamorado—, que me rompieron la cabeza en Ipiales». Y qué entripado fue el del señor general cuando le respondí: «Hola, hola, ¿conque me le rompieron la cabeza? ¿No sabe usted que Atenas conminaba con pena de muerte al extranjero que tomara parte en el sufragio popular, por cuanto los atenienses tenían creído que eso era usurpar el derecho de soberanía?» «¿Qué soberanía ni que... alforja —volvió a decir—: ¡no hay más soberanía, sino que me rompieron la cabeza!» «Lo siento en el alma —repliqué—: para en otra, y téngalo usted en cuidado, no hay que irse así suelto tras mora ni cristiana; ni haga tinta de querer alzarse con la honra de casada ni soltera, porque ahí, serán los palos para vuestra excelencia».

¿Palos? siendo presidente los ha llevado, y de más de la marca; ahí está Francisco Bermúdez que no me dejará mentir: ¿qué habrá sido cuando era simple galopín, nieto de mayordomos rurales? Este es el «joven y valiente general», este es el capitán sabio y perito en cosas de guerra. «Todo lo tengo meditado y previsto —les dijo a ciertos jefes que le querían indicar el plan de campaña contra el gobierno al cual acababa de hacer traición en Guayaquil—: déjenmelos ustedes llegar a las puertas de esta plaza: de aquí los arreo y los meto de sopetón en Quito». «Yo no entro, no señor; me hago a las faldas del Pichincha como quien no quiere la cosa; les corto el agua, el aire; un tiro a la derecha, otro a la izquierda; pasa una res, ¡atrapa! viene un caballo, ¡pau! Le doy el asalto a la Magdalena, y le quito la cuajada al enemigo; me apodero de Zámbiza de Nayón, y le privo de las esteras. Borrero ha de ir probablemente a rodear monumentos el jueves santo: yo caigo como un rayo sobre Cotocollao, y prosigo paulatinamente mis operaciones. ¿Cómo piensan ustedes que Sucre se lo mamó al padre Velasco?» (No fue al padre Velasco, sino a Aimerich, mi general).

¡Pobre don Antonio! si así como su católico enemigo le iba a interceptarle el aire y cortarle la cuajada, le cortara también la chicha, ¿qué hubiera sido de él?

Aníbal adelanta a Roma a paso largo. En el Anio, en Trasimeno, en Cannas, en todas partes ha vencido, ha destrozado las legiones enemigas. El pueblo deja ver su terror a grito herido: el Senado, que es todavía una junta de dioses, permanece impasible. Los cónsules tienen a cargo la defensa de la patria: el cartaginés se acerca, temblando el suelo bajo los pies de sus elefantes armados en guerra. El un cónsul ocupa la llanura, y le pica la retaguardia: Aníbal da una estampida hacia atrás y le escarmienta. El otro le sigue por las laderas, las montañas, sin apartar un punto la vista del enemigo de Roma. «¿Veis esa nube? —les dice a sus generales el hijo de Amílcar enseñándoles con la mano el ejército de Fabio Máximo—; es eso lo que yo temo. En cuanto al huracán que viene tras nosotros, de un estornudo lo disipo». Y diciendo y haciendo, se vuelve otra vez sobre el cónsul imprudente, y le destruye. El viejo Fabio Máximo salvó a Roma con la sabiduría.

Monsieur Jourdain había hablado prosa cuarenta años sin saberlo: mi amigo Ignacio de Veintemilla está imitando a Favio Máximo sin caer en la cuenta. Los elefantes de don Antonio requieren que no baje de las montañas hasta el fin del mundo; a menos que este no vaya a dar en las horcas caudinas del jueves santo. Esto es ser militar. Pero a lo menos el viejo Favio no les cortó el aire ni les interceptó la cuajada a los cartagineses.

Lectores habrá quizá que tengan por imaginación demasiado fuerte la mía, bien como Bernardino de Saint-Pierre juzgaba de la de Chateaubriand, tomándolo en mala parte; y por muy asentado el carboncillo en los perfiles de ese extraordinario semblante: en Quito sabe el mundo entero que Ignacio Veintemilla mandó una tarde prender a Balmes y ponerle grillos. Como se oye una cita contra los opresores de los pueblos, cita del gran campeón del catolicismo, en un impreso que a dicha estaban leyendo en su presencia, llamó aparte a un oficial de servicio y le dijo: «Anda, y préndeme a ese demagogo, y échale un buen par de grillos, para que sepa con quién las ha». Vuela el sicario, cierne la ciudad en demanda del clérigo demagogo que ha insultado a su excelencia. «No seas bruto —le dice por ahí un antiguo de esos de capa larga, zuecos y anteojos que suelen abundar entre los cristianos de los barrios—: si quieres tomar preso a Balmes, tienes que pasar a España, y aún más adentro, pues tiempo ha que es muerto ese claro varón, ese fuerte hijo de la Iglesia». El que manda a prender a Balmes en Quito, ¿por qué no hubiera concebido ese plan de campaña, mejor que el de Fabio Máximo?

Todos los vicios son impetuosos en ese desdichado: su organización posee la violencia del mal; siendo preciso decir a cuál defecto se inclina con más fuerza, yo respondería que a la mentira y al robo. Por mentir, y nada más que por mentir, niega a Dios a pesar de su conciencia. Cuanto a robar, el órgano de este crimen es en él tan abultado, tan grosero, que en su cráneo parece una cabeza sobre otra. Un pobre hombre, un buen hombre los ha protegido, socorrido con buena voluntad en sus hambres al señor mariscal Ignacio *de* Veintemilla y sus tres Furias. ¡Pobre gente esa, la hambrienta! y buen pueblo ese, pueblo compasivo que da de comer y vestir a los príncipes de la sangre. Don Ignacio *de* Veintemilla y su real casa, recibiendo a pistos, han llegado a deberle dos mil pesos al buen hombre, al pobre hombre: siendo presidente el señor mariscal, el bueno, el pobre topa con un pariente suyo: «Ahora sí que estás del otro lado: ¿te tienes ya en tu casa tus dos mil pesos?» Pierde el color el pobre hombre, y, temblando de ira, contesta: «Yo no sé cómo los diablos no cargan conmigo: ¿sabes que el Mudo me descuenta lo que me debe con el sueldito de mi empleo?» Por tonto le tienen al señor mariscal de Pilla Pilla, y por antonomasia es llamado el Mudo, no ya en el Ecuador solamente, pero también en las repúblicas vecinas; mas yo echo de ver que es Salomón del latrocinio. ¿A quién se le ocurre pagar deudas personales, deudas rancias, con el propio sueldo del acreedor, a quien ha empleado adrede? No hay duda sino que este Luis XIV es el Tesoro, bien como el otro era el Estado. Deponiendo airadamente a un director de estudios, ya recordamos este hecho, dijo: «El infame no vivirá en adelante de mi bolsillo». Las arcas nacionales son su bolsillo, y es cuanto podemos decir. ¿De suerte que nosotros intentamos robarle cuando hacemos por devolver el tesoro a la nación? Yo vi una vez una donosa caricatura de Cham: eran dos bandidos que estaban despojando de prendas y dinero a un viandante: «*Nous sommes volés* —exclamó uno de ellos al tiempo que le saca el dinero de la faltriquera—; *il n'a que de l'argent*». Nos ha robado este pícaro; no tiene sino plata. La república les está robando de igual modo a Ignacio Veintemilla y José María Urbina: no tiene sino plata: les roba el oro y los diamantes que no tiene. ¿Qué decís, amigos, qué decís de uno que defrauda de una miserable suma a un protector infeliz, teniendo como se tiene ya en los bancos de Londres cerca de dos millones de pesos?

Había en la antigüedad un rey poderoso a cuya jurisdicción estaban sometidas naciones y gentes de gran parte de la tierra. El poder era tan grande como las riquezas en ese monarca, el cual hubiera cubierto medio mundo con el oro que poseía. Innumerables sus rebaños: montes y valles no son suficientes para esas manadas de animales que están rebosando en territorios sin límites. Un hombre por ahí, un viejo cargado de familia, tiene una oveja con cuya leche sustenta y cría a su hijo recién nacido, porque a su esposa, enferma se le había perdido la suya. Llegan un día a su cabaña unos hombres barbudos con picas y lanzas en la mano, y de orden del rey se llevan la oveja del anciano campesino. Esta cabeza única, aislada, ¿de qué le sirve a hombre tan rico? Ni el mar aumenta su caudal con una gota de agua que se derrama en él, ni el desierto de Sahara sus arenas con un grano que le trae el viento, ni ese potentado ve crecer sus rebaños con ese infeliz animalito; pues se lo lleva el rico, y manda soltarlo en sus dehesas. El dueño de la oveja cae en pesadumbre, mas no se atreve a hacer reclamo. Su hijito, el niño que vivía de la leche de esa humilde alimaña, muere de hambre; se esposa, de dolor. El viejo, solo en el mundo, volviendo los ojos arriba, dice: «Señor, ¿así están reposo y vida de tus servidores al arbitrio de fuertes y soberbios? Ves aquí un desgraciado sin bienes de fortuna, sin esposa, sin hijos: el hurto de mi oveja ha sido la muerte de los míos, esos seres queridos en quienes yo tenía puestos corazón y pensamiento. Oigo decir que lo que los hombres hacen tú lo haces: ¿es verdad que tú permites estas cosas? Tú las miras: los malvados infringen tus leyes; pero allá en el recinto temeroso de la justicia eterna el castigo está aparejado. Tú eres bueno, tú eres santo; bendita sea tu voluntad, y bendita la hora en que los que padecen salen de este mundo».

«¡Maldita sed de oro!» exclama un profeta enfurecido con las iniquidades y bajezas de estos hombres voraces que engullen a dos manos ese metal siniestro. Yo quisiera que con el oro sucediera lo que con el maná del desierto, esto es, que lo que sobrara del necesario se corrompiera al punto. Quisiera, digo, que las riquezas excesivas, las superfluas de los avaros, las perjudiciales de los vicios se convierten en estaño, en vil escoria. Tener cada cual el equilibrio perfecto de las necesidades y las satisfacciones: esta oposición permanente del trabajo con la riqueza, del hambre con la abundancia compone el desorden mortal en que vivimos zozobrando, y nos estrellamos quiénes contra la miseria, quiénes contra la gula. Este murmullo vasto, heterogéneo que llena ciudades y naciones, es un conjunto lastimero de burras y ayes que se levantan de los palacios ebrios y de las cabañas hambrientas, donde los hombres, en los dos extremos de la suerte, ofenden a Dios con el guirigay de la embriaguez y la soberbia, o le bendicen con el suave concierto de la resignación y la alabanza. Los fuertes persiguen a los flacos; ley de la naturaleza es esta: el león al ciervo, el águila al cisne. Y en las profundidades del océano, en esas regiones oscuras no exploradas por nosotros, ¿sabéis qué de atrocidades no llevan adelante el tiburón, la tintorera en los pejes de menor cuantía que ni por vivos y ligeros se escapan del apetito de esos monstruos? Tirano sin entrañas, soldado sin piedad, juez sin rectitud, rico de bronco pecho son los tiburones de la sociedad humana, que en este mar de perversidades y desdichas donde vamos todos al remo de la vida, se disparan sobre el hombre de bien humilde, el pobre sin arbitrios, el débil sin resistencia. Cosa mala es el mundo; pero él se compondrá cuando, apurada la clemencia divina, naciones y ciudades, imperios y repúblicas sean montones de difuntas piedras que estén compitiendo con las que han vuelto estériles para siempre las orillas del lago del Desierto.

Puede un tirano ahogar la imprenta en los contornos de su jurisdicción; la imprenta vive en el proscrito, huye con él y puesta en salvo con su amigo, da ayes profundos, voces altas que hacen temblar a los opresores de los pueblos. ¿Qué fuera de estos si, con asesinar a unos, sepultar en prisiones a otros, tener aterrados a los demás hijos de la patria, los tiranuelos hubieran coronado su obra? Mudas están las víctimas en su presencia; pero hablan al exterior: ventrílocuos prodigiosos, le tienen aturdido al capataz ignorante que, látigo en mano, se está volviendo a un lado y a otro, sin saber en dónde ha de dejar caer el brazo. Él amenaza a todos, hiere a todos; todos le amenazan a él con la cólera divina. La cólera divina es camaleón incompresible: las formas que toma y los colores que reviste no tienen cuento; apoplejía fulminante es cólera divina; puñal de la salud es cólera divina; rayo que estalla y deja muerto al aborrecido del género humano es cólera divina. ¡Malvados! la cólera divina es sombra cautelosa muchas veces; cuando vais a salir, ella está tras la puerta; os sigue, os ciega; llegó el día del demonio; suyos sois, hombres felices que os tituláis ricos, grandes y poderosos. Nunca mueren los malvados, dice Sófocles: parece que los dioses se complacen en sacar del infierno todo lo perverso y dejarlo que viva en el mundo eternamente. Sí mueren: mira allí, poeta, ese hervidero de sangre podrida en donde están saltando larvas y sabandijas que crecen y suben y se vuelven grandes monstruos: es la sangre de los malvados que van muriendo. Pero de ella nacen otros, de ese hervidero salen los que prolongan su vida, y acaece que parezca no tener fin la de estos enemigos de Dios y de los hombres.

ÍNDICE

TÍTULOS PUBLICADOS EN
"ARIEL CLÁSICOS ECUATORIANOS"